中原与闽台关系研究丛书

中原与闽台渊源关系研究三十年

（1981-2011）

尹全海　余纪珍　乔清忠　编

九州出版社
JIUZHOUPRESS
全国百佳图书出版单位

图书在版编目（CIP）数据

中原与闽台渊源关系研究三十年：1981～2011 / 尹全海，余纪珍，乔清忠编. —北京:九州出版社，2012.6
ISBN 978-7-5108-1539-3

Ⅰ. ①中… Ⅱ. ①尹… ②余… ③乔…Ⅲ. ①河南省—地方史—文集②福建省—地方史—文集③台湾省—地方史—文集 Ⅳ. ①K29-53

中国版本图书馆CIP数据核字(2012)第137604号

中原与闽台渊源关系研究三十年（1981-2011）

作　　者　尹全海　余纪珍　乔清忠　编
出版发行　九州出版社
出 版 人　徐尚定
地　　址　北京市西城区阜外大街甲35号（100037）
发行电话　（010）68992190/2/3/5/6
网　　址　www.jiuzhoupress.com
电子信箱　jiuzhou@jiuzhoupress.com
印　　刷　涿州市星河印刷有限公司
开　　本　720毫米×1020毫米　16开
印　　张　27.5
字　　数　436千字
版　　次　2012年7月第1版
印　　次　2012年7月第1次印刷
书　　号　ISBN 978-7-5108-1539-3
定　　价　120.00元

序

唐初，为巩固和拓展唐王朝在九龙江流域的统治与管辖，高宗于总章二年（669 年）诏命玉钤卫翊府归德将军固始人陈政为朝议大夫统领岭南行军总管事，率府兵 3600 人，将士 123 人，共 58 姓，入闽平乱，至永隆二年（680 年），“蛮獠”主力底定，余部相继归降。永淳二年（683 年），陈元光呈奏《请建州县表》，请于泉、潮之间绥安故地建置州县。垂拱二年（686 年），朝廷颁诏，准于绥安地域漳水之北建置漳州，辖漳浦、怀恩二县，封陈元光为漳州刺史兼漳浦令，进阶为中郎将右鹰扬卫率府怀化大将军、轻车大都尉兼朝散大夫，陈元光由是被追封为“开漳圣王”。其子陈珦继承父业，任漳州刺史 27 年，其孙陈酆掌漳州刺史 29 年，陈氏五代为闽南开发建设百余年，其部属亦随之落地生根，成为开漳建漳的主力。

至唐末，江淮大乱，社会动荡，僖宗光启元年（885 年），光州刺史王绪为躲避军阀秦宗权的追剿，“悉举光、寿兵 5000，驱吏民渡江”，固始人王潮、王审知兄弟随部南迁，经江西入闽。是年八月，王潮兄弟发动兵变，取王绪而代之，次年攻占泉州，并于景福二年（893 年），占领福州，控制福建全境。后梁太祖朱晃封王审知为闽王。王审知死，其子王延钧称帝，建立闽国。经王氏子孙艰辛经营，福建经济社会快速发展，至宋逐步赶上中原发展水平。

上述固始移民两次大规模入闽及其对福建经济社会发展的影响，学界已有共识，但固始移民入闽产生的影响远不仅限于福建。因为固始移民入闽后，其后裔因各种原因先后渡海迁台，成为台湾移民社会的主体。陈孔立研究表明，“大陆汉人迁台，漳、泉人占十之六七；其中，诸罗、彰化，以及府城一带，漳、泉籍移民占九成以上”（陈孔立《清代台湾移民社会研究》九州出版社 2003 年，第 177 页）。谱牒资料也表明，自固始移民入闽，至漳、泉人迁台，固始“基因”世代相传，不曾中断。如此，漳、泉人迁台，实际上是固始移民入闽的延伸，固始移民入闽迁台为一整体。但是，很长时间，无论是学界还是民间并不甚明白八成台湾姓氏族谱上为何注明“祖上来自光州固始”，直到 1981 年厦门大学黄典诚教授发表《寻根母语到中原》，谜底才得以揭开。

1981 年 4 月 22 日，黄典诚在《河南日报》发表《寻根母语到中原》，提出台湾同胞“寻根的起点是闽南，终点无疑是河南”，揭开中原与闽台渊源关系研究之序幕，并在海峡两岸形成“台湾访祖到福建，漳江思源溯固始”独特的根亲文化现象，至今 30 年。30 年是一个值得纪念的时间节点，为此全海教授组织中原与闽台关系研究中心同仁，搜集整理近 30 年来两岸学者具有代表性研究论文凡 40 篇，作为“中原与闽台关系研究”丛书之一种，结集出版《中原与闽台渊源关系研究三十年（1981－2011）》，我认为这是一件非常有意义的学术活动，至少有三个方面的价值值得提出来，与大家共勉：

第一，本书收录的 40 篇论文，可谓海峡两岸近 30 年研究成果的代表，通过阅读可从中发现有关中原与闽台渊源关系研究之缘起、学术历程和不同时期的研究内容，为日后学者开展研究提供一个基本路径和话语体系，是珍贵的学术资料，具有重要的学术研究和学术史价值。

第二，本书按照不同时期的学术取向，将 30 年研究成果大致归纳为寻根、记忆和认同三个主题，从而揭示学术研究背后的中国社会特别是两岸关系的变迁；可以认为本书从一个侧面反映或折射出 30 年两岸关系的基本走向：从血缘认同、文化认同，到国家认同，成为基本趋势和发展方向，因此本书之出版亦是 30 年两岸关系和平发展的见证。

第三，本书特别关照到近 30 年参与中原与闽台渊源关系研究的研究主体，既有民间、学界，也有官方。大致说来，早期以民间为主体，自觉发起的寻根活动，引起学界关注，成为一个学术问题；学术研究成果，为民间寻根活动提供事实依据；官方的参与则是间接地为民间寻根和学界之研究营造有利环境，如“文化搭台，经贸唱戏”等，说明中原与闽台渊源关系之研究，已非纯粹学术问题，而是关乎两岸和谐关系之构建和国家认同，具有重大现实意义。

我与全海教授于 2009 年夏赴台参加在台北举办的“海峡两岸根亲文化

研讨会”相识，以文会友，常有往来；其间就信阳历史文化、中原与闽台渊源关系和两岸学术文化交流等共同关心的话题，彼此切磋，互有启发。今尹全海送来与余纪珍、乔清忠合编之《中原与闽台渊源关系研究三十年（1981－2011）》书稿，我有机会先睹为快，就认识所及谈谈自己的思考，是为序。

信阳市人大常委会主任　宋效忠

2012 年 6 月

目　录

纪念中原与闽台渊源关系研究三十年学术研讨会综述

（代前言）

1981年4月22日厦门大学著名语言学家黄典诚教授在《河南日报》发表《寻根母语到中原》，揭开中原与闽台渊源关系研究之序幕，至今30年。30年是一个值得纪念的时间节点。为此，由国台办《两岸关系》杂志社、河南省台办、信阳师范学院、固始县人民政府等单位联合举办的中原与闽台渊源学术研讨会，2011年11月9日在“唐人故里·闽台祖地”——河南固始隆重召开。研讨会以“寻根、记忆、认同”为主题，纪念中原与闽台渊源关系研究30年。来自海峡两岸的专家学者50多人，就中原与闽台渊源关系研究之缘起、现状及趋势，中原与闽台渊源关系研究之学术人物、学术会议、关键事件、特色成果，以及30年来豫闽台在“两岸三地”① 官方、民间、学界寻根活动等中原与闽台关系之相关议题，交流思想、切磋学术，颇有精进。特别是台盟中央常务副主席汪毅夫教授、福建省社科院徐晓望教授莅临，大大提高了本次会议的学术层级和学术影响。

从总体上看，本次研讨会在承继和坚持中原与闽台渊源关系这一主题之同时，将30年来中原与闽台渊源关系之研究作为研究对象（即研究之研究），由此呈现出新的取向和新的境界，具体表现在：

一、中原与闽台渊源关系，不仅是历史事实，更是文化现象。与会学者认为，作为文化现象，不同时期有不同的表现形态。大约上世纪八十年代起，这一文化现象表现为强烈的寻根意识和汹涌的寻根活动，在台湾同胞积

① “两岸三地”一般是指海峡两岸和香港，即大陆、台湾与香港，但在本书中，“两岸三地”特指豫闽台，即河南、福建、台湾。

极推动之下，1977年台湾省各姓渊源研究学会、1989年福建姓氏源流研究会相继成立①，特别是1981年4月22日《河南日报》发表黄典诚教授《寻根母语到中原》，提出“台湾同胞寻根的起点是闽南，终点无疑是中原”，拉开中原与闽台渊源关系研究之序幕。进入九十年代中原与闽台渊源关系之研究表现为旨在为寻根活动提供史实依据的学术研究，比如1991年12月4－7日在福建漳州召开的陈元光国际学术讨论会和1996年9月18－20日在河南郑州召开的首届闽台姓氏源流研究会，研究议题都集中在移民史，会议组织者希望通过唐初陈元光父子入闽开漳和唐末王审知兄弟王闽治闽，以及中原姓氏、家族之迁移史之研究，完成中原移民入闽迁台之史实重建。进入世纪之末，这一文化现象表现为海峡两岸的血缘、文化和国家认同，2008年10月20－22日首届固始与闽台渊源关系学术研讨会的召开和2009年10月25－27日“唐人故里·闽台祖地——中原（固始）根亲文化节”举办为其标志。30年来中原与闽台渊源关系研究走过了寻根、记忆、认同三个阶段，三个阶段不仅前后相继，而且互有重叠，比如寻根不因记忆出现而退出；记忆也不因认同成为主体而淡化，相反，三者之间通过叠加、强化，固化为一种文化符号。

二、历史上中原移民入闽迁台，无论作为历史事件还是历史记忆，所传达的信息具有同等价值。大家认为，唐代以来福建民间盛行的陈元光祭祀与传说、闽台族谱上记载的“祖上来自光州固始”，以及当下开展的寻根谒祖、根亲文化和学术研究等，分别通过口头传说、史料记载和文化仪式的形式呈现和强化了中原与闽台渊源关系之客观性。口头传说、史料记载和文化仪式，就历史记忆而言所传达的信息及其价值同样重要，正所谓“唐史无人修列传，漳江有庙祀将军”，“但不见诸史，惟详于谱牒”。因此，本次会议收到林寒生《黄典诚与中原寻根之缘起》、欧潭生《一千年前是一家——台闽豫祖根渊源初探》两教授回忆文章②，以及河南省社会科学院张新斌提交的《中原寻根中的“信阳现象”解读》、唐金培提交的《欧潭生“三探”与豫闽台渊源关系研究》等，或以当事人回忆或以后学者再现1981年黄典诚教授发表《寻根母语到中原》（《河南日报》1981年4月22日）、1983年

① 1995年11月，福建省姓氏源流研究会在福州举办“首届闽台姓氏源流研讨会”，台湾省各姓渊源研究学会在林瑶棋理事长带领下应邀与会。

② 林寒生1981年随黄典诚教授来固始调研时为黄典诚的硕士研究生。

欧潭生教授发表《一千年前是一家——台闽豫祖根渊源初探》（《中州今古》1983 年第 5 期），其叙述的是历史事件，重现的是历史记忆，传达的是中原与闽台渊源关系。

三、新史料的发现是学术进步的动力。傅斯年在《史学方法导论》讲义中说过："史料的发现，足以促进史学之进步，而史学之进步，最赖史料之增加"，只有"得到前人得不到的史料，然后可以超越前人"。福建省社会科学院徐晓望研究员的论文《范祖禹 < 王延嗣传 > 及闽国史料的新发现》，从宋代史学家范祖禹《范太史集》中发现长达 4600 多字的《王延嗣传》，成为研究固始王氏、王延嗣本人，以及王审知重大决策等闽国史的第一手资料，具有重要史料价值。厦门大学杨际平教授的论文《应该重视宋人对闽人皆称固始人的评价》，通过引证宋代学人郑樵、方大琮、陈振孙等对"闽祖光州固始"的质疑，以及史籍与方志中关于陈元光籍贯的几种记载，认为许多从中原入闽者的后裔因羡慕中原先进文化而自称来自光州固始，这一特殊的文化心理现象，很值得研究。漳州师范学院闽台文化研究所汤漳平教授的论文《从族谱资料看开漳》，通过对漳州现有 703 种姓氏入闽、肇漳的调查，从中发现唐初中原民众入闽的起因、过程、结局，以及陈政、陈元光率领中原府兵及 58 姓民众入闽，不仅成为开发建设闽南粤东的主力，还对福建社会稳定、经济发展、族群融合，闽南区域文化的形成、台湾的开发和海外的拓展等方面都产生了积极影响。以上三篇论文，都是从史料出发，通过发现新史料，或运用别人忽视的史料，促进学术进步与创新，其用心、用力、用功之勤，值得我们尊重，也是本次研讨会的新收获。

四、文化认同成为中原与闽台渊源关系研究的基本取向。大家认为，发现新史料需要机遇，学术进步完全依靠新史料的发现恐有落空的危险，况且求真与致用是学术追求之两翼，以求真为基础、致用为依归，当中原与闽台渊源关系之研究完成史实重建之后，解释就变得意义重大了。厦门大学陈支平教授的论文《从历史向文化的演进——闽台家族溯源与中原意识》就提出中国南方家族溯源史中存在的"从历史事实向文化意识方向演进的趋势"是一种文化认同，从而倡导历史意蕴的文化解释和历史的人类学研究，既研究过去的建构如何用来解释现在，也研究过去是如何在现在被创造出来的。陈支平教授强调，尽管在闽台地区民间家族的溯源过程中"历史的真实性与文本显示表象之间存在着较大的差距”，但若“过于执著于历史文献的记述和所谓历史记忆的真实性，恐怕都将不知不觉地被引入到比较偏颇的学术困境”。他说：“正是由于这种超越历史真实感的文化意识的自我追寻与文化的自我认同，才促成了中华多民族国家的形成与延续”，“我们只有在文化认同的基础上一道认识中华文化的多样性及其包容性，才能从无限广阔的空间来继承和弘扬我们祖国传统的优秀文化”。

台盟中央常务副主席汪毅夫教授也在《关于“中原与闽台关系研究”的若干思考——与戴吉强书》中建议本次研讨会以“闽人称祖多曰中原”为研究对象，以“中原与闽台关系”为选题，应该说，汪教授说的中原和闽台都是指其文化含义，即文化中原，闽台一体，关注的是一种文化认同和民族认同。台湾“中研院”民族所高致华研究员的论文《从信仰文化论中原与闽台渊源》，则是以闽南地区的“詹敦仁信仰”为例，“从文化信仰串连中原与闽台的渊源，让全世界的中国人共同体会同是炎黄子孙的感动”。

五、如何引领学术方向的问题。开展学术研究除辨章学术、考镜源流、赓续文脉外，还有一个重要任务就是引领学术方向，那么中原与闽台渊源关系之研究，应如何发展呢？与会学者们认为：第一，要在整合现有研究成果的基础上，形成两岸交流平台，以学术交流推动学术研究，使更多的人参与到我们的研究队伍中来。在此方面信阳师范学院已开展积极尝试，2010 年与河南省台办联合组建中原与闽台关系研究中心，一方面与固始县人民政府联合举办“中原与闽台渊源关系学术研讨会”，开展学术研究；同时积极推动两岸学术文化交流，并把交流重点放在两岸大学生的交流，在 2011 年暑期与台湾师范学院联合举办东亚儒学研习营基础上，准备适时邀请台湾大学生来中原参加中原文化研习营，加深台湾青年对大陆的认识，这样，我们所说的文化符号将得以强化。第二，中原学者和福建学者，都要展现大气魄、大视野和大区域观，比如就“闽祖光州固始”问题上，中原学者应抛开萦绕学术发展的所谓“根在河洛”、“根在河南”、还是“根在固始”等地域概念；福建学者亦无需执著于是“皆曰固始”、“多曰固始”，还是“或曰固始”的问题，都应以中国、中华民族、中华文化之认同为主轴开展研究。

尹全海

2011 年 11 月

关于“中原与闽台关系研究”的若干思考

——与戴吉强*书

台盟中央常务副主席　汪毅夫

吉强学兄：

您好！

从固始乘车返京后，看了几天书。有些资讯和看法，提供你研究时参考。

1. 2005 年 4 月，我在《闽台社会史札记》（收拙著《闽台缘与闽南风》，福州，福建教育出版社 2006 年 7 月版）一文里辑录了古之学者郑樵、方大琮、陈振孙、洪受等人批评“闽祖光州固始”之说的言论。及读你赠送的《固始与闽台渊源关系研究》（北京，人民出版社 2009 年 9 月版），始知有人做了一番续附的工作：于古之学者郑樵、方大琮、陈振孙、洪受的言论之后，加上今之学者陈支平、杨际平、谢重光、徐晓望“对‘闽祖光州’的质疑”之说，并由此设论，做其文章《闽祖光州并非相传之谬》。

实际上，郑樵和方大琮不认同的是“皆云固始”、陈振孙不认可的是“皆称光州固始”、洪受拒不认定的也是“莫不曰光州固始人也”；陈支平、杨际平、谢重光、徐晓望批评的则是历史上部分闽人“伪托”和“冒籍”为光州固始人的行径。古今学者郑樵、方大琮、陈振孙、洪受、陈支平、杨际平、谢重光、徐晓望一干人等对“闽祖光州固始”之说的批评和质疑是正当而合理的。我在《闽台社会史札记》一文里尝谓：

---

* 戴吉强，河南省固始县史志研究室主任。

福建在历史上经历过移民开发的阶段，来自中原的移民当有出于光州固始者而“未必其尽然也”；今之福建居民的主体乃由古代中原移民的后裔与古代当地土著住民的后裔构成。若“皆曰光州固始”，“不亦诬乎?”

现在，我依然持论不移。

以闽人称祖“皆曰光州”为前提的“闽祖光州”之说属于“相传之谬”；以闽人称祖“皆曰光州固始”为前提的“闽祖光州固始”之说当然亦属于“相传之谬”。

闽人称祖“或曰”光州（包括光州固始），完全符合历史事实；闽人称祖“多曰”光州（包括光州固始）基本符合历史事实；闽人称祖“皆曰”光州（包括光州固始）则非“基本符合历史事实”。

让我们在“或曰”、“多曰”和“皆曰”，固始、光州和中原之间各取一语，以“闽人称祖多曰中原”为研究对象，以“中原与闽台关系研究”为选题，你以为如何?

陈支平、杨际平、谢重光、徐晓望是1977年以后一起成长的福建学者，他们在1994年前后晋升为教授，都是享受政府津贴的专家。

我忝列其末，以识荆为幸。

豫闽两地学者应更好地开展“中原与闽台关系研究”领域的合作。

举例言之，徐晓望教授在闽国史研究方面是学术权威，谈论光州固始人王审知在闽史实，不可不从徐教授的著作请益。希望豫闽两地学者在良好的学术氛围里进一步开展合作。

2. 关于陈元光的籍贯，宋代文献记为“河东”，如宋人王象之《舆地纪胜》卷九十一《广南东路》于“威惠庙”条下记：

朱翌《威惠庙记》云：陈元光，河东人，家于漳之溪口。

我藏有《舆地纪胜》（北京，中华书局影印本，1992年10月版），上记引文见该书第3册第2929页。

有人认为，河东“是陈元光家族的郡望而已，不是陈元光的籍贯”。据我所知，以“河东”为郡望的姓氏为卫、吕、柳、裴、蒲、聂、薛七姓，并无陈姓；陈姓出颍川、汝南、下邳、广陵、东海、河南六望，并无河东。

我藏有明代万历《漳州府志》（厦门大学出版社2010年5月版），该书上册第143页记：

陈元光，字廷炬，号龙湖，其先河东人，后家于光州之固始，遂为固始人。

我另藏有明代万历年间基本成书、崇祯年间刊印的何乔远《闽书》（福州，福建人民出版社1995年12月版）。该书卷四十一《前帝志·君长志》于“陈元光”条下记：

陈元光，字廷炬，固始人。

上记引文见《闽书》第2册第1012页。

从所见文献看，明代万历年间始有陈元光为固始人的记载，此前的明代正德《漳州府志》无此记载。

此后的相关记载则多多如也。

康熙《龙溪县志》（我藏有该书之漳州图书馆2005年1月影印本）记：

陈元光光州固始人，王审知亦光州固始人。而漳人多祖元光与泉人多祖审知，皆称固始。按郑樵《家谱后序》云，吾祖出荥阳，过江入闽，皆有源流，孰为光州固始人哉。闽人称祖，皆曰自光州固始来，实由王潮兄弟从王绪入闽，审知因其众克定闽中，以桑梓故，独优固始。故闽人至今言氏族者，本之当审知之时重固始也，其实谬滥。

康熙《漳浦县志》记：

陈元光，光州固始人；王审知，亦光州固始人。而漳人多祖元光，兴、泉人多祖审知，皆称固始。按，郑樵《家谱后序》云：“吾祖出荥阳，过江入闽，皆有源流，孰为光州固始人哉?”夫闽人称祖，皆曰光州固始来，实由王潮兄弟从王绪入闽，审知因其众克定闽中，以桑梓故，独优固始。故闽人至今言氏族者本之，以当审知之时，重固始也，其实谬滥。

自唐陈将军入闽，随行有五十八姓，至今闽人率称光州固始，考《闽中记》，唐林谞撰，有林世程者重修，皆郡人。其言永嘉之乱，中原士族林、黄、陈、郑四姓先入闽，可以证闽人皆称光州固始之妄。

我藏有《漳浦县志》之《康熙志·光绪再续志》的点核本（福建漳浦县政协文史资料委员会2004年12月编印本）。上记引文见该书第710页。

道光《平和县志》（厦门大学出版社2008年4月版）第500页记：

漳人称祖，皆言来自光州固始。由王潮兄弟从王绪入闽，王审知因其众克定闽中，以桑梓故独优固始；而陈将军元光亦出固始，故言氏族者至今本之，而不尽然也。按郑樵《家谱后序》云："吾祖本出荥阳，过江入闽，皆有源流，孰为光州固始人哉?"即此可知向来相沿之误。

上记三则引文均批评了"闽祖光州固始"之说，另一方面又均认定陈元光为"光州固始人"。这是很可注意的。

康熙《漳浦县志》记：

陈政，字一民，号素轩，光州固始人。父克耕，从唐太宗攻克临汾等郡，政以从征，功拜玉钤卫翊府左郎将归德将军。高宗总章二年，泉、潮间蛮獠啸乱，居民苦之，佥乞镇帅以靖边方。政刚果有为，谋猷克壮，进朝议大夫，统岭南行军总管事，出镇绥安。将士自许天正以下一百二十三员，从其号令。诏云："莫辞病，病则朕医；莫辞死，死则朕埋。"其子元光，从政至漳。草创经营，备极劳瘁。自以众寡不敌，退保九龙山，奏请援兵。朕命以政兄敏、敷领军校五十八姓来援。敏、敷卒，母魏氏代领。至闽，乃进屯梁山外之云霄镇，作宅于火田村居焉。

尝经漳江，谓父老曰："此水如上党之清漳"。故漳州名郡，漳浦名县，悉本诸此。仪凤二年四月卒，葬云霄山。

又记：

论曰：将军陈政，唐高宗朝统岭南行军总管事，出镇绥安，卒，元光代领父众。后人因元光请置州郡，为刺史，遂祖元光，不及政。《闽书》、《郡志》皆逸其名，亦思开屯建堡，始自何人。"朕医"、"朕埋"，誓同带砺。记载缺如，能无遗憾?因考其轶事，首入《名宦志》，亦先河后海之意云尔。

《闽书》未收陈政传。《郡志》则指《漳州府志》，我所见正德《漳州府志》（福建省文史馆馆员陈正统老先生藏有影印本）、所藏万历《漳州府志》，亦未列陈政传。陈政传入于福建志书，确是康熙《漳浦县志》的首创，所谓"首入《名宦志》，亦先河后海之意云尔"。

3. 道光《平和县志》第501－502页记：

陈元光家谱载，从元光入闽者：婿卢伯道、戴君胄，医士李茹，前锋将许天正，分营将马仁、李伯瑶、欧哲、张伯纪等五人，军谋祭酒等官黄世纪、林孔著、郑时中、魏有人、朱秉英等五人，府兵校尉卢如金、刘举、涂本顺、欧真、沈天学、张光达、廖光远、汤智、郑平仲、涂光彦、吴贵、林章、李牛、周广德、戴仁、柳彦深等十六人，惟卢氏、许氏有家乘存焉。噫！建邦启土，咸有功力。从唐侯来者五十八姓，又有许天正以下一百二十三员。今得胪举者此，此志乘失修之过也。世代相沿，子孙陵替，先世虽有竹帛之勋而浸以澌来无传矣。可胜惜哉！

万历志：玄宗先天元年，赐故将军陈元光诏曰：“环甲缮兵，积有二十四年之苦；建邦启土，治垂二十五载之平。”又云：“以身殉国之谓忠，战胜攻取之谓毅，引荐善类之谓文，普播仁恩之谓惠，可赠豹韬卫镇军大将军兼光禄大夫中书左丞临漳侯，谥忠毅文惠。”

按：唐制太常谥法驳议颇严，宰臣谥皆一字。吏部尚书吕谨议谥忠肃，独孤及力驳其非。载在《通典》，四字为谥未之前闻，岂宋以后追谥之耶？镇国大将军武阶二品，光禄大夫文阶二品，兼秩为赠，或出特典。而唐官制中书无丞，今曰左丞亦属可疑。按府志载，会稽童华《重修开漳圣王庙记》云：“诏赠豹韬卫镇军大将军，封临漳侯，谥忠毅”。此更为可据。

私家修谱与官家修志之间的互动，于此可见。

4. 陈元光庙在宋人王象之《舆地纪胜》里有两处记载。

一是该书卷九十一“威惠庙”条下所记：

朱翌《威惠庙记》云：陈元光，河东人，家于漳之溪口，唐仪凤中，广之崖山盗起，潮泉□应，王以布衣乞兵，遂平潮州以泉之云霄为漳州，命王为左郎将守之。后以战殁，漳人哭之恸，立祠于径山，有《纪功碑》、《灵应录》于庙云。

另一是该书卷一百三十一于“陈元光”条下记：

庙碑云：公姓陈，讳元光。永隆三年盗攻潮州，公击贼，降之。公请泉、潮之间创置一州，垂拱二年遂敕置漳州，委公镇抚。久之，蛮贼复啸聚，公讨之，战殁，遂庙食于漳。李颙诗云：当年岭北正危时，数郡生灵未可知。不是有人横义慨，也应无计保藩维。

宋修《仙溪志》（福州，福建人民出版社 1989 年 11 月版）第 65 页记：

威惠灵著王庙，在枫亭市之南、北。按漳浦《威惠庙集》云，陈政仕唐副诸卫上将，遂家于温陵之北，曰枫亭，灵著王乃其子也。今枫亭二庙旧传乃其故居。

关于陈元光庙，福建民间有“威灵”之说。

《闽书》第一册第697页记：

其地又有陈将军庙，时著威灵，犯者立死。邑民祈禳，多杀生命。宋时泉州有释法超者，过而戒以因果升坠之说。而后将军霁威，无所害扰。

嘉庆《云霄厅志》（福建云霄县人大常委会2005年11月点校本）第189页记：

将军庙，在将军山下，时著灵异，犯者立死。邑民祈禳，多杀生命。宋时泉州有释法超者，过而戒以因果升坠之说，后将军霁威，无所扰害。

漳州地方文史专家李竹深《二焉文稿》（漳州市图书馆2010年印本）第282页记：

笔者幼时，邻里父老是不准我们进入威惠庙玩耍的，说是凶庙，不得乱窜。邻里若有纠纷，往往会进庙跪于陈元光像前发誓，以求神断。

民间关于陈元光庙的此等传说，乃是对神敬与对鬼畏的一种综合表现。陈元光有功于民，但他又属于被凶杀而死的鬼，民间因而有敬畏之情也。

5. 康熙《漳浦县志》第48页记：

谢东山庙，浦乡里在处皆有之。相传陈将军自光州携香火来浦，五十八姓同崇奉焉，故今皆祀于民间。

道光《平和县志》第500页记：

邑人多祀广惠谢王，其源始于陈将军。王即晋谢安石也。考《晋史》，安石太元九年病，子侄请祷。安石曰：“无益也，昔桓温盛时，我惧不免。偶梦与温适野，温下车谓我曰：‘卿且坐此！’我乘其车，行十二步见白鸡而止，今我代温为相十二年矣。兹岁在酉，我其不起乎！”已而果卒。至今祀王者不敢荐鸡，本此意也。乃或谓王误吞鸡骨而死，陋矣。

6. 清代闽人郑杰《闽中录》（福州，海风出版社2004年2月版）收有《王潮别传》。

郑杰（约1750－1800），名人杰，字昌英，又字奕斋，号注韩居士，福建侯官人。清代著名藏书家、著作家。

《王潮别传》据《王氏家谱》，核之《新唐书》、《五代史》等正史，比对取舍，别于《王氏家谱》之家传和《新唐书》之本传。文后有万世美跋语，记《王潮别传》著述情形、著作特点等。跋语谓：“王潮四子之名，史均不载，此（指《王氏家谱》之家传）独详之，信非凿空所能杜撰也。昔太史公作《史记》，往往就家人问故，良以国史不如家乘之详”。实际上，明嘉靖《固始县志》（上海古籍书店影印本，1963 年版）第246 页已详记王潮四子之名：延兴、延虹、延丰和延休。国史、家乘、方志的关系，以及《固始县志》同《王氏家谱》的联系，宜为研究者注意。

7. 顺治《光州志》（河南省信阳地区史志总编室、河南省潢川县地方志办公室 1993 年点校重印本）收有中原与福建关系史料多种。

书前《序例卷》之《修志姓氏》记顺治《光州志》之“督理”人员内列：

管粮通判郑鼎新，鞠思，福建闽县人，贡士。

《序例卷》之《光州旧志姓氏》记万历《光州志》之“校梓”为：

光州知州陈烨，肖厓，福建人。

《序例卷》之《光州旧志序》收有“万历丙子知光州事闽龙溪肖厓陈烨谨叙”的序文，其文有“烨之先世元光，光人也，唐时随父政领兵戍闽，因家焉。今来守是邦，则视邦之士夫子弟，皆其乡人也”之语。

卷之七《官秩考》之明代判官名录里有：

冯嘉会，福建人，贡士。

卷之七《官秩考》之《宦业》有明代查榖传，其文曰：

查榖，兴化人，景泰初以乡举为光州学正。人朴无华，科条整饬，士类兴起。侍御刘廷瓒以文章行谊授知，后举进士，令绩溪，往谒其庐，执弟子礼甚恭，榖亦閤门自重，时人闻其风而两贤之。

又有明代陈烨传，其文曰：

陈烨，字惟实，福建龙溪人。万历初，以举人授光州守。其先人元光，产于光州，有功唐代，世守闽，因为闽人。以故公视州之绅士黎庶，犹其亲姻比党也。时执政者以天下赋法不一，行一条鞭法，奉行者犹未全善。公延访汰蠹，成画一法，民受其庇，于文庙前建龙门奎楼，为文笔峰，风气大振，文运日昌。州志残缺，礼聘刑部郎中陈璋修补，士大夫感公德，以元光旧封广济王，为建庙儒学东，以公配食，复祀名宦祠中。

又有清代吴勉传，其文曰：

吴勉，字素求，其先为莆田人，占籍庆都，好古博学，为海内知名士，公催科中独饶抚字，民忘其贫，而国赋无逋，则自持甚廉也。其于诸士，每正色训之，而卒加优礼。复有折狱才，以片言褫其魄，而徐从宽政。是以政简刑清，民仰而畏之，旋感而戴之，升绍兴府同知。

卷之十一《艺文考·上》收有张袠贤之《陈公条鞭勤德政记》，记陈烨在光州知州任上的事迹，其文曰：

公号肖岩，福建漳州龙溪县人。领嘉靖甲子乡荐，岁甲戌以亲老借禄遏选，得河南汝宁府光州知州。盖选贤良重牧守也。秋八月，甫下车视篆，揖逊雍容，毫发不动声色。猾胥悍卒，初冥冥未能识公，比按法行事，审听徐察，则焕然神明，震若雷霆，而憸夫心寒，壬人股栗矣。节操冰霜，一法不染，人服其清；凡事缜密，一字不苟，人服其慎。当官之法，莫是过也已。化民成俗，务以德教；论文礼士，重以学行；尊贤养老，诚以敬爱；赈贫恤寡，厚以惠慈。至于听讼折狱，周详明允，曾无遁情，虽亲狎豪贵，未尝枉其曲直，而省刑薄罚，美意惓惓焉。其他善政，不能枚纪，乃赋税一编，尤为最善矣。

光州士厚民醇，往昔政繁赋重，额征杂办，名色不一，累派重科，积弊悉苦多矣。近年议通行一条鞭法，为规甚良也。顾奉行德意者，或未悉心。弊生渊薮尤甚。公莅政三月，即注念于兹，而首稽隐漏，次铲宿蠹，躬亲筹算，曲为计画，会集僚宷，同心辅治，较若一体，遂定为真一条鞭法云。计本州本年通融起存分数，若夏麦，若秋米，若盐钞，若驿粮，凡额征者四，该银各若干；若银差，若力差，若会议，若河夫，若府快，若解兵，若义勇，若杂办者七，该银各若干；若学田，若茔地，若优免，若不免，凡地亩者四，该银各若干。通计实地八千七十九顷一十亩七分一厘六毫，总征银二万二千七十一两八钱五分六厘一毫五丝五忽八微六纤八沙八尘。优免者第顷该征银一两三钱七分五厘一毫九丝二忽，不免者每顷该征银二两九钱四分二厘七毫五丝六忽。其里长工食已蒙本府尽革外，大概优免一亩岁办，不过十五钱，不免岁办，不过三十钱。会计当节用爱人，可谓至矣。且当堂逐户亲给印由，令里老催什役，什役催花户赴州自完，而一切比并、押保、监责、揭赔、指称、科收等弊悉行裁革。其为德政又何至哉！

庆幸无已，而作歌谣；歌谣无已，而绘图像。又虑公一旦超擢，嗣公者，或未必如公法也。复鸠工采石而树之碑，将欲刻之，永永勿替焉。于是乡民有年八十若张宝焉，有年七十任登云、陈便、施伦等，皆庞眉皓首，叩门请贤为文记其事。以为自有赋税以来，未有若此者，其父母万世之法也。贤不能文，抑不敢为佞，特敷陈其事而直言之。呜呼！公有心德，民有口碑，爱公之政，感公之心。是《周官》法度，盖本诸关雎、麟趾之意也。公行将内辅神京，外抚名省，此法通行天下矣。继来子民者，能允若如兹，心公之心，而法公之法，则子孙黎民尚亦有利，而予文亦藉以不朽矣。是为记。

查光绪《漳州府志》（北京，中华书局2011年4月版）卷之十七《选举·二》，“（嘉靖）四十三年甲子王大道榜”条下记：

陈烨，（俱）府学。知光州及衡州府同知，廉洁有惠。以靖江长史归。居乡恺弟，称长者。

附带言之。书前《点校重印说明》谓“志书原图（按，指《光州志图》）作缩印处理”。

然而，书前附图有简体字如坛、伞、灵、龙、庙、台、图、关、学、节、马、仓、闸、阳、罗、双等，颇为可疑。看来，对于“志书原图”除“缩印处理”外，还将图中部分繁体字也“予以简化”。

汪毅夫

2011年5月3日

文献来源：2011年固始与闽台渊源关系学术研讨会论文，2011年11月。

作者简介：汪毅夫，全国人大常委、台盟中央常务副主席。

在首届豫闽台姓氏源流国际研讨会上的讲话

政协河南省第七届委员会主席　林英海

各位来宾、各位代表，女士们、先生们：

首届豫闽台姓氏源流国际研讨会，今天正式开幕了。我代表河南政协委员会，河南省中原姓氏历史文化研究会，向前来参加会议的海内外来宾，各位代表、各位专家、学者及朋友们，表示热烈的欢迎和衷心的感谢！

来自台湾、福建、广东、广西、湖北、江西、河南等省和韩国、菲律宾的来宾、专家学者欢聚郑州，举行姓氏历史文化学术研讨会，弘扬中华民族的历史文化，是一件有意义的事，我们向会议的召开表示热烈祝贺。

河南省地处中原，历史悠久，是中华民族主要发祥地之一。优越的地理位置和丰富的自然资源，使河南自古以来就成为中华民族古老文化的一颗明珠。距今五六十万年前，被考古学家称为南召猿人的原始人群，就已开始在河南繁衍生息。距今8000年前的裴李岗文化遗址在河南发现40余处，距今6000年前的仰韶文化遗址遍布河南省20余个县。距今4000多年前，在河南龙山文化基础上出现了中国历史上第一个奴隶制政权——夏朝，初都阳城（今河南登封告成），后数易其都，大部分在河南省境内。中国七大古都，今河南省境内有三个：世界闻名的商都安阳，是甲骨文的故乡，中华民族文字发祥地。九朝古都洛阳，汉唐时期久盛不衰。七朝古都开封，北宋时人口逾百万，是当时中国乃至世界上最大最繁华的都市。河南省是华夏腹地，历史上战争频繁，王朝更迭，民族迁徙，使这里成为中华民族交融汇合的熔炉。从春秋战国，经秦、汉、魏、晋、南北朝、隋、唐、五代直至北宋，生活在这块土地上的华夏民族和来到中原地区的戎、狄、蛮夷、鲜卑、羯、氐、羌等少数民族逐渐通婚融合。居住在这里的汉族也大量迁徙他乡，移居我国东南、西北、东北地区。所以河南是中华民族姓氏的主要发祥地。有关专家研究结果表明，我国古今姓氏有1.2万个，其中半数起源于河南。河南省姓氏文化源远流长，在全国姓氏历史文化上占重要地位。特别是与东南各省有着密切的联系，闽粤大部分人的祖先是从中原迁移过去的。以后又进一步迁移到台湾和海外各地生根。他们在向南方迁移过程中，也把中原文明传播到各地，对南方经济、文化的发展作出了巨大贡献。据研究，历史上对闽台姓氏产生重大影响的迁徙活动，无论是晋末的八姓入闽，还是唐代的五十八姓开漳，以及唐末五代时期的“十八姓随王”等等，无不与河南先民南迁福建有关。如今，我们从这些南迁先民的姓氏堂号上，或从家乘谱牒上，都能找到他们根在河南的鲜明印记。所以自古及今，一向有闽台人“根在中原”或“根在河洛”之说。今天我们在中原召开闽台姓氏源流国际研讨会，就是要追本溯源，牢记历史，加强我们自古就有的血缘亲情，增进中华民族凝聚力和文化认同，加强经济、文化交流，更好地促进经济文化发展。

河南省姓氏文化研究从80年代初起步，随着修志工作和地方史研究的发展，收集整理了不少姓氏文化资料。广大历史工作者，修志工作者及侨务工作者，都对姓氏源流进行了大量的调查研究，并建立了姓氏文化研究机构。四年以前，我们首先成立了中原民族史学术委员会，去年正式成立了河南省中原姓氏历史文化研究会，负责组织和指导全省的姓氏研究工作。至今，河南已有20多个市县相继建立了姓氏研究会或宗亲联谊会，一批研究人员脱颖而出，撰写了一批论文，出版了一些书刊，取得了不少研究成果。《中国百家姓》电视系列片、《寻根》杂志、《中州今古·中原寻根专辑》、《源于河南百家姓》、《中原寻根》以及王姓、陈姓、郑姓、谢姓、杨姓、林姓等方面的书均多方位、多角度反映了我们的研究成果。另外，河南卫辉、荥阳、开封、淮阳等地都举办过大规模的姓氏研讨和联谊活动，接待了数批前来寻根拜祖的海内外客人。省内有关部门还组织了电视采访团赴东南亚各国访问，在联络乡情族谊方面起到了较好的作用，收到一定的社会效益。今后，我们将一如既往地开展姓氏研究工作，并乘这会议的东风，更好地为海内外同胞寻根谒祖服务。

各位来宾，朋友们！

河南大地物华天宝，人杰地灵。改革开放后，河南更是日新月异，充满生机和活力。在这里，我把河南的概况向大家作一简要介绍。河南省地处黄河中下游地区，因古时为豫州，故简称豫，又位于古九州之中心，大部分地势平坦，又有“中州”、“中原”之称。全省现有13个省辖市，4个地区，116个县（市）。全省人口9100多万人，共有汉、回、蒙、满、壮等51个民族。全省气候温和，四季分明，雨量充沛。总面积16.7万平方公里，地形包括豫东平原、南阳盆地、豫北山地、豫西山地和豫南山地五大区，有分属于黄河、淮河、海河、长江四大水系的大小河流1500多条，有丰富的矿产资源。世界上已被利用的150多种矿产中，河南已发现107种，探明储量的80多种，已开发利用的61种。林业资源比较丰富。粮、棉、油、烟产量在全国占有重要地位。畜牧业比较发达。河南地理位置优越，交通便利。有纵贯南北的京广、京九、焦枝三条铁路干线和连接东西的陇海铁路在这里交汇。郑州火车站是全国最大的客运中转站，郑州北站是全国最大的货车编组站。洛阳——郑州——开封高速公路已开通。郑州、洛阳、南阳三个机场已开辟航线20多条，与香港开辟了定期航班。京广、沪新等国家通讯光缆在这里经过，各市地县全部开通了国内直拨电话。河南的旅游资源非常丰富。全省现有全国重点文物保护单位30个，省级重点文物保护单位527个。可供海内外旅游观光的景点近百处，其中被列为国家级的旅游景点17处。国家旅游局推出的14条专项旅游线路中，有河南的“黄河之旅”和“寻根朝觐之旅”两条。

中华人民共和国建国47年来，特别是改革开放以来，河南人民在邓小平建设有中国特色的社会主义理论指导下，在中共河南省委、省政府的领导下，坚持以经济建设为中心，同心协力，艰苦奋斗，现代化建设和各项事业发展较快。1995年，国内生产总值2940亿元，经济总量居全国第七位。1978－1995年国内生产总值年均增长速度是12.5%。全省现有工业企业2000多家，其中大型企业1013个，形成了门类比较齐全的工业体系。河南是农业大省，农业人口占总人口的87%。近年来，全省人民以实现小康为目标，大力发展乡镇企业、畜牧业，推动农业经济全面发展。“八五”期间，全省粮、棉、油等主要农产品产量都创造了新的历史最高水平。由于不断深化科技体制改革，促进科技经济一体化，初步形成了科技与经济结合的格局。文化、卫生、体育、环保、民族、宗教等工作也都取得了新的成绩。

随着经济建设和社会各项事业的发展，城乡人民生活不断改善，居民收入有较大增长，消费水平不断提高。近年来，由于全面实施开放带动战略，河南的对外贸易工作得到了加强，外商投资环境也进一步优化。目前已同100多个国家和地区建立了贸易关系，与11个国家缔结了22对友好省际关系和友好城市关系。在日本、美国、澳大利亚、泰国及香港等国家和地区设立了近60个经济贸易窗口。为了进一步扩大对外开放，河南省制定了一系列鼓励外商到河南投资和发展对外经贸经贸技术合作的优惠政策，并不断改善电力、交通、通讯等基础设施建设，努力为外商投资提供一个良好的生产经营环境。为改善河南投资环境，省委省政府确定了10项基础工程。其中郑州贸易中心和中原国际博览中心两个大型交易设施已经建成交付使用。郑州航空港、公路联运、河南博物馆、十大文物旅游景点等大型基础设施正在加速建设。河南正在迈着坚定的步伐走向世界。今后，世界将更加了解河南，河南与世界各地的联系将更加紧密。

目前，河南面临许多有利条件和发展机遇。全国整体对外开放的格局将由沿海加快向中西部扩展，河南处于东中西三大地带的结合部，将对扩大河南对外开放提供更多的机遇。国家在宏观布局上，将加大中西部地区政策性投资力度和增加利用国外优惠贷款的份额，支持中西部地区农业、能源、交通等基础产业发展，这将对进一步改善河南投资环境和基础产业发展条件带来新的机遇。在今后五年中，河南要加快发展，缩小差距，力争国内生产总值在1980年的基础上翻三番，人均国内生产总值增长5倍，基本消除贫困现象，人民生活基本达到小康，初步建立社会主义市场经济体制，全面实现社会主义现代化建设第二步战略目标，为胜利跨入21世纪，向第三步战略目标迈进奠定坚实的基础。实现这些任务和目标，是既充满希望又非常艰巨的开创性事业，需要河南9100多万人民进行坚持不懈地努力，也需要港澳台同胞、海外侨胞的大力支持和帮助。希望这次到会的海内外来宾，能够借此机会多了解河南、认识河南，回去后多宣传河南。

各位来宾，各位朋友！

我们这次会议的召开旨在以姓氏研究为纽带，加强我们之间的交流与合作，促进海内外炎黄子孙的团结。希望大家畅所欲言，各抒己见，为推进姓氏研究和学术交流尽心竭力。同时，我们再次代表政协河南省委员会，中原姓氏历史文化研究会，并以我个人的名义，祝各位事业兴旺、身体健康，生活幸福！

预祝大会圆满成功！谢谢大家！

1996年9月18日

文献来源：《首届豫闽台姓氏源流国际研讨会论文集》，1996年9月。

作者简介：林英海，政协河南省第七届委员会主席，河南省中原姓氏历史文化研究会会长。

在首届豫闽台姓氏源流国际研讨会闭幕式上的讲话

中共河南省委宣传部常务副部长　葛纪谦

各位来宾、各位代表：

首届豫闽台姓氏源流国际研讨会，已经历时两天。昨天上午，河南省政协主席、河南省中原姓氏历史文化研究会会长林英海作了重要讲话，来自韩国的佛教大师林允华先生、台湾各姓渊源研究学会理事长林瑶棋先生、福建省姓氏源流研究会副会长卢美松先生等十几人在大会上作了讲话和发言。今天上午分小组进行了讨论。会议开得紧张、热烈，非常成功。

这次会议虽然只开了两天，但有这么几个特点：领导重视、规格高；人数较多，情绪高；论文较多，质量高。台湾省张明正先生、河南省社科院王大良先生的论文，福建省地方志编纂委员会副主任卢美松先生的论文都很有说服力，更加密切了豫闽台三省的亲缘关系。昨天上午河南省委、省政府、省政协的几位领导提前到会看望大家，并和大家一起合影留念。林英海还向大家介绍了河南经济社会发展情况和姓氏文化研究的情况，对会议的召开提出了明确的要求，保证了这次盛会的顺利进行。韩国大师，菲律宾的代表，福建、广东、广西、江西、湖北和河南许多市、地、县以及研究部门的代表都参加了研讨会，提供了论文，作了大会发言，小会交流。参加了这次研讨会的达 110 多人，提交论文 60 多篇。所提交的论文内容涉及到华夏各姓氏起源、演变与中原的关系，豫闽台姓氏分布与中原历史移民的关系，客家研究，以及从东南沿海向台湾、韩国等地的移民迁徙等问题。许多文章从各个不同角度论证了闽台大多数姓氏的根在中原，从而进一步确认了豫闽台自古就有的密切关系。这不仅对豫闽台三省的姓氏研究工作有重要意义，也为全国姓氏研究提供了积极的成果。可以这样说，我们这次研讨会出了成果，交了朋友，开得成功，富有意义。

研讨会的成功，归功于大家。为此，我在这里再次代表河南省委宣传部、河南省中原姓氏历史文化研究会，向前来参加研讨会的海内外来宾、各位代表、各位专家、各位学者及所有的朋友们、同志们表示衷心的感谢和诚挚的敬意！

各位代表，首届豫闽台姓氏源流国际研讨会即将闭幕了。会后如何更深入地开展姓氏源流研讨，大家发言中讲了许多很好的意见，在这里，我想谈点意见和大家商量。

姓氏历史文化是中华民族精神财富的重要内容，由于种种原因，姓氏历史文化研究工作在我国曾中断过很长一段时间。20世纪80年代以来，随着我国改革开放和海外寻根热潮的兴起，姓氏历史文化研究工作在国内外迅速开展起来，也出了不少研究成果和专著。但是，由于起步较晚，资料缺乏，还不能完全适应形势发展的需要。进一步加强姓氏历史文化的研究，是历史赋予我们的任务。改革开放以来，中国经济发展迅速，取得令人注目的成绩，引起世界各国的重视。民族经济的发展，必将推动历史文化的发展，也给我们姓氏历史文化的研究提出了更高的要求。面对21世纪，我认为，姓氏历史文化研究还有许多重大课题尚待进一步开发和研究，还有很多工作等待着我们去做。比如，关于华夏各姓氏的起源、发展、迁徙、演变问题。历史上的中原移民与闽、台、粤姓氏渊源关系问题，明清时期由中国东南沿海向外移民问题，客家人的形成及其与中原的关系，姓氏历史文化的研究对经济发展、社会进步的促进作用等等，都需要进一步探讨。总之，我认为，我们的姓氏历史文化的研究要向纵深、健康的方向发展，我们的研究工作要进一步增强科学性、前瞻性和现实性，我们的研究工作一定要服务于弘扬中华民族精神，振兴民族经济，为人类作出更大贡献这个伟大目标。

在加强学术理论研究的同时，我们还应加强省内外、国内外、海内外华人的联络和交流工作，密切协作，促进文化交流，共同为弘扬中华民族优秀的历史文化，取得更多更好的研究成果，使中华民族在亚洲，在全世界发挥出更大的影响和作用。

各位来宾、朋友们！

这次大会只是一个良好的开端，今后还有更多的工作需要我们去做。这次会后，我们要加强相互间的联系，发挥各地的特长和优势，互通有无，继续努力开展姓氏历史文化研究，多出成果。研究中的争鸣，是件好事不是坏事。我主张在研究中，提倡求同存异，取长补短，携手进共。我们计划会后尽快编辑出版本次会议的论文集，把大家研究的成果汇集成册，也作为这次研讨会的一个具体成果奉献给大家，希望得到大家的支持。

根据大会的安排，我们这次研讨会于今天闭幕，明天进行参观考察。在此，我预祝明天参观顺利，并祝各位贵宾、各位代表，女士们、先生们、同志们，朋友们身体健康、家庭幸福、事业有成、万事如意。

最后，我们河南人民热烈欢迎海内外，特别是韩国、菲律宾、台湾、福建、广东、广西、贵州、湖北、江西、山西的单位、侨胞、朋友们到河南来寻根问祖、文化交流、投资建设。

谢谢大家！

1996 年 9 月 19 日

文献来源：《首届豫闽台姓氏源流国际研讨会论文集》，1996 年 9 月。

作者简介：葛纪谦，曾任中共河南省委宣传部常务副部长，河南省中原姓氏历史文化研究会常务副会长。

关于固始与闽台渊源关系的几个问题

——在 2010 年固始与闽台渊源关系研讨会上的讲话

政协河南省第九届委员会副主席　陈义初

女士们、先生们：

大家下午好！

这次研讨会非常成功。2010 年是唐人故里·闽台祖地第二届中原固始根亲文化节，为了丰富文化节的内容，举办了“2010 年固始与闽台渊源关系研究研讨会”，组委会为了大家能够静下心来开好这个研讨会，特别把研讨会提前到开幕式前召开，这也体现了主办方的用心良苦，希望来自全国的专家、学者能够“百花齐放、百家争鸣”，各抒己见。

现在看来，这次研讨会非常成功，具体表现在下面几个方面：

1. 主题明

2010 年年会主题为“闽台姓氏中原（固始）寻根研究”。与会的专家、学者围绕这个主题就以下 9 个方面进行了论述：

唐代中原（固始）移民入闽迁台史

闽台姓氏祖地

闽台姓氏播迁

闽台名人祖籍

闽台名人宗祠

闽台姓氏中原寻根活动

豫闽台两岸三地寻根文化品牌建设

河南涉台文化遗产保护与开发

河南对台文化交流平台建设

2009年，我们的主题是“根文化”，2010年集中于姓氏，应该说是更进了一步。

2. 规格高

这次研讨会的主办单位有：

国台办《两岸关系》杂志社

中国社会科学院台湾史研究中心

河南省人民政府台湾事务办公室

河南省社会科学院

这样的规格包含了大陆研究海峡两岸关系的各方面学术机构，也体现了这次研讨会的水平。

3. 范围广

这次研讨会有海峡两岸豫、闽、台三地的专家学者50人参加，收到论文38篇，在研讨会上交流的30多人。

希望这个研讨会越办越好！

接下来，我就固始与闽台渊源关系谈几个问题。

在2009年研讨会（10月27日）的最后总结中，我曾经做了一次讲话。讲话的内容包括：由来和评价：根——中心；活动的目的；坚持、认真、合作、求实——活动成功的保证。我想，2009年的讲话主要是针对这次活动来说的。2010年我想就固始与闽台渊源关系本身谈一下我的看法，也可以说是对这方面的研究提出自己的一些想法，与诸位共商。

1. 源和流

无论从哪个层面去理解，固始与闽台的关系就是“源和流”的关系，这里的“源”指的是固始，当然也可以说中原。固始作为一个载体，其历史事实是不容置疑的。因为唐时，其大部分代表中原文化的移民是从固始出发的，而实际上，他们代表的是中原文化而不是狭隘的“固始文化”。而闽台一定是“流”的载体。当然由闽和台原住民延续下来的文化和中原的渊源关系要薄弱一些。但是，千年来，闽台的主要住民应该是中原移民的后代，这也是不容置疑的。因此固始与闽台渊源关系一定要确立这个“源和流”的关系，这是整个研究的基础和主要原则。

2. 传承和发展

在我们承认“源和流”的前提下，我们也应该看到，闽台文化虽然和中原文化有其传承关系，但是由于千年来的社会变化，闽台的地理位置更容易受到外来文化特别是海洋文化的影响，闽台的生存环境较中原地区更加不易，使一部分先民不得不脱离农耕而从事商业贸易等。这些使得闽台文化在传承的基础上，有较快的发展。这里特别应该指出的是我们应该承认“朱明理学”就是对于汉唐儒学的发展，而宋明理学的诞生地已经不是中原，而是赣、闽等地区。我们一定要承认这种发展，这才是科学的态度。

3. 反哺和学习

既然闽台文化经过千百年来的发展已经有其先进的成分，因此在当前渊源关系的研究中，除了要强调“寻根”外，还要强调“反哺”。也就是说，作为中原或固始，还要学习闽台文化中的先进成分，这包括：经济理念、经营理念、社会规则、生活方式等。因此我主张，在研究“根”的同时，我们能不能花一些力气，研究一下闽台在中原的基础上发展了什么，在传承的基础上提高了多少，有哪些应该“反哺”，有哪些应该学习。

4. 气和器

这里的所谓“气”，指的是文化的核心，我想简而言之，中原文化的核心就是儒家文化的核心，那就是“仁”。而任何一种文化一定有一个载体，这个载体就是“器”。这个“器”，可以是姓氏，也可以是家谱、典籍，也可以是古迹。这次我们以姓氏作为主题，就是以姓氏这个“器”，来进行“气”的研究。从人类的活动情况来看，“气”很重要；而作为载体的“器”也非常重要。可以想象一下，如果没有金字塔、狮身人面像，那么古埃及文明就很难被我们所认识。所以对于渊源关系的研究，更重视“气”，也要重视“器”。这几年，固始县对于这方面倾注了大量的人力和物力，例如我们已经看到的陈氏将军祠，奶奶庙等其规模、环境都已经有极大的改善，这是令人欣喜的。

在这里，我希望说明的就是，我们对于“器”，应该是站在一个更高的高度去考虑、去规划、去建设。这才能符合普世的价值观，才符合建设和谐社会的目标。

同时，对于固始这样一个大“器”，应该在城市规划中有所考虑，如何体现“源”之所在。也就是说，固始县在城市建设中要体现自己是闽台之源，而不要一看就是中国的一个县城，高楼大厦，玻璃幕墙，千篇一律。如果不舍得全县城作为一个“器”，起码有这么一个地区，而不是仅仅两个点。

5. 专家和民众

在这里谈的是专家的研究需要提高，而民众的知识需要普及。

从专家研究的角度，提高是必须的。目前我们的社会太浮躁，狭隘学术上表现为急功近利，而实际上没有认认真真的态度，是什么也做不成的。

关于民众的普及，目前渊源关系研究的认同和研究还是只停留在专家学者层面，如何使得渊源的理念走向社会大众是我们的任务和责任。在这一点上还是有很多工作要做的，建议做以下五件事：

（1）出版通俗读物或拍摄电视纪录片。

（2）组织到大专院校的讲座。

（3）做好中国河洛文化网。

（4）开展大陆和台湾的河洛文化专题游。

（5）注入现代化元素的专题活动，如移民路线的汽车拉力赛等。

衷心地希望“唐人故里·闽台祖地——中原（固始）根亲文化节”越办越好，衷心地希望有越来越多的海内外华人来固始寻根问祖，衷心的希望大家能够在这里找到自己的根！

谢谢大家！

2010 年 10 月 25 日

文献来源：2010 年固始与闽台渊源关系学术研讨会论文，《固始移民与两岸文化认同研究》，河南人民出版社 2011 年 10 月。

作者简介：陈义初，政协河南省第九届委员会副主席，中国河洛文化研究会常务副会长。

寻根母语到中原

黄典诚

我来自福建厦门。我说的是闽南方言，闽南方言和闽北方言（还有闽东方言）同是我国九大方言之一。它和普通话有较大的区别。在闽南、闽东和闽北，祖祖辈辈都传说祖宗是河南来的。这件事记在方志上，写在族谱里。据《三山志》说：“（晋）永嘉之乱，衣冠如闽者八族”。又据《河南光州府志》载：唐高宗总章年间，福建南部蛮獠啸乱，朝廷以光州固始人陈政、陈元光父子率五十八姓前往征伐。陈政阵亡，陈元光年方十八，代父领兵。结果削平祸乱，疏请建立漳郡。又据《五代史》，唐末光州固始人王潮、王审知兄弟，率众起义，南下福建，建立闽国，采取了若干有效措施，开发了福建，发展了经济，推广了文化，安抚了流亡。在中原板荡的时代，福建成了偏安一隅的地方。这是中原人民成批流入福建的简况。福建和河南有着密切的乡土关系。福建方言就是从河南带去的。至今“客话”区人民还称闽语（方言）为“（黄）河洛（河）话”，称说闽语的人为“河洛人”。我这次带研究生到河南来为福建方言寻根，去固始县作了实地调查。

自从上年元旦，我人大常委会发出《告台湾同胞书》，台湾人民为响应统一祖国的号召，纷纷发起往大陆寻根的运动，他们写了许多“唐山过台湾的故事”。他们寻根的起点是闽南，终点无疑是河南。河南光州固始人陈元光开辟了漳州，被尊为“开漳圣王”，当菩萨膜拜。这位陈圣王也随郑成功到了台湾。至今台湾全省有大小陈圣王庙近百所。香火之盛，是很可观的。象陈元光这样有作为、有贡献的历史人物，正统历史新旧《唐书》没有他的专传，难怪有人为漳州南台庙（即陈圣王庙）撰下一对楹联：

唐史无人修列传，

漳江有庙祀将军。

通过这次调查发现，《固始县志》也缺了这一重要材料。应该参照福建《漳州府志》、《龙溪县志》迅予补上。

事隔千年，这回找到什么“根”没有？回答是不多，但就所得的几条，已经很重要，够说明问题了。例如这里有“洛阳桥”，闽南也有“洛阳桥”。能是偶然的吗？又如管“没有”叫“毛”。甚至连“卤面”也被携带过去了。

我们的寻根，将引起台湾同胞的极大兴趣。今后，希望贵我两省语言学界的同志们，在共同为实现四个现代化的语言工作中，互相支持，互相配合，并肩前进！最后愿以小诗七律奉赠：

河洛中原是故山，永嘉之乱入闽南。
谋生更遍南群岛，击楫全收淡水湾。
莫谓蛮人多鴃舌，须知母语在乡关。
寻根不是寻常事，唤取台胞祖国还。

1981 年 3 月 18 日　于郑州

文献来源：《河南日报》1981 年 4 月 22 日。

作者简介：黄典诚，厦门大学教授。

缅怀中原（固始）与闽台渊源关系研究的开拓者黄典诚教授

——兼论寻根之旅的缘起

林寒生

今年四月，是著名语言学家、厦门大学中文系黄典诚教授带领他的首届研究生到固始寻根30年，也是《河南日报》发表黄先生《寻根母语到中原》一文30年，同时又是河南省、信阳地区和固始县相关单位开展中原与闽台渊源关系研究30年。作为黄典诚教授嫡传弟子，特别是30年前直接参与固始实地寻根的实践者，今天再次踏上祖先的故土，千百年前固始先民移民的始发地，又一次看到我们先祖世代生活、辛勤耕耘的美丽山川，特别是荣幸地应邀参加第三届中原（固始）根亲文化节活动，受到“唐人故里·闽台祖地”父老乡亲的盛情款待和热情欢迎，心中更是感到无比的激动和兴奋。

30年前，黄典诚教授在《河南日报》发文指出：台湾、福建和河南三省，有着密切的乡土关系。福建方言就是从河南带来的。台湾人民前往大陆寻根，“他们的起点是闽南，终点无疑是河南”。因此“寻根不是寻常事，唤取台胞祖国还”。这就向世人深刻揭示了寻根文化研究对唤取台湾同胞认祖归宗，增强民族认同，实现中华民族团结和谐，推动两岸早日实现统一的重要而深远意义。同时也让我们看到这位前辈学者通过学术研究推动祖国统一大业的高度智慧。

黄先生的这篇短文原先是在河南省语言学会成立大会上的一篇演讲稿。在文稿之末，他还深情地赋上一首七律：“河洛中原是故山，永嘉之乱入闽南。谋生更遍南群岛，击楫全收淡水湾。莫谓南人多鴃舌，须知母语在乡关。寻根不是寻常事，唤取台胞祖国还。”并分别用普通话和闽南方言朗诵一遍，当即引发了全场语言学家的热烈掌声。而有高度政治敏感的河南省委宣传部长心有灵犀，当场决定并向大会宣布河南省中原（固始）寻根文化研究会成立。全场又一次欢声雷动，反响热烈。此后，从信阳固始到中州大地，从学术界到文化界，从党的宣传统战部门到其他机关，掀起一阵阵寻根热浪。我们高兴地看到，中原（固始）与闽台渊源关系的研究工作，在国务院台办、全国侨联、全国政协的共同推动下，在河南省委、信阳地委和固始县委等各级领导直接领导下，通过三十年来的努力和辛勤工作，取得了令人瞩目的成就。特别是近几年根亲文化节的举办，当地党政领导以寻根文化研究为契机，把根亲文化研讨与省地县改革开放，内引外联、城市建设、农村试验区、商贸旅游、和谐社会建设等结合起来，并取得了可喜的成绩。同时，经过学术界、文化界、教育界等的共同努力、辛勤挖掘，寻根文化的内涵也日益丰富多彩，已从原先单纯的历史移民考察扩及到谱牒世系、姓氏渊流、宗教信仰、方言俗语、风俗习惯、文学创作、门类文化、历史人物等方方面面；而在地域上则从原先的一个县扩展到以固始县为中心辐射及河南全省乃至中原大地甚至整个中国。境外则由台湾扩展到港澳台甚至东南亚与海外其他地区。在此，我们不能不由衷地敬佩黄典诚教授的高瞻远瞩，更加深切地缅怀这位中原（固始）与闽台渊源关系研究的开拓者和先驱人物，正是他的远见卓识为我们当今的根亲文化研究闯出一条新路，并且在诸多领域的研究中都颇有收获；同时，在学术研究为社会服务方面也作出了实质性贡献，堪称为这方面的典范。

作为一名著名语言学家、黄典诚教授在学术上有多方面的贡献。他年轻时代跟随著名古文家余謇教授研读经典，打下深厚国学基础；又亲炙老一辈语言学家周辨明教授的现代西方语言学理论方法，在汉语音韵学领域研究中注意做到考古与审音相结合，音韵与方言相结合，因而能游刃有余，创获良多。例如，他的论文《关于上古汉语高元音的探讨》一文提出上古汉语不能没有高元音 i/u 的地位，得到吕叔湘先生嘉许，对此有“理我大惑”之评；其专著《切韵综合研究》因对中古《切韵》的独到研究而荣获国家教委颁发的学术著作优秀奖。他从“贾”“茶”两字《广韵》中列有 2 个反切的实例中窥探出汉语语音发展过程中有不同层次，进而发现了“轻声重韵”和“重声轻韵”的重要秘密，从而为汉语语音史的重建开辟了一个崭新视角，对汉语语音史作了全新解释，至今仍站在本学科领域的前沿。这一观点被国内同行称为“强弱轻重律”，或“典诚律”。另一部专著《训诂学概论》，应用现代语言学理论方法研究传统学问，而被国内6所高校中文系作为研究生或本科教材。所撰《诗经通译新诠》一书，与陈子展先生的《诗经直解》，被当代学者誉为建国以来创获最大的解诗巨著。

对汉语方言的精湛研究，则是黄典诚教授科研生涯中又一浓墨重彩的篇章。早在上世纪60年代，他便主编过200多万字的《汉语方言概况》，撰写了该书的总论与分论中的闽南话与莆仙话部分；80年代又牵头主编了《普通话闽南方言词典》，同样为国内外同行所瞩目。正是由于他在方言研究领域中的突出成就，厦门大学中文系一度成为全国汉语方言研究中心，在国内外享有盛誉，而他本人则被国内外学者誉为“闽语研究众所公认的权威”、“闽南方言研究的先驱”。黄典诚先生对方言研究的重要贡献主要体现在对福建方言分区、文白异读和本字考订几个方面。例如关于福建方言分区问题，历来学者都只靠主观想象，将其分为闽南话与闽北话2种。黄典诚先生年轻时便调查过建瓯话，提出它与福州话不可混一，应重新定位；后来参加全省方言普查，更坚定了原来想法。他认为语言是由语音、词汇和语法三个层面组合的系统，方言也莫能外，因此为方言分区不能以方音为唯一根据，而必须兼顾词汇和语法两个层面。采用这一标准，他把纷繁复杂的福建方言分为闽海、闽中和闽客3个大方言群，下辖7个方言区、17种土话、29种土音，而把福建省内主流方言即闽语分为闽东、闽南、莆仙、永安和建瓯5片。此一依照“群——区——话——音”几个层级划分方言的“多层区分法”，使福建方言内部的亲疏远近关系第一次得到缜密的梳理，分区的依据和结论则比前人有重大突破，并得到学界同仁的普遍认同；对建设方言学的理论宝库则作出了重要贡献。

黄典诚教授是中国语言学界元老、国语罗马字的始创者、为国人所推重的周辨明教授嫡传弟子。与自己的恩师相同的是，他们师徒二人终其一生都倾心于国家语言规划的探讨，致力于语言文字的应用研究。作为与赵元任、林语堂同辈的语言学家周辨明，一生研究语言学70多年，其“所贯注的中心命题是汉语拼音化和文字索引法”，吕叔湘先生称他具有“死不改悔”的献身精神。黄先生从小接触教会罗马字，上大学后又深受周辨明影响，因而十分热心于汉字改革、汉语拼音、新文字及方言拼音方面的不倦探索，并为此开设课程、讲座并发文倡导。据说上世纪中国文改会（即语言文字应用委员会前身）制订《汉语拼音方案》时，与会专家学者为采用什么符号代表“j、q、x”3个声母意见纷纭，最后采用了黄先生意见才确定了今天此一书面写法。如今50多年过去了，此一国颁方案无论在为汉字注音、推普、为少数民族创制文字方面，还是在帮助国际友人学习汉语、处理资讯等方面都发挥了重要作用。而我们已没多少人知道，此一“功在千秋，行之万里”的拼音方案之中，还渗透着黄典诚先生的一份心血，折射着他老人家睿智的光芒。

黄典诚教授毕生重点研究汉语音韵方言，而这些工作与他的寻根思想有何联系呢？他的寻根思想又是怎样形成并付诸实践呢？这是一个令人感兴趣的话题。下面想就此谈点个人看法。

首先，福建方言中保留、传承汉语古音与古词汇的一些蛛丝马迹是推动他寻根的一个原动力。黄教授在研究福建方言的过程中发现，被音韵学家反复验证的一些古音特点，在福建方言中多能见到，这便诱发了他追根寻源的兴趣。例如，上古汉语语音“古无轻唇”与“古无舌上”，是清人钱大昕所证实的两句名言，在闽台方言中依然存在，前者如“分、蜂、微”等字，闽台方言声母读“p、ph、m”，后者如“张、抽、除”等字，闽台方言声母都读t或th。再比如中古切韵音系有m、n、ng 3个鼻韵尾，声调有入声，这在闽台方言中也颇常见。如闽南话中，“音/因/英”读［im/in/iŋ］，“集/质/职”读［ip/it/ik］，便是有力证据。这些事实，正说明闽方言不但包含古音，而且还含有上古和中古等不同历史层次。因此，闽台口语中的古音残迹，正是反映出北方移民入闽不是一次性完成，而是历经多次。把其历次移民情况弄清便需要我们开展寻根。再从词汇角度观察，闽台方言多传承有古代汉语语词，它们在古代汉语早期文献中也确实有案可稽。例如，当地百姓饭锅说“鼎”，《说文》：“鼎，三足两耳和五味之宝器也”；闽台方言叶子说“箬”，《说文》：“箬，楚谓竹皮曰箬”。前几年，我在一次闽语研讨会上发表一文，题为《闽语中的古方言词探源》，查证了《说文》、《方言》等汉代文献，发现了闽方言中130多条语词属于汉晋时代古汉语的早期方言词。其中又以古楚语（含南楚）数量为最，其他依次是吴楚通语、吴越语、秦晋语和东齐海岱语。这充分显示闽台方言复杂，源出多头，但值得重视的是古楚语（含南楚、吴楚等），以及吴楚通语则是最核心、最重要的。而历史上光州固始所处的河南省东南端，与其周边相邻的安徽、湖北等省，历史上早期属楚管辖，又与吴国往来密切，其方言多楚语和吴楚通语便不足为奇；其次，又因地近中原，还兼收并蓄了秦晋和东齐海岱一带的中原文化，因此也必然渗入一些古秦晋语和古东齐海岱语。如今，这类语词便自然在闽台方言中留下印记。又如，闽台方言儿子说“囝”，父亲说“郎爸”（如福州）。唐代顾况有《囝》诗，诗中有“郎罢别囝，吾悔生汝……囝别郎罢，心摧血下”（“罢”实即“爸”）语，这又证明今闽台方言与唐代或稍晚时期的中原（固始）移民有所关联。正是由于闽台方言中包含上述一些较为典型的古音古词，深深吸引和激发了黄老当初研究的深厚兴趣，促使他萌发了北上寻根的想法。

其次，史籍、地方文献的不绝记载与父老口碑的世代传扬为寻根之旅提供了切实可靠的史实证据。据史籍及地方文献记载，历史上的征蛮与中原士族的南征入闽大多与中原（固始）有关。其中联系较为密切的有以下四次：

（1）据《史记·东越列传》载：汉武帝元鼎五年（112 年），南越相吕嘉反，旋覆灭，翌年，鉴于闽越“强悍，数反覆”，朝廷派兵遣将，兵分四路，直捣闽越，闽越王败绩。武帝便“诏诸军吏将其民徙江淮间，东越立遂虚。”据朱维幹考证，大规模的汉军入闽，在福建历史上这是第一次。

（2）又宋·梁克家《三山志》称：“永嘉之乱，中州板荡，衣冠入闽者八族：陈、林、黄、郑、詹、邱、何、胡是也。”而《闽中纪》称：“永嘉之乱，中原士族陈、郑、林、黄四姓先入闽，今闽人皆称固始人。”另杨恭恒《客话本字》也说，“自永嘉五胡蹂躏，冠带数千里之地，戎膻污染，靡有宁居，于是衣冠之族，豪杰之辈，如侃逖峤琨之辈，相与絜家度口，共图威胁……其余入闽诸姓，有林何邵胡八家。”

（3）清《漳州府志》《云霄县志》载：唐高宗总章二年（669 年），泉潮一带“蛮獠啸乱”，朝廷命陈政兄弟率府兵 3600 人（固始 58 姓）、123 员将领由固始来闽南安边。陈政子陈元光年方十三，也随往。后经 30 余年征战，终于平靖边氛。后又由地方呈报并经诏准，增设漳州郡，“以控岭表”，由元光首任漳州刺史；玄宗时封颍川侯。如今闽南一带有 200 多座威惠王庙

（台湾也有 70 多座）供奉这位“开漳圣王”，民间百姓均称元光为“菩萨公”。至今陈圣王尚一如既往地享受着当地百姓供奉的血食。

（4）另据旧福建省志及县志载：唐末江淮动乱，吏民南逃。寿州人王绪起事，攻占光州，自领光州刺史。后固始人王潮、王审知兄弟率 5000 人响应。旋因王绪刚愎自用，滥杀老弱，王潮兄弟将其杀死，并举潮领兵；潮殁后由审知统领兵士。后审知受封福建威武军节度使和福建观察使；五代后梁开平年间又由朱温封为闽王。王氏兄弟征战闽省南北 8 年，其家族治闽近 50 年。审知治闽期间兴修水利，开凿海港，设学四门，颇有口碑；而随其入闽者数十姓将领也落籍福建。

上述数次有规模、成批量的历史移民，给福建方言带来上古汉语及其方言，同样也带来隋唐五代时期的中古汉语。今天福建方言中，仍有此类残迹断片，可以折射出不同批次中原（固始）先民当年千里行军南下闽省的蛛丝马迹。

第三，为两岸学术文化交流推波助澜与为祖国早日实现统一贡献力量的真诚愿望，是促成寻根之旅的重要推力。

建国后的数十年间，两岸隔绝，互不往来。动乱结束后，经拨乱反正，祖国大陆百废俱兴，走上四化建设康庄大道，党和国家也开始重新部署并积极开展对台工作。1979 年元旦，全国人大常委会发出《告台湾同胞书》，在两岸民间发生强烈反响。台湾人民为响应统一祖国号召，开始向大陆发起寻根活动。他们写文章、编电影电视，出版书刊，开展学术研究，有不少有识之士，提出“五百年前是一家”的口号，开始关注两岸间的乡土、血统关系。大陆方面，特别是三中全会以后，中央更把台湾回归祖国、实现两岸统一作为八十年代三大任务之一。面对如此火热场面，谁不想为祖国统一大业做点贡献？作为高校教师的一员，黄典诚教授敏锐地察觉到，如果能把自己专业研究与国家统一大业结合来，该有多好！而寻根研究，恰恰便是将上述二者结合起来的最好切入点。这大概便是促成他寻根之旅的推动力量。因此，1981 年春，他决定带我们几位研究生乘北上郑州召开学术会议和到北图查阅资料的机会，叫我们中两位研究闽语的研究生到固始寻根，另一位研究客家话的，则到河南灵宝寻根。他本人则因郑州会议不便脱身便就近找来固始籍学生访谈。时值河南省语言学会成立，他便代表福建语言学会上台祝贺，并作了上述演讲，后全文由 4 月 21 日的《河南日报》刊发。这便是事情的始末。

往事如烟，黄典诚先生带领我们北上寻根之旅不觉已历 30 年，而他老人家也已于 1993 年离开了我们，魂归道山。但他所开创的中原（固始）与闽台渊源关系研究工作今天在信阳固始、在河南全省乃至整个中原大地产生的效应和影响却仍在持续。如果他老人家地下有知，一定会感到十分欣慰。我们相信，在上级领导的亲切关怀和指导下，在有关部门共同努力下，寻根工作一定会越做越好，并产生更深远的影响！

文献来源：2011 年固始与闽台渊源关系研讨会论文，2011 年 11 月。

作者简介：林寒生，厦门大学中文系教授，福建省语言学会理事。

一千年前是一家

——台闽豫祖根渊源初探

欧潭生

1976 年，美国黑人作家阿历克斯·哈利写的《根》一书，轰动世界文坛，获得了美国普立兹文学奖。小说描写美国黑人祖先被阿拉伯奴隶贩子从非洲西部掠运到美洲，其子孙历尽千辛万苦寻找自己的祖根。这本书在台湾流行后，激起了台湾同胞的爱国热情，掀起了一股寻“根”追“源”的热潮。

台湾《青年战士报》从 1978 年 10 月 16 日开始，连续刊载《唐山过台湾的故事》，从台湾同胞的姓氏、宗族、文化、风俗等方面详细考察台湾与祖国大陆的骨肉关系。文章明确指出台湾的祖根在唐山，唐山就是祖国大陆，特别是福建、广东一带。紧接着，台湾“中央图书馆”于 1978 年下旬，举办了一个题为《根——台湾的过去和现在》的文物图片资料展览，展出文物图籍二百多件，证明台湾的祖根在大陆。

台湾《中国时报》于 1979 年 6 月 11 日以《乡土·血统·根》为题发表文章，指出：“台湾是我们直接的根，而这根又嵌含在更大的根里，那便是中国。”

台湾黎明文化事业公司还出版了彭桂芳编著的《五百年前是一家》通俗历史丛书，对台湾祖根在大陆的问题，进行了详尽的考证。台湾著名学者、《中华民国史纲》的作者张其昀先生也在《台湾丛书序》中列举了大量历史事实，说明台湾同胞大部分来自闽南与岭东，即今闽粤二省。他还深情地说：“血浓于水，台湾同胞终于投入祖国怀抱，这是中华民族碧血之所坚凝。”

台湾电影《源》是近年来台湾同胞“寻根热”发展到高潮的产物。这部电影耗资七千万台币，运用电影演员三万多人次，花了二百二十天才拍摄完成。作者以“源”为片名，以开发台湾石油作为题材，描写大陆移民不畏艰险、开拓宝岛的事迹。影片使人们生动而又形象地看到了台湾与祖国大陆血肉相连的关系。

通过这几年的寻根活动，台胞已确认他们的祖根在福建一带，因而发出“五百年前是一家”的慨叹！但是，在中华民族的悠久历史中，五百年仅是短暂的一瞬。台湾和福建更早的祖根在哪里？在纷纭繁杂的历史现象中，在古朴独特的方言土语里，在似曾相识的地名风俗方面，我们找到了一些蛛丝马迹，奉献出来，求教于各方人士。

一、四次人口大交流

越王勾践的后代无诸，协助诸侯灭秦，后来又帮助刘邦消灭楚霸王项羽。因此，刘邦建立西汉王朝后，就册封无诸为闽越王。到了汉武帝建元年间（公元前 140 年－公元前 135 年），闽越不服管辖，曾经多次叛乱。至今，在闽北一带还残留着闽越对抗汉朝所修筑的古城遗址。后来汉武帝派兵镇压并采用迁徙政策，“尽徙其民于江淮间，以虚其地”（以上材料见《史记》和《福建通志》）。这是历史上福建与中原人口第一次大交流。说明早在汉武帝时，江淮间已有大批福建人居住。

晋代永嘉之乱，中原一代“衣冠如（入）闽者八族”（见《三山志》）。这八大族人家就是从河南避乱南迁至福建的官僚地主。大批中原人定居福建，在今天的地名上还保留着历史痕迹。福州有晋安河，泉州有晋江，这都是晋代中原人到福建后命名的。这是历史上中原与福建人口第二次大交流。

唐高宗总章二年（669 年），福建南部蛮獠叛乱，朝廷派河南固始人陈政、陈元光父子率五十八姓军校前去镇压，并开辟漳州郡（见福建《漳州志》和河南《光州志》）。这是历史上中原与福建人口的第三次大交流，也是对闽南和台湾影响最大的一次。至今，陈元光被尊为“开漳圣王”，台湾各地的漳州移民，一直奉开漳圣王为守护神，当做菩萨顶礼膜拜。据调查，台湾现有五十三所陈圣王庙，备受台湾同胞的崇敬。

又据《五代史》记载，唐末五代河南光州固始人王潮、王审知兄弟，率领数万人起义，转战安徽、浙江、福建。最后在福建建立了“闽国”。闽王王审知经营福建五十多年，使福建的经济、文化得到了很大的恢复和发展。这是历史上中原与福建人口的第四次大交流。闽王王审知及其数万起义部队对福建的影响是极其深远的。

综上所述，中原与福建人口的四次大交流都与河南有关，特别是唐朝的两次南迁人口最多、影响最大。因此，台湾、福建和海外侨胞称自己为“唐人”，把故乡说成“唐山”，把聚居的地方命名为“唐人街”，这是有历史根据的。民间传说唐朝军队打进福建后，把闽越土著男子杀光。剩下的闽越土著姑娘与唐朝士兵结合，就地屯居，繁衍后代。所以，今天福建方言仍然通称男子为“唐部人”、“唐部仔”，通称女子为“诸人人”、“诸人仔”（诸，就是闽越王无诸）。这种特殊称谓，是寻找福建祖先的有力证据。

值得注意的是，唐朝中叶开辟漳州的圣王陈元光是河南光州固始人。唐末五代开发福建的闽王王审知也是河南光州固始人。甚至连收复台湾的民族英雄郑成功，其先祖也是“自光州固始县入闽”（见厦门鼓浪屿郑成功纪念馆拓片《郑氏附葬祖父墓志》）。这难道是历史的巧合吗？不，树有根，水有源，寻根念祖渊源长。

二、开漳圣王陈元光

陈元光，字廷炬，河南光州固始人，生于唐朝显庆二年（657年），卒于景云二年（711年）。陈元光十三岁就“领光州乡荐第一”。当时，他父亲陈政任岭南行军总管率兵镇压福建蛮獠啸乱。由于寡不敌众，陈政退守九龙山。朝廷命陈政的哥哥陈敏、陈敷率领军校五十八姓组成援兵。途中，陈敏、陈敷卒，其母“魏氏多智，代领其众入闽”。仪凤二年（677年）四月，陈政卒，二十岁的陈元光代父领兵。经过九年平叛战争，于垂拱二年（686年）报请朝廷批准，设置了漳州郡。陈元光“率众辟地置屯，招徕流亡，营农积粟，通商惠工”，从而使漳州一带“方数千里无桴鼓之警”（见《漳州府志》）。

漳州是福建最大的平原地区，陈元光统帅的河南固始五十八姓军校及其士兵，开辟漳州，繁衍后代，对闽南的影响是十分深远的。闽南和台湾同胞都尊奉陈元光为“开漳圣王”。据《漳州府志》记载，漳州和漳江的命名，还与陈元光的祖母魏氏有关。魏氏“指江水谓父老曰：此水如上党之清漳”。这就说明，今天福建的漳州和漳江，是根据太行山的漳水而命名。

陈元光开辟漳州之后，“世领州事”。但他们并没有忘记祖籍固始。据河南《光州志》载：陈元光的孙子陈酆“在京见李林甫、杨国忠柄国，无意仕进。访弋阳（即光州）旧第，川原壮丽。再新而居之。数年，安禄山乱，漳州民诣福州观察使诉乞。遵先朝旧制，命陈酆领州事，以拯民生。朝是其请，酆至漳。荐学延师，锄强救灾，一如其祖守漳时。”由此可见，“开漳圣王”一家不仅“遵先朝旧制”，世代领漳州事，而且在河南老家还保留着陈氏家族的根基，互相间来往频繁。陈元光的三十六世孙陈华来，还担任过南宋光州太守。光州（今河南潢川县）学宫旁边纪念开漳圣王陈元光的“广济王祠”，就是陈华来当太守政绩昭昭，士绅百姓为颂其功德而捐款兴建的。

跟随陈元光开辟漳州的五十八姓军校，在闽南一带繁衍子孙，发展到今天，台湾和闽南一带陈、林、黄、郑四大姓占总人口的一半以上。群众中流传的“陈林半天下，黄郑排满街”，就是这个意思。这些大姓的族谱上，都明确记载着他们先祖是河南光州固始人。福建平和县朱姓族谱上，更明确地记载着他们的先祖是河南固始朱皋镇人。五代时，福建泉州著名隐士詹敦仁，字君泽，号清隐先生，祖籍也是河南固始人。

开漳圣王陈元光只活了五十四岁，但他和五十八姓军校对福建的历史产生了巨大的影响。

三、闽王王审知

无独有偶。事隔二百多年后，对福建历史又一次产生巨大影响的人物——闽王王审知，也是河南光州固始人。《新五代史·闽世家》记载：“王审知，字信通，光州固始人也。父恁（音嫩），世为农。兄潮，为县史。……寿州人王绪攻陷固始，绪闻潮兄弟材勇，召置军中，以潮为军校。……绪率众南奔，……自南康入临汀，陷漳浦，有众数万。……唐即以潮为福建观察使，潮以审知为副使。审知为人状貌雄伟，隆准方口，常乘白马，军中号‘白马三郎’。乾宁四年（897 年），潮卒，审知代立。唐以福州为威武军，拜审知节度使，累迁同中书门下平章事，封琅琊王。唐亡，梁太祖加拜审知中书令，封闽王，升福州为大都督府。”

闽王王审知及其子孙统治福建长达五十五年，对福建政治、经济和文化的稳定和发展起了重要作用。“审知起自陇亩，以至富贵，每以节俭自处，选任良吏，省刑惜费，轻徭薄敛，与民休息。三十年间，一境晏然。”（《旧五代史》）王审知奖掖农商、大兴水利。长乐县集数千民夫修筑海防大堤，设“斗门”十个，“旱潴水，雨泄水，堤旁皆成良田”。这是我国历史上较早的围海造田的范例。连江县开辟了一个东湖，周围二十余里，能灌溉良田四万余顷。福州南湖经过疏浚，面积达四十平方里。特别是福州、泉州两个海港的开凿，为海外交通打开了出路。王审知“又建学四门，以教闽士之秀者。”他本人“俭约自持，常着麻履，府舍卑陋，未尝营葺。”现在福州市鼓楼区有一座寺庙叫庆城寺，又叫“闽王庙”。寺前耸立着全国著名的大石碑，名为“王审知德政碑”。上面记载着王审知的生平事迹。

王审知带领河南固始一带的起义队伍数万人定居福建，必然把中原的文化、风俗和“乡音”传到福建。

四、关于郑成功墓的调查

众所周知，收复台湾的民族英雄郑成功是福建南安县石井乡人。今年是郑成功收复台湾三百二十周年纪念。福建人民将在南安县重修郑成功墓。但是，河南固始县却流传着当地发现郑成功墓的传说。为此，我们专程到固始县汪棚公社邓大庙大队小营生产队进行了调查。据参加这座古墓挖掘的生产队长郑大成同志回忆，简记如下：

> 新中国成立前这个坟堆有三四米高，前有石人、石马、石香炉、石牌坊，还有一人多高的墓碑。新中国成立后只剩下土坟堆，当地群众叫它“莽牛地”。一九七〇年农业学大寨，我们大年初一开始在莽牛地平坟整地。清除封土后，发现“洋糖滑滑”（固始土语，即糯米拌石灰）。再下面是三指厚的石条。揭开石条后，见到棺椁（椁板至今还保留着一小块）。棺椁间一边插一对龙牌和虎牌。揭开棺盖，黄色的官服完

好，头滚到一边，头上戴软帽。头特别大，牙也特别大。龙袍胸部绣着团龙，团龙上部绣着七个字——“土部丰府郑成功”（丰字疑为壬字）。字是黄色的，团龙是五彩刺绣。手上有黄色丝棉手套，脚下着厚底靴。棺底木板上刻着勺子星（即北斗星）。出土的七两多金叶子、银叶子让社员刘志义拿到合肥，被安徽省博物馆收走。还有一对铜球（直径约五公分）和一块护心镜（镜面有四个大字），连同其他墓出土的铜镜一起，拿到北边卖了。

根据以上材料分析，郑大成等人挖掘的古墓肯定是一座明清墓葬，而且墓主人生前地位较高。调查中，我们再三询问郑大成等人，对死者胸前的绣字是否辨认清楚？郑大成同志说：“这七个字连同团龙部分的绣袍，我专门撕下来保存了两年之久。我本人姓郑，周围一带也多是姓郑人家。蟒袍上的郑字是繁体字。郑成功三个字肯定不会错！”

这就给我们提出了两个问题：河南固始这座墓葬为什么出现绣有一“郑成功”字样的官服？墓主人是郑成功本人，还是郑成功的部下？带着这两个问题，我们到福建进行了一个多月的调查。我们在厦门鼓浪屿郑成功纪念馆内，见到一块《郑氏附葬祖父墓志》拓片。这块墓志是郑成功的孙子郑克塽、郑克举撰刻的。墓志铭叙述了他们祖父郑成功和父亲郑经的生平事迹，并说明从台湾迁葬祖父和父亲是康熙皇帝“特旨恩准”。但是，他们并没有在福建给郑成功、郑经单独树碑筑茔，而是“附葬于南安县康店乡乐斋公茔内”，时间是“康熙三十八年五月廿二日卯时”。乐斋公是郑成功的七世祖。由于郑成功复明抗清，清兵破坏了郑氏祖坟，只剩下乐斋公等四位先祖的尸骨。现在我们见到的乐斋公墓茔是郑经修建的。郑克塽为什么没有给郑成功父子修墓树碑呢？虽然郑成功父子被清廷视为“叛逆之臣”，但康熙时，郑克塽已被授为公爵，“隶汉军正红旗”（见《清史稿》）。而且，迁葬郑成功父子是康熙皇帝“特旨恩准”，仪式隆重。这里，也给我们提出了两个问题：郑克塽、郑克举到台湾后是否真正找到了郑成功父子的尸骨？郑成功墓究竟在哪里？目前，我们掌握的证据不多，固始古墓又不是科学发掘的资料。因此，对于郑成功墓的问题，尚不能作出肯定的回答。

但是，河南固始明清墓葬出现的“郑成功”字样的官服，说明郑成功与河南固始有着某种特殊关系。在《郑氏附葬祖父墓志》上十分明确地写着："成功字明俨，号大木，姓郑氏，先世自光州固始县入闽。"说明郑成功先祖的祖籍也在河南固始县。

五、祖根在河南固始

河南固始县历史悠久，春秋时期是蓼、蒋、黄三国地，后被楚国所灭，改称寝邱。楚庄王以其地封楚相孙叔敖子侨。吴王夫差曾经攻占此地，秦楚寝邱大战也发生在这里。东汉刘秀建武二年（26年），封李通为固始侯。固始这个县名已沿用了一千九百多年。今天的固始县已经是一百多万人口的大县，而历史上的固始县地域比现在还大（还包括今淮滨、商城的一部分）。

由于固始县僻处豫东南，当地方言中保留着许多中原古音。而这些古音也在千里之外的福建方言中找到了历史的痕迹。这里只举出几个特殊读音的字为例，略见一斑：

"硬"（yìng）固始读成 èng，

"牛"（niú）固始读成 óu，

"丸"（wán）固始读成 yuán，

"六"（liù）固始读成 lù，

"白"（bái）固始读成 bé，

"龙"（lóng）固始读成 lióng，

"足"（zú）固始读成 jú，

"杏"（xìng）固始读成 hèng，

"居"（jū）固始读成 zū，

"削"（xuē）固始读成 suō。

以上保留中古音的固始方言，与福建福州和闽南方言的读音基本相同。日常用语中把"起床"说成"爬起来"，把"老头"说成"老货"，把"老婆"说成"老马子"，把"没有"说成"毛"等，固始和福建竟然完全相同。

再从地名和姓氏上对照，固始有"洛阳桥"，闽南也有"洛阳桥"。淮滨"乌龙集"原属固始，福州有"乌龙江"，两地都有"乌龙庙"。福建同安县有一个地方叫"杨宅"，据当地陈姓老人说，他们都是河南固始杨集迁来的。福建和台湾的姓氏“陈林半天下，黄郑排满街”，河南固始的陈、林、黄、郑等也是大姓人家。如果进一步考察两地的婚丧嫁娶、逢年过节风俗习惯，还可以找到许多共同之处。例如，固始一带的糍粑、挂面、鱼丸等是著名的土特产。这些土特产也随着历史的变迁传到了福建。糍粑变成了白粿，挂面变成线面，鱼丸里加进肉馅，演变成福建和台湾民间不可缺少的食品。

中国是一个多民族的国家。在数千年民族融合的历史中，要想寻找一个家族纯正的根，那是不可能的。但是，考察我国近五百年来的历史变迁，得出台湾同胞来自闽南岭东的结论，已经不是十分困难的事情。如果进一步考察唐朝以来一千三百年的历史，从中找出一些线索，来论证台湾和福建的祖根在河南固始，也不是不可能的事情。我们的调查研究工作刚刚开始。我们希望河南、福建和台湾三省的社会科学工作者，能够联合起来，从历史学、考古学、地名学、方言学和民俗学等方面进行深入的综合调查研究。这也算我们对台湾同胞寻根念祖的一种响应。

文献来源：《中州今古》1983 年第 5 期。

作者简介：欧潭生，福建省文史研究馆馆员。

台闽豫祖根渊源再探

——兼论何处是郑成功之墓

欧潭生

一九八三年第五期《中州今古》刊载了拙作《一千年前是一家——台闽豫祖根渊源初探》，北京《中国史研究动态》和香港《文汇报》（1983年10月30日）先后予以转载，引起了海内外读者的关注。为了进一步弄清这个问题，本文从台湾历史和姓氏谱牒研究，以及何处是郑成功墓等问题，再一次探讨台闽豫祖根渊源。这里所说的“祖根”，乃“主根”也。研究的对象是占台湾省总户数百分之八十以上的族谱。至于来自其它地方的“旁根”，由于错综复杂的历史原因，不在本文探讨的范围。本文所参考的资料，除正文已注明外，将列于篇末，不再一一注明出处。

一、台湾自古属于中国

根据地质学的研究，在一百万年前，台湾和大陆是连成一片的，后来因地壳运动形成台湾海峡。七万多年前到一万多年前，台湾又和大陆连接。只是一万年前开始的大海浸，大陆和台湾才被海峡隔离至今。但是，台湾海峡最深处不过八十多米，而台湾和菲律宾之间的巴士海峡却深达几千米。

在台湾发现的三万年前旧石器时代后期的“左镇人”，据考古学者研究，是从福建等地经过长途跋涉来到台湾的。福建闽侯昙石山新石器时代贝丘遗址发掘的蚌壳，经碳十四测定，其年代距今3000多年，与台湾高雄林园乡凤鼻头遗址的年代相近，而且出土的有段石锛、印纹陶等器物特征十分类似，证明三千多年前的原始文化同出一源。

在战国时代成书的《尚书·禹贡》记载：“岛夷卉服，厥篚织贝，厥包桔柚，锡贡”。这里的“岛夷”就是指今天的台湾。《山海经·海内南经》称台湾为“雕题”，《史记·秦始皇本纪》称其为“瀛洲”，《汉书·地理志》称其为“东鳀”，《三国志·孙权传》称其为“夷洲”。隋、唐、宋、元各代统称台湾为“流求”或“琉球”。明代陈第的《东番记》又称台湾为“东番”，直到明代后期才出现“台湾”口语称谓，正式见于官方文献者，是明代崇祯八年何楷、王家彦等人的奏疏。清代康熙二十三年（1684年）正式设台湾府。据考证，台湾的名称由闽南话“大员”、“大湾”、“台员”演变而来，起源于台南一带的台窝湾族。因此，台湾的称谓一早于葡萄牙人的命名“福摩萨”（美丽之岛），更早于荷兰人侵台的时间。

根据上述《尚书·禹贡》的记载，说明两千多年前的台湾居民就已经用树皮织成的“细布”和贝壳、桔柚等作为贡品，与祖国大陆建立了联系。公元230年，东吴孙权派卫温、诸葛直率领万人船队去“夷洲”，这是中国历史上的一件大事。过不久，即孙亮太平二年（257年），设置临海郡时，已经把台湾归入版图。沈莹所著《临海水土志》也写了台湾的方位、海程、气候、地形、物产和居民等。书中写道：“在临海东南，去郡两千里，土地无雪霜，草木不死，四面是山，众山夷所居，山顶有越王射的，正白乃是石也”。

由此可知，“众山夷”（即台湾山胞）信奉越王为始祖。

隋唐时期，大陆与台湾联系更加密切。唐元和年间进士施肩吾，隐居不仕，带着全家去澎湖列岛定居。《全唐诗》还收录了他写的一首诗：

题澎湖屿

腥臊海边多鬼市，岛夷居处无乡里。

黑皮年少学采珠，手把生犀照咸水。

元朝汪大渊《岛夷志略》和明朝陈第《东番记》都对台湾的风土人情作了详细的记录，是研究台湾历史的珍贵文献。至于郑成功父子收复台湾、开发台湾的历史功绩更是众口皆碑，史册昭昭。

二、台湾山胞也是一家人

台湾省内的土著山地同胞（主要是高山族），也是来自中国大陆。台湾学者张其昀先生在《台湾丛书序》中指出："今日台湾山胞，即为远古浙东一带越族之遗裔，奇风异俗，尚可与古籍印证而相合。"台湾山胞土著民族的文化生活特征，如干阑、崖葬、猎头、凿齿、木鼓、犬祭等，都与古代百越族相似。根据《汉书》、《宋史》、《太平寰宇记》等古籍记载，远古时期，东南沿海的百越人已经从事航海，台湾岛上已经有百越人活动的足迹。后来，由于秦始皇、汉武帝的迁徙政策，把百越人迁移到内地，台湾岛上的百越人才与大陆隔离，孤悬于海外，形成了今天的土著山胞。究其祖根，也是炎黄子孙，属于古代夷族的后裔。

因此，清朝设置台湾府的两百多年间，台湾山胞无不以炎黄子孙为荣，纷纷改为汉姓。当时台湾山胞的改姓，大致遵循"官府赐姓"和"自以为姓"两个途径。譬如，清初新竹的土著，协助官兵平乱有功，乾隆二十三年（1758年）清廷便一口气赐了"卫、金、钱、廖、王、潘、黎"等七姓给当地助战有功的土著。目前，台湾土著山胞的姓氏大约有八十六个，其中潘姓最多。据台湾省文献委员会编纂洪敏麟先生考证，潘姓山胞特别多，是跟大陆移民有密切关系。原来，大陆移民来台垦殖时，清廷实施保护土著的"番大祖"制度，即土著山胞都是地主，而大陆移民则为佃户，必须交租。因此，土著山胞认为只要有水、有田、有米，生活便可无虞。当土著山胞选择改姓时，便纷纷采用这个"有水有田有米"的潘姓了。

无论"官府赐姓"，还是"自以为姓"，在开发台湾的过程中，大陆移民和土著山胞已经融合成中华民族不可分割的一部分。

三、台湾同胞祖根在中原

台湾居民中的绝大多数汉族同胞是明清时期福建、广东一带的大陆移民。新刊《台湾省通志》卷二《人民志·民族篇》第三章《本省之居民》第二节《河洛与客家》中着重指出："本省人，系行政上之一种名词。其实均为明清以来之大陆闽粤移民之苗裔。"又据1928年日台总督府官房调查课《台湾在籍汉民族乡贯别调查表》材料所得结论："所列本省人中，祖籍福建省者最多，广东省者次之，其它省份又次之。"其中"出身福建省者，约为出身广东省者之五倍半，为出身其它省份者之六十三倍之众。出身福建省者，以泉州、漳州二府占最多数。”

1953 年，台湾进行了一次户口统计，户数在五百户以上的一百种姓中，有六十三姓族谱材料说明其先祖来自河南，大多数直接来自河南光州固始。这六十三姓计有 670，512 户，占全省总户数的百分之八十点九。

今日台湾第一大姓——陈氏，约占全省总人口的百分之十一。陈氏族谱明确记载着“入台始祖”是跟随郑成功收复台湾的陈永华、陈泽。而陈氏“入闽始祖”就是河南光州固始的陈政、陈元光父子。另外，陈氏更早的得姓始祖是周初陈国的妫满，死后谥号胡，他的一部分子孙“以谥为姓”，改为姓胡。因此，天下陈胡是一家。据说，辛亥革命前胡汉民先生在南洋各地奔走，曾经一度改名为“陈同”，就是表示“胡姓与陈姓相同”的意思。战国时期“田氏代齐”的齐威王是陈厉公之子陈完的后代，陈、田古音接近。陈完逃到齐国改姓田，是田姓的始祖。因此，陈、田二姓也是同出一宗。根据这些族谱研究，目前，台湾和东南亚华侨中盛行“妫汭五姓联宗”。台湾基隆市有“陈胡姚宗亲会”，菲律宾华侨设立“妫汭五姓联宗总会”和“有妫堂”。为什么称“妫汭”呢？顾名思义，妫就是河南淮阳陈国的妫满；汭就是淮河弯曲的地方，即淮河流域。从虞舜到战国初期，黄帝的这一支子孙，已经从虞舜的姚氏，发展出虞、陈、胡、田等五个大姓。所谓“妫汭五姓联宗”便是这样来的。

黄姓是台湾的第三大姓。根据台湾《黄氏大宗谱》记载，黄姓的始祖是战国四公子之一——春申君黄歇。其实，黄姓的真正得姓始祖是黄歇的十三世祖黄石。黄石由于仕周有功，被封于黄国。黄国故城就在今天的河南潢川县（即光州）隆古乡。最近在河南光山宝相寺发现了春秋早期黄君孟夫妇合葬墓，就是黄国历史的重要考古证据。据考证，周初受封黄国的黄石，是黄帝的二十世孙。因此，天下黄姓人都以“轩辕世系”为荣，其发祥地在河南潢川一带（古代属于江夏郡）。所以，侨居泰国的华侨在黄氏宗亲总会大门两旁镌刻着醒目的对联：“轩辕世系，江夏世家”。我国南方和台湾各地的黄姓家族，绝大多数属于“紫云黄氏”，其先祖黄守恭就是唐高宗总章年间随陈元光入闽的黄姓开基始祖。他“卜居泉州，开辟荒地，遂成巨富”（台湾《紫云黄氏历代世系表》）。后来，他捐地兴建泉州开元寺，传说常见紫云盖顶，故黄姓后人称其为“紫云黄氏”先祖。他的五个儿子分居南安、惠安、安溪、同安、诏安，号称“五安公”，子孙繁衍，人多势众，发展到今天，成为台湾和闽南的第二大姓。

丘、邱同属一姓，这个家族的源流，已经长达两千七百多年，他们的源头，便在中原的河南地区。闽、粤两地的丘姓所供奉的南迁始祖，就是宋朝时由老家河南固始入闽，到达福建兴化府莆田县岩头乡开基的邱杰秀。台湾“内政部部长”邱创焕先生就自认是邱杰秀的第二十四世裔孙。河南邱氏出现于台湾岛上，也是距今三百多年前的事。当时，延平郡王郑成功、郑经父子在台湾高举反清复明义旗，他的部属之中，便有一位官拜宣毅左镇的大将邱辉，于永历三十四年渡台。自从康熙领有台湾之后，丘姓的大陆移民大量出现。由于到得早、来得多，为后世子孙奠定了良好的基础。目前，丘姓已经是台湾的第十八个大姓。

闽、粤和台湾各地的宋姓人家，都供奉唐朝名相宋璟为始祖，其祖籍也是河南光州固始人。唐懿宗咸通年间，宋璟的孙子宋易担任福建的观察推官，就带着孙子宋骈入闽，寓居于福建莆田。宋骈，便是其后福建莆田宋氏所奉的一世祖。宋骈的父亲宋达，没有随父入闽，而是隐居于河南固始，一直到他的长子宋骈于咸通六年（865 年）明经及第，也当了福建观察推官，才被迎到莆田养老，终老于莆田。福州镜江的宋氏开基祖宋臻，则是宋骈的亲弟弟，他没有做官，一直在河南光州固始隐居，直到唐末天下大乱，才避乱南徙，到福建侯官的镜江落籍定居，成为宋氏镜江派的开基之祖。

除此以外，再请看其它姓氏的台湾民间谱牒记载：

台北县《虎丘林氏族谱》：“先世固始人，祖有林一郎者仕唐，唐光启年间迁福建永春……至明分居安溪之虎丘。”

台北县《张氏族谱》：“世居光州固始，唐末有张延齐等兄弟三人，随王潮入闽，居泉州之惠安、安溪等地，支派甚威。”

台南县《李氏族谱》：“先世光州固始人，唐末随王潮入闽。”

台湾《吴氏族谱·祭公家传》：“其祖有吴祭公者，固始县青云乡升兜人也。唐僖宗中和四年，兄弟一行二十余人，住福州侯官县，王审知据入闽之地，乃避地福、泉之间，遂为闽人。”

台北新庄镇《鸿儒蔡氏族谱》：“先世居光州固始，唐武后垂拱二年，从陈元光入闽。”

台湾《杨姓大族谱》："始祖君胄公，随陈元光入闽开漳，盖唐垂拱二年也。"

台北县《新庄镇庄氏族谱》："唐末有庄森者，居河南光州固始，于僖宗光启元年随王潮入闽。"

台北县土城乡《何氏族谱》："世居光州固始，唐高宗仪风中，何嗣韩从陈元公经略全闽，因家焉。"

台北县《泉州佛耳山詹氏族谱》："先世居光州固始，始祖詹贤，仕唐，官至金紫光禄大夫点检使，从王潮入闽。"

《清溪永安谢氏族谱》"祖为光州固始人，从审知入闽。"

《清源曾氏族谱考》："唐僖宗光启间，王潮由光州固始入闽，……曾姓亦随迁于漳、泉、福、兴之间。晋江之曾，始祖延世，光州刺史也。"

《武功周氏族谱》："系苏姓之后，先世居光州固始。唐末有苏益者，避黄巢之乱，于僖宗广明中，随王潮入闽。"

《古濑叶氏族谱》："始祖叶湛，世居雍州，五季之乱，举族流徙莫定。至宋，卜居光州固始。若祖有叶炎会者，随宋南渡，卜居仙游之古濑。"

台湾《马巷郑氏族谱序》："唐垂拱间，陈将军趋闽，大臣郑时中随之，郑氏遂星布闽粤。"台湾商务印书馆新出版的黄典权著《郑成功史事研究》云："郑氏在唐僖宗光启间由河南光州固始县入闽。"今日厦门鼓浪屿郑成功纪念馆内存《郑氏附葬祖父墓志》拓片上也写着："成功字明俨，号大木，姓郑氏，先世自光州固始县入闽。"

据《台湾省通志·人民志·氏族篇》统计：

1. 晋代从中原入闽者：林、黄、张、刘、杨、郑、邱、何、詹、梁、钟、温、巫，共十三姓。

2. 唐初随陈元光入闽者：陈、张、李、王、吴、蔡、杨、许、郑、郭、周、寥、徐、庄、苏、江、何、萧、罗、高、沈、施、柯、卢、余、潘、魏、颜、赵、方、孙、钟、戴、宋、曹、蒋、姚、唐、石、汤、欧、邹、丁、钱、柳，共四十五姓。

3. 唐末随王审知入闽者：陈、张、李、王、吴、蔡、杨、郑、谢、郭、曾、周、廖、庄、苏、何、高、詹、沈、施、卢、孙、傅、马、董、薛、韩，共二十七姓。

以上资料说明，从主体上分析台湾同胞的祖根，三百多年前在福建，一千多年前在河南光州固始一带。

四、何处是郑成功之墓

叱咤风云的民族英雄郑成功，高举反清复明的义旗，“开辟荆榛逐荷夷，十年始克复先基”，于公元一六六二年二月收复台湾，赶走荷兰殖民者，使台湾回归祖国并在建设台湾过程中作出了历史贡献。郑成功不愧是一位伟大的爱国主义者。每年，都有大批港澳华侨和台湾同胞回国祭奠这位民族英雄。但是，郑成功之墓在哪里？却是一桩历史疑案。

1. 台湾和福建没有郑成功自己的陵墓

关于郑成功之死，《清史稿·郑成功传》有明确记载：“郑成功，初名森，字大木，福建南安人。……成功既得台湾，其将陈豹驻南澳，而令子锦（即郑经）居守思明（今厦门）。康熙元年，成功听周全斌谗，遣击豹。豹举军入广州降。恶锦与乳媪通，生子，遣泰就杀锦及其母董。会有讹言成功将尽杀诸将留厦门者，值全斌自南澳还，执而囚之，拥锦，用芝龙初封，称平国公，举兵拒命。成功方病，闻之，狂怒啮指。五月朔，尚据胡床受诸将谒，数日遽卒，年三十九。”这段记载说明：郑成功于康熙元年（1662 年）五月朔死于台湾。

据康熙年间刊印的《台湾府志·坟墓篇》记载：“郑成功墓在台湾县武定里州仔尾，男（郑）经附葬焉。”

又据厦门鼓浪屿郑成功纪念馆内《郑氏附葬祖父墓志》（郑成功长孙郑克塽撰文、次孙郑克举勒石）云：“王父讳成功，字明俨，号大木，姓郑氏。先世自光州固始县入闽，由莆居、漳居、奥之潮至始祖隐石公乃移居于泉之南安县扬子山下石井乡。遂世为南安人。……

王父生于甲子年七月十四日辰时，卒于壬寅年五月初八日未时，享年三十有九。故明末赐国姓，封延平王，率众取海外台湾。……（郑经）同王父俱葬台湾。……（康熙）特旨恩准，爰令弟克举假回襄事，以康熙三十八年五月二十二日卯时，附葬于南安县康店乡乐斋公茔内。”

这块墓志铭验证了《清史稿·郑成功传》的记载，并且更加详细：郑成功死于“壬寅年（即1662年）五月初八日未时，享年三十有九。”同时，还记载了一件重要的事情，即郑成功死后三十七年，康熙皇帝“特旨恩准”，郑成功的长孙郑克塽派弟弟郑克举“假回襄事，以康熙三十八年五月二十二卯时，附葬于南安县康店乡乐斋公茔内。”仅仅根据这句话，福建史学界一部分研究郑成功者，便认为郑成功的灵柩附葬在南安郑氏祖坟乐斋公茔内，并要在此重建郑成功之墓。《福建侨乡报》1982年4月15日第三版《郑氏史事管窥》的作者提出了反对意见。他指出：郑成功死后二十一年（即康熙二十二年），福建水师提督施琅攻取台湾后，曾奉命挖掘郑成功的灵柩，作为战利品献俘北京。因此，他认为“贸贸然把郑氏祖坟称为郑成功陵墓，是值得商榷的。”我们非常赞同这种慎重态度。

2. 河南固始发现身穿郑成功官服的陵墓

一九七〇年，河南固始县传闻发现郑成功墓。一九八二年，我们专程到固始县汪棚公社邓大庙大队小营生产队进行了实地调查。根据主持这座古墓挖掘的生产队长郑大成回忆，简记如下：

> 新中国成立前，这个坟堆有三四米高，前有石人、石马、石香炉、石牌坊，还有一人多高的墓碑。解放后，这些石碑石刻都不知去向，只剩下土坟堆，当地人叫它“莽牛地”。一九七〇年农业学大寨，县里动员我们大年初一在莽牛地平坟整地。我们清除上面的封土后，发现白色的“洋糖滑滑”（固始土语，即糯米拌石灰的墓土），再下面是三指厚的石条。揭开石条后，见到棺材。棺材两边各插一对龙牌和虎牌。揭开棺盖后，发现黄色的官服保存完好。人头滚到一边，头上戴软帽。人头特别大，牙齿也特别大。龙袍胸部绣着团龙，团龙上部绣着七个字：“土部壬府郑成功”。字是黄色的刺绣，“郑”字是繁体字。团龙是五彩刺绣。手上有黄色丝棉手套，脚下穿厚底靴。棺底木板（即棺床）上刻着勺子星（即北斗七星）。出土的七两多金叶子、银叶子让社员刘志义拿到合肥，交安徽省博物馆了，另有一对铜球（直径约五公分）和一块护心镜（镜面有四个大字），以及其它墓出土的铜镜都已丢失。

以上调查材料说明，郑大成等人挖掘的古墓肯定是明清墓葬，而且墓主人身份较高。调查中，我们再三询问郑大成等人，对死者胸前的绣字是否辨认清楚？郑大成说：“这七个字连同团龙部分的绣袍，我专门撕下来拿回家保存了两年之久，后来霉烂了。我念过两年私塾，我本人姓郑，周围也多是姓郑人家，附近有个郑堂大队，蟒袍上的‘郑’字是繁体字，我记得很清楚，‘郑成功’这三个字肯定不会错！”

又据县文教部门人士反映，一九七〇年听说汪棚发现郑成功墓之后，传闻很多，有的说墓内有木牌写着“郑成功之墓”；有的说尸体被砍成三截，用白布包裹等等。当时，有人向北京中国历史博物馆写信反映，未得答复。地、县尚未成立文物管理机构，致使该墓被破坏后也无人问津。由于没有取得实物资料，我们只能根据主要当事人的叙述，得出如下结论：河南固始确实发现过身穿郑成功官服的陵墓。

3. 郑氏祖根在河南固始

早在晋代“永嘉二年，中原板荡，衣冠始入闽者八族，所谓林黄陈郑詹丘何胡是也。”（见《闽书》卷一百五十二）又据前面已经引用的《台湾省通志・人民志・氏族篇》记载：不仅晋代入闽者有郑氏，唐初随陈元光入闽者有郑氏，唐末随王审知入闽者也有郑氏。台湾《马巷郑氏族谱序》说：“唐垂拱间，陈将军（元光）趋闽，大臣郑时中随之，郑氏遂星布闽粤。”具体到郑成功家乡福建南安县的《郑氏石井宗谱序》中说：“夫我郑自唐光启间入闽，或居于莆、于漳、于潮、于泉，是不一其处。”泉州这一支郑氏，就是郑成功的宗氏。最近，台湾商务印书馆出版的黄典权先生著《郑成功史事研究》一书，其中上篇之二《郑成功先世与家世》中说得更具体：“郑氏在唐僖宗光启间由河南光州固始县入闽，……大约在明初，成功的直系始祖隐石公始开基南安县的石井巡司，逐渐而成大族。”

综上所述，福建和台湾没有郑成功自己的陵墓，而在郑成功先祖祖根所在地——河南固始发现了身穿郑成功官服的陵墓。因此，我们不能不对传统的“附葬说”提出质疑：

首先，福建南安县石井乡的郑成功祖坟，从明初石井巡司隐石公算起，到郑成功的时候，只有三百年的历史。而且，根据《清史稿》记载，郑成功在台湾高举反清复明义旗的时候，清兵已把福建南安县石井乡的郑氏祖坟破坏殆尽。所谓“郑氏乐斋公茔”是郑成功的儿子郑经在战乱中收捡乐斋公等四位先祖的残骨仓促营建的合葬坟。若干年后，郑成功的孙子郑克塽等把康熙皇帝“特旨恩准”的郑成功灵柩附葬在这座很不像样的土坟里，而且连正式的墓碑也没有。这是令人不可理解的。

第二，据《清史稿》记载，郑成功的长孙郑克塽投降清朝，“上授克塽公爵，隶汉军正红旗，……诸明宗人依郑氏者，宁靖王术桂自杀，鲁王子及他宗室皆徙河南。”身为公爵的长孙郑克塽没有奉旨回福建，却派其弟郑克举回福建附葬郑成功灵柩，于礼不合。

第三，也是《清史稿》记载：光绪初年，德宗皇帝“允船政大臣沈葆桢请，为成功立祠台湾”，而福建南安县石井乡依然是矮小简陋的“郑氏乐斋公茔”，至今没有变化。

第四，这是最重要的一点。郑成功的长孙郑克塽十分清楚郑氏祖根在河南固始。他投降清朝后，福建水师提督施琅把死了二十一年的郑成功灵柩从台湾挖出并献俘北京，郑克塽也到了北京领公爵虚衔，隶汉军正红旗，而“鲁王子及他宗室皆徙河南”，说明河南有着庞大的郑氏根基。至今，河南固始县汪棚乡有一个郑堂村（即郑家飨堂）。1970 年发现的身穿郑成功官服的陵墓与郑堂村毗邻，附近都是郑姓人家。另外，新中国成立前还存在的石人、石马、石香炉、石牌坊和大墓碑的规格和气势，也与郑成功的身份相称。据此，我们不妨作一种推测：郑成功灵柩被施琅献俘北京以后，又过了十六年（即康熙三十八年，郑成功死后三十七年），郑成功灵柩被“特旨恩准”归葬乡里。但是，郑克塽为了使郑成功安眠地下、不再受干扰，他一方面秘密地亲自护送郑成功灵柩从北京到河南固始郑家飨堂安葬；另一方面，为了遮人耳目，又派其弟郑克举到福建南安石井乡刻了一块《郑氏附葬祖父墓志》，声称郑成功附葬在“郑氏乐斋公茔”祖坟里。

但是，河南固始这座身穿郑成功官服的陵墓已被破坏，尚无墓志和墓碑等实物为证，也未见郑成功灵柩归葬河南固始郑家飨堂的公私记载，因此，我们现在也不敢贸贸然宣称河南固始发现了郑成功之墓。究竟何处是真正的郑成功之墓？还需作进一步的调查研究，请海内外专家学者多多赐教。

参考资料

1.《历史研究》1982 年 2 期：《台湾名称由来考略》（邵秦）。

2.《八闽纵横》第一、二集（福建日报社资料室编）。

3.《唐山过台湾的故事》原连载台湾《青年战士报》（福建省对台办翻印）。

4.《台湾杂谈》厦门大学台湾史研究室林其泉编写。

5.《清史稿·郑成功传》、《清史稿·施琅传》。

6.《福建论坛》1983 年 4 期:《论陈元光的历史地位和影响》(汤漳平、林瑞峰)。

7.《考古》1984 年 4 期:《春秋早期黄君孟夫妇墓发掘报告》(信阳地区文管会等)。

文献来源:《信阳师范学院学报》(哲学社会科学版) 1984 年第 2 期。

三探台闽豫祖根渊源

——方言民俗探微

欧潭生

一、方言土语寻根

闽台方言，又称福佬话、河洛话。虽然闽东与闽南的方言有些差异，但均属河洛话系统。据黄典诚教授研究，闽台河洛话的语音系统与隋朝陆法言《切韵》一书基本一致，保留着中古时期河洛故国之音。相反，今日郑、汴、洛一带由于宋元明清历代战乱和人口迁徙等原因，语言与《切韵》读音相差甚远，而僻处豫东南的固始一带却保留着许多中原古音，它与山川阻隔的闽台方言有着惊人的相似之处。我们认为，《切韵》所反映的中原河洛古音从某种程度上说，就像语言“活化石”被保留在河南固始和闽台方言之中。下面举几个特殊读音字为例，可以看出固始方言与普通话的差异，而操闽台方言的人通过读音对比，却可以悟出古音的真谛与闽台方言的渊源。

普通话	河南固始方言
1. 笔 bǐ	杯的第二声（béi）
2. 牛（niú）	欧的第二声（óu）
3. 硬（yìng）	摁（èn）
4. 丸（wán）	圆（yuàn）
5. 二（èr）	碍（ài）
6. 六（liù）	漏（1òu）
7. 白（bái）	（bè）

8. 足（zú）　　　　菊（jú）
9. 杏（xìng）　　　恨（hèn）
10. 间（jiān）　　　甘（gān）
11. 药（yào）　　　哟（yǒ）

以上保留中古音的固始方言，与闽台方言颇为接近，而其它地区的方言却没有这种特殊的读音。再从一些特殊的日常用语中，也可看出固始与闽台之间语言的渊源。

普通话	固始方言	闽台方言
1. 起床	爬起	爬起
2. 天亮	天光	天光
3. 老头子	老货	老货
4. 老婆	老马子	老马
5. 没有	毛得	毛
6. 太阳	日头	日头
7. 下雪	落雪	落雪
8. 元宵	汤圆子	汤圆
9. 一年多	年把	年把
10. 伐树	放树	放树
11. 阉猪	屯猪	屯猪
12. 跳蚤	蛇蚤	蛇蚤
13. 蜻蜓	蚂螂	蚂螂
14. 疟疾	打脾寒	打腹寒
15. 水开了	水滚了	水滚
16. 膝盖	客头子	客乌头
17. 妻子	屋里	厝里
18. 清晨	早起	早起
19. 珍贵	主贵	主贵
20. 一刻不停	不使闲	毛头不歇
21. 赶快	趁早	趁早

上述对比可见，那些方言土语都与普通话有很大差异，而又不见于其他

地区的方言，唯独固始与闽台方言相似，甚至完全相同。这种保留在民间的语言化石，印证了台闽豫之间的祖根渊源关系。

二、源远流长的河洛话

闽台方言和固始方言均属于《切韵》所反映的中古河洛话，我们均暂称为河洛话。河洛话源远流长，在我国浩瀚的经史子集和稗官里史之中俯拾即是，历历可稽，凿凿有据：

1. 毛（音 mo）。固始称“无”为“毛得”，闽台称“无”为“毛”。《尔雅》：“毛，无也。”《佩镌集》：“河朔谓无曰毛。”《后汉书·冯衍传》：“饥者毛食。”（注：太子贤曰，案衍集作无，今语犹然者，岂古语亦通乎？当读如摸）《集韵》又作笔耄，《汉书·高惠高后功臣表》曰：“靡有孑遗，耗矣！”师古曰：今俗语犹言无为耗，音毛。

2. 崽——固始人称男孩子为崽子，闽台方言称崽（囝）。《方言》：“崽者，子也。”按：崽音为宰，俚俗以为骂人，其实非也。《水经注》：“弱年崽子。”顾况《哀崽诗》：“郎罢别崽（囝）……崽别郎罢”。按：福州方言，称父亲为“郎罢”。

3. 打扮——固始人常言妇女收拾得干净漂亮为打扮，闽南亦如此。《广韵》注：扮，中原雅音，今俗以人之装饰为打扮。黄公绍诗：“十分打扮是杭州”。何应龙诗：“寻常打扮最相宜”。打扮，又称装扮，沈明臣《竹枝词》：“女儿装扮采莲来”。

4. 头面——固始人称头上戴的首饰为“头面”，闽台方言还演绎为人的外表。《东京梦华录》：“相国寺两廊卖铺作、领挂、花朵、珠翠、头面之类。”乾淳《起居注》：“太上太后幸聚景园，皇后先到宫中起居，入幕次换头面。”燕翼《贻谋录》云：“妇人冠，旧以漆纱为之，而加金银、珠翠、彩色装花诸锦……今杭俗女子初嫁，有所谓大头面当本此，盖以宋俗之遗也。”

5. 头——固始和闽台方言常用“头”字，如“里头、外头、前头、后头”。李白诗有：“素面倚阑钩，娇声出外头。”项斯诗：“愿随仙女董双成，王母前头作伴行。”刘禹锡诗：“病树前头万木春。”骆宾王诗：“眉头画月新。”器用之属，用“头”字者更多，如钵头、锄头，以至江头、渡头、田头、桥头等。闽台方言还多了椅头、店头等。

6. 忒——固始与闽台方言称极美之物曰忒。忒为忒煞之省文。忒煞，太甚也。《朱子文集》：“孟子好辩一章，只为见得天理忒煞分明。”忒训作太，词典中常用。史达祖词：“天念王昌忒多情。”

7. 揽——闽南搂抱曰揽，固始和福州方言称“收拢”和主动负责为“揽”。《说文》：“揽，撮持也。”《三国志·蜀书·诸葛亮传》：“夙兴夜寐，罚二十以上皆亲揽焉。”

8. 卵——固始和闽台方言均称蛋为卵。《说文》：“凡物无乳者卵生。”《礼记·曲礼》：“士不取麛卵。”《汉书·货殖列传》：“鳈鱼麛卵（注：师古曰：卵，鸟卵也）。”《左传·哀公十六年》：“子西曰：白公胜如卵，余翼而长之。”今福州方言称蛋为“蜑”（见《新方言》）。

9. 闹热——福州和闽南方言均称繁盛为闹热，固始也有“闹腾”之词。白居易诗：“红尘闹热白云冷。”闹热系热闹之倒文，白居易诗：“热闹渐如随念尽。”

10. 短黜黜——固始人谓人矮或物体微不足道为短黜黜。《方言》：“黜，短也。”庄子《秋水篇》：“掇而不跂。”《五音集韵》：“吴人呼短物也。”闽东方言也有此土语。

11. 标致——固始和闽台方言称人貌美曰标致。《因话录》：“君初至金陵，于府主庶人锜坐，屡赞招隐寺标致。”《魏书》：“蕴气标致，善雅谈，尤工长短句。”

12. 体面——识体统，顾情面曰体面。固始和闽台方言还演绎为人的名声好。《司马光疏》：“在京举人，追趋时好，易知体面。”《谈荟》：“既知体面，自有风度。”

13. 爽快——率真、爽气曰爽快。固始和闽台方言还演绎为舒服。《世说新语》：“桓宣武素有雄情爽气。”快，亦爽也，夹带愉乐。宋玉赋：“快哉此风!”

14. 作孽——为非作歹曰作孽。固始和闽南方言在泛指做坏事。《书经》：“天作孽犹可违，自作孽不可逭。”

15. 招呼——接引曰招呼，普通话可用于“见面打招呼”之类，而固始和闽台方言均称“接待、关照、管理”为“招呼”。《仓颉篇》：“挑谓招呼也。”《书疏》：“招呼贤俊之士与共立于庙。”

16. 戳——刺曰戳，闽南有此方言。固始方言把“插”和“人呆立在那儿”曰“戳”。

17. 泡茶——冲茶、沏茶为泡茶，固始和闽台方言都只说泡茶。《广言》：“以水注入曰冲，以水浸渍曰泡。”《煮泉小品》：“煎茶可消烦忧，泡茶惟解渴而已。”故闽台方言和固始土语有关这类特定的动宾结构如：“冲开水、泡茶、熬药”，两地完全相同。

18. 计较——争执、较量曰计较，固始和闽台均同。《三国志》：“伯言常长于计较，恐此一小事短也。”

19. 睏——睡觉曰睏，固始和闽台言都把睡觉说成“去睏”。《后汉书》：“世祖芳纯曰：昨夜困乎？（注：困，睡也）”《甲申杂录》：“忽昏困如梦。”

20. 拣——选择曰拣，固始和闽台方言均广泛使用。《寒山诗》：“择佛烧好香，拣僧归供养。”

21. 正经——正统不趋邪曰正经，固始和闽台方言把正经泛指人品端正和对人实心实意。《诗经》：“路寝之常乐，风之正经。”《诗谱序》：“本之由此风雅而来，实皆录之，谓之诗之正经”。

22. 事体——事象曰事体，固始和闽台方言泛指事情。《抱朴子・外篇》：“明见事体”。《通鉴续编》：“宋神宗时，太后曰：事体至大，孝宗曰：恐如东汉激成党锢之风，深害事体耳。”

23. 揞——以拳殴人为曰揞，亦作舂。闽台方言曰揞，固始方言曰捶。《左传・文公十一年》：“获长狄侨如，富文终甥，揞其喉，以戈杀之。”

24. 厝——置身之所曰厝，固始尚有部分地名保留有“厝”字，闽台以“厝”为地名者甚多。《宋书・范晔传》：“抚心摧哽，不知何地可以厝身？”秦系诗：“厝筑荻芦边，时瞻鸥鹭眠。”

25. 适意——遂心合意曰适意，固始和闽台方言均同。《淮南子》：“居君臣女子之间，竞载骄主而适其意。”《抱朴子》：“接之适意”。《世说新语》：“张翰在洛，见秋风起，……人生贵适意耳，乃东归。”《战国策》：“赵武灵王曰：忠可以写意（注：写犹宜也）。”

26. 斟——以唇触物曰斟。闽南方言有斟嘴之类，而固始方言把“亲嘴”说成“酌嘴”，历来斟、酌并用。《广言》：“斟其芳香，味其秀色。”《说文》：“斟，勺也。”《楚辞·天问》：“彭铿斟雉帝何飨?”《周语》：“而后，王斟酌也。”

27. 趁钱——得利、赚钱曰趁钱，乃趁墟赚钱之缩称。固始和闽台方言均含此意，而固始方言还演绎成：家有积蓄曰趁钱。《南部新书》：“端州以南，三日一市，谓之趁墟。”柳宗元诗：“纷荷包饭趁墟人。”

28. 穷忙——为生计劳累曰穷忙，闽南有此方言，而固始方言还演绎为“瞎忙”。《老学庵笔记》：“京师语曰：户度金仓，日夜穷忙。”杨万里诗：“晓起穷忙作么生。”

上面罗列的闽台和河南固始方言土语，即河洛话，无论读音或者语意、词解，都是十分古老的“俚语”（常用俗语），即使在当地，现在也很少使用了，只有土生土长的老年人才能准确地读音并说出确切的含意。研究者们通过熟悉福州方言、闽南方言以及河南固始方言，通过深入生活各个领域进行收集整理、归纳对比，通过与方言土语联系密切的地名学、民俗学、民间文艺等课题的调查研究，一定可以进一步了解台闽豫之间广泛、悠久、牢固的渊源关系。

三、固始皮影与闽台皮猴戏

有人认为闽台的皮猴戏直接来源于固始的皮影戏。固始皮影，系用刮薄的牛羊皮，或上过油的厚纸雕刻成各种行当角色，高约一尺多，涂抹得五颜六色，风格类似民间剪纸，人物的四肢和头部，分别雕成后用线连缀而成。表演时活动自如。一个皮影人物，用五根竹棍操纵，屏幕是上过油的白纱布，两边吊着夜壶灯。皮影艺人就坐在这块小小的天地里，施展浑身解数。两只手十根巧指，操纵皮影做各种动作，嘴上说、念、唱结合，脚下踏动锣鼓配合默契。大型皮影戏，由两个人操纵皮影，数人敲锣打鼓，共同唱和。皮影紧贴屏幕，镂空的眼睛、装扮在灯光照耀下，显现出各种生动的景象，有如剪影，却比剪影丰富，真切并有动感。旧时皮影戏的演出本，大都抄在旧式账本上、俗称“口条”。闽南和台湾皮影戏，亦称皮戏、影戏，民间俗称“皮猴戏”。闽台皮影的制作，多用黄牛皮。人物皮影分6个部分，都粘有竹枝，用一根铁丝操纵，更加灵活自如。屏幕改为白纸制作，照明变改成蓄电瓶。演出时配备桌椅、车马、兵器等道具，戏词用闽南话演唱，唱腔吸收了台湾民歌、团仔戏、高甲戏、乱弹、歌仔戏等剧种，乃至台湾道士祭奠放赦时的曲调。戏文除爱情故事外，大多是历史故事，如《东周列国志》、《三国演义》、《西游记》、《白蛇传》、《说岳全传》、《洪秀全演义》等。1979年第2期《欧洲汉学问题研究学会会刊》（巴黎出版）刊载了在台湾发掘出来的闽南皮影戏《朱文》。这出戏在明代《永乐大典》里只存在剧目而佚戏文。闽南利园戏的演出本仅存3折：《赠绣箧》、《认真客》、《走鬼》。这次新发现的《朱文》是闽南方言本，共13折，称为全本，轰动一时。这个皮影戏剧本是根据清末5个不同场次的手抄本整理而成。4本收藏在巴黎，1本收藏在美国加利福尼亚大学文史馆。专家们鉴定后认为，《朱文》所用方言，是漳州府西部几个县的方音，采用了“傍妆台”、“驻云飞”、“下山虎”、“小桃红”、“风入松”、“桂枝香”、“驻马听”、“走引”、“四朝元”等9个宋元歌曲体的曲牌。今日台湾高雄的皮影戏班都自认“祖先来自福建漳州”，都“尊崇田都元帅为保护神”。专家们还认为《朱文》剧本里有许多北方中原戏文所常用的词汇，因此推断：“闽台的皮影戏来自中原地区”。类似这样的民间文艺、民间风俗也像方言土语一样，只要深入研究、发掘整理和归纳对比，一定会找出更多的证据，说明台闽豫一千年前是一家。

笔者在《台闽豫祖根渊源初探》一文中曾经指出：固始有“洛阳桥”，泉州也有“洛阳桥”。淮滨“乌龙集”原属固始，福州有“乌龙江”，两地都有“乌龙庙”。福建同安有一个地方叫“杨宅”，据当地老人说，他们先祖都是从河南固始杨集迁来的。闽台姓氏“陈林半天下，黄郑排满街”，河南固始的陈、林、黄、郑也是大姓人家。如果进一步考察两地的婚丧嫁娶、逢年过节的风俗习惯，还可以找到许多共同之处。例如，固始一带的糍粑、挂面、鱼丸等是著名的土特产，这些土特产也在历史变迁中传到了福建。糍粑变成福州的白粿，挂面变成线面，鱼丸里加进猪肉馅，成为福州民间不可缺少的风味食品。

四、民间风俗探微

民间风俗，就是社会上长期形成的风尚、礼节、习惯等，其中尤以婚丧嫁娶、节日礼仪等最富代表性。河南光州固始一带“男女婚嫁，养生送死，质而有节”,[①]“丧祭婚姻，率渐于礼”,[②] 而“台湾人文礼俗，源于中土，相袭入闽，举凡信神拜佛、敬天祭祀、婚丧喜庆、衣冠礼乐、四时年节，以及习俗人情，皆是祖宗流传而来的”。[③]

1. 旧式婚姻程序

（1）问名：河南固始俗称“过庚帖、合八字”，是议婚最重要一环，若男女双方“八字相克”，其他条件再好，也不能联婚。闽台议婚还把双方“八字”置天神前香炉内三天，求神的庇护。三天之内，若有意外事故，甚至家中打破碗碟之类等，都认为是不神之兆，一概作罢论。

（2）纳采：河南固始俗称“下书子、定亲事”。闽台俗称“送定”、“食定”。《仪礼·士昏礼》曰：“纳采，求共许采择也。”这一天，男女两家张灯结彩，宴请亲友，媒人先在男家饮酒三巡后，便起身乘轿，护送糖、果、饼、聘金等礼品到女家。女家把男家聘礼供奉在神案前，女家捧菜上厅，男家须送红包、金戒指，闽台人称“压茶 ”、“带手指”，固始人称“定亲礼”。然后女家也回赠糖、果、饼等礼品。纳采以后，女家就把男家送来的糖、饼分送亲友四邻，告诉他们女归有期，固始人俗称“定亲礼”。同时，男家也把回赠的糖、饼分赠亲友，告诉他们吉期将届。男女两家的亲友，接到糖、饼之类的礼物后，对女家是送物添奁，对男家是送礼庆贺。不过，礼有亲疏之分，仪有厚薄之别，视各人的关系如何而定。

（3）完聘：固始人称“定吉期、择完婚日子”，闽台人称“提日头”。所谓“日头”即把婚期写在红纸上，让媒人通知女家。婚礼前三天，女家把嫁妆送到男家，闽台和固始均有此风俗。固始人称嫁妆为“妆奁”，即书

---

① 元朝河南光州马祖常《儒学记》。

② 明朝嘉靖《固始县志》。

③ 台湾高绪观《台湾人的根——八闽全鉴》。

案、条几、箱柜以及新妇室内的一切陈设，用具。

（4）冠礼：固始和闽台俗语均叫“上头”，是婚期的前晚，男女双方同时举行。新郎由生肖属龙的未婚男子持结有红纱的木梳，在新郎头上一梳，再把红纱结在头上，另外请一位长辈和那男子把“乌巾”盖在新郎头上，叫“盖头”（固始和闽台均有此风俗）。女家也是依照类似的程序进行。冠礼以后，新郎和新娘均不得走出房门。闽南一带，新娘身穿蟒袍，腰围玉带，凤冠霞帔（纯粹是明朝的服装），新郎则身穿清朝服装，红顶花翎俨然是个官员，所以民间有“娶妻小登科”之称。据说这种服装是清兵入关后，洪承畴与清帝约法三章之一，所谓“降男不降女”。因此，男穿清服，女着明装，流传下来成为礼俗。

（5）迎娶：固始人称“迎亲”，男家先以鼓乐“暖房”，并请“全福”的中年妇女驱除邪魔，天明起轿迎娶。迎亲人亦同时乘轿至女家为新妇上装。新妇上轿，脚不沾地。轿至男家，厅堂闭门，称之曰：“勒性子”。闽台也有此之说，是新郎牵新娘出轿时，新郎先用力踢轿门，使轿内新娘突觉一惊，这样新娘就会慑服。然后是拜堂入洞房。

（6）闹房：固始和闽台均有“三日内无大小”的闹房习俗，客人以及家中叔伯兄弟姐妹均可参加。

（7）回门：结婚三天之后，新郎新娘双双到女家，固始人称“回门”，闽台人称“请女婿”。新郎拜见岳父母及女方的伯叔兄弟等，并赠以红包。女家摆设宴席招待女婿。左邻右舍，尤其是新娘女友都争着来看女婿长相。直到黄昏，才双双回家。繁缛的结婚仪式，到此算告一段落。

除此以外，河南固始与闽台结婚风俗相类似的还有，成婚后，新郎新娘要“上喜坟”，参拜死去的长辈，第一个上元节，新妇不能“回门”（即回娘家），名之曰“躲灯”。古谚有“姑娘看了娘家灯，娘家冷清清”的说法。在迎娶新妇的喜庆宴会中，有两次比较隆重的大宴，一是宴请新妇，新妇必坐首席，两厢只请四位姑娘敬陪，门席不坐人。二是宴请婆舅，舅父坐首席，席口（门席）亦不坐人。迎娶新妇的礼俗中，有三忌：一忌属相相克的人；二忌孕妇（福建称四眼人）；三忌半路夫妻。

2. 丧事俗例

（1）入殓：人死的时候，把遗体迁入堂屋正室，卧于四块木板之上

（不能加减，也不能用床代替），男置右侧，谓之正寝；女置左侧，谓之内寝。死人脚朝外，并在脚下燃烛一根，俗称“脚尾灯”。用白纸或白布蒙脸，而后淋浴、更衣。这些习俗，河南固始与闽台均相同。《仪礼·士昏礼》：“幎目，用缁布方尺二寸（注：幎目，复面者也）。”《七修类稿》说：“人死以帛复面，起于吴王夫差，临终曰：‘吾无面见子胥，为我以帛冒之。’”

（2）出殡：人死三天谓之“平凶”，有的五天、七天，多则三十一天。出殡前要择吉开吊，内庭搭灵棚、设灵堂、树灵牌。出殡时孝子披麻戴孝，家人一律白衣执绋。还有守铺、分孝服、乞水、接棺、套衫、入土、拣骨归土等习俗。河南固始与闽台两地均大同小异。人死更衣，忌穿皮毛之服。据说源自《淮南子·汜论训》：“葬死人者，裘不可以藏，世以为裘者，难得贵价之物也，无益于死者，而足以养生，故用其资以警之。或云，俗惑释氏转轮之说，裘属兽皮，虑转生之为兽也，故不衣。”

3. 其他俗例

（1）生子：旧习俗生子称“弄璋”，生女曰“弄瓦”，无论生男生女，河南固始和闽台均有“洗三”之说，即生孩子三天，要谢送子娘娘，不仅焚香、跪拜，而且要敬奉喜面、红蛋，以油饭遍送亲友近邻，还要把红蛋送往舅家，舅家接物后即送鸡酒过来。满月又称弥月（《说文》：“弥，满也。”），要大宴宾客，吃“满月酒”，闽南叫“汤饼会”。满月庆宴始于唐朝，《新唐书·高宗本纪》：“龙朔三年，子旭轮生满月，大赦。”固始礼俗还有小儿满月，姥娘送“鸭子”，意在“押子”，名之曰“长命鸭”。

（2）节仪：河南固始和闽台两地基本相同，从元旦、上元节、清明、五月节、八月节，直至祭灶、除夕的仪礼都相同。每年腊月二十四日当晚，家家供饴糖，取“胶牙”之意；供粉团，期灶神上天言好事、下界保平安。因而，在灶神像上均有“一家之主”横联。除夕子夜时，家家焚表、上香、放鞭炮，迎接灶神回府。

通过上述方言、民俗的对比，我们更感到闽台与河南固始有着特殊的关系。虽然台湾、福建、河南相距数千里，山川阻隔，星移斗转，文化更新，但是蕴藏在民间的古朴方言、传统风俗却代代相传、相沿成习。本文所引证的实例大多数是闽台和河南固始特有的方言和民俗，足以证明两地的特殊历史渊源。台湾黎明文化事业公司出版了彭桂芳编著的《五百年前是一家》通俗历史丛书，在此基础上，我们追溯台闽豫祖根渊源，可以得出1300年前是一家的结论。我们殷切希望海峡两岸专家学者共同切磋、互通信息，从历史学、考古学、地名学、方言学、民俗学和谱牒学诸方面进行探讨，使台胞和海外侨胞的寻根念祖活动具有更坚实的学术基础和更翔实的文字依据。

文献来源：《首届豫闽台姓氏源流国际研讨会论文集》，1996年9月。

台闽豫祖根渊源研究的缘起

欧潭生

固始发现郑成功墓的调查

三十年前，我是河南信阳地区文化局文物干部。1982 年初，我到固始县搞文物普查，听原县人大副主任陈寿同先生谈起，1970 年在固始县汪棚公社发现郑成功墓，当时报告给中国历史博物馆没有答复。我半信半疑，在县文化馆馆长詹汉清的陪同下，到汪棚公社邓大庙大队小营生产队进行了实地调查。

为什么固始会发现郑成功墓？福建南安的郑成功墓是真是假？联系到 1981 年 4 月 22 日我偶然看到的《河南日报》发表的厦门大学著名方言学家黄典诚教授的短文《寻根母语到中原》，我打报告给地区文化局，请求到福建调查，得到批准。

福建调查的收获

我是福建福州人，1963 年考入北京大学历史系考古专业学习，1968 年毕业分配到河南，在部队和农村锻炼前后 4 年，在商城高中教书 4 年，1976 年才调到信阳地区文化局从事文物考古工作。来到阔别已久的家乡，感到特别亲切，我在福建省图书馆古籍部查阅了有关地方志和古籍，最大的收获是在《骨董琐记》一书中查阅到福建南安郑成功墓在民国十一年（1922 年）曾被盗掘，族人事后发现墓内有九部棺材。因此，我认为南安覆船山下的郑成功墓只是衣冠冢。为此，我深入泉州、厦门实地考察南安郑成功墓并查阅相关资料。有幸的是，我还在厦门鼓浪屿厦大公寓拜访了黄典诚先生，进行了深入的探讨和研究。不幸的是黄先生不久仙逝，未能与我们继续合作研究。

我从福建调查回来，写出了调查报告《一千年前是一家——台闽豫祖根渊源初探》。

台湾同胞祖根问题研究会

根据《一千年前是一家——台闽豫祖根渊源初探》，经地委刘玉斋书记批准，1982年4月2日在地委会议室召开了信阳地区“台湾同胞祖根问题研究会”成立大会并发了简报。简报在当年河南省第二届社科联代表大会上散发，受到中国社科院副院长、著名历史学家尹达的高度重视，在中州宾馆约见笔者，并把简报带回北京，发表在《中国史研究动态》上。1983年第5期《中州今古》正式发表了这篇论文，国台办《台声》杂志和香港文汇报（1983年10月30日）先后予以转载，引起海内外读者极大的关注。该文第一次明确提出台闽豫一千三百年前是一家，根在“光州固始”。

2008年10月20日，在光州固始与闽台历史渊源关系国际研讨会上，有幸与原中共信阳地委办公室主任（今海南建设厅巡视员）林克昌相逢，他出示了保存完好的地委办公室铅印的1982年“台湾同胞祖根问题研究会”第一期简报。我如获至宝，这是最早最原始的研究根在光州固始的文件和资料。全文（附文两篇）刊登如下，以飨读者。

信阳地委召开台湾同胞祖根问题座谈会

四月二日下午，信阳地委召开了台湾同胞祖根问题座谈会。会议由地委副秘书长林克昌同志主持。地委副书记杨峰同志作了讲话（讲话稿附后）。参加会议的有地委宣传、统战部门，河南省考古学会，信阳师范学院，地区文化局，文管会、文联、教育局和信阳师范学校等单位的负责同志和有关专家。会议代表共二十四人。全国方言学研究会负责人、福建厦门大学教授黄典诚先生因事未能到会。他专门向会议拍来了电报。

到会代表一致认为，地委召开这次座谈会很有意义，非常必要。三中全会以后，党中央把台湾回归祖国，实现统一大业作为全党三大任务之一。近年来，台湾同胞掀起了一股向大陆寻找祖根的热潮。根据厦门大学黄典诚教授的考证和地区文化局有关同志的初步调查，台湾同胞的祖根五百年前在福建，一千三百年前就在河南固始县。著名的民族英雄郑成功的先祖就是河南固始县人。一九七〇年在固始县汪棚公社邓大庙大队小营生产队还发现了一座明清墓葬。墓主人尸体保存完好，身穿蟒袍玉带，蟒袍上绣有“郑成功”字样。(详细材料附后)

因此，进一步搞清上述问题，将在对台宣传和统战工作中发挥重大作用。经过到会代表的酝酿讨论，成立了“台湾同胞祖根问题研究会”。不少到会专家还自报了“台湾同胞祖根在固始”的论文题目。

研究会理事名单如下：(按姓氏笔画顺序)

申明晶　许顺湛　李友谋　肖崇俊

吴力生　吴高春　周承茂　欧潭生

黄志明　董云霞　彭学敏

四月三日上午，“台湾同胞祖根问题研究会”第一次理事会议确定了理事分工和学术研究规划：

理事长：肖崇俊（地委宣传部副部长）

副理事长：周承茂（地委统战部副部长）

副理事长：许顺湛（省考古学会副会长、省博物馆副馆长）

副理事长兼秘书长：彭学敏（信阳师院副院长）

副秘书长：欧潭生（省考古学会理事、地区文管会干部）

研究会秘书处设在《信阳师范学院学报》编辑部。第一次理事会议还决定：今年六月二十八日是民族英雄郑成功逝世三百二十周年纪念日，将在郑成功先祖的祖籍固始县召开台湾同胞祖根问题学术讨论会。请各有关单位和个人，积极开展调查研究活动，把调查的资料和撰写的论文于六月一日前报送到研究会秘书处。

台湾同胞祖根问题研究会

信阳地委副书记杨峰同志在台湾同胞祖根问题座谈会上的讲话

同志们：

今天由地委出面召集大家开一个台湾同胞祖根问题座谈会。我代表地委，向省考古学会、郑州大学和信阳师范学院的领导和同志们表示欢迎和感谢！向在座的专家和同志们表示欢迎和感谢！下面，我先发言，讲几个问题：

第一个问题：地委为什么要召开这个座谈会？

去年四月份，厦门大学黄典诚教授带着研究生来河南固始考察，并在《河南日报》发表了《寻根母语到中原》的文章。文章指出：台湾同胞的祖先来自福建，但更早的祖根应该在河南固始县。

信阳地区文化局的同志调查了固始县曾经出土郑成功官服的明清墓葬，并且到福建等地调查访问，证实黄典诚教授的论点是正确的。为此，河南省考古学会、厦门大学、信阳师范学院、信阳地区文化局、信阳师范学校等单位准备联合开展台湾同胞祖根问题学术研究活动。

大家知道，三中全会以后，随着国际和国内条件的变化，党中央把台湾回归祖国、实现统一大业，作为全党八十年代三大任务之一。因此，凡是有关台湾同胞的宣传工作、统战工作、文化工作和学术工作，就不单纯是宣传部门、统战部门、文化部门和学术部门的工作，而是我们全党都必须关心的工作。各级党委，应该把这次会议讨论的台湾同胞祖根问题当作重要事情来抓。

另外，台湾同胞祖根问题的研究范围，包括台湾、福建、河南三省，涉及宣传、统战、文化、教育、学术、对台办等单位。而且，这个学术问题还是社会科学领域中的边缘科学，它需要历史学、考古学、民族学、方言学、地名学和民俗学等方面的配合，进行一番综合研究才能得出令人信服的结论。

因此，地委感到有必要出面牵个头，召集大家座谈一下这个问题。在座的有许多是各方面的专家，请大家共同研究一下如何开展这个调查研究工作。如果你们感到有必要，是否可以考虑成立一个“台湾同胞祖根问题研究会”，来具体负责把这个问题搞清楚。

第二个问题：研究这个问题有什么重要意义？

台湾自古以来就是中国的神圣领土，台湾同胞是我们的骨肉同胞。目前，台湾同胞都承认他们的祖先五百年前来自福建。如果我们拿出确凿的学术根据，证明台湾和福建更早的祖根在河南固始。那么，一千三百多年前，河南、福建、台湾就已经是一家人了。这不仅加深了同胞感情，增进了民族团结，而且对那些“台独”分子也是有力的打击。台湾现有五十三所陈圣王庙，香火很盛。台湾同胞把陈圣王奉为守护神，当做菩萨顶礼膜拜。而这位陈圣王（陈元光）就是唐朝时期的河南光州固始人。

在对台宣传工作中，这类学术问题最受欢迎，也最易打进台湾学术界和舆论界。如果我们的学术根据充分，文章写得好，将对台湾同胞产生很大的影响。台湾内部已经出版了很多寻根追源的书，如《五百年前是一家》、《唐山过台湾的故事》和电影《源》等。然而，我们大陆上研究这方面的书却很少，电影《归宿》、电视剧《彩云归》等回顾的历史都很短。如果台湾同胞祖根在河南固始这个问题能研究好，不仅可以出书、写论文，而且还可以在此基础上创作许多诗歌、故事、剧本等作品。

今年二月一日是郑成功收复台湾三百二十周年纪念日。今年六月二十八日又是郑成功逝世三百二十周年纪念日。中央和福建都要隆重地开展各种纪念活动，包括给郑成功塑铜像、建陵墓。我们在这种时候召开这次“台湾同胞祖根问题座谈会”并开展固始郑成功墓的调查活动，是十分有意义的。郑成功的孙子为他撰刻的墓志铭上写着：“成功字明俨，号大木，姓郑氏，先世自光州固始入闽。”这是准确可靠的材料，说明郑成功的先祖也是从河南固始去的。至于研究这个问题的具体办法和措施，在座的专家和同志们可以发表意见。但在时间上要有紧迫感，这个问题既是学术问题，又是政治问题。要配合今年纪念郑成功开展学术活动，要为台湾回归祖国这个统一大业贡献力量。宣传、统战、文化、教育、对台办等单位要互相支持、互相配合，争取在较短时间内搞出成果来。

祝会议成功，早出成果！

一九八二年四月二日

文献来源：海峡两岸姓氏文化研讨会论文，2010年10月。

欧潭生“三探”与豫闽台渊源关系研究

唐金培

欧潭生祖籍福州，1945 年生在建阳。建阳古称潭城，故取名潭生。1968 年从北京大学历史系考古专业毕业后，被分配到中国人民解放军 8181 部队太康农场锻炼，两年后再次分到商城县长竹园公社新建大队接受贫下中农再教育。又两年后当上了中学教师。1976 年调到信阳地区文化局工作。1988 年调回福建，先后在福建省博物馆、昙石山博物馆工作。随着全球寻根热的兴起，欧先生敏锐地注意到豫闽台渊源关系研究问题的重要性和紧迫性，并专程到福建漳州、泉州、厦门等地收集相关资料。在此基础上先后撰写了《一千年前是一家——台闽豫祖根渊源初探》、《台闽豫祖根渊源再探——兼论何处是郑成功墓》、《三探台闽豫祖根渊源——方言民俗探微》（简称“三探”），他运用历史学、考古学、民族学、地名学、方言学、民俗学等多学科研究方法，对台湾、福建与河南固始的渊源关系进行了比较全面的分析和考究，并明确提出“台湾人的祖根五百年在福建，一千三百年前在固始”这样一个结论，成为新时期豫闽台渊源关系研究的重要开拓者。

海内外寻根浪潮与豫闽台渊源关系研究发轫

20 世纪 70 年代末至 80 年代初，从美国兴起的寻根浪潮迅速波及海峡两岸。美国黑人作家阿历克斯・哈利在探寻黑人传统的欲望驱使下，对冈比亚有关的口头传说进行了一番调查研究后，不经意间发现自己的祖先居然不是本土人，而是从非洲掳到安纳波利斯的黑人奴隶。哈利在占有大量史实的基础上，通过绘声绘色的描述，完成了家族史小说《根》，该书经改编成电视连续剧后曾轰动一时。《根》传播到台湾后，在众多台湾民众特别是那些日夜思念故乡的台湾老兵中引起强烈共鸣。台湾全岛迅速掀起了一股寻“根”追“源”的热潮。台湾《青年战士报》从1978年10月开始连续刊载《唐山过台湾的故事》。与此同时，台湾“中央图书馆”还举办了一个题为《根——台湾的过去和现在》的文物图片资料展览，台湾黎明文化事业公司还出版了彭桂芳女士编著的题为《五百年前是一家》的通俗历史丛书。1979年拍摄的台湾电影《源》，则通过视频带来的视觉冲击，更加形象生动地说明了台湾与祖国大陆一衣带水、血脉相连的密切关系。

历史就是这样巧合。当海峡东岸寻根热暗潮涌动的时候，祖国大陆开启了紧锁了几十年的国门，吹响了改革开放的号角。为贯彻落实党的改革开放政策，积极推进两岸统一进程，1979年元旦，全国人大常委会发表《告台湾同胞书》，明确放弃“解放台湾”的口号，并郑重宣示了争取祖国和平统一的大政方针，两岸关系发展从此揭开了新的历史篇章。《告台湾同胞书》明确提出，实现国家统一大业，大势所趋，是人心所向。在解决统一问题的时候，一定要从实际情况出发，尊重台湾现状和台湾各界人士的意见，采取合情合理的政策和办法，通过协商谈判结束台湾海峡军事对峙状态，撤除阻隔两岸同胞交往的藩篱，推动民间自由往来，实现通航、通邮、通商，开展经济文化交流与合作。《告台湾同胞书》的发表，使台湾同胞看到了到大陆探亲访友和寻根问祖的希望。在国民党老兵的经年努力下，1987年10月，台湾当局宣布“荣民弟兄”可以返回大陆探亲，从此结束了两岸同胞近40年不相往来的历史，并迅速掀起了台湾民众到大陆寻根的高潮。随着两岸民间联系的日益频繁，内地寻根拜祖热也悄然升温。

固始地处豫皖两省交界处，北临淮河，南依大别山。在交通条件相对落后的古代社会，固始是连接中原和江南地区的跳板和主要通道。陈政、陈元光父子和王审知兄弟的祖籍都是在固始，跟随他们前往福建的多数将士的籍贯也是光州固始。千百年来，这些入闽先人的后裔纷纷播迁至粤、港、澳、台及海外各地。他们所到之处，一方面承传了先人的奋斗精神和文化传统；另一方面，将“固始”等祖根地的符号刻在庙堂之上，记入家谱之中，溶进他们生生不息的血脉里。1987年，福建云霄县首次组团到河南固始寻根，揭开了闽台地区“固始寻根”的序幕。为适应闽台地区宗亲到河南寻根问祖的需要，除了有族谱可查，有宗祠可拜，有联谊组织可找，更为重要更为迫切的一件事就是要通过搭建学术研究和交流的平台，进一步厘清豫闽台两岸三地之间的历史渊源关系，找到闽台宗亲到河南固始寻根问祖的历史依据，让闽台宗亲真正能够找到回家的路。从而不断增强两岸三地人们相互之间的文化认同感和彼此之间的血脉亲情。

欧潭生“三探”与豫闽台渊源关系研究兴起

福建与固始之间的特殊渊源关系早就引起不少专家学者的关注。可是因为政治上的原因，新中国成立后的相当长时期内，几乎很少有人敢去碰这根高压线。直到改革开放后，随着两岸民间往来的不断增加，豫闽台渊源关系研究才得以逐步开展并迅速形成热潮。

1981 年 3 月，厦门大学中文系教授，漳州龙溪人黄典诚先生（1993 年去世）应邀到郑州大学中文系参加河南省语言学会成立大会。作为语言学家，黄先生在会前不仅翻阅了《五代史》等文献典籍和《漳州府志》、《龙溪县志》、《光州志》、《固始县志》等地方志书，以及福建、河南等地相关族谱，而且带着他的几个研究生专门到固始进行了实地考察。在调查中他们惊奇地发现，福建方言与固始方言竟然有那么多的相同或相近之处。黄先生在大会上所做的《寻根母语到中原》的大会发言一石激起千层浪，经《河南日报》报道后，在海内外，特别是在河南、福建等地产生了广泛而强烈的反响。他在发言中提到，河南光州固始人陈元光开辟了漳州，被尊为“开漳圣王”，后来，这位被神化了的“开漳圣王”又随郑成功到了台湾。福建今天的发展与当年固始人王潮、王审知兄弟的开发治理有着割舍不断的关系。多数福建人都是固始移民的后裔，而绝大多数台湾本省人又是福建移民的后裔。所以，他认为台湾同胞“寻根的起点是闽南，终点无疑是河南”①。而固始无疑是台湾同胞到中原寻根的第一站。可以说，这是新时期研究台湾、福建与光州固始渊源关系的先声。

① 黄典诚：《寻根母语到中原》，《河南日报》1981 年 4 月 22 日。

作为当时在河南工作的福建人，这样一种双重身份使欧先生对寻根文化有着非同寻常的敏感和执著。从1968年到河南工作，直到1988年才调回福建，他把自己一生中最有活力的青春年华都奉献给了河南这方热土。他在河南工作的20年时间里，不仅在考古发掘方面取得了卓著的成就，而且在闽台与固始渊源关系研究方面也做了大量的开创性工作。受黄典诚先生《寻根母语到中原》一文的启发，欧先生敏锐地察觉到，台湾同胞到大陆寻根问祖的浪潮将势不可挡。为适应这种工作的需要，他于1982年专程到福建福州、漳州、泉州、厦门等地进行实地考察和调查，并向信阳地委递交了一份题为《一千年前是一家——台闽豫祖根渊源初探》的调研报告。获得地委书记刘玉斋批准和支持后，欧先生于1982年4月2日，参与组织了由信阳地委有关部门、河南省考古学会、信阳师范学院及信阳地区有关文化教育单位的领导和专家参加的“台湾同胞祖根问题座谈会”，并发起成立“台湾同胞祖根问题研究会”。该研究会以信阳地委副书记杨峰为会长，河南省博物馆馆长许顺湛、信阳地委办公室主任林克昌等人为副会长，欧先生任副秘书长。会议简报在当年召开的河南省第二届社科联代表大会上散发，并发表在《中国史研究动态》上。为进一步扩大影响，欧先生建议由省里相关部门出面组织召开更高级别、更大规模的学术研讨会，并成立省级学术研究组织。虽经多方奔波，但最终因各种各样的原因而搁浅。

继《一千年前是一家——台闽豫祖根渊源初探》（后面简称“初探”）于1983年公开发表后，欧先生于1984年又撰写了《台闽豫祖根渊源再探——兼论何处是郑成功之墓》一文。回到福建工作后，他觉得意犹未尽，于是又写了《三探台闽豫祖根渊源——方言民俗探微》（《福建文博》1990年闽台古文化论文集）一文。他在《初探》中提出，“考察我国近五百年来的历史变迁，得出台湾同胞来自闽南岭东的结论，已经不是十分困难的事情。如果进一步考察唐朝以来一千三百年的历史，从中找出一些线索，来论证台湾和福建的祖根在河南固始，也不是不可能的事情。”① 并且认为，对于南迁至闽台的中原姓氏后裔来说，固始不是这些姓氏最早的本根所在，但它却是在姓氏寻根过程中必然会探寻到的较近的根源。因此他认为，固始的

① 欧潭生：《一千年前是一家——台闽豫祖根渊源初探》，《中州今古》1983年第5期。

寻根文化资源独具特色。在《再探》中，他对陈、黄、宋、郑等台湾大姓的祖根地一一进行分析后得出，“台湾同胞祖根在中原”这样一个结论，并进一步指出“从主体上分析台湾同胞的祖根，三百多年前在福建，一千多年前在河南光州固始一带”①。此外，他还根据厦门郑成功纪念馆拓片《郑氏附葬祖父墓志》中有郑成功先祖“自光州固始入闽”这样的记载，以及河南固始发现郑成功墓的调查材料，考证得出“台湾和福建没有郑成功自己真正的陵墓”，认为郑成功的尸体被施琅“献俘”北京后并没有运回福建而是悄悄葬于河南固始郑氏祖地②。《三探》则在《初探》和《再探》的基础上，通过对闽台与河南固始之间的方言土语、风俗习尚、民间艺术等进行仔细比对，找到不少相同和相通之处，从而进一步揭示了两岸三地之间历史渊源关系。正是这位对福建和河南两省历史地理比较熟悉，又有着高度的文化自觉与文化自信的欧先生，分别从中原与福建四次人口大交流，陈元光、王审知、郑成功等历史名人，陈、林、黄、张、郑等单姓的源流，以及语言、民俗等方面初步揭示了台湾、福建和光州固始这两岸三地之间的渊源关系。上述具有开创性的成果，不仅为后来两岸三地渊源关系的进一步深入奠定了一定研究基础，而且为后来的研究提供了一些可资借鉴的研究思路。更为重要的是为后来固始县人民政府成功举办“根亲文化节”提供了理论支撑和智力支持。

欧先生不仅是新时期研究豫闽台渊源关系的主要开拓者和推动者，而且是“固始是唐人故里，闽台祖地”这一观点的坚守者和捍卫者。他认为闽台地区一些宗庙祠堂里镌刻着“宗由固始，将军及泽”并不是所谓的附会之词，“闽人称祖皆曰自光州固始来”也并不是像郑樵所说的“其实滥谬”。他认为，郑樵所处的南宋时期，福建等地许多姓氏族谱上确实明确记载有“先祖为光州固始人”，但并不是像郑樵所理解的那样：“王潮兄弟以固始之众，从王绪入闽，王审知因其众克定闽中，以桑梓故，独优固始人”③。因

① 欧潭生：《台闽豫祖根渊源再探——兼论何处是郑成功之墓》，《信阳师院学报》1984年第2期。

② 欧潭生：《台闽豫祖根渊源再探——兼论何处是郑成功之墓》，《信阳师院学报》1984年第2期。

③ ［乾隆］《福建通志》卷六六，《杂记·从谈二》，清乾隆二年刻本。

为，一方面郑、黄、林、陈、詹、邱、何、胡等姓氏早在西晋时期就播迁到福建等地；另一方面，即便是为了得到相关优待而冒充固始籍人，也不可能是所有的相关姓氏都曾这样做。

20世纪90年代初，为应对学界少数专家学者质疑《龙湖集》的真伪和怀疑陈元光的固始祖籍问题，他挺身而出，与卢美松先生一道撰写了《〈龙湖集〉真伪与陈元光祖籍——与谢重光同志商榷》一文。他们在文章中，对谢文所提出的陈元光所著《龙湖集》中所谓“地名之谬”、“名物制度之谬”、“犯讳之谬”① 等一一进行了辩驳。对谢文判定该诗集系后人伪托，并进而否定陈元光祖籍河南光州固始的说法进行了否定，为维护历史真相坚持了自己的原则立场，为维护固始“中原侨乡”的地位做出了自己应有的贡献。在各地争抢名人文化资源的今天，能做到这一点并不是一件十分容易的事情。

欧潭生“第二故乡”情结与豫闽台渊源关系研究推进

无论在河南信阳地区文化局工作期间，还是在福建文博系统工作期间，欧先生在考古工作方面取得的成就是有目共睹的。在此不再赘述。作为新时期豫闽台渊源关系研究方面的奠基者之一，他虽然调离河南多年，但仍然关心着河南经济社会的发展，关注着信阳“根亲文化研究”的进程，给力固始与闽台渊源关系研究工作的向前推进。

我认识欧先生，是在2008年的“固始与闽台渊源关系研讨会”上，当时他和河南省社会科学院历史与考古研究所所长张新斌研究员主持学术研讨。张所长主持前半节，欧先生主持下半节。其实，在此之前，我跟欧先生就有过多次电话联系。作为会议的主办方之一，我们单位负责论文收集和编辑方面的事情。张所长把论文征集、编辑等一些具体细小的工作交给我和穆朝庆副所长。我记得那一年欧先生写了一篇题为《闽台祖根在光州固

① 欧潭生，卢美松：《〈龙湖集〉真伪与陈元光祖籍——与谢重光同志商榷》，《福建论坛》1992年第1期。

始——河南信阳地区寻根历史回顾》的短文，并附上前面所提到的“三探”。因为字数太多，论文集不可能将三篇文章全部收录进去。况且，我也知道这三篇文章不仅都公开发表过，而且曾经被收集到《闽豫考古集》（欧潭生 2002）、《根在固始》（宋效忠 2006）等书籍中。尤其是他那篇《初探》，还先后被国台办《台声》杂志和香港《文汇报》转载，并引起过时任中共中央统战部秘书长胡德平的高度重视和关注。我捧着他的三篇文章细细品读，一篇也舍不得割舍，可是因为篇幅限制又不得不忍痛割爱。无奈之下，只好打电话请示他到底用哪篇。在此之前，以及近几年我偶尔读过一些与豫闽台渊源关系相关的文章。奇怪的是，有意无意中大多能从中闻出一些“三探”的味道来。经过粗略的比较，不管是历次“河洛文化国际研讨会”论文集里面的一些文章，还是有河南姓氏寻根方面的一些文章；也不管是当年那次研讨会收到的其他一些论文，还是近几年“固始与闽台渊源关系”研讨会论文集里面的一些相关文章，大都能从字里行间看到欧先生的影子。引用他的观点者有之，引用其文章中的数据者有之，模仿他的写作模式者有之，未标明出处直接拿来者有之。我以为，这也许就是欧先生的魅力之所在，这就是“三探”的魅力之所在。

2009 年 10 月，在平顶山召开的第八届河洛文化国际研讨会上，欧先生作了“建议第九届河洛文化国际研讨会明年在信阳开”的发言。他认为，全国政协副主席罗豪才先生之所以这么积极支持和热衷河洛文化研究，其中有一点就是因为他本人是闽南人（福建安溪人），他从小就知道台湾人以及海外华人自称“河洛郎”或“唐人”的个中原因。台湾同胞到大陆来寻根问祖，首先想到的就是他们的祖居地福建、广东等地。若再往前追溯，就得寻找到河南固始来了。所以，欧先生认为，研究河洛文化就是要研究闽台之根在河南光州固始的“根亲文化”，而不是局限于地处河洛的“河图洛书”。因为“河图洛书”应该是中原文化和黄河文化的研究范畴。欧先生的这一观点虽然可以商榷，但他把豫闽台渊源关系研究和“根亲文化”研究作为河洛文化研究一个重点的主张很独到。他是在以一个学者的责任感和良心，以一个在信阳工作过的福建人的自豪感和爱心，抓住一切机会在宣传河南，宣传信阳，宣传固始，宣传连接豫闽台血脉关系的“根亲文化”。由此我们也不难看出，欧先生对河南第二故乡的那份热爱，对信阳固始祖根地的那份眷念，对豫闽台渊源关系研究和“根亲文化”研究的那份执著。

文献来源： 2011年固始与闽台渊源关系学术研讨会论文。

作者简介： 唐金培，河南省社会科学院历史与考古研究所副研究员。

论固始寻根

张新斌

在中国古代的大规模移民活动中，北方移民的中心为“山西洪洞大槐树”，南方移民的中心为“福建宁化石壁”。如今，这两处移民集散地，不仅在学术上得到认可，也已开发成为万众瞩目的寻根旅游胜地。但是，在东南移民中有着永远的“中原情结”，他们对中原的印象便是“光州固始”。

一、谱志中反映的根在固始的移民

王姓，《晋江凤头王氏族谱》（乾隆始修本）载：今晋江城东镇凤屿村王氏以唐末王审知为入闽始祖，明洪武十年（1377 年）第二十二世王宾和始迁居凤里。《晋邑金安王氏二房三派西春公派族谱》载：今晋江金井镇西坡王氏，始祖王一齐兄弟在宋治平年间（1064 – 1067）自光州固始南来，暂寓福海庵。《金鸥王氏五柱敦项公派家谱》载：今晋江东石镇金瓯（山前）王氏，出于五代泉州刺史王延彬之后，推武肃王王审知为入闽始祖。《峣阳开闽王氏族谱》载：今安溪西坪镇西部的峣阳，王为当地大姓，其先祖上溯唐末入闽的王潮、王审知。始祖王佛生，为防倭事于明永乐元年（1403 年）与弟王兴祖由长乐迁居安溪崇信里屯种，“四传”后王毅庵迁居峣阳。《台湾通志·氏族篇》收录的台北县板桥镇《王氏族谱》云：“三十四世晔为光州定城令，因家于固始，晔曾孙曰恁，三子曰审潮、审邽、审知，兄弟有检，王绪辟为军正，以副前锋提兵入汀、漳，遂有闽、泉之地，而审邽之曾孙曰晔，又分居泉之西南隅船方巷。”

陈姓，《高阳、乐陶陈氏族谱》载：今德化县浔中镇陈氏均来自河南固始，宋元由晋江迁居同安，明正统甲子（1440 年）陈质来、陈顺德由同安衍居德化并在高阳、乐陶播迁、发展。《鳌城陈氏大宗族谱》载：今石狮永宁村（鳌城）开基祖陈成庵源出河南光州固始县颍川派下。陈成庵，为宋代礼部侍郎，受命镇守永宁卫，遂携眷在此定居，已达二十余世。《溜江陈氏族谱》载：今晋江金井镇溜江，俗称溜澳，其陈氏始祖上溯河南光州固始，其名讳莫能稽考，宋元由莆田迁晋江，遂有溜江陈氏。《太平康陈氏公谱》载：今晋江东石镇平坑村陈氏始祖陈九郎，为光州固始人，其后裔于元至元年间（1271－1294）迁居安海门头（文头）、平坑，遂有平坑陈氏。《杨滨乡康松陈谱》载：今南安码头镇新汤、康安两村陈氏，系永嘉元年（307 年）由固始入闽，始祖为陈润。其后裔陈振元于明初由漳州而寓居于汤滨。《浯阳陈氏族谱》序云："太始祖讳政公，原系汝宁府光州固始县籍也，股肱唐室，历建弘猷，因赐姓曰唐将军，是朝总章二年（669 年）奉敕驻闽，追厥子孙元光、珦公，累袭祖职，复进驻于漳城，其丰功伟烈，卓越今古，啧啧载人口碑焉。"另据《台湾通志·氏族篇》："留居河南之陈姓，随王潮入闽者，为数似亦不少。本省《陈氏大宗谱》有收录。《福清陈氏宗谱》王凤州序云：唐僖宗光启二年，祖元王潮入闽，而家福清之南阳村，三传徙长乐之江田，又徙古田县。"

刘姓，《塘滨刘氏九耀公派族谱》载：今晋江英林镇的塘滨刘氏，为彭城派，先祖刘存及侄刘昌，于唐末自光州率部入闽，开基福州凤岗一带，后又分居长乐、福清，其裔孙于宋末元初由福清徙居晋江塔头，历经十世后又分居塘滨。《泉南芦川刘氏族谱》载：今南安罗溪（古称芦溪）刘氏先祖为唐尚书刘文静，于唐末入闽，徙居武荣（南安），其后裔刘恒于宋代为侯林乡开基祖，传至侯（刘）二郎为芦川派之祖。《刘林刘氏族谱》载：今南安码头镇刘林刘氏之祖为唐代尚书刘文静，遭谗而子孙逃入光州固始，后易姓为侯，于唐末入闽，后再徙居武荣（南安）。宋代刘恒开基刘林，为刘林侯姓之祖，至民国方易侯为刘氏。《刘氏大宗世谱》载："始祖刘讳锜，字信叔，号重珍，先是河南汝宁光州固始人也。唐天佑开平间……避地入闽，居建安，又居莆阳，数传而生皇祖讳极。"另在《宋太学生致政刘公妣太孺人合葬圹志》中，也记其先祖刘显斋为河南汝宁光州固始人，后梁时为威武军节度使，其二子刘崇安、刘建安居闽，刘建安之后为刘极，刘极子为刘锜，其后迁居泉州。

黄姓，《东石檗谷黄氏族谱》载：今晋江东石镇黄氏，与湖头（玉湖）、永坑合称为“东石三乡黄”，共奉黄龙为基祖。据载，黄龙祖父黄岸之先人系于唐末由光州固始避乱居闽。《虎丘义山黄氏世谱》云：今祖州黄氏先祖为黄霸及黄敦、黄膺父子，唐末自光州固始随王审知入闽，初居清流梓潭村，后居闽清梅溪场盖平里凤栖山。《闽杭黄氏宗谱》载：今闽西及粤东黄氏始祖为黄峭，其先祖由江夏迁河南光州固始，复迁福建邵武坪西，以后在闽西、粤东一带繁衍。又据明代黄风翥《金墩黄氏族谱序》所言：“晋永嘉中，中州板荡，衣冠入闽，而我黄迁自光州之固始，居于侯官。”《黄氏族谱》载：“其先四十三世南陆，居河南光州固始……七十三世志，由和平迁福建邵武……八十八世肃，子四，分居福州、江西、南剑。”《台湾通志·氏族篇》引台湾《黄氏族谱》：“其先四十三世南陆居河南光州固始。”台北县深坑乡《黄氏族谱》云：“世居光州固始。至晋，中州板荡，南迁入闽，始祖黄元方仕晋。”

李姓，《晋邑圳山李氏族谱》载：今晋江金井镇石州（圳山）李氏先祖李晦翁，初居砀山，后因中原变故，而侨居光州固始。唐末偕子李乐泉避兵福建，其后裔于元末由福州徙泉州，据圳山西卜居。《芙蓉李氏族谱》云：今南安梅山镇芙蓉李氏，先祖为光州固始人，于五代初从王潮入闽，其子孙因家于武荣（南安）芙蓉乡。《岭兜李氏族谱》亦云：今南安金淘镇李氏远祖系固始人，随王潮入闽，其后裔肇居梅山芙蓉，传至李仰宗时迁居岭兜。《台湾通志·氏族篇》引《台北县李氏族谱》谓：“先祖光州固始人，唐末随王潮入闽。”

郑姓，《永春鹏翔郑氏族谱》载：今永春城关东门桃李村郑氏，其始祖郑可远因中原战乱于唐末随王潮入闽，统戍桃林场（今永春县），后肇居姜莲龟山坪上，传至四世郑懋为宋真宗潮阳军都巡检使，告老后卜居今县城东门一带，因地在大鹏山之阳，又取原祖居“坪上”之谐音，故称“鹏翔郑氏”。《三修永春夹漈村郑氏族谱》载：今永春仙夹乡夹漈村郑氏，为郑樵之后裔，其谱所载郑氏入闽时间较早，但郑樵为《荥阳郑氏家谱》作序时亦讲到，郑氏先祖自固始入闽者不在少数。另据《台湾通志·氏族篇》引台湾马巷《郑氏族谱序》谓：“唐垂拱间，陈将军趋闽，郑姓遂星布闽、粤。”因此，郑姓分三次来闽，与固始也有一定的关系。

周姓，《桃源前溪周氏族谱》载：今永春桃城镇桃溪村周氏先祖于唐末随王潮、王审知由河南光州入闽，始居莆田。九世孙由莆田迁永秦盖福，明初由盖福迁前溪之象山。《铭山周氏族谱》载：今德化（铭山）赤水镇铭爱村周氏先祖周梅林，于唐中和三年（883 年）自固始从王潮入闽，先后居于仙谿（仙游）之东乡、延平郡之周田（今大田）。南宋时，周少九由大田移居赤水埔之铭山。

许姓，《湖头虞都许氏家谱》载：今安溪湖头镇郭埔（虞都）许氏先祖许侍御为光州固始人，唐末奉旨入闽，镇守漳州诏安，后又迁晋江石龟村，传至许景玉迁至南安诗山镇钱塘，景玉次子许振奴移居虞都。《漳州府志》有闽台许氏奉为始祖的许天正的传记：“许天正，河南光州固始人，陈元光首将也。从元光入闽，元光有所申请，必讨论而后行。”许天正的后裔不少是客家人，并散居于闽、粤、台各省。

方姓，云霄《云阳方氏族牒》称方氏：“祖子生，系河南光州固始人，自唐高宗垂拱二年（686 年）随陈将军政与其子元光下征南闽，乔居漳州。”该谱《晚唐六桂》云：“方廷范，祖籍河南固始，唐昭宗大顺二年（891）辛亥科进士，官上柱国金紫光禄大夫，历宰闽之长溪、古田、长乐三邑，所在有惠政，百姓归心，颂称为‘长官’。因当时中原割据，故定居莆田刺桐巷，遂名为方巷。廷范有六子，俱从河南登第，时称‘六桂联芳’。”《崇正同人系谱》卷二载：“唐时有方姓昆弟六人，均赐进士，是以有六桂堂之名。其父母平黄巢有功，受赏殊勋，后由河南迁于闽之莆田。”另据《台湾通志・氏族篇》引《惠州淡水西湖方氏族谱重修序》谓：“莆田之祖，乃……廷范府君，唐季王审知据闽中，府君六子皆仕于王……人称六桂。”

曾姓，《武城曾氏重修族谱》载：今德化浔中镇曾姓，以“武城”为郡望，唐末从王潮入闽。《武城曾氏宗谱》收录的韩琦《清源曾氏宗谱序》云：“唐僖宗光启间，王潮由光州固始趋闽，中原士民避难者皆徙以从，曾氏亦随迁福、漳之间，子孙因居焉。”《台湾通志・氏族篇》引晋江《曾氏族谱》有录《清源曾氏族谱序》亦讲到，曾姓随“王潮由光州固始入闽”，“随迁于漳、泉、福、兴之间，晋江之曾，始祖延世，为光州刺史也”。曾姓为曾参的后代，素有“天下一曾无二曾”的说法，上述记载应具有代表性。

吴姓，《古东吴氏通族谱》载：今石狮宝盖镇坑东村吴氏先祖由光州固始入闽后，卜居于兴化平海卫。宋元时，吴十七迁居坑东村。《诗山古宅吴氏族谱》载：今南安诗山古宅岭兜吴氏先祖，唐僖宗时随王审知由光州固始入闽，宋代吴定居今泉州鲤城浮桥镇一带（古武荣黄龙江），称“黄龙吴氏”。明初吴大冶迁居南安古宅，遂称“古宅吴氏”。《崇正同人系谱》卷二：吴氏“世居渤海，散处中州，其后随王潮入闽，由闽而入于粤之潮、嘉等处。”《台湾通志·氏族篇》引本省《吴氏族谱》中《祭公家传》：“其祖有吴祭者，固始县青云乡铁井兜人，唐僖宗中和四年，兄弟一行二十余人，住福州侯官县，王审知据八闽之地，乃避地福、泉之间，遂为闽人。”

谢姓，《魁斗谢氏族谱》载：今永春坑仔口镇魁斗谢氏先祖，唐末随王潮入闽，始居莆仙，后迁安溪、永春，由留坡居魁斗。《清溪谢氏宗谱》卷首之《谢家分派源流考》云：“吾谢为著姓……世居河南光州固始县，……盖宣伯远裔有十六郎者，后唐时任藩长史，时乾符之乱，至乾宁四年（897年）丁巳，从王审知入闽，为黄连镇之将，生子望，望生彦彬，世袭镇将。”《台湾通志·氏族篇》引《清溪永安谢氏族谱》谓：“祖为光州固始人，从王审知入闽，始迁泉州之安溪县永安东皋居焉。”

尤姓（沈姓），《蓬莱尤氏族谱》载：今永春达埔蓬莱村尤氏，源出自沈氏，沈思礼为河南光州固始人，随王审知入闽，升为验马都尉，因避王审知之“审”、“沈”之讳，改姓尤，定居于武荣金田，后迁永春，明初尤琼由永春的逢壶魁源而居达埔蓬莱。

施姓，《得海承德堂施氏家谱》载：今石狮永宁镇前埔村施氏之祖施柄，由河南光州固始播迁清高楼，其后施菊逸迁居晋江南浔（今衙口村），清初分居各处。《钱江长房派石厦厝后分施氏家谱》载：今晋江龙湖镇石厦村施氏，俗称“前港施”，始祖施典于唐末避乱入闽，屡经周折，后择吉钱江而居，故以“钱江”为堂号，数世传至施宽惠开基石厦。《永南施氏宗谱》载：今南安施氏，其先祖在唐末自光州固始入闽，先居浔海（今晋江龙湖衙口），后迁居永南。《台湾通志·氏族篇》引《漳州府志》云：“随陈元光开漳，有施光缵者，官府内校尉。”本省《施氏合谱》亦云：唐之中叶，始由河南光州固始县迁徙入闽。有秘书承公者，宅居于泉州钱江乡。

余姓，《诗山前山余氏族谱》载：今南安诗山镇前山村余氏，其先祖余黄敦本居光州固始，唐末五代时迁居南剑新安，后择武荣之北而家焉，其地号称余山，元时其后裔居诗山。建阳《余氏宗谱》称："有青公者……由河南固始而宰建阳……是为入闽鼻祖也。"《台湾通志·氏族篇》据《漳州府志》云："陈元光开漳，已有固始余氏，随之入闽。"

颜姓，《颜氏续修宗谱》载：今永春达埔镇中村的"蓬莱颜氏"，先祖颜洎于唐时由固始入闽，居德化顾杰泗滨，又徙居今永春达埔。《桃源东山颜氏族谱》载：今永春东平镇东山村一带颜氏，其先祖颜芳，号教先，由河南入闽，居德化泗滨，传至颜瀚，迁居永春清白里。《台湾通志·氏族篇》据《漳州府志》载：陈元光入闽之后，已有颜氏从之入闽。

吕姓，《杰山吕氏族谱》载：今永春蓬壶镇杰山吕氏，先祖于唐末随王潮入闽，先后迁居泉州、南安、永春等地。台湾的吕氏族谱中也记明闽台吕氏始祖为吕占，唐肃宗宰相吕諲之后，世居光州固始，唐末徙居福建泉州府晋江县相公巷，后改居曾埭之草安。

龚姓，《沙堤蓬莱龚氏家谱》载：今石狮永宁镇沙堤村龚氏因王潮自固始入闽，遂卜居于龚山。《西偏西房龚氏家乘》载：今石狮永宁镇西偏村龚氏始祖龚十三，自光州固始首居晋江之龚山，以后分居沙堤、南塘、西偏等村。

柯姓，《坵城柯氏族谱》载：今安溪蓬莱镇蓬溪村柯氏先祖，唐末由光州固始入闽，世居泉州元妙观西水沟巷，元代时柯万山移居坵城，尊其父柯守顺为始祖。《鳌岱柯氏族谱》载：今晋江英林镇埭边村柯氏先祖柯延，于唐末由河南光州固始从王审知入闽而居南塘，以后又移居柯仓、鳌岱等地。《台湾通志·氏族篇》引《柯蔡氏族谱》有《南塘派序》云："唐僖宗光启二年，祖自河南光州固始，从王审知入闽。"

蔡姓（辛姓），《蔡氏族谱》载：今晋江青阳镇普照村蔡氏为蔡襄之后，其先世于唐末由河南入闽，初居兴化莆田，宋末居晋江青阳泠井水，后又居普照。刘大治《济阳渊源考略》在谈及柯、蔡、辛联宗时，也提到柯、蔡先祖自固始入闽，初居福州下大路风陈张鄞乡。其兄弟三人，长兄姓辛，号青阳堂，住息安、漳州等地。次为柯姓，号瑞鹊堂，住晋江、永春等地。三为蔡姓，号济阳堂，分枝莆田、漳、泉等地。另据台北县新庄镇《鸿儒蔡氏族谱》谓："为叔度之后，先世居光州固始，唐武后垂拱二年，从陈元光入闽，乃居漳浦之绿溪县。”

彭姓，《虹山彭氏族谱》载：今泉州市鲤城区虹山乡彭氏，又称“山顶彭”，先祖于唐僖宗广明元年（880 年），由河南光州固始县迁闽之泉州，复迁城西之南安。宋初移居鲤城虹山，虹山开基祖为彭枨。

宋姓，《儒林宋氏族谱》载：今永春五里街宋氏，为唐右宰相宋璟的后裔。宋璟之孙宋易，宋易之孙宋骈为福建观察判官，宋易随其孙自河南光州固始入闽，居莆田，为入闽始祖。元时宋瑄由莆田迁永春。《台湾通志·氏族篇》引中坜《宋氏族谱》载：《莆田县世系考》谓：始祖唐丞相环，字持正，河南光州人。

潘姓，《桃源潘氏族谱》载：今永春西达埔、蓬壶一带的潘氏，其先祖于唐初随陈元光由河南光州入闽，定居于漳州，元时潘银湖由漳州迁居永春，为入永始祖。《台湾通志·氏族篇》载：今台北县三芝、石门二乡潘姓均谓，先世居光州固始，嗣迁福建漳州诏安五都，迁移年代，已不可考。

康姓，《桃源凤山康氏族谱》载：今永春玉斗镇桃源凤山康氏，其先祖于唐末由河南光州固始入闽，先居兴化，后迁安溪感化里。明中期康孟聪迁居永春，为入永始祖。

苏姓，《双翰苏氏族谱》载：今德化县春美乡、大铭乡等地分布的苏氏，先祖苏益以都统职随王潮入闽，宋初苏奉礼肇居于德化石城，其族人出洋者达 200 余人。《仙源苏氏源流考》：“许国公三子六世孙益，为隰州刺史，随王潮入闽，居泉州同安。”《台湾通志·氏族篇》引《苏氏族谱·苏益自序》：“晚生益，唐衰世乱……随王潮入闽。”基隆市《苏周连氏同宗起源略录》云：“至威为隋朝纳言尚书，因数谏炀帝不从，被贬为光州刺史，后即旋回河南固始县林德乡，生五子……续传数世，凡三百余年。至唐末世乱，益公以嫡子孙继承武职，同王潮入闽。”

赖姓，《侯卿赖氏族谱》载：今德化县上涌乡赖氏之始祖赖开国，光州固始人，唐僖宗中和三年（882 年）随王审知入闽，拜为福州节度使转琅琊王，居侯官（今福州）孝悌乡感化里。宋末赖十一入居德化县下涌钱塘，其地名为“赖厝国”，其长子赖五一得侯卿之地，遂为侯卿之祖。

卢姓，《沙美卢氏族谱》载：今石狮永宁镇沙美村卢氏，源出河北范阳。唐末卢天禄随王审知自河南光州固始县入闽，先定居于西北山区，后逐渐向东南迁徙，后裔散居于永定、平和、清流等地。卢子仁、卢子明为沙美肇基始祖。《台湾通志·氏族篇》引《漳州府志》有录："固始人卢如今随陈元光开漳，子孙散处龙溪之墨场及长泰等地。是卢氏唐初即已入闽矣。"

戴姓，《诗山戴氏族谱》载：今南安码头镇大庭村一带，地处高盖山麓，此山又称诗山，故有"诗山戴氏"之称。其始祖于唐僖宗光启元年（885年）随王审知由固始寻根入闽，择诗山之锦坂（今大庭村）而居，遂有"诗山戴氏"。《台湾通志·氏族篇》引《漳州府志》："唐初有陈元光将佐戴君胄父子，随之入闽开漳，似为戴姓入闽之始。"

庄姓，《桃源庄氏族谱》载：今惠安县山腰安氏，其始祖庄森自光州固始入闽，居永春县桃源里蓬莱山，其后裔遍布晋江、惠安、同安、莆田、安溪等地。台湾《青阳庄氏族谱》载："唐光启间，始祖森公，王潮之甥也，偕入闽，择居于永春桃园里美政乡，地名蓬莱。"

根据《台湾通志·氏族篇》记载，杨、郭、叶、何、沈、涂、董、洪、张、侯、林、廖、萧、罗、高、詹、魏、孙、曹、傅、蒋、姚、唐、石、汤、欧、邹、丁、韩、钱、柳等姓氏，均有先祖来自光州固始之源。因此，以上有约60个姓氏根在固始，他们入闽的时间大多集中在唐初和唐末。

二、中原南迁移民潮中的"光州固始"

1. 对东南地区最有影响的三次中原士民南迁

历史上中原士民向东南地区大规模迁徙的高潮共有三次。

一是西晋末年的移民潮。如乾隆《福州通志》卷75《外纪》一引路振《九国志》云："永嘉二年（308年），中州板荡，衣冠始入闽者八族，林、黄、陈、郑、詹、邱、何、胡是也。""八族入闽"的传说，在《莆田揽巷文峰陈氏族谱》《莆田九牧林氏谱》《莆田南湖郑氏谱》《参山二房黄氏族谱》等谱书中有所反映。在《福建府志》《建瓯县志》中，也有相关的记载，但在正史与考古资料中，还没有得到印证。我们认为，"八姓入闽"的传说，与中原士民在西晋末年南迁的史实相吻合，他们虽然不可能如族谱所说均为"衣冠大族"，但其移民的时间与福建设置"晋安郡"的时间相吻合，因此也预示着中原先进文化开发福建的开始。关于八姓在中原的籍贯，虽然也有客家人林氏所载“聚族于河南光州”，但总的来说，这次移民潮，固始的符号作用并不明显。

二是唐代早期的移民。唐高宗总章二年（669年）在闽、粤之交的区域发生了“蛮獠啸聚”，时任玉钤卫翊左郎将的陈政，受朝廷之命以岭南行军总管的身份率府兵3600人，及副将123人入闽平叛。陈政所部一度曾陷入困境之中，陈政二兄陈敏、陈敷率58姓军校前来增援。在征战途中陈敏、陈敷病死，陈政之子陈元光率军南下与父会合。陈政病逝后，陈元光代父职任岭南行军总管，平叛后并任新设的漳州刺史。他与大部分军校落籍闽南，建设和开发漳州地区，被誉为“开漳圣王”。陈政、陈元光父子的事迹，虽不见于正史，但在《重纂福建通志》《广东通志》《颍川开漳族谱》《漳州府志》以及陈、杨、郭、何、萧、罗、魏、孙、曹、蒋、姚、唐、石、汤、欧、丁、钱、柳、郑、沈、施、余、颜、蔡、卢、戴等谱书中，均有类似的记载，说明这次移民对于福建的开发尤其是对漳州的开发具有重要的意义。

三是唐代末年的移民潮。唐代末年，天下大乱，人口迁移的幅度极大。而五代十国中的“闽国”，应该是在中国历史上得以公认的在今福建建立的有一定实力的地方政权之一。闽国的建立者多为中原人，可以说在这个偏安一隅的地方政权的庇护下，这里不仅保持了数十年的安定和发展，更是因为这是一次前所未有的中原先进文化对东南地区的全面洗礼，也为后来东南文化的崛起打下了坚实的基础。

2. 王氏闽国与东南文化中的“固始”情结

关于王审知及王氏籍贯，不仅在《重纂福建通志》卷88《五代封爵》及许多志谱上有明确记载，《新五代史》卷68《闽世家·王审知传》也明确记载王氏为光州固始县人。根据《文物》杂志1991年第五期，福建省博物馆等公布的《唐末五代王审知夫妇合葬墓清理简报》可知，在福州北郊莲花峰南麓王审知夫妇陵墓的清理过程中，发现有王审知夫妇的墓志，其中《大唐故扶天匡国翊佐功臣、威武军节度观察处置三司发运等使、开府仪同三司、守太师兼中书令、福州大都督府长史、食邑一万五千户、食实封一千户闽王墓志并序》云：“闽王讳审知，字信通，姓王氏，其先琅琊人也……曾祖讳友则，汉丞相安国君陵三十四代孙，赠尚书左仆射……仆射贞元中守定城宰，善政及物，去任之日，遗爱遮道，因家于光州，故世为固始县人。”因此，王氏居家固始，并在那里居住了相当长一段时间。

随同王潮、王审知入闽的军校，涉及数十个姓氏，前述可知，他们均已表明为“光州固始”人。《资治通鉴》卷254记载，中和元年（881年）有屠者王绪组织了一支农民军，攻占了光、寿二州，当地民众广泛参加。王绪后任光州刺史。《新五代史》记载，光州固始县的王氏三兄弟，亦参加了王绪的队伍，也就是说，王绪部属构成应为寿、光二州籍人，尤应以光州为多。史载可知，王绪率军南下时胸无大志，王潮等取而代之，并在以后收复了福建的五州之地。王潮死后，王审知被唐末政权任命为威武军节度使、福建观察使，并被后梁封为闽王，在任时间达29年之久。他采取了保境息民的政策，发展了海运事业，并对福建的建制进行了调整，添设了六县三镇二州，对福州城进行了整治与拓展，因而使福建的经济和社会的发展达到了前所未有的水平。

王审知远在他乡统治一方，其依靠的主要力量，仍是与他一同南下的乡里故友，因此有更多的“光州固始”籍军校升任高官，在当时的历史条件下应该是十分正常的，由此形成了共同的“固始”情结。宋代史学家郑樵在《荥阳郑氏家谱序》中指出：“今闽人称者，皆曰光州固始。实由王绪举光、寿二州，以附秦宗权。王潮兄弟以固始之众以之。后绪与宗权有隙，遂拔二州之众入闽。王审知因其众以定闽中，以桑梓故，犹固始。故闽人至今言氏谱者，皆云固始。”

从中原士民对东南地区的三次迁移浪潮中，我们不难看出，在唐代的二次迁移中由于主导者陈氏、王氏均为“光州固始”人，因此而形成了闽人特有的固始现象。东南地区对中原“光州固始”的根的认同，虽然有着除功利色彩以外更多的社会、政治等复杂因素，从历史学的角度考察或许有必要廓清，但实际却反映了中原移民对中原文化的眷恋，我们认为族谱中尤其是唐代二次移民，甚至影响到早期移民对中原的模糊认识，从而强化了他们对中原之根的认识。毫无疑问，“固始”从某种意义上讲正是“中原”的化身。

3. 唐代的固始：豫闽两地永远的印痕

第一，陈氏的影响，豫闽两地的文献和遗迹

陈政、陈元光在福建有较大影响。如《泉州府志》卷36“坛庙寺观”

部分，南安县有“威武陈王庙，祀唐豹韬卫大将军元光，宋建炎四年赐额‘威惠’。唐左郎将、归德将军……贞元二年，徙州治龙溪，敕葬于州北高鼓山。”《泉州府志》卷37“古迹”部分，惠安县“唐归德将军，陈政故里，在县北。政，光州固始人也。从太宗征战有功，拜左郎将，归德将军。总章二年，泉、潮蛮獠啸乱，居民苦之，高宗敕政统岭南行军总管事，镇抚其地。”另在《台湾通志·氏族篇》专引《漳州府志》：“陈政，光州固始人，唐高宗总章二年，泉、潮间，蛮獠啸乱，朝廷以政统岭南军事，偏裨一百三十二员从焉，镇绥安（今漳浦）。政兄敏，嗣镇五十八姓入闽相助。旋政卒，子元光领其众，勘定蛮乱，奉命世镇漳州，遂屯师不旋，垦土招徕，方数千里，无烽火之警，号称乐土。世谓：漳州开辟，自此为始，亦为陈姓入闽之始也。”由此可知，陈政、陈元光不仅在福建有影响，在台湾也极受尊崇。

陈政、陈元光在光州固始，亦为家乡人们所怀念。光绪《光州志》卷之五“忠义列传”中有：“陈元光，字廷炬，弋阳人，生于显庆二年二月十六日……总章己巳年甫十三，领光州乡荐第一，遂从其父政将兵五十八姓以戍闽。父薨，代领其众，任玉钤卫翊左郎将。宋孝宗时加封为灵著应昭烈广济王，命有司春秋祀之。其系本于胡公满后，子孙以国为姓，遂易妫为陈。汉建武间有祖名孟连者，为固始侯，薨葬于浮光山之麓，子孙因而留家焉。元光三十六世孙华来为光州守，表扬其德，士民为立广济王祠于学宫之左。”《光州志》卷之二“忠义祠”中有：“陈元光，唐赠忠毅高惠广济王。”光州陈氏，在《光州志》中还有记载，如卷之六“宦迹列传”中有“陈泳，子章甫。”“陈泳，字正雅，旧为光州人，因祖元光戍闽有功，世守漳州刺史，遂为闽人……复补光州司马，寻加本州团练使。又章甫，字尚冠，建中初举明经。贞元四年，除庐州司理，寻迁西南督府。率军十九年，转光州司马，代父本州团练。元和三年，转京兆司田，兼领度支郎中，以父病乞终光州左拾遗……元和十二年泳卒，章甫扶柩归葬于漳。敬宗初复补光州司马加团练使，辅国左将军，士民爱之如慈母。”在该志卷之八“仕贤列传”中，有唐代“陈酆，字有芑，先世弋阳人，因祖元光戍闽有功，世守漳州，遂为闽人。父珦举明经及第，授翰林承旨。珦生酆，德性温恭，幼耽经史。天宝六年，举秀才，授辰州宁远令。在京见李林甫、杨国忠柄国，无意仕进，访弋阳旧第，川原壮丽，再新而居之数年。安禄山乱，漳州民诣福建观察使诉乞遵先胡旧制，令陈酆领州军事，以拯民生朝，是其请陈酆至漳建学延师，锄强救灾，一如其祖守漳时。”

从以上情况可知，固始陈氏，历史悠久，其后人陈泳、陈章甫还在光州任司马。其后人陈酆曾专程回老家“访弋阳旧第”，并进行翻新后，“居之数年”。宋代以后，其后人陈华来任光州太守，奉旨“立广济王祠于学宫之左”。据调查，在今固始县陈集乡陈村，有大量的陈氏后裔，他们与陈政、陈元光同宗同祖。清嘉庆年间重修有“将军祠”，至今还保存有大殿五间，硬山灰瓦顶的厢房建筑 14 间。

第二，王氏影响，豫闽两地的文献和遗迹

王潮、王审知、王审邽兄弟三人，在福建有更大的影响。如《泉州府志》卷之三十九“名宦”部分，有“王潮，字信臣，光州固始人。五代祖为固始令，民爱其仁，留之，因家焉。世以赀显。潮兄弟三人，长即潮，次审知、审邽。”在该志卷之三十七“古迹”部分，惠安县有“节度使王审邽墓，在城东凤山，徐寅撰神道碑。”“节度使王潮宅在盘龙山下，后改为寂光寺。”在《泉州府志》中，也可以看到唐末移民的痕迹。如卷之五十六“武迹”部分有“刘日新，光州固始人，仕唐为金紫光禄大夫，乾符中黄巢寇闽，日新领兵追至炯场。”“宋武迹”中有“苏光诲，父益，乾符中隰州刺史，自光州固始随王潮入闽。”卷之六十一“唐乐善”部分有“黄守恭，先光州固始人，移居泉州，乐善好施，人称长者。”

王氏兄弟的事迹，也见于河南志书的记载。如乾隆《重修固始县志》卷十五“大事表”中，唐中和元年“八月寿州人王绪作乱，陷固始”。另有小字注释：“《文献通考》：王潮，光州固始人，初为县吏。寿州人王绪攻陷固始以潮为军校，绪为秦宗权所攻，率众南奔，自南康入汀，陷漳浦。绪性忌多杀，潮与其前锋将执绪杀之，推潮为主。”另在该志卷二十二“人物第二十五，世家”中，也有“王潮，字信臣，光州固始人，五代祖华为固始令，民爱其仁，留之，因家焉……”“王审知，字信通，光州固始人。父恁，世为农，兄潮为县吏，唐末群盗起，寿州人王绪攻陷固始，绪闻潮兄弟材勇，召置军中，以潮为军校。”该志卷十九“吏绩”中专列有“王华，王潮五世祖，为固始令，民爱其仁，因留家焉。”在卷之二十“列传”中有

“王审邽，字次都，固始人，潮弟，为泉州刺史，喜儒术，通书春秋，善吏治。”在清光绪《光州志》卷之三有“武功列传”，其中有“王潮，字信臣，固始人，世以赀显，初为县吏……”“王审知，字信通，状貌奇伟，常乘白马，军中呼‘白马三郎’，为威武军节度使……封闽王，凡十八年。”另在该志卷之七“善行列传”中有“王延嗣，光州人，唐亡，梁太祖拜王审知为中书令，封闽王，延嗣力谏曰：义不帝秦，此其时也。时强藩巨镇僭号，审知有效颦意，延嗣力谏。审知虽不乐其言，然终身不失臣节，延嗣之力也。”在卷之八“仕贤列传”中，有“王审邽，字次都，潮弟也，为泉州刺史，善儒术，通春秋，明吏治。”因此，王氏兄弟的事迹，也为光州固始人自豪并铭记于志书之中。

4. 打固始品牌，建寻根基地

以固始为主体的唐代中原士民的两次南迁活动，在闽台地区及海外华人中的影响是巨大的。陈氏父子、王氏兄弟及其移民，带去了以固始为主体的中原文化、语言、风俗，带去了中原人吃苦耐劳、诗书传家的风尚。“光州固始”成了东南地区移民后裔心目中永久的根脉所在，在他们的眼中固始是中原的代名词，是他们永远的祖地。固始，是闽台与中原无法割舍的重要纽带。研究和开发固始的根文化资源，在固始建立闽台寻根基地，对于加速中原地区改革开放的步伐，加速老区建设都具有十分重要的意义。

第一，唐代二次以“光州固始”为主的中原士民南迁活动，在闽台及海外具有广泛的影响，要加强对固始寻根的专题研究，定期举办以豫、闽、台为主干的学术研究活动，在研究与论证的基础上加大开发力度。

第二，要摸清家底，对固始、光山等地的与唐代移民相关的实物资料进行广泛的调查，对有价值的祠堂、庙宇、碑刻等文物进行有效保护，为闽台及海外华人寻根提供更多的实物根据。

第三，要加大对固始这一知名品牌的开发力度。从全省寻根游的大格局上，重新对“光州固始”进行定位，将“固始寻根”建成河南省乃至“中华寻根朝敬之旅”的精品，建成河南省的寻根游的基地。要从高品位的角度认真规划“固始寻根”这一名牌旅游产品，使之成为在海内外叫得响的名牌。

第四，要加大宣传力度，利用各种媒体进行有计划的宣传与促销，要走出去，到闽台及海外进行宣传，筹组举办“固始寻根文化节”，加强固始与闽台的联系，使之成为带动开发全面发展的综合性盛会。

“固始寻根”是一个在海内外有广泛影响的大课题，是我省极为罕见的含金量极高的知名品牌。作好“固始寻根”这篇大文章，不仅对于信阳以及大别山老区建设和发展是一次难得的机遇，并将成为中原地区对外开放的窗口和纽带，为新世纪中原文化的全面振兴发挥应有的作用。

文献来源：《中州学刊》，2002 年第 3 期。

作者简介：张新斌，河南省社科院历史与考古研究所所长、研究员。

中原姓氏寻根概述

王永宽

自20世纪80年代起，中华大地出现了“寻根热”。这是在新的历史时期中华民族文化凝聚力和文化向心力的表现。寻根的内容是多方面的，如关于中华人文始祖的寻根、古代都城及其他城址的寻根、各门类文化寻根、家族寻根等。其中姓氏寻根是各种文化寻根的重要组成部分，表现得尤其活跃。近十余年来，河南省各级政府对姓氏寻根问题非常重视，成立了有关的机构团体，积极组织和安排了姓氏寻根方面的活动。许多专家学者对姓氏文化做了大量考察和研究工作，取得了不少成果。现在，中原姓氏寻根的热潮正在持续发展，并引起社会民众广泛的关注。

一、中华民族的姓氏之根在中原

中华文明的源头、中华民族的发祥地在中原，这是当今全世界中国人的共识。中华民族的姓氏之根（主要指汉民族的姓氏），绝大部分也在中原，这也是没有疑义的。

“中原”一词，本来有广义、狭义两种解释。广义的中原指黄河流域，包括今天的河南省大部分及陕西、山西、河北、山东的一部分。狭义的中原则指古代的豫州一带，其范围大体相当于今天河南省的大部分地区。《尔雅·释地》云：“河南曰豫州。”这里的“河南”即指黄河以南至淮河之间的广大地区。因此，当代人们论及中原常取狭义，即指河南省而言。

本文叙述中原姓氏寻根，即取“中原”的狭义的概念，着重介绍当前河南省姓氏寻根的情况。中国的姓氏到底有多少，很难做出确切的统计。袁义达、杜若甫主编的《中华姓氏大辞典》中收录的姓氏有11969个，其中单字姓5327个，双字姓4329个，3个字以上的姓氏2313个。这么多的姓氏若要一一查明根源是非常困难的，要查明其中究竟有多少姓氏是源于河南的也同样非常困难。今天谈论姓氏寻根问题，只能以常见的、涵盖人口较多的姓氏为基础。根据袁义达、杜若甫提供的资料，按占世界汉族总人口的比例大小排列出前100名大姓，第1名李姓占汉族总人口的7.94%，第2名王姓占7.41%，第3名张姓占7.07%，第100名文姓占0.17%。100名大姓总计约占汉族总人口的87%。河南省姓氏学专家谢钧祥先生依据上述排序，著《中华百家大姓源流》一书（1996年10月中州古籍出版社出版），详细考察了这100家大姓的源流情况。根据这本书统计，这100家大姓中根源全部在河南或部分在河南的共73姓。当然，在这100家大姓之外，肯定还有很多姓氏是根源在河南的。1999年8月在云南举办国际园艺博览会时，河南省的刘翔南先生为博览会的河南展地撰写了寻根碑文，记录了根源于河南的姓氏共150个，在世博会期间受到海内外华人的关注。这些数字资料尽管未必精确，但能够在一定程度上说明中华姓氏多半根源于河南的事实。

针对河南省姓氏历史文化资源具有极大优势的状况，1995年成立了“河南省中原姓氏历史文化研究会”，在河南省哲学社会科学联合会和河南省地方史志办公室的支持与指导下开展工作。1996年9月，在郑州召开了首届豫闽台姓氏源流国际研讨会，出席会议的有韩国、菲律宾及台湾、福建、广东、广西、江西、湖北、河南等地的姓氏文化研究专家和学者88人，会后出版了专集。1997年10月，由河南省中原姓氏文化研究会副会长兼秘书长李振华等5人组成河南省百家姓访问团，前往马来西亚，参加马来西亚第十四届华人文化节百家姓讲座，途经泰国、新加坡和香港访问了当地华人姓氏宗亲会，进行了姓氏文化方面的交流和座谈。同年11月，本研究会理事沙旭升先生还赴台湾进行姓氏文化交流，受到台湾各姓渊源研究会会长林瑶棋先生及全球董杨宗亲会会长杨钦清先生的接待。

同时，河南省的一些专家学者积极进行姓氏文化方面的考察和研究，出版了不少有关姓氏寻根的著作和普及性书籍。如谢钧祥、王大良先生主编的《源于河南千家姓》，1994年河南人民出版社出版；王大良先生主编的《百家姓寻根探秘丛书》，1995年四川人民出版社出版；郑秀桂等先生主持编写的《百家姓书系》，1998年天津新蕾出版社出版；王大良先生主编的《中国大姓寻根与取名》，1999 年起由中国气象出版社陆续出版。河南省中原姓氏历史文化研究会还创办了以研究姓氏文化为主的《历史文化研究》季刊。从这些研究姓氏文化的著作及有关文章中，更可以看出众多姓氏起源之根确在河南。

二、人文始祖寻根与姓氏寻根

中华民族都自谓是炎黄子孙，共同的文化心理使全世界的炎黄子孙都不忘自己的始祖，并具有强烈的探寻祖根的愿望。现在，学术文化界一般认为中华民族有九大始祖，即伏羲、炎帝、黄帝、颛顼、帝喾、少昊、尧、舜、禹。这九大始祖都出自河南，后世姓氏根源于九大始祖的，当然也可以视为其姓氏之根在河南。

九大始祖的起源地本来是比较明确的。近 20 年来，河南省不少专家学者及地方政府对有关的遗址作了进一步的考察和认定。据古代传说，伏羲居于陈地，死后葬于陈地。今河南淮阳有太昊陵，即伏羲墓，当地政府对它进行了整修，每年 3 月这里都举行庙会，四海华人皆前来祭拜。

炎帝、黄帝本是同父母兄弟，即少典（娶有蟜氏）之子，生于华阳（今河南新郑）。新郑市西有山即所谓具茨山，这里在当代被确认为炎黄故里，经过整修，成为中华儿女的祭祖圣地，也成为当地著名的旅游景点。新郑市附近的新密市也有一处轩辕黄帝宫，是祭拜黄帝的另一处圣地。另外据传说，黄帝铸鼎并在此升天的荆山，在河南省灵宝市的阳平镇，今阳平镇还有铸鼎原、黄帝陵等遗迹。1999 年 10 月，在阳平镇召开了“黄帝铸鼎原与中华文明起源学术讨论会”。

颛顼高阳氏是黄帝的孙子，他生于若水，居于帝丘（今河南濮阳）。1987 年，濮阳出土了用蚌壳砌塑的龙形图案，被称为“中华第一龙”，考古专家认为这就是颛顼的墓葬。帝喾高辛氏相传是黄帝的曾孙，居于西亳（今河南偃师）。少昊是黄帝的儿子，己姓，他在河南的遗迹尚待查考。

尧和舜见于史籍记载的事迹多在山西、山东、河北一带，但他们也都是黄帝的后裔，在河南境内也有活动。尧的遗迹与河南有关系的是其子丹朱被封于丹水，即今河南内乡、淅川境内的丹江。丹朱叛乱，尧亲自率众予以平定，《吕氏春秋·召类》一节说“尧战于丹水之浦，以服南蛮”，即指这场战争。《史记·高祖本纪》张守节正义引《括地志》云：“故丹城在邓州县西南百三十里，南去丹水二百步。”这一带至今仍然流传着尧战丹水的传说。

禹建立的最早的国家即在河南，即今河南的禹州。相传大禹治水疏通黄河时曾劈开三门山导水东流，其地即今河南三门峡。河南开封市内有禹王台，郑州的黄河游览区有大禹的塑像，都标志着禹在河南的功绩及河南民众对禹的怀念。

从宗族传继的关系来考察，九大始祖属于三个血缘系统。伏羲和女娲兄妹是一个血缘系统，原为风姓，后世有些姓氏源于伏羲的（如程姓等），都是风姓的系统。禹是鲧之子，鲧是舜之臣（被封为崇伯），禹之子启建立夏朝，从鲧到禹到启自为一个血缘系统，后世有些姓氏源于禹的（如夏姓、禹姓等）都属于禹的后裔。其余六大始祖为一个血缘系统。炎帝和黄帝是亲兄弟，颛顼、帝喾、少昊、尧、舜都是黄帝的后代。后世姓氏中只有谢姓、姜姓等较少的一些姓氏根源于炎帝，而后世汉民族中数量众多的姓氏皆为黄帝的后裔。

据《史记》、《国语》等史籍记载，黄帝25子，得姓的有14人，除去其中重复的2姓，实有12姓，周朝始祖姬姓即在这12姓之中，后世姓氏源于这12姓的，或源于周朝的姬姓宗室被封的诸侯国者，也都是黄帝的后裔。黄帝妻嫘祖所生的两个儿子，一名玄嚣，一名昌意。玄嚣的孙子即为帝喾，帝喾的儿子放勋即是帝尧。昌意之子即颛顼，颛顼传数代为重华即是帝舜。关于少昊，有一种说法说他是黄帝的儿子，名挚，字青阳，已姓（也有一说他是东夷部落首领，非黄帝血统），即少昊金天氏。因此，后世的许多姓氏分别根源于颛顼（如李姓、赵姓等），根源于尧和帝喾（如刘姓等），根源于舜（如陈姓、胡姓等），根源于少昊（如金姓、尹姓等），这些也都是黄帝的后裔。

对中华人文始祖进行寻根究底的考察，有益于解决姓氏寻根方面的许多疑难问题。如张氏的祖根是黄帝的孙子张挥，但张挥的身世却有不同的说法。《元和姓纂》、《世本》记云“黄帝第五子青阳生挥”，《新唐书·宰相世系表》记云“黄帝子少昊青阳氏第五子挥”，都说挥是青阳氏的儿子。但古籍中一说黄帝子玄嚣为青阳氏，一说少昊字青阳，那么，挥的父亲究竟是玄嚣还是少昊呢？对于这个问题，河南省的专家学者进行了深入的研究，写出不少论文，其中程有为的《挥的身世与青阳地望考》、王大良的《张姓始祖挥及活动地域考》论述较详。经过多方论证，大家一致认为张挥是玄嚣的儿子，张姓起源于古青河（后世称清河或清水河）上游，即今河南濮阳一带。专家学者研究的成果得到社会的公认，濮阳市政府修复了张挥墓等遗迹，并成立了濮阳市张氏文化研究会。1998 年 11 月，世界张氏宗亲会会长亲往濮阳张氏祖地拜谒了张氏始祖张挥墓，他对于濮阳市政府及河南省的专家学者所做的有意义的工作给予了良好的评价。

关于刘姓的寻根，也是一个生动的事例。史籍有两种说法：一说刘姓起源于黄帝之子 12 姓中的祁姓，因帝喾及其子尧为祁姓，故刘姓是尧的后代，如林宝《元和姓纂》所谓“帝尧陶唐之后受封于刘”，便为刘氏。二说刘姓出自周朝的姬姓，如郑樵《通志・氏族略》所云“成王封王季之子于刘邑，因以为氏”。而《新唐书・宰相世系》在认为“刘氏出自祁姓”的同时，又说刘氏子孙中那位养龙的刘累的后代到了周朝被封为杜伯，称唐杜氏，后来杜氏的后人中有位士会由秦归晋，其子留居于秦，称刘氏。不同的说法关涉到刘氏的起源地。若说被成王封于刘邑的刘氏，则其地在今河南偃师；若说留居于秦国的刘氏，则其地在今陕西凤翔。对于这样的问题，河南的专家学者进行了深入的研究与考察，最后认定刘姓的始祖为夏朝第 13 位皇帝孔甲的“御龙氏”刘累。刘累所居的邱公古城，在今河南省鲁山县的昭平湖风景名胜区内。这里尚存有邱公古城址、刘累墓等遗迹。这一研究结果很快得到社会有关方面的认可。2001 年 10 月 11 日，河南省平顶山市“刘姓始祖刘累与龙文化研究会”宣布成立，在昭平湖景区召开了成立大会，会后在刘累墓前举行了隆重的公祭仪式。北京师范大学何兹全教授，北京大学吴荣曾教授，中国社会科学院历史研究所孟世凯研究员、考古所郑光研究员，中国科学院遗传所袁义达研究员等，都撰写了文章，对刘姓起源地的确认给予了肯定。刘姓的寻根组织原有“世界刘氏宗亲联谊会”，1997 年成立于马来西亚并召开了首届大会；1999 年在江苏徐州召开了第二届大会；2001 年 11 月在泰国曼谷举办了第三届大会；2003 年在河南平顶山举办了第四届大会。

三、都城寻根与姓氏寻根

河南由于是中华民族的发祥地，历史上在这里建都的地点最多。尤其是自远古时期至春秋、战国时，河南境内的古都更是不可胜数。当代河南省历史文化考古界对于古都寻根很下工夫，并有不少重大突破。夏代以前的建都情况，如伏羲和炎帝都于陈（今淮阳），黄帝都于有熊（今新郑），颛顼都于帝丘（今濮阳），帝喾都于亳（今偃师），这些都形成了共识。夏朝最早的都城在阳城（今河南登封东南告成镇），商朝前期或中期的都城一度在郑州，这些也都进行了大量的考察和研究。郑州对于商城遗址的保护也做了许多实际的工作。

1998 年 10 月，中华古都学会第十五届年会暨新郑古都与中原文明学术研讨会在河南新郑召开，对新郑为“中华第一古都”——即黄帝都城有熊的所在地进行了认定。同时，对于河南古都资源的开发、古都遗址的修复与保护、郑韩故城的探寻等问题，都提出一些建设性意见，受到河南省有关政府部门的重视。

关于西周时期的都城和春秋战国时期列国的都城的探讨，也陆续有不少重要成果问世。河南省社会科学院考古所前所长马世之研究员对于周代古都的研究用力最多，如对西周都城、东周洛阳王城、古蔡国城、息国故城、古楚工城以及楚国在中原建都于丹阳、淮阳史迹的研究，都有新发现和新见解。

特别是战国时期赵都中牟被认为在河南鹤壁，是近几年来河南古都寻根的重大突破。《史记・赵世家》记载：“献侯少即位，治中牟。”献侯即赵襄子的孙子赵浣，他建都于中牟，经其子烈侯赵籍、烈侯弟武公，共历二代三王，至烈侯子敬侯即位时的公元前 386 年迁都邯郸，共 38 年。赵都中牟的确切位置，历来有三种说法：一说在今河南中牟，二说在今河北的邯郸、邢台之间，三说在今河南的汤阴、鹤壁一带。从 1998 年起，河南省社会科学院考古所和鹤壁市文物局联合进行专题研究和实地考察，确定赵都中牟在今鹤壁市南鹿楼与故县一带。2000 年 11 月，由中国古都学会、河南省社会科学院、鹤壁市人民政府、黄河文化研究会共同主办，在鹤壁市召开了赵都与赵文化学术研讨会。到会的各地专家对赵都中牟位置的确定所具有的文化意义给予了高度的评价。

古代都城寻根是和姓氏寻根紧密联系在一起的。因为许多姓氏源于古代最早分封的诸侯国，如黄姓源于古黄国、许姓源于古许国、郭姓源于古虢国等。对古国古都的考察，对理清某些姓氏的源与流来说，都是关键性问题。如赵都中牟的被确定，对理清赵姓的根源流派就具有重要的意义。赵氏出自嬴姓，祖先是颛顼的裔孙伯益，伯益的九世孙即周穆王时的著名驭手造父，再传七世为东周诸侯之一赵叔带。公元前475年韩、赵、魏三家分晋时，赵襄子最先建都晋阳（今山西太原市东南），公元前423年赵献侯即位时迁都中牟。如今确定赵都中牟在河南鹤壁，对于认识后世河南境内的赵姓的几大分支的源起，提供了新的重要线索。

关于禹都阳城的考察，对于禹的后代产生的姓氏来说，也明确了最早的起源地。阳城本为山名，在今河南登封市北。古禹国中心地域在今河南禹州，阳城的位置后世屡有变动，武则天时此地曾置告成县。当代有关专家学者经过研究和实地考察，一般都认为禹都阳城在今登封市告成镇的王城岗（也有的学者持有异议）。这一结论使当代禹的后裔禹姓为寻得根源而感到高兴。除国内的禹姓之外，韩国也有禹姓，而且韩国禹姓也认为他们是大禹的后裔。2001年9月，韩国禹氏宗亲代表一行9人来到中国河南寻根，他们参观考察了登封王城岗遗址，为能够亲自到“禹都阳城”旧址祭奠先祖而引以为荣。同年11月，韩国禹氏又有一行14人的代表团来到河南，还专程到禹姓比较集中的聚居地河南驻马店的泌阳县，同这里的禹氏宗亲进行交流，适逢泌阳县一位官员名禹建胜，代表泌阳禹氏热烈欢迎韩国禹氏访问团，他们谈起登封王城岗的禹都阳城遗址时倍感亲切和激动。

值得提起的还有谢姓的寻根，同古代谢姓始祖封地的寻根也大有关联。谢姓出自炎帝之后，传到西周末年周宣王的舅舅申伯，被封于谢邑，于是申伯即成谢姓始祖。郑樵《通志·氏族略》记云：“谢氏，姜姓，炎帝之裔。”《诗经·大雅·崧高》篇中也有“于邑于谢，南国是式”的诗句。但这个谢邑在什么地方，却有不同的说法。一说谢邑在今山东兖州市附近的谢城，二说在今河南汝南的谢城，三说在今河南信阳市西北，四说在今河南南阳市宛城区，五说在今河南唐河县。而在唐河县的这种说法又有唐河的上屯、郭滩、苍台三种。河南省的一些专家学者对这个问题进行了深入的研究和考察，发表了一系列文章，其中任崇岳、郑杰祥等先生的《谢邑考》（《南阳师专学报》1990年第2期）一文认为，古谢国都城谢邑在今南阳市宛城区金华乡东谢营村附近，这种观点在台湾和海外谢氏华人中产生了较大影响。但也有文章将古谢邑确定在唐河县苍台乡的谢家庄。如今这两种说法并存，尚未统一。南阳宛城区成立了“谢氏祖地文化研究会”，该研究会与宛城区政协文史委员会合编了《谢氏故里研究》一书，谢肇华主编，很有文献价值。唐河县成立了“谢氏文化研究会”，该研究会与唐河县侨务办公室合编了《谢氏渊源资料集》一书，所收资料甚为丰富。关于谢氏根源的南阳、唐河两种说法如今同时存在，各自都在开展活动。世界谢氏总会既承认南阳，也承认唐河。世界谢氏总会会长谢汉儒认为，古谢邑“究竟在唐河，抑在南阳？此事关系祖先源流，不可不慎……继续追寻发掘，以科学方法探求实证，今年不成，期之来年，今世不成，期之子子孙孙继续努力”。他的意见符合情理，深得海内外谢姓人民赞同。

当代河南关于其他古都古城的寻根，也做了不少工作。如河南潢川对黄国故城的考察，确认该城在今潢川县西北6公里处的淮河南岸、小潢河西岸。又如河南沁阳对邘国故城的考察，确认该城在今沁阳市西北11公里处邘郜村东，这里发现了古城墙、陶制排水管道及出土了一批商代文物，由此可断定这里是于姓的起源地。诸如此类对古都古城的考察，所取得的成果为姓氏寻根提供了丰富的历史依据。

四、门类文化寻根与姓氏寻根

中原文化积淀丰厚，历史悠久，一些门类的文化寻根也往往追溯到河南。1999年9月，由中国东方文化研究会、河南省东方文化研究、河南省淇县人民政府和香港孔教学院、香港中华文化有限公司共同主办，在淇县召开了东方文化中原寻根学术研讨会。会议的中心议题是探讨中华文化的一些主要代表性门类，如儒家文化、道家文化、墨家文化、兵家文化等在河南的渊源。

儒家文化的代表人物孔子虽然是鲁国（今属山东）人，但他曾周游陈、蔡、郑、卫等国，并曾在洛阳问礼于老子，孔子的学生子贡、子路等都是河南人。而且，儒学在后世的重要发展——宋代理学，创始人及代表人物邵雍、程颢、程颐都是河南人。宋代理学又称宋学，其代表人物后世简称为“濂洛关闽”，其中的“洛”即指邵雍和二程的学说，又被称为“洛学”。近些年河南对洛学的研究不断有新成果问世，成为中原文化寻根的热点之一。

对儒家文化及洛学的研究也是同姓氏寻根有联系的。儒家始祖孔子是山东人，但孔姓的祖根却在河南。据历史记载，孔姓源于黄帝后裔中的子姓。传说帝喾次妃简狄吞乙卵生契，被赐姓子氏，后代又将“子”字加“乙”为“孔”字，传数世即为商的始祖成汤。再传若干代至殷王帝乙长子微子启受封于宋（今河南商丘一带），此后孔姓成为这里的名门望族，再后来到宋国大司马孔父嘉的儿子孔防叔逃往鲁国，才有山东的孔氏。因此，当代孔姓后裔既以山东曲阜为本根，也以河南商丘为本根。宋代理学代表人物邵雍祖根是西周的召公。召公原来的封地在召（今陕西岐山），东周时召公后代被改封于王屋（今河南济源市邵源乡），战国时召氏流播于汝南、安阳等地，因避祸而将姓氏字加偏旁为“邵”。洛阳程氏源出风姓，颛顼时有重和黎兄弟分任司天、司地之职，即程氏始祖，其后裔在周初被封于程，建立程国，其地在今洛阳市东。宋代邵雍与二程的出现，是邵姓、程姓后人的骄傲，因此当代邵、程二姓后裔的寻根问祖也有人到洛阳瞻拜有关的遗迹。程颐晚年居住在洛阳龙门南耙楼山下，即今河南嵩县田湖镇程村，此地今被称为“两程故里”。程颐的十八代孙明朝的程世寅曾编撰《两程故里志》，后又由程宗孟续修，当代河南太康人程鹰等重新加以整理，已于1992年由河南大学出版社出版。此书对于探寻程氏祖根及宋代理学渊源，都是一份有重要价值的文献资料。

道家文化的源头在河南是没有疑义的。因道家始祖老子原籍在楚国苦县厉乡曲仁里，即今河南鹿邑县太清宫镇。河南省对道家文化的研究非常重视，成立了河南省老子学会，鹿邑县政府对老子的有关古迹进行了全面的修整，1996年在鹿邑召开了首届老子与道家文化学术研讨会。1998年7月，河南省社会科学院与河南省老子学会又联合举办老子思想学术研讨会，在老子著《道德经》的三门峡灵宝市函谷关附近的豫灵镇召开。1999年4月1

日是老子2570周年诞辰，河南省社会科学院、河南省老子学会、三门峡市《道德经》研究会、灵宝市人民政府联合举办，又在灵宝市召开了“老子思想及道教圣地旅游开发”研讨会。这些活动，对于道家文化寻根及李姓寻根都具有重要意义。

老子即李耳，字伯阳，是李氏远祖中的重要人物。考察道家始祖的渊源，也即是考察李姓的渊源。唐代林宝的《元和姓纂》称李耳为李利贞的十一世孙，宋代编撰的《新唐书·宗室世系表》又做了更详细的记述。据记载，李氏祖根为颛顼之子大业，其孙皋陶在尧时任大理（司法长官）之职，之后数世皆为大理，以官命族为理氏。又传数世至殷纣王时的理徵，获罪被杀，其子利贞逃难于伊侯之墟，食木子（一种木本植物的果实）得活命，就改理氏为李氏。至老子李耳的八世孙李昙，声名显赫，其子孙流播陇西、赵郡等地，再四处迁居，皆成望族，于是后世李氏多为李昙的后裔，也即是老子李耳的后裔。因此，当代世界李姓后人寻根问祖，也常见到河南鹿邑的太清宫祭拜老子，把道家文化的寻根同李氏的寻根自然地结合起来。

关于墨家文化的寻根，近些年也有新的进展。河南的专家学者最新研究与考察的结果认定墨子的里籍为鲁阳，即今河南鲁山。1997年成立了河南省墨子学会，在鲁山召开了全国墨子学术研讨会，会后出版了《中原墨学研究》(2001年中州古籍出版社出版)。关于兵家文化与武林文化的寻根在河南也不断有新的活动。战国时期著名的兵家代表人物鬼谷子在云梦山讲学，一代名人如苏秦、张仪、孙膑、庞涓、毛遂等都是他的学生，其地在今河南淇县境内。淇县政府对有关遗迹予以修复，于是这里被称为“中国古代第一军校”，成为一处重要的文化旅游景点，对研究兵家文化的源头具有重要价值。武林文化源于北方，河南是源头之一，尤其是少林武术源于嵩山少林寺，号称“天下武学正宗”。1999年11月，在登封少林寺成立了少林文化研究所。该所成立后，把武林文化研究同佛学研究结合起来，成为中原文化寻根的重要组成部分。但是，墨家文化、兵家文化、武林文化的寻根同姓氏寻根的关系稍嫌疏远，兹不多论。

而同姓氏寻根关系密切的文化寻根还有隐逸文化寻根。这就是许姓的寻根。据历史记载，西周初，周武王把炎帝的裔孙伯夷的后代姜文叔封于许，建立男爵许国，此为许姓之始。按照这种说法，许姓出自姜姓，是炎帝之后，自建立许国起，后代即姓许。由于许国弱小，春秋时为楚、郑等大国所逼，多次迁徙，其都先后在叶（今河南叶县）、城父（今安徽亳州）、白羽（今河南西峡）、容城（今河南鲁山东南）等地，具体位置实难查考。河南省有关专家学者对许姓根源进行了深入的研究与考察，认为许姓的始祖是许由。许由隐居及洗耳的地方即在今河南登封市的箕山，许国、许地、许姓之许皆源于许由。而许由又是最早的隐士，也可以说是中国隐逸文化的祖根。这样，就把姓氏寻根和隐逸文化的寻根结合在一起。于是，登封市于1995年7月8日在登封箕山成立了“河南省许由及许氏文化研究会”。该研究会于1995年和1998年两次组成访问团，前往新加坡、泰国、马来西亚访问了三国的许氏宗亲会，并且在登封举办了“1995年世界许氏宗亲箕山朝祖大会”和“1998年首届世界许氏宗亲祭祖寻根联谊大会”。该研究会还与河南省社会科学院考古所、中原姓氏历史文化研究会联合举办，于1995年、1999年召开了两次许由与许氏文化学术研讨会，还于2001年4月召开了新世纪箕山诗歌笔会，相继出版了《许由与许氏文化研讨文集——根在箕山》和《历代名人咏箕山许由诗集》。现在，该研究会正筹办于今年10月召开第三次许由与许氏文化学术研讨会，已发出通知，并且把研究隐逸文化列入这次研讨会的主要议题。

五、独具特色的固始寻根

近数年来，福建和台湾的许多姓氏在探寻祖根的过程中，发现他们的祖先在历史上大都来自“光州固始”（即今河南省信阳市的固始县），于是在他们的家族和每个人的思想中形成一种带有普遍性的固始情结，他们对于根在中原的印象便是“光州固始”。这一现象引起从事中原文化研究和姓氏文化研究的专家学者注意，称之为“固始寻根”。

固始在今河南省的东南部，全县在淮河以南，东境与安徽六安邻近，地理位置特殊。按照古代广义的“中原”概念，固始已不属于中原，但今天它是河南省所属的一个县，我们在讨论问题时不妨仍然把它看做中原的一部分。历史上，固始是中原人渡淮之后向东南前往庐州、安庆、徽州直至浙闽的必经之处，是历代中原民众南迁的集散地。对于南迁至闽台的中原姓氏后裔来说，固始不是这些姓氏最早的本根所在，但它却是在姓氏寻根过程中必然会探寻到的较近的根源。因此可以说，固始寻根是独具特色的。

固始成为闽台一带许多姓氏近根集中的地区，与中国历史上中原民众三次大规模地向东南迁徙有直接的关系。第一次是西晋末年随着晋朝皇帝的南渡而出现的移民潮。《闽书》记云："永嘉二年，中原板荡，衣冠始入闽者八族，所谓林、黄、陈、郑、詹、丘、何、胡是也。"《福建通志》、《福州通志》及福建的杜黄陈郑等大姓的家谱族谱中也有相关的记载。这八个姓氏的原始祖根皆在中原，但他们大规模南迁的始发地却未必都起于固始，只有福建客家人的林氏原来曾"聚族于河南光州"。

中原大姓南迁并且起于固始的是以后的两次移民潮。第二次发生在唐朝初期。唐高宗总章二年（669 年），闽粤之交的地区发生了"蛮獠啸聚"，当时职任玉钤卫翊左郎将的陈政奉朝廷之命，以岭南行军总督的身份率本府兵 3600 人入闽平叛。这位陈将军本是光州固始人，他所率府兵因兵力不够一度受挫，他的两位哥哥陈敏、陈敷率领 58 姓军校前去增援。在征战途中陈敏、陈敷先后病死，陈政之子陈元光率军南下与父亲会合。不久陈政也因病去世，陈元光袭职为岭南行军总管，平定叛乱后任亲设立的漳州刺史。陈元光家族远祖是春秋时陈国后裔，东汉光武帝刘秀建武年间有名陈孟连者被封为固始侯，子孙遂居于固始，形成固始陈姓大族。唐高宗总章二年（669 年）陈政入闽平叛时，陈元光才 13 岁，领光州乡荐第一，其伯父陈敏、陈敷所率 58 姓军校主要是固始人。到陈元光任漳州刺史时，这 58 姓军校便在闽地落籍，建设与开发漳州，陈元光父子因此被誉为"开漳圣王"。后来陈元光死，其孙陈泳又袭任漳州刺史，后世又有陈酆于"安史之乱"后再领漳州军事。陈氏经营漳州见于史籍记载的近百年，于是固始陈氏和固始 58 姓便成为福建居民的重要组成部分。

第三次大规模移民潮发生在唐朝末年至五代十国时期。十国之一的闽国的创建者王审知即是光州固始人。王审知家族源出于琅琊王氏，汉初右丞相、安国侯王陵的后裔，唐德宗贞元年间，王审知的五代祖官固始县令，子孙便以固始为家。唐末大乱，农民起义军首领之一王绪率众攻占光州，自领光州刺史，王审知及其兄王潮、弟王审邽参加了王绪的军队。不久王审知兄弟杀掉王绪，王潮代领光州刺史。王潮死后，王审知在唐末时被朝廷授为威武军节度使、福建观察使，于是率部入闽，割据一方，五代初后梁开平三年（909 年）被朱温封为闽王，945 年闽国被南唐灭掉。王审知及其子孙经营闽地数十年，原来入闽时所率本部军校多为光州固始人，后来都在闽地落籍。随王审知入闽的固始人，有不少是中原的大姓，如郑姓等。《荥阳郑氏家谱序》明确指出："今闽人称者，皆曰光州固始。实由王绪举光、寿二州以附秦宗权，王潮兄弟以固始之众从之。"这里提到王绪占据光州、寿州时曾依附当时另一支农民起义军首领秦宗权，而王潮、王审知兄弟所率领的固始人组成的队伍一度顺从，后来王氏率部入闽，于是包括郑姓在内的这支队伍便到了福建，成为后世福建郑氏的来源之一。

从以上考察可知，唐初陈元光和五代王审知两次率众入闽，在福建入籍定居，繁衍生息，构成了后世福建民众的主体，究其根源，多来自固始。今天可以看到的福建一些大姓的族谱、家谱，如王、陈、刘、黄、郑、周、许、方、曾、吴、谢、尤、施、余、颜、吕等 20 余种谱牒资料中，都有其祖先由固始入闽的记载。而台湾的民众又大多数都是来自福建的，因此，台湾的姓氏自然也有相当大的比例来自光州固始。有人说，福建人来自固始的，占福建人口总数的 70% 左右，而台湾人来自福建的，占台湾人口总数的 70% 左右。由此推算，台湾人应有约半数来自河南固始。今见《台湾通志·氏族篇》中记载，大约有 60 个姓氏来自光州固始。这样的事实，说明河南的固始对于闽台地区的姓氏寻根来说，确实具有非常重要的地位。

现在，河南省信阳市、固始县政府及有关部门对固始寻根问题非常重视。首先是组织有关专家学者对固始寻根问题进行专题研究，对固始、光山等地与唐代移民相关的文物资料进行广泛的调查，对有价值的祠堂、庙宇、碑刻等文物进行有效的保护。其次是是制订计划，召开关于固始寻根的讨论会。同时积极组织同福建、台湾进行联系，为闽台同胞来固始寻根提供有利的人文条件和热情的接待，由此为契机加强同闽台地区在经济、文化等方面的合作。

总之，近十余年来中原姓氏寻根活动以及相关的学术研究与文化交流活动，内容丰富，形式多样，影响广泛，效果显著。本文难以面面俱到，只能略陈大纲。如今历史已进入 21 世纪，河南的面貌已发生巨大变化，古老的中原文化萌发出旺盛生机。中华民族根在中原的坚定信念，定会促使国内及散布于世界的炎黄子孙关注今天中原的发展，通过姓氏寻根活动进一步加强联系，促进交流，为中华民族的全面振兴而共同努力。

文献来源：《信阳师范学院学报》2003 年第 2 期。

作者简介：王永宽，河南省社会科学院文学研究所研究员。

开漳史事与云霄节俗

蔡永茂　蔡德疆　方群达

陈元光为国捐躯，朝廷与当地民众大为震悼。百姓感念陈将军父子殊深，于州治所为其建立将军庙。开元四年（716 年），朝廷追封陈元光将军为颍川侯，漳民咸尊之为“开漳圣王”。在云霄境内多有建立“开漳圣王”庙宇，祀典历代不替，香火鼎盛。云霄民众为感念陈将军父子，每逢元宵节举行“鉴王”和“走王”活动。

“鉴王”——每年新春正月十三日前后，即元宵节期间，凡立有圣王庙的城镇或村庄，民众无不进庙焚香供奉，并请戏班演戏“娱神”，以表对陈元光的敬仰和缅怀。祭毕，民众即抬众神像巡游各村庄之福社。巡游队伍以绣旗为前导，两个身着戏服的童男抬一对宫灯先行。众神像的前后顺序为：土地神居前开道，继以元帅马仁、军师李伯瑶、王子陈珦、王女陈怀玉、夫人种氏、圣王神像殿后。队伍有一至数套锣鼓、笙笛队随行。所到之处，锣鼓笙笛宣天，鞭炮争鸣，于各街头路口，摆设香案重桌恭迎。男女老幼簇拥欢呼，祈望来年五谷丰登、六畜兴旺、生意兴隆。凡属此年男女新婚或新生男孩之家，必置香案桌，恭请众神像至其门槛之首，供献金枣茶等祭品，奉拜完毕，盛情呼请抬神者及鼓乐队等众人喝茶吃蜜金枣、糕饼等。

游巡结束后，将众神像按顺序迎至戏台对面临时搭成的“王棚”中，彩旗分列两旁迎风招展，锣鼓笙笛顿时大震，棚前高置香案，供桌蝉联，桌上放置青瓷花缸数个，缸中立以竹竿麦秸捆扎成之草柱，绕柱密布肥猪肉片，其柱顶端饰甘杞枝木（取之甘棠遗爱，世代纪念之意），桌上还分别端放鸡、鸭、鱼等祭品，俗称“办大碗”。碗数为五或七，以此同时家家户户又另备办酒、肉、糕、饼、果之类祭品，祀典隆重。祭品数十桌以至几百桌，供品如山，人潮似海，谓之“鉴王”。

“走王”——新春正月十三日午后，村社中之耆老带领预先挑选的数十个年富力强的男子，每六个健儿编成一组，各组擎一尊巨型木雕神像，以胳膊撑至起点处。起点与终点各有两个炮手，司放“三拜枪”（即三专用连响的礼炮），而神像前另有二人鸣锣开道，其后各又有一执凉伞者撑遮神轿，一闻鼓擂炮响，各组健儿分别共撑举神像，竞相疾走奔驰，至划定之终点，炮响三声。此举以速度快、姿势壮美者为优胜，实为一种有民族色彩的体育运动，俗称“走王”，亦称“走尪”。

下河、和平等乡的山区村社，在“走王”过程中，有的连人带神跨越过水深至齐头的河流，称为“游水”，亦称“过河”；有的连人带神像飞越过燃烧的薪炭火堆，称为“过火”，亦称“蹈火”。

“走王”结束后神像由鼓乐队送归王棚，于是戏剧即时开演，当地民众重又供上“顺合茶”。演戏持续至元宵节后，才将神像抬回庙中就位。

每年陈将军父子、亲属及其将佐的生日，云霄民众也演戏迎神，供上丰盛的祭品犹如“鉴王”一般。尤其是每年农历九月十二至十四日，云霄境内从城镇到农村大部分村社都举行陈元光的将佐马仁生日的盛大祀典，人称“元帅爷公生”（民间称马仁为马元帅）。世传马元帅性刚烈勇猛，因之，在此节日期间增设“上刀梯”和“过刀桥”的特殊活动。“上刀梯”，即以二三十米的大杉木二根，并列竖立于神坛前的旷地中，杉木上每距 0.25 米为一阶，扎上利刀一把，刀锋向上，每五阶又有个交叉阶，共扎一百二十或一百八十阶。刀梯上设小阳台，台上置大米筛，顶端插五彩旗，供主祭道士上刀梯到小阳台念经作法，俗称“上刀梯”；“过刀桥”（其形似刀梯，只是将其高架平放）。今此粗陋旧习已被制止，然而，演戏迎神的习俗依然兴盛。

云霄民间对开漳先贤崇祀千秋不替，对当时开漳先驱所奉祀的历史先贤亦同样崇尚。陈政、陈元光曾将汉将周亚夫神灵香火随祀于军中，漳州建立之后，陈元光建立的周亚夫庙，在开漳发祥地云霄保存至今。

云霄沿袭河南固始风土人情，还保留着与河南固始相似的语言、房屋建筑、衣服装饰、饮食习惯、社交礼节、婚丧喜庆和宗教信仰等。云霄与固始的岁时习俗更为相似。两地一年中最主要的节日都是春节、元宵、清明、端午、中元（普渡）、中秋、重阳、除夕等，而且大部分的节俗是一样的。

陈将军父子将中原风俗移至云霄全境，相沿迄今不绝。随着社会的发展，风俗习惯不断发生变化，但许多文明古风仍将在此地延续下去。

文献来源：《陈元光国际学术研讨会论文集》，厦门大学出版社1993年。

陈元光后裔迁台族谱资料及其初步考察

陈在正

陈政、陈元光父子自唐初奉命入闽后，为开辟漳州建立了殊勋，一千多年来，其子孙筚路蓝缕继续开发漳、泉，后裔繁衍播迁各地，溯自明末以后，有的陆续移居澎湖、台湾，与闽粤移民一道，为开发我国宝岛台湾又做出了巨大的贡献。

本文系根据目前见到的部分闽台陈氏族谱资料，对陈元光后裔即开漳圣王派移垦台湾前的祖籍、所属系派、迁台后在台湾的地区分布及姓量、位次等有关问题，作一个初步的考察。

一、闽台族谱关于陈元光后裔迁台的记载

27 世（浯阳派 9 世），振遥，讳远，谥公，万历年间从金门渡澎，为开澎始祖，葬在潭边（今湖西乡湖东村），子孙繁衍澎湖各岛，有的移居台湾本岛（1961 年台湾陈建章等重编：《陈民大族谱》，入澎时间据林再复：《闽南人》）。

陈玉珩、和宗、道太、振遥等从金门移居澎湖沙港（今湖西乡沙港村），已传至 23 代（1987 年台湾各姓历史渊源发展研究会编：《台湾区族谱目录》，简称《谱录》下同）。

陈政后裔从金门迁澎湖马公镇，已传至 24 代（1973 年陈清平编：《妫汭五姓大族谱》，转引《谱录》）。

28 世（浯阳派 10 世），8 世治明孙住澎湖莳里乡（今马公镇莳里里）地方（《陈氏大族谱》）。

28 世弘意，讳喜，振遥长子，公妣合葬在东石（今嘉义县东石乡）（后，同上）。

28 世弘德，讳仁，振遥次子，葬在台湾府城西南喜树仔（今台南市南区喜东里），妣杨氏，葬在蚱脚屿（今马公镇安宅里）东（后，同上）。

28 世弘助，讳赞，振遥三子，公妣合葬在大城（今彰化大城乡）（同上）。

黄帝 141 世，陈一贵随郑成功入台（乾隆二十年陈鼎丕编：《银同碧湖陈氏族谱》，转引《谱录》，入台时间据《台湾省通志》卷二《人民志》）。

32 世后裔从同安移居大加蚋（今台北市区），三重（今台北县三重市）等地（1978 年唐羽主编：《开漳陈氏银同普园派族谱》，转引《谱录》）。

34 世（银同碧湖派 12 世），课，字应略，从金门渡澎，葬良文港。（今湖西乡龙门村）地方（《陈氏大族谱》）。

38 世（银同碧湖派 16 世），陈志篇、鼎调移居台中、台北等地，渡台已 7 世（1977 年陈亭卿编：《银同碧湖陈氏族谱》，转引《谱录》）。

振遥后裔移居台北市（陈瑞德等编《陈氏族谱》转引，《谱录》）。

40 世（银同碧湖派 18 世）后裔移居澎湖，42 世后裔迁居台中（1961、1971 年陈宗炯重修《金门碧湖颍川陈氏族谱》、《金门浯江湖前碧湖颍川陈氏族谱》，转录《谱录》）。

陈一贵后裔移居台东，已传至 22 世（1970 年陈仁德编：《金门碧湖分支台湾中州陈氏族谱》，转引《谱录》）。

41 世（赤湖派 17 世），士灶，渡台始祖，后裔迁居全省（1936 年陈丹响编：《漳浦锦湖陈氏族谱》、1979 年陈玫吟编：《赤湖迁台陈氏宗谱》，转引《谱录》）。

陈政后裔，祖籍长泰，迁马公，已传 10 世（1961 年陈保利序，《陈氏族谱》，转引《谱录》）。

陈元光后裔宗桦、初、骞从漳浦迁台中大肚，来台已 9 年（1977 年陈达生编：《颍川陈氏族谱》，转引《谱录》）。

37 世（赤湖派 13 世），陈声扬后裔迁居彰化田中（1980 年陈景三编：《陈氏声扬公派下族谱》，1976 年陈玉振等编：《陈氏赤湖分派族谱》，转引《谱录》）。

43世（赤湖派19世），瑞兴，谥仁详，生乾隆四十九年己亥（1779年），卒咸丰七年（1857年），葬彰化东螺东堡二八水庄（今彰化县二水乡），妣黄氏（《陈氏大族谱》）。

44世松贺（赤湖派20世），谥世忠，生嘉庆十年乙丑（1805年），卒光绪九年癸未（1883年），葬二八水（同上）。

44世（赤湖派20世），辉煌、辉豹等于咸丰十一年迁噶玛兰（今宜兰县）罗东，后开发三星乡（《宜兰文献》第3卷第2期）。

44世天泽，生于清己巳年（嘉庆十四年，1809年），卒于光绪九年癸未（1883年），道光二十六年与父瑞伙渡台教察，回乡后正准备渡台定居，而父染疾身亡，遵父志于咸丰元年辛亥（1851年）携眷渡台，居彰化大武郡东螺东堡（今彰化二水、社头、二乡及田中、田尾、北斗、溪洲、永靖等乡部分村庄属之）地方（同上）。

天泽后裔迁居台北景美（陈正宗编：《赤湖迁台陈天泽派下宗谱》，转引《谱录》）。

陈道明后裔迁居台东县等地（陈氏世系图，转引《谱录》）。

35世游、瀛、攀、善等兄弟俱渡台（《陈氏大族谱》）。

35世鞍，台治龙井祖，康熙末年渡台（《陈氏大族谱》，入台时间据《闽南人》）。

鞍，迁居台湾茄投（今后中县龙井乡），开基祖（1982年陈庆余编：《南陈侯亭五大派宗谱》引将军派源流之分派系图）。

35世元利，康熙末年渡台（《陈氏大宗谱》，入台时间据《闽南人》）。

36世殿伟、殿朝、殿招、殿友兄弟俱渡台，殿坤渡台（同上）。

36世智勇，22岁移民彰化布屿堡等地（黄师樵：《台湾陈氏世系源流》）。

40世德贺，迁居彰化县东螺麻园寮（《南陈侯亭大宗谱》）。

41世语、坤，住彰化竹塘乡（《陈氏大宗谱》）。

5世传至岩公派下迁居台湾竹山社寮庄（今南投县竹山镇社寮里），又一派迁居集集林尾庄（今集集镇林尾里）等地（《南陈侯亭大宗谱》）。

陈克耕后裔移居彰化田尾（陈云彰编：《绳武堂陈武平公族谱》，转引《谱录》）。

陈元光后裔移居云斗六（《陈氏族谱》，转引《谱录》）。

陈政后裔移居嘉义下坑（今番路乡）地方（1977 年陈棋头修：《下坑陈氏续修谱志》，转引《谱录》）。

陈政后裔移居新竹北埔乡（《族谱颍川堂》，转引《族谱》）。

27 世（大溪分派 3 世），巨振第四子从平和大溪移居铜山，台湾等处（陈冬青编：《陈氏世系》）。

33 世（大溪分派 9 世），和友，乳名劳，生于康熙三十四年乙亥（1695 年），于康熙五十五年丙申（1716 年）卒于台湾，乾隆五年庚申（1740 年）骨骸迁归（同上）。

36 世陈推，原籍平和，迁居台中大坑住（陈万年：《漳浦陈氏家族洲源、世系及分布》）。

41 世（东槐派 8 世）朝，迁台（道光十九年陈奎编：《和邑东槐陈氏宗谱》）。

43 世（芦溪 13 世）孔月妣余氏，带次子玉居与媳涂氏从平和芦溪迁往台湾诸罗山打猫东顶保梅仔坑大坪（今嘉义县梅山乡太平村）等地（1988 年重修：平和芦溪《陈氏家谱》）。

45 世（东槐派 12 世），儒生，读书功名不就，往台湾，亦卒于台湾，无归葬（《东槐陈氏宗谱》）。

45 世眼、密，生于乾隆年间，兄弟俱往台湾南路冷水坑居住（同上）。

45 世绒、姐、森、泥兄弟俱往冷水坑居住（同上）。

46 世（东槐派 13 世），出、荣兄弟俱往台湾（同上）。

46 世贰，字步中，少往台湾，早卒。道光三年癸未（1823 年）骸骨载归（同上）。

46 世床，字希东，谥英扬，生于乾隆九年甲子（1744 年），自少往台湾，卒于乾隆某年，后骸骨载归（同上）。

46 世仰，字景云，谥敦成，生于雍正九年辛亥（1731 年），卒于嘉庆十年乙丑（1805 年），葬在许坑。曾往台湾两次，意欲迁居。自成一家，在许坑建置大厦，在本乡广立田地，建立学馆，富而好学（同上）。

46 世波，字荣清，谥贤德，生于乾隆十一年丙寅（1746 年），自少往台湾冷水坑住，心常无定，晚年回家一二年，至嘉庆十八年癸酉（1813 年）

又往台湾，卒于嘉庆二十一丙子（1816 年），葬在冷水坑，至道光元年（1821 年）骸骨同丘氏载归（同上）。

46 世金章，乳名宣，祖父先声，曾任凤山县儒学教谕，金章嘉义县庠生，后补廪于台湾（同上）。

47 世（东槐派 14 世），受峡、受元兄弟均在台湾住，系荣清子（同上）。

48 世（东槐 15 世），抄（一作水抄）、未（一作和昧）兄弟均往台湾（同上）。

19 世景肃后裔从平和迁居台中龙井（《陈石盾家族世系表》，转引《谱录》）。

陈元光后裔从平和迁居台湾嘉义（《陈氏族谱》，转引《谱录》）。

陈政后裔从平和移居新竹湖口（《陈氏族谱》，转引《谱录》）。

陈君用后裔从平和宜古田（今大溪乡宜盆村）迁居噶玛兰五里鼎敢埔（今宜兰县五结乡协和村）地方（据大溪乡陈云汉听其曾孙茂荣、茂审面告）。

梅林分派 14 世，正直于乾隆五十一年（1786 年）游幕后湾府，嘉庆十年（1805 年）回籍携眷卜居噶玛兰员山堡（今员山乡）地方（陈长成：《介绍宜兰复兴庄梅林陈氏》）。

梅林分派 14 世，蝉，从漳浦梅林迁台，卒于淡水庄（今后北县淡水镇）地方（光绪三十四年陈锦澜重修《梅林陈氏族谱》，转引自 1988 年重录增补本）。

梅林分派 15 世，天应、贼、窥渡台（同上）。

梅林分派 16 世川、容、城、汉臣、林仔、红若、枣、世荡、继嗣、继因、光辉等渡台（同上）。

梅林分派 17 世，红菲、红圣、乌红渡台（同上）。

梅林分派 18 世，就（16 世）孙过台湾（同上）。

梅林社于嘉庆末有 30 余户迁居噶玛兰员山堡复兴庄，后移五结庄（陈长城：《介绍前清梅林陈氏》、《台湾文献》，第 3 卷第 2 期）。

28 世（霞宅派一世）后裔迁居台湾地区（1961 年陈建章：《霞宅陈氏族谱》抄本，转引《谱录》）。

36世（霞宅派9世），孟康，讳天孝，生顺治十四年（1657年），卒康熙五十八年（1719年），葬台湾南路（《武荣诗山霞宅陈氏族谱》，转引庄为玑、王连茂编：《闽台关系族谱资料选编》，福建人民出版社1985年出版）。

36世孟燕，讳窦，生康熙二十六年（1687年），卒康熙五十一年（1712年），葬台湾田厝庄（今屏东县万丹乡田厝村尾）（同上）。

36世孟角，讳天麟，生康熙二十三年（1684年），葬在台湾（同上）。

37世（霞宅派10世），仲先、仲怀等15人居台（其中1人系随父往台，1人系渡台第二代），其中卒台湾者7人，卒葬万丹埔者5人，卒葬南路淡水者1人，卒葬本山者1人，往台失船者1人。①

38世（霞宅派11世），国旺、国书等44人居台（其中有5人系渡台所生第二代，1人生卒在台，但未见其父渡台记载），其中仅记往台或卒台者15人，卒葬万丹埔者21人，卒葬台湾府城者3人，卒葬台湾南路1人，卒葬台北外快官山1人，通顶营1人，往台湾渡海失船2人（同上）。

39世（霞宅派12世）家继等82人居台（其中31人系渡台后所生第二代，其中仅记往台或卒于台者37人，卒葬万丹埔者30个，东港2人，台湾南路2人，琅峤（今恒春镇）1人，笨港（云林北港一带）1人，鹿港2人，顶淡水1人，……（同上）。

40世（霞宅13世），熙敬等98人居台，其中明确记往台者28人，住台者14人，只记卒于台者56人。陈卒葬万丹埔30人外，余散居琅峤1人，台湾府2人，台南市2人，鹿港1人，番仔厝（屏东内埔乡）1人……（同上）。

41世（霞宅14世），醇吉等131人住台，其中明确记往台者33人，住台者35人，只记卒台者63人。陈卒葬万丹埔11人外，余散居万峦1人，

① 作者未见到《武荣诗出陈氏族谱》，此处移民资料系根据庄为玑等编：《闽台开系族谱资料选编》。编者指出“该族从清初至民国的三百年中，前后移居台湾人数约近二千”。作者认为实际移民人数并没有那样多，该谱所列资料包括一批生长在台湾的移民后裔，而且均记卒于台、往台、往后，关于卒于台记载中，不少系往台移民；关于住台记载中，不少系生长于台，也有一些系往台移民，很难准确计算出移民的实际人数，是否夫妇同往，有的亦难区别，只好往台、卒台、住台分别统计。

下淡水落石出人，梓官庄2人，观音山1人，凤山4人，台湾府2人，东都化2人，嘉义9人，北路2人，暖暖（属基隆市）1人，台东1人，……（同上）。

42世（霞宅派15世），祖标等136人居台，其中明确记往台23人，住台21人，只记卒于台者92人。卒葬万丹埔6人外，余散居东港5人，梓官5人，凤山县1人，东都或承天府（今台南市）3人，斗六（今云林县斗六镇）1人，嘉义县城4人，彰化县3人，石龟溪4人，他里雾1人（今云林斗南镇），茄冬脚（云林大埤乡）2人，淡水（台北县淡水镇）2人，金包里（台北县金山乡）1人，基隆1人，……（同上）。

43世（霞宅派16世），宗述等299人居台，其中明确记往台者35人，住台者98人，卒于台者166人。散居万丹埔3人，赤山埔（屏东县万峦乡）1人，潮州庄（屏东县潮州镇）5人，东港（屏东县东港镇）4人，阿猴厅（屏东县屏东市）1人，涂库（屏东县里港乡）3人，打狗山（高雄市监埕区）1人，台南府1人，消垅（台南县佳里镇）1人，石龟溪9人，嘉义县8人，彰化3人，新竹2人，竹堑（新竹县）1人，大稻埕（台北市区）2人，三貂（台北县贡寮乡）1人，宜兰2人，淡水2人，……（同上）。

44世（霞宅派17世），创书等261人居台，其中明确记往台者37人，住台者105人，卒台者120人，散居万丹埔5人，潮州庄5人，东港1人，梓官2人，凤山1人，新竹1人，嘉义县11人，朱罗门（彰化县）1人，石龟溪3人，中坜（桃园县中坜镇）3人，三貂1人，台北县3人，台湾府（此时的台湾府系今台中市）1人，宜兰4人，……（同上）。

45世（霞宅派18世），垂晓等141人居台，其中明确记往台者9人，住台者70人，卒于台者62人，散居台湾南府城（台南市）1人，监水港（台南县监水镇）1人，嘉义县5人，石龟溪2人，三貂1人，中坜3人，……（同上）。

46世（霞宅派19世），植隆等36人居台（其中有12人系渡台者所生第二代），记卒葬台者11人，住台者25人，散居中坜、三朝等地（同上）。

47世（霞宅派20世），翼泉等8人居台（其中有3人系渡台者所生第二代），分别出生于光绪十九年（1893年）至民国元年（1912年），其中有2人卒于民国二十二年（1933年），其他只记住台，可能仍健在（同上）。

霞宅派另一分支，据陈金章1961年编《陈氏大族谱》“人事录”记载，有一批后裔光绪年间以后陆续渡台，现罗列如下：

宗赏，字赐谋，光绪二十三年（1897年）携眷及9岁子创河渡台，卜居中坜镇。

宗租，现年78岁（指1961年，下同），宜兰人，16岁来台。

宗坚，现年70岁，桃园县人，12岁随叔祖教公来台。

宗幼，现年68岁，台南县人，12岁只身来台。

恁，现年63岁，新竹市人，8岁随父垂总来台。

定言，新竹县人，自幼携眷来台，1958年逝世，享年53岁。

恭，现年64岁，台北市人，11岁随继父宗杭来台。

宏图，现年58岁，12岁随父宗浸来台，卜居冈山，台湾光复，举家迁回霞宅原籍，44岁再渡台，居苗栗。

叫，现年68岁，弱冠只身渡台创业。

燕朕，现年58岁，新竹县人，年十四随父垂课渡台，卜居现址。

麒麟，现年54岁，台北市人，年10岁随父宗杭渡台经商。

燕川，现年52岁，12岁来台。

锦枝，现年54岁，桃园县人，14岁随父创蛏渡台。

创交，1921年只身渡台。

金，现年47岁，22岁渡台，龚居嘉义，现居高雄市经商。

（按年龄推算，上列移民在日本统治时期渡台）

陈政后裔从东海丰移居新竹新埔（陈霖海编：《陈氏族谱》，转引《谱录》）。

二、陈元光后裔迁台有关问题的初步考察

1. 迁台前的祖籍及其支派

从前列族谱资料可以看出，圣王派迁台前的祖籍，集中于同安、金门、漳州、漳浦、诏安、平和、南安、晋江等县，除居住州治漳州原地后裔外，包括浯阳、银同碧湖与普园、赤湖、溪南、芦溪秀芦与东槐、霞宅、梅林等各个支派，分属酆子詠、谟、訏的后裔。

浯阳、银同、赤湖等派均系谟之后裔，谟兄詠以迁恩州录事参军返居河南，由谟袭漳州刺史，唐德宗贞元二年（786年）、随州治迁徙而定居龙溪。后裔迁居，又分出几个分派。

浯阳派：一世祖丙，据《陈氏大族谱》载，系政14世后裔“鉴湖公之五世孙，自长泰东门迁居浯州金门前水头乡”，生卒不详。据此，浯阳派应系圣王派的19世后裔。9世（总27世）后裔开始迁移澎湖。

银同碧湖派：一世祖一郎，系圣王派23世裔孙，从龙溪播迁银同浯岛，住居碧湖。雍正十一年（1733年）已传17世，“其子孙移住郡州邑者甚众”。[①] 12世（总34世）始迁澎湖。另有银同普同派，据族谱记载，始祖系陈政，其一世祖及与碧湖派关系未详，待考。

赤湖派：一世祖道明，系圣王派的25世裔孙，于南宋理宗景定年间（1260－1264年）从龙溪迁漳浦赤湖定居，17世（总41世）开始迁居台湾。

詠迁返河南后，传至17世汤征，又从光州谪知潮阳。汤征生宋神宗熙宁三年庚戌（1071年），卒徽宗宣和五年癸卯（1123年），葬潮阳直浦，后裔定居，为潮阳开基祖。

诏安溪南、云霄陈岱、平和大溪与宜古田、芦溪秀芦与东槐、漳浦梅林、南安霞宅等分派，均詠派汤征后裔。

溪南派：一世祖景雍、祖汤征，父文晦。晦有五子，称“五景”。雍为长子，从潮阳迁诏安溪南，为开基祖，诏安成圣王派詠房的主要居住地。35世始迁台湾。

大溪派：分自陈岱，系文晦三子景肃后裔分派于此，四传至25世肇基迁平和大溪，为一世祖，3世（总27世）移居台湾。

芦溪派，开基祖仲贤，系景肃的13世孙，迁居芦溪秀芦，为秀芦派的一世祖（总31世）。至曾孙大梁迁东槐，为东槐一世祖（总34世），生于明成祖永乐十五年（1417年），卒于孝宗弘治五年（1492年）。秀芦派13世（总43世）开始渡台，东槐派8世（总41世）开始渡台。

梅林派：开基祖陈永兴（讳顺夫），于明洪武五年（1372年）偕弟永

① 雍正十一年陈鼎亿：《银同碧湖陈氏族谱序》，转引自《陈氏大族谱》。

庆（讳顺卿），从兴化迁浦西九婿桥，洪武十四年（1381 年）迁梅林，为一世祖。据漳浦陈万年先生考证，“梅林陈姓为圣王派中的景肃派。”景肃孙概（21 世）因战乱迁白叶（诏安山区），四传至光禄（25 世）迁莆田，①宜兰复兴庄梅林陈氏祠堂祖先牌位中，立有漳州开基祖元光神位，所藏《家谱》亦有明确记载，均可证明梅林派系圣王派之支派。14 世开始迁台。

霞宅派：迁台人数最多的霞宅派陈姓，现存族谱只记开基祖为一郎公，始自何时？其源何自？已失传。据康熙二十八年（1689 年）陈奕光撰谱序称：“我祖自颖川分派于河南光州固始，以抵入闽，至一郎公遂卜居武荣诗山霞宅，先世集有全谱，迨嘉靖四十一年壬戌（1562 年）间遭氛乱，而谱付之祝融回禄，其由来细微之事，世远代湮，无从可考矣。”② 现据《颖川陈氏开漳族谱》（云霄山美藏本）记载，霞宅始祖一郎，其父安保，字伯嵩，生于元顺帝至正二十四年甲辰（1364 年），生五子，一郎号梅山，二郎号梅崇，三郎号梅嵩，四郎号梅祐，五郎号梅安。系从光州谪居潮阳之汤征的后裔，其世系顺次是：17 世汤征，18 世文晦，19 世景肃，20 世肇，21 世暨（《陈氏大族谱》作概），22 世泰典，23 世子成，24 世君用，25 世崇源，26 世福孙（《陈氏大族谱》作福生），福孙生二子，长安保，次得保（字伯强），安保后迁居龙岩上杭，③ 其子一郎迁南安霞宅。台湾陈建章等主编的《陈氏大族谱》亦有相同的记载，并在一郎处旁注“霞宅派”。该谱所列霞宅派一郎以下世系，昭穆相同，名字不符，系另一分支宗谱，陈金章先生即系霞宅派裔孙，文创河幼年随父宗赏于光绪年间渡台。据此，霞宅一世祖一郎系圣王派的 28 世孙，9 世（总 36 世）后陆续渡台。

滬江后山派：据《陈氏大族谱》记载，系陈政二子元勋后裔 13 世开基滬江，一世祖应恺，号皆元，18 世（总 30 世）开始迁台。陈政携二子入闽，为他谱所未载，待考。

2. 迁台后的地区分布及集居地

地区分布：从前列族谱资料可以看出，圣王派先后移居今澎湖湖西乡、

① 陈万年：《漳浦陈氏家庭渊源、世系及分布》，《漳浦文史资料》第 9 辑。

② 转引自庄为玑、王连茂编：《闽台关系族谱资料选编》，第 179 页。

③ 云霄县陈政陵园整修董事会誉印：《颖川陈氏开漳族谱》（云霄山美藏本）。

马公镇、台南市及台南县的学甲镇、佳里镇、盐水镇、大俾乡，高雄市的盐埕区，高雄县的凤山市、梓官乡，屏东县的九如乡、万丹乡、东港镇、内埔乡、万峦乡、恒春镇、里港乡、潮州乡，彰化镇的彰化市、鹿港镇、二水乡、田中镇、社头乡、竹塘乡、田尾乡，南投县的南投镇、名间乡、集集镇、水里乡、竹山镇，嘉义县的嘉义市、东石乡、东港镇、内埔乡、万峦乡、恒春镇、嘉义县的嘉义市、东石乡、梅山乡、番路乡、云林县的斗南镇、斗六镇、北港镇，台中市及台中县的龙井乡、大肚乡、大安乡、基隆市、台北市及台北县的三重市、淡水镇、贡寮乡、桃园县的中坜镇，新竹县的新竹市、北埔乡，宜兰县的五结乡、员山乡、三星组长及台东县等地。包括除苗栗、花莲二县以外的台湾21个县市中19个县市。这是移民初期的情况，后来又辗转迁徙，更遍及各县市的各乡镇。

集中居住地：从前列族谱资料还可看出，圣王迁台后，有几个比较集中的居住地。

明末开始迁台的浯阳派及银同碧湖派，最先迁居今澎湖湖西乡的沙港村、龙门村、喜东村，后又迁今马公镇等地。其后裔繁衍澎湖各岛，并移徙台南、台北等地。

康熙年间开始移民的霞宅派，初期几乎全部集中居住今屏东县的万丹乡，有明确记载卒葬此地的有9世1人，10世5人，11世21人，12世30人，13世30人，14世14人，15世6人，16世3人，17世3人，先后计112人。14世以后迁万丹乡的人数逐渐减少，但又出现了几个新的集居地。如今高雄的梓官乡、嘉义县的嘉义市、云林县的斗南镇、斗六镇，彰化县的彰化市、鹿港镇。16世以后不少人移居台北，并有一些人移垦宜兰。

乾隆年间迁台的槐派，有明确记载地点的几乎全部居住“台湾南路冷水坑”。台湾名冷水坑的地方不止一个，但南路冷水坑疑指今屏东县的九如乡，该乡玉水村清代名下冷水，日据时有名下冷水坑，东宁村清代名中冷庄。地居下淡水溪东岸、里港南面，清代属港西里，系康熙中叶后陆续开发的地区。

赤湖派迁台始祖士灶迁居南投的名间、田间，瑞兴、松贺迁彰化的二水乡，天泽迁东螺东堡，即今二水、社头、田中、田尾、北斗、溪州一带。这一派集中居住浊水溪中游北岸南投与彰化二县交界地区，系漳、泉移民乾隆年间集中开发的地区之一。

银同碧湖普园派集中住居今台北市及台北县的三重市。

3. 台湾颍川陈氏的姓量、比重、位次及圣王派开发台湾的贡献。陈氏本支繁盛，计有陈国、齐国、户牖、山阳、颍川等衍派。以陈政、陈元光父子为闽始祖的开漳圣王，以陈忠、陈邕父子为入闽始祖的太傅派，以陈伯宣为始祖的南朝的江州义门派迁居华南的后裔，都是颍川派始祖陈寔的后代，系闽、粤陈氏的三大源流。台湾移民祖籍主要来自闽、粤二省，开漳圣王、太傅、南朝三派亦是台湾陈氏的三大主流。

姓量、比重及位次：根据1930年日据时期台湾31003户调查资料表明，共有193种不同的姓氏，陈姓占12%，居首位。另据1953－1954年台湾省文献会在18个县、市、区（不包括云林、台东、高雄、桃园四县）的调查资料，计有住户828804户，有737种不同姓氏，陈氏共91375户，占11%强，仍居全省首位。陈姓在18个县市中，除台中市及花莲县居第二位，彰化居第7位外，其余各县市均居首位。

另据1956年台湾第一次全省户口普查，利用户口普查口卡系统抽样四分之一统计结果，共有样本2318574人，扣除姓氏不详者外，有效样本2316401人，陈姓占11.3%，① 居全省第一位。陈姓在22个县市中，除宜兰县、台中市、云林县居第二位外，其余19个县市均居第一位。其分布特点是，凡福佬人所占比例高的地区，陈氏的占有比例比较高，都市、东部及客家人集居区陈氏比例较低。最高的澎湖比比例最低的桃园刚好高一倍。宜兰县、台中市虽居第二位，但其比重也超过10%以上。与其他姓氏比较，陈姓人口分布的普遍性及稳定性在各姓中自属最高，分布的差异程度因而最少。

圣王派开发台湾的贡献：族谱中关于开发台湾的记载很少，现只能从集居地人口结构等情况进行粗浅的考察。陈姓一直是台湾的第一大姓，约占全省汉人九分之一左右，开发台湾的巨大贡献可想而知。目前还难于统计出圣王派陈姓的姓量，但本派是台湾陈姓三大主流之一，同样为开发台湾作出了

① 李栋明：《台湾大姓人口县市分布特点研究》，载《台北文献》直字第44期，1978年6月出版。

很大的贡献。特别是圣王派集中居住的地区，其贡献尤大。如陈姓是澎湖十大姓中的第一大姓，占澎湖人口的六分之一，因地近金门，有七成以上移民来自金门，浯阳派及银同碧湖派首先开发今湖西乡，陈振遥被称为“开澎始祖”，子孙繁衍各地，在开发湖西乡、马公镇等地作出了很大的贡献。

赤湖派集居地的彰化、南投等县一些乡镇，据1956年调查资料，陈姓住户很多，二水有1141户，田中有2105户，田尾有979户，永靖有969户，北斗有901户，社头有727户①。南投县的名间陈氏的比重高达41.5%，他如台中县的大肚，亦占24%②。这些台湾中部东面平原及丘陵地带，主要是漳州移民开发的，如二水、社头、永靖、南投、名间等乡镇，几乎全部是漳州移民开发的；田中、田尾、溪州、大肚等乡镇，也主要由漳州移民所开发。以圣王派为主的颖川陈氏与漳州移民一道，为共同开发这些地区立下了功勋。

霞宅派初期集居地的万丹乡，东槐派集居地的九如乡，圣王派更与客家人一道，为开发屏东下淡水溪沿岸地区，作出了贡献。

银同普园派按多人移居三重市，三重自清初以来，共有陈姓移民1340户，其中一半左右来自泉州，以圣王派为主体的颖川陈氏，在开发三重及台北地区也作出了很大的贡献。清末进士陈登元，系赤湖派后裔，台北士林一带陈氏多赤湖派，③ 他们为开发士林也作出了出色的贡献。

漳浦梅林派30余户后裔在陈正直领导下，于嘉道年间开垦宜兰员山复兴庄土地一百余甲，并经营金漳兴水郊行，④ 为开发宜兰作出了贡献。漳浦梅湖派的陈辉煌，于咸丰十一年迁居宜兰后，领导当地先住民，组织19个结首，开辟三星乡，作出很大贡献。先后配合沈葆桢、刘铭传进行“开山抚番”事业，并参加抗法保台斗争，⑤ 为开发宜兰，保卫台湾建立了功勋。

圣王派訏房后裔岩公派下，迁台开垦竹社寮及集集林尾，也为开发南投县作出了自己的贡献。

① 吴荣兴监修：《彰化县志稿》，卷三，居民志。
② 《闽南人》，第三章，表三。
③ 盛清沂总纂：《台北县志》，卷三，居民志。
④ 陈长城：《介绍宜兴复兴庄梅林陈氏》，载《台北文献》直字第69期，1984年9月出版。
⑤ 《宜兰文献》，第三卷，第二期，《陈协台辉煌特辑》，1969年1月出版。

还应指出，圣王派迁台人员中也有一些文人，如梅林陈正直以游幕台湾府而定居宜兰；东槐陈儒生以“读书功名不就，往台湾”，“功名念急，遂买棹东游”。他们迁台后为传播祖国文化，起了一定的作用。圣王派迁台后裔中，更涌现出一批文人学士，如霞宅派 11 世至 17 世出了九个秀才，两个贡生，东槐派也出了一个秀才。特别值得指出的是，赤湖派后裔还出了两名进士。一是陈望曾，同治十三年成进士，任广东雷州、韶州、广州知府多年，后擢广东劝业道，为振兴实业不遗余力，曾密助民党革命。一是陈登元，光绪十六年成进士，任山东知县，后致仕家居，光绪二十一年日军犯台时，曾纠集义勇 500 名抗日，失败后内渡①。他们或者为传播祖国文化，或为保卫台湾，或为振兴大陆实业，分别贡献了自己的力量。

文献来源：《陈元光国际学术研讨会论文集》，厦门大学出版社 1993 年。

作者简介：陈正在，厦门大学历史系教授。

① 陈望曾传、陈登元传，均见《台湾省通志稿》，卷七，人物篇。

关于陈元光入闽的几点看法

许宝华　谢建中

距今一千三百多年的唐高宗时期，闽南多乱。总章二年（669 年），玉钤卫翊府左郎将归德将军陈政奉高宗之命，进戍绥安（今福建漳浦）。陈政，固始人。乾隆三十五年《光州志》载陈政子陈元光时年十三岁，遂从父入闽。在此之后的四十余年中，陈政父子历尽艰难险阻，励精图治，对闽南的治理开发作出了巨大贡献。

前期以作战为主。陈政率府兵三千六百名，进伐时由于水土不服和寡不敌众，而退守九龙山，请朝廷增援。朝廷派陈政兄陈敏、陈敷领军校五十八姓援闽。陈敏、陈敷病死道中，陈政母亲魏氏带领部众，入闽与陈政会师，击败“蛮獠”，屯兵云霄火田，扎下根基。

陈政于 677 年病逝，元光承袭父职。他治军有方，文武兼备，逐步平息了绥安之乱。垂拱二年（686 年）陈元光向朝廷建议在泉、潮二州间增置一州。朝议后，武氏同意建立漳州，辖漳浦、怀恩二县，命元光为刺史，自别驾以下，由地方自行任命。陈元光发展农业，兴办学校，招抚少数民族，稳定社会秩序，使蛮荒的闽南气象日新，故后人奉陈元光为“开漳圣王”。

陈元光对历史作出了如此巨大的贡献，而唐史却无记载。尽管这可能有其历史原因，但毕竟是修史的一大疏漏。宋景祐年间，漳浦知县吕（琦）在其《题威惠庙》诗中道出了后人的不平：“当年平寇立殊勋，时不旌贤事弗闻。唐史无人修列传，漳江有庙祀将军。”（见《漳浦县志・卷十八》）。这一现实也给后人全面研究陈元光开漳史造成了相当大的困难。有些史实只能从地方志和家谱中去寻找，有些则只能凭史籍作大致的推断。

一、陈氏家族住地的变迁

乾隆三十五年《光州志》载，元光世系“本于胡公满，后子孙以国为姓，遂易妫为陈”。《光州志》又载：“汉建武间，有祖名孟连者为固始侯，薨，葬于浮光山之麓，子孙因而留家焉。”陈孟连为固始侯，死后又葬于浮光山。后代依山留家，说明陈氏后裔已向南繁衍了。

《水经注》载：“淮水又东经浮光山北，亦曰扶光山，即弋山也，山踞息县南五里。”浮光山在息县境内淮河南岸（今有人谐音称其“蒲公山”），为一含大理岩层的独山，属弋阳郡管辖。弋阳郡唐代称光州，玄宗时短期复称弋阳，即今潢川。这说明陈氏后代至迟在汉代已发展到了光州境内。

古人厚葬，全茔喜依高皋。淮阳以南一马平川，渡淮后首当浮光山，较之淮北平原别有气势，也许是孟连在世时早已选好的墓地，死后葬于此，后人留居守墓，遂有一支落于此地。笔者查实，至今山前还有一个叫“陈大衆”的大村落，仍住有许多陈姓。唐朝时，陈氏家族中陈犊源出固始。这一支如何从浮光山辗转迁到固始的，我们认为对旧地依恋是一种可能。建武年间，孟连为固始侯。汉朝分侯爵为三等：县侯、乡侯、亭侯。县侯以县为食邑，为侯爵中之最高一级。光武帝刘秀给孟连这么高的封赐，定是孟连对东汉有较大的功绩。他的后人可视固始为其家族的又一发祥地，固始汉代的地望，现有两种说法，一说即今固始处地。一说初在淮北的沈丘、临泉一带，南北朝大乱，士民南迁，刘宋时侨置于今地，后经刘裕“土断”而成实置。不论二说哪一个正确，隋唐时固始即在今地是确定无疑的。它的自然条件较淮北更加优越，因心理上依念祖上发祥地，或于某次变故或变乱后，再迁至今之固始是合乎情理的。这不仅可以满足陈氏族人对祖地固始的心理追求，又可获取更丰富的生活物资。他们当然会选一个像浮光山那样地形、地貌的独山，旁依营居，这样在固始境内，只有位于安山脚下，川原壮丽的陈集一带最合适了。安山亦称安阳山，固始人以其方位俗称东大山，也是一座含大理层的独山，却比浮光山更有气势些，陈氏家族怀念旧地，也就会把它称之为浮光山。陈元光有诗曰：“浮光昂岳望，固始秀明乡。”正如后文要提到的陈政以山西之漳河命名云霄之水一样。安山也的确成为陈氏族人心中的浮光山。1987 年第二期《史学月刊》上高东成和李钟晨的《陈氏家庭源流考略》一文中称“……东汉桓帝时太丘长实居颍川……陈实之后裔志臬，娶王氏生五个儿子，其中五子达信于南朝宋时迁固始县。”此文正可为我们的这一推测作一印证。

军功所封也是一种可能。元光祖父陈犊，字克耕，随李世民征战攻取临汾立下军功。《新唐书·太宗本纪》记载，隋大业十三年（617 年），隋虎牙郎将宋老生屯兵于霍邑（今山西霍县）拒唐师，久雨唐师粮尽，李渊欲还兵，李世民苦谏进兵。后李世民将兵强攻，取霍邑，斩宋老生，接着攻下临汾郡。《资治通鉴》又载，唐高祖武德二年（619 年），定杨刘武周在山西作乱，攻下了唐朝开国基业所依的太原，并陆续攻下了太原以南的平遥、介休、临汾、夏县等许多州县。唐高祖大惊，打算放弃黄河以东而退保关内。秦王李世民说，太原重镇，是国家的根本，河南殷富是京城的财源，决不可放弃，愿得精兵三万收复失土。于是唐高祖使李世民率兵三万，自龙门（陕西韩城县境）渡河，进击刘武周。终多次大战，失城一一夺回，次年刘武周败走突厥，被突厥杀死。

史料记载开唐攻夺临汾的战争就是这两次，不论哪一次都是决定初唐能否存在的关键战争。包括陈犊一家在内的随战诸将立了很大军功，后来论功赐爵，论爵赐永业田。陈犊一家有可能请求在其祖先发祥地固始取得较多的田庄以繁衍后代。

当然，陈氏定居固始也可能有其他原因，但陈元光家庭的繁衍变迁是清楚的，就是由陈州而固始，由固始而浮光山下再到固始，最后由固始至闽南直至海外。

乾隆三十五年《光州志》还载，陈元光的孙子陈酆，虽生长在闽南，但对祖居万分怀念。天宝年间，李林甫、杨国忠当权误国。陈酆无意仕途，“访弋阳旧第，再新而居之数年”，直到安禄山作乱期间，朝廷应漳州士民请求，命陈酆依例任漳州刺史时方离去。“弋阳旧第”不能狭义理解为陈氏旧第在弋阳城内，而应理解为旧第在弋阳郡内，弋阳领固始县，指的是陈氏在固始的旧居。至陈酆时，旧居难免损坏，再新而居，说明旧居得到很好的维修。只可惜后世没有继续维护下来。

后来陈酆的儿子陈咏，陈咏的儿子陈章甫均回家乡任光州司马和团练使。明万历年间，陈元光后裔陈华还回光州担任太守。陈华任光州太守期间，聘礼部郎中陈瑋补修《光州志》，陈华作序写道："华之先世元光，光人也，唐时随父政领兵戍闽，因家焉。今来守是邦，则祖邦之士大夫子北皆其乡也。"真是世代不忘其祖，深怀故土。据固始陈集乡老人们谈，民国年间，还不断有闽南陈姓回陈集扫墓祭祖及朝山。

陈集所依的安山之顶，过去有大山奶奶庙，祀云霄娘娘。当地老人们说云霄娘娘姓魏。这恰与陈元光祖母魏氏夫人去世后葬于云霄县之事遥遥相应。因此可以推定，魏氏逝于闽南，路遥而无法归葬原籍，山顶大山奶奶庙就是留在原籍的陈氏后代为祭祀魏氏夫人所修建。魏氏夫人出身名门，堪为女中丈夫，享年九十余岁，在陈氏族中有很高威望。故不仅受到闽南及固始陈氏后裔的崇拜，就是古陈国旧地陈州（今淮阳）人，也专于每年的农历十月十五日前来陈集朝山赶庙会。他们吹着泥烧的哨子，向云霄娘娘报告陈州老家来人了，向娘娘祈福，同时也搞点物资交流。这种由固始人和陈州人朝山的风习，从唐代开始，一直延续到解放初期。

二、陈政父子入闽兵源

唐朝前期因隋朝旧制实行府兵制。唐太宗分全国为十道，六百三十四府。府分三等，上府备兵1200人，中府备兵1000人，下府备兵800人。统兵官每府设折冲都尉一人，左右果毅都尉各一人。三百人为一团，团有校尉，五十人为队，队有正。民二十岁服兵役，六十岁免役。兵士自备兵甲、粮食和服装，存入官库，行军时领取应用。府兵中精壮可信赖者可被抽调任皇帝十二卫禁军。边防重镇需要较大兵力，本地兵力不足也从各府抽调。府兵是寓兵于农的一种兵制，平时府兵大部分从事农耕，小部分人分批到京师宿卫或戍边。战时，朝廷任命将帅统兵出战，战争结束，兵散归府，将帅归朝。

陈元光祖父陈犊佑唐平天下有功于朝，官至玉钤卫翊府中郎将，武官皆为怀化大将军，正三品，"武德，贞观世重资荫"（见《新唐书》卷四十九）。陈政兄弟有资格受荫而得军职。据《云霄县志》记载，陈政戍闽，"进屯梁山外之云霄镇火田村，居焉"。"尝渡云霄江，指江谓父老曰'此水如上党之清漳'"，因此命名为漳江。他是因江由清浊雨水汇成，如同山西和河北南部交界地带的漳河由清浊雨水汇成的一样，从而如此命名。陈政和他的部下对北方的漳河印象深刻，有着特殊的挚念之情，命云霄之水为漳江，实有怀念故土，借中原景物以慰入闽府兵军心之意，鼓励他们在闽南安居乐业。后陈元光向朝廷呈《请建州县表》，建议在此设州，称"临漳水，实乃建名之本"，获得朝廷批准，漳州遂因漳江而得名。以唐之发祥地山西之河名命名闽南之水，并因而名州，本身也具有唐朝廷怀柔闽南之意。陈政说"此水如上党之清漳"，说明他到过上党（今山西长治县）。陈政到过上党的原因当是幼年时随父在山西经历过军旅生活，或是成年后率府兵在此方戍边。北方重镇驻军主要用来对付突厥等外族入侵。

后来闽南有乱，朝廷委派陈政任岭南行军总管，将兵去闽南平乱。他的职衔是玉钤卫翊府左郎将归德将军。归德将军，从三品，为其武官阶。所带这三千六百人不可能出之于一府，更不可能出之于一县，他们的来源是中原各府抽去的府兵，因主帅需拥有核心力量而必然以固始人为多。从现有资料和他们的后裔族谱中均可以看到这点。许天正，汝南人。马仁，固始人。沈彪，固始人。李伯瑶，陕西三原人。蔡长眉，信阳人。戴群胄，固始人。张伯纪，祥符人。这几位可考将士中，固始籍几占一半，并且六位都来自河南，一位也紧靠中原。另外，丁儒亦为固始籍。《云霄蔡氏族谱》记载祖上随陈元光从固始三角店入闽，《方氏族谱》记载祖上随陈元光从固始方集入闽。固始至今还有这两个地名，三角店是一个小村庄，方集是乡政府所在地。可见戍闽将士的后裔立谱时，对祖籍地认定的认真态度。

陈政所率三千六百府兵和紧接入闽的五十八姓将士是需要高度团结的，否则在闽南不能立足。固始人占了这么大的比例正是当政者主观安排，有意利用同乡的凝聚力，事实证明也的确起到了这个作用。

陈政率三千六百府兵首先入闽。他们的任务一是平乱，二是开发闽南。高宗要他们"相视水源，开屯建堡"。因战争和疾病的消耗，他们未能完成这两个任务，特别是第二个任务更无法完成。因此，朝廷又派陈敏、陈敷率固始一带五十八姓赴闽。这五十八姓去后终于打开了新局面，平息了啸乱，建立了漳州，带去了中原比较先进的文化和生产方式。

唐初，全国有人口三千七百万，如按各地人口平均增长作类推，固始当有人口三万左右。唐天宝年间漳州有人口一万八千人。而此时全国人口已接近五千万，按此类推，高宗年间漳州可能有人一口一万三千人。五十八姓人口只有这一万三千人中的一部分，当然也只是固始三万人中的一小部分了。这五十八姓入闽无疑是壮者为兵，男女相携，举家聚族的南迁了。这五十八姓南迁后在固始一带造成的一些空旷之地也有人递补。据《旧唐书》记载，就在五十八姓入闽的同年，高宗“徙高丽户三万八千二百于江、淮之南，及山南、京西诸州空旷之地”。高丽内迁是为了制其离叛。五十八姓入闽则是为了开发边陲，促进闽南地区的政治、经济和文化的发展，都是唐朝廷为治国需要精心安排的，说不定二者是有联系的。这种迁徙政策历朝都曾使用过。

三、陈元光建漳的历史影响

中原士族入闽历史上有四：（1）晋永嘉之乱，中原士族林、黄、陈、郑四族入闽；（2）唐初陈政、陈元光带府兵三千六百和固始一带五十八姓入闽；（3）唐末，固始人王潮、王审知等率义军入闽，占据泉州，后来王潮任福州观察使；（4）宋靖康南渡，中原士族避乱入闽。

这四次南迁的人群中，均含有相当数量的固始人，其中以陈元光入闽人数较多，大部分都是固始人，他们对闽南的影响也是最大的。云霄的陈岱镇是陈元光后裔的一处聚居地，家祠有对联：“浮光进泽长，固始家声远。”云霄威惠庙有对联：“漳水寻源怀固始，唐人访祖到云霄。”莆美镇华庙对联：“华胄增光光发光州地，庙基稳固固自固始人。”高塘郑氏祖祠对联：“固始溯源自是衣冠济济，高塘分派企看瓜瓞绵绵。”漳浦威惠庙对联：“金戈开社稷，恩泽永沐漳郡；玉节镇山河，韬略长辉固始。”均概括地道出了这次入闽的历史影响。

漳州的建立，无疑给闽南树立了一杆中原经济、文化的旗帜，加速成了闽南地区的文明进程，有利于整个中华民族的稳定、团结和进步。

福建的云霄县是漳州初建之地，1946 年曾做过人口统计，县志记载，当时全县总人口为 11. 38 万人，姓氏八十一。在族谱中写明先世从河南入闽的有方、吴、张、陈、柳、王、汤、蔡、林等九姓，总人数约九万，占全县总人口的百分之八十。其中方、吴、张、陈、汤、柳六姓写明先祖随陈元光入漳，总人口约占当时全县总人数的百分之五十三。若唐代也按这个比例计算，高宗年间漳州的一万三千人口中，随陈元光入闽者将有六七千人。其中五十八姓当有四千人左右。当然这只是推测而已，有待直接材料进一步证实。

这批入闽的中原人，先在闽南站住脚并发展起来，然后向广东和台湾方向发展，最后又向海外发展。从《台湾通志》所载材料可以看出，1930 年台湾总人数为 375. 16 万人，其祖籍注明从漳州和泉州二府迁去的为 300 万人，占台湾当时人口总数的百分之八十。又据 1953 年台湾统计，当是台湾总户数为 82. 9 万户，737 种姓，户数在五百户以上的一百种姓中，有四十五种姓的家谱记载先祖随陈元光入闽，总户数却占全岛总户数的百分之五十以上。可见陈元光这次入闽对后世影响极大。

从历史的角度看，陈元光已被神化为“开漳圣王”，受到闽台和海外侨民的崇拜，起到了很强的民族精神纽带作用。

陈元光对闽南的巨大历史功绩和政治影响，也受到历朝统治者的高度重视。他们从自身的统治利益出发，也注意利用陈元光的巨大影响以巩固其统治，唐玄宗登基的当年（712 年），追思陈元光，赠谥“颍川侯”。五代加封为“灵著顺应昭烈广济王”。南宋绍兴年间加谥“忠毅文惠王”，命有司在春秋二季都要举行祭祀活动。明初又封“昭烈侯”。明朝万历年间，在光州（今潢川）城内也建立了广济王祠，以纪念这位杰出的人物。

文献来源：《陈元光国际学术研讨会论文集》，厦门大学出版社 1993 年。

作者简介：许宝华，复旦大学中文系教授，现代汉语专业博士生导师。

陈元光与闽台民俗

陈国强　周立方

“开漳圣王”陈元光，在闽台人民中间，真是家喻户晓，在闽台民俗方面，也保留有陈元光的影响。

闽南人民由于尊崇陈元光，历代把他神化立庙奉祀。在闽南、台湾和粤东等地，建有威惠庙，灵著王庙多处，并塑像供奉。

在漳州府治最早所在地的云霄县，有威惠庙。云霄县城威惠庙原址已不可考，现址在县城西门外，为明成化间（1465—1487）里人吴永绥建。祀陈政、陈元光、种夫人、子陈珦、女怀金、营将马仁、李伯瑶等。清道光、光绪间曾修建。1983 年乡民募款重修为现庙。庙内二进一殿，有左右两厢房。前有庙埕、照壁，总面积约三亩，庙内对联颇多。

过去云霄除县城威惠庙外，火田有王爹庙，庙有对联“披荆斩棘归中国，率众驱蛮窜外荒”。高溪有王爹庙，庙有对联“拓土开疆宜崇祀事，安民保境犹仗英灵”。竹塔有圣王庙，庙有对联“属楼瑞木呈异彩，塔砥中流濯波光”。宜谷径有开漳圣王庙，等等。

唐贞观二年（786 年），漳州州治北迁到现在的漳州市区，为纪念陈元光开漳业绩，闽南各地建有许多庙宇，较著名如漳州市郊南山村圣王庙、诏安深桥乡圣王库庙、漳浦县威惠庙等。《漳州府志》记载：“漳浦县威惠庙在县治西门外，（唐时敕建，明弘治间知县吴云建坟楼，后毁。国朝康熙二十六年，知县杨遇即楼址重建前殿后寝，后寝祀无种氏，庙左为柔懿夫人宫，夫人元光女也，从元光征蛮有功，故亦祀之）按属邑皆有威惠庙，独载漳浦志，开漳之所自始也。”

云霄县以前有“鉴王”和“走王”的习俗。每当正月十一日，县城威惠庙里要派人举着“开漳圣王”的大牌，打着锣鼓到邻近各社报导。十三日将庙内的陈元光像移到前厅，称为“退殿”。凡有圣王庙的城镇或村庄，信徒必定到庙焚香供祭，并请戏班娱神，祀毕抬神像出游，称“鉴王（拜王）”。出游时由两个穿戏装的童男女提一对宫灯先行，接着是土地神居前开道，继为元帅马仁、军师李伯瑶、王子陈珦、王女陈怀玉、夫人种氏，最后是圣王陈元光的神像。游行中锣鼓笙笛齐鸣，伴以震耳的鞭炮声。沿途家家户户摆香案于路口恭迎。凡此年新婚或新生男童儿之家，必恭请神像到门首，置香案供献金枣茶。祭毕，主人请抬神者及鼓乐队吃蜜金枣和乌龙茶等。游毕，神像高踞戏台对面的“王棚”中。棚前高置香案，供桌上有青花瓷缸，上耸立以竹秆麦扎成之草柱，柱外用猪肉片密封，柱顶插甘杞木（取甘棠遗爱、世代纪念之意）。分别放鸡、鸭、鱼，俗称“办大碗”。午后，接着有“走王”活动。

乡下由村中耆老预选取几十个青壮男子，每六人一组，高擎巨型木雕神像，到指定的起点处，列队待发，在起点与终点处各有两个礼炮手，专门负责放“三拜枪”，在神像前有两个鸣锣开道，后有一人执凉伞撑遮神轿。一闻擂鼓鸣炮，各组青年分别高抬神像，奔驰如飞，直达终点，这时再鸣炮三声，钻组以竞走、势壮、姿美者为胜。称为“走王”或“走尫 ”。然后，神像在乐队护送下，归座“王棚”，开始演戏。信徒供上“顺盒茶”（即蜜饯粮果 5 ~9 种，以及茶水），直到元宵节后，才把神像送回威惠庙中，再供上“顺盒茶”与“菜桌”（包括红枣、桂圆干、莲子、香菇、木耳、金针菜、冬粉丝、米糕、蜜金枣等共 9 或 12 种）。

县城威惠庙是正月十四日列队出游。队伍中有百面大锣、彩旗、高灯，接着是相公爷、李王公（伯瑶）、马仁（先锋）、陈怀玉（陈元光女）、陈珦（陈元光子），王妈、王爷（陈元光）等神像。均用四人抬，后有二凉伞、二扇，共四十多人，队伍所经各社，都备有牲醴香案祭祀。当晚到溪尾祖厝（燕翼宫）王府（开漳祖庙）过夜。十五日，神像各由六人扛着，扛者伸直右手高举神座，边走边放鞭炮，城关 36 福社均办牲醴祭敬，其他各社则设“香碗桌”，这就是“走王”。神像送放炮迎神，一直回到威惠庙。二月初六日，是陈元光生日，庙前演戏庆祝，大多是潮剧，非常热闹。

《云霄县志》（1957 年 3 月版）卷 4《地理下 · 风土》（一）风俗记载：“俗之别者，本邑为唐将军陈元光开屯旧区，民人崇祀惟谨，每年正月十五日高抬神像，游行各社，奔驰如飞，谓之‘走王’。”关于“走王”民俗，还有首歌谣《龙眼干》说：“龙眼干，正月半（可见在昔本邑于旧历之月，仍用龙眼干泡开水享客，不知何时改用蜜金桔也），人点灯，阮（我们）来看，看见新娘（新妇）着火烧，子婿（新郎）扑扑趺，亲家姆仔相拍（口角互斗也）掉落桥，桥几空，桥两空，紧紧去下尫（求神也）；下着王爹（陈将爷）要吃猪，下着王妈（陈将军夫人）要看戏，下着青尫（许别驾）无主意，下着地伯公（土地神）要吃软番薯，下着相王爷（将军庙附祀之小木像）要吃狮脚穿的橙色柿（名产出南宝山，纪种已三十余年无培植者）。

这首《龙眼干》歌谣，现在民间上年纪的人还记得，但有个别地方用词不同。例如：

1. “下着地伯公要吃软番薯”句中，民间念软“番薯”为软“红柿”。

2. “下着相王爷要吃狮脚穿的橙色柿”句中，民间念“相王爷”为“相公爷”，念“狮脚穿”为“狮脚川”，是地名。

从记载中所说“此歌戏祀神太过之失”，可见过去有人认为“走王”太过分，也反映了民间的热烈情况。

此外，在农村中还有抬马仁神像驱蝗虫、抗水灾、苦旱求雨的习俗。在婚俗中，有新郎新娘穿白衣，草席下放干芒（边缘会割人的草）的习俗，传说是妇女怕婚后丈夫是外地人跑掉，故相约同死之意。又在洞房时，新郎新娘吃 12 大碗，老的女福人要说几句吉祥话，如说“吃猪肚，钱银铺”。

除云霄外，在东山也有“走王”习俗。在东山东坑庙，每当农历二月圣王生日前一天的二月初五举行“走王”活动，信徒抬着王爷与王妈（种夫人）神像在田里跑，群众纷纷用砂子撒去，越多越好。到晚上，将王爷和王妈神像抬进庙，是由四人单手高举，下烧柴火，范围有 2×1.5 米大，跳火而入，这叫“跳火井”。火井的火焰很旺，高达 1 米，又有陈村民抬祖宗游行街道，又有锣鼓队、仪仗队，提着写有“陈府”的大灯，还有长柱形的灯，以及“肃静”、“回避”大牌。此外，在东山桐柏村有陈元光女儿陈怀玉（柔懿夫人）的“妈庙”。传说郑成功收复台湾渡海前，曾将陈怀玉神像请上船保佑，故庙里再塑一尊。郑成功收复台湾后，在台南建“妈庙”，香火旺盛。后来，陈怀玉神像又送回东山妈庙，称为“大妈”，后来再塑的称为“二妈”。东山还传说：郑成功攻打云霄清军时，曾到白塔威惠庙，祈求开漳圣王陈元光说："我南征北战，请保我安全。"以后屡次战斗，郑成功果然安全无恙，郑成功为此曾到威惠庙还愿谢祭，并赠对联。

叶国庆教授在《平闽十八洞研究》绪言中提到："元光父子开建漳郡，功绩既伟，崇祀亦隆。……祀礼与祭社稷同，……每逢诞辰，居民必演戏娱神，备牲献祭，……家家宰鹅杀鸡，延请亲友，……里人谓此日为过'小年者'意谓热闹有过除夕也，其影响于风俗者如此。漳州所属各县都有陈元光庙，也大概有此风俗"。由此可见陈元光对闽南漳州地区民俗的影响极大。

后来，漳州移民到台湾，为求航途、工作平安顺利，多携带家乡尊崇的"开漳圣王"神像作为随身保护神。到台湾定居后，在漳籍居民集中的地方，便建立许多开漳圣王庙供奉，据不完全统计，以"开漳圣王"为主神奉礼的庙宇，就有五十几座。尤以漳民早期开发的地方，如宜兰县最多，桃园县和台北县次之。

台湾同胞又尊称开漳圣王为"圣王公"，或简称"圣王"。又因为他是陈姓祖先，故又称"陈府将军"或"陈圣王"。

台湾最有名的"开漳圣王"庙宇是：宜兰县永镇宫、桃园县的景福宫，台北士林的惠济宫等，这些庙宇除立祀开漳圣王外，还配祀辅顺、辅显、辅义、辅信等四位将军。

辅顺将军是马仁，在台湾聊配祀在开漳圣王庙外，还有辅顺将军为主神的庙宇，都是由漳州籍移民所建立，也有称为"将军庙"或"马公庙"的，例如台中市有"将军庙"，台南市有"马公庙"等。一般信徒以农历二月十五日是"开漳圣王"圣诞日，以九月十四日是"辅顺将军"例祭日。在台湾，对辅顺将军的名字传说不一，有说是马恩、马殷、马援、马福的，也有说出原名马仁的，也有尊称为马公的，不管是什么名字，信徒们都认为是自己的保护神。

在漳民早期开发的宜兰县，位天壮围的永镇宫，所祀开漳圣王神像，据说是早期来台开垦的陈姓漳州人，自家乡庙宇分香而来，后在壮围建永镇宫，威为村民们的信仰中心。现在宜兰永镇宫正殿神龛所祀开漳圣王神像共九尊，其中较小的金身神像是该庙保存由大陆带来的金身，百多年来，由于宫庙逐渐扩大翻修，此神像已不能与重宫庙配合。因此为镇殿塑神像，而将原来神像安置于新塑像中间，但为区别起见，称为"老圣祖"。到宜兰永镇宫祭祀祈求的信徒，女多于男，老多于少，祈求的问题大多是一些私人的现实困难，例如求财、求运、求子孙、求康宁、求平安，等等。

桃园县的景福宫也有几尊“开漳圣王”神像，其中主神留在殿内不能随便移动，称为“镇殿王”。其他神像可以迎奉到临时祭坛或信徒家中。信徒们祈求祭供后，再恭送回宫庙。桃园晃福宫也陪祀有辅顺将军。信徒们尊奉他既是“开漳圣王”的先锋官，百战百胜，收复漳州，又是“开漳圣王”的医官，在时疫流行时，马仁义诊出医，普济众生，平息时疫。

在台湾的民俗中，关于“开漳圣王”有两种传说：

第一，“开漳圣王”是唐代僖宗时的武进士陈元光，又名陈永华，字廷炬，号龙湖。状貌魁梧，风姿卓异，被朝廷任命为元帅，率军平定漳州等地七县，后被任命知漳州。陈元光到任后，驱逐少数劣民，安抚教育蛮民，将中原文化移植漳州，排除万难，开辟疆土，以“开漳将军”兼漳州州事，努力施行仁政，使漳州居民安居乐业。漳州居民对陈元光的威武仁德十分崇敬和赞扬，因而在他死后上奏请敕封为“威惠圣王”，奉为地方守护神。

第二，陈元光跟随父亲陈政戍守福建，任玉钤卫翊府郎将，人称“鹰扬将军”。父陈政死后，陈元光奉命代行父职统领众卒。陈元光为控制岭表，特别请命朝廷在泉州和潮州之间创置漳州，朝廷应允所求，就任陈元光负责镇抚屯守。陈元光披荆斩棘，扫荡悍匪，数年内漳州附近几千里都没有桴鼓告警。及至晚年，闽酋叛变，陈元光奉诏兴兵讨贼，不幸战殁于漳浦县，颁谥“忠毅”。漳民哭哀如丧考妣，建庙于石鼓山下，立像祀拜，当地人称“将军庙”。

这两个传说都部分反映了历史史实，也反映了台胞和早期漳州移民们对陈元光的崇拜与尊崇。

从上述闽台民俗，反映陈元光的历史功绩是伟大不可磨灭的，也配得上“开漳圣王”的称号。

文献来源：《陈元光国际学术研讨会论文集》，厦门大学出版社1993年。

客家与中原关系刍论

王大良

客家人是一个与中原地区有密切关系的特殊民系，追本溯源，其“先民原自中原迁居南方，其先世居于中原旧地”①，亦即中原移民的后裔。那么，客家先民何以要从中原南迁？其南迁发生在什么时代？迁徙方式及方向如何？除血缘关系以外与中原地区又有何联系？诸如此类的问题并没有得到彻底解决。今天，值客家学研究不断引向深入之际，将客家与中原的关系作一系统回顾和探讨，对于解决争论已久的客家源流问题，增强客家与中原之间的认同感和凝聚力，抑或是不无裨益的。

一、从中原人口南迁看客家血统源流

客家人是在中原人口不断南迁的过程中形成的特殊民系，其南迁活动根据罗香林在《客家源流考》一书中的研究，大规模的约有 5 次，而其中的第一次和第二次都与中原地区有关。至于这些客家先民的南迁原因和具体人员构成、迁徙方式等等，他并没有作进一步的研究，以至为后人留下不少悬而未决的疑案。本篇便是围绕第一次南迁问题申而广之的。

一般认为，客家先民第一次南迁的原因完全是由于西晋末年的动乱和所谓“五胡乱华”的影响，其实事实并非完全如此。如在大乱发生的数年间，自然灾害也一直比较频繁。其中仅永宁二年（302 年），就有七月的豫州（今河南淮阳）、南阳（今属河南）水灾，襄城（今属河南）、河南（今河南洛阳）雹灾，十月的义阳（今河南信阳北）、南阳水灾，十二

① 罗香林：《客家源流考》，中国华侨出版公司 1989 年版，第 13 页。

月的襄城、河南二郡风雹灾，而整个中原地区又发生地震。又如永嘉四年（310年），中原地区在四月发生大水，五月地震，六月大蝗，入冬大旱，一直持续到次年春天。这些接连不断的自然灾害所造成的破坏一点也不比社会动乱低，其甚者"折木伤稼"，或者"草木牛马羊鬣皆尽"①，同样威胁着中原居民的生命安全。上述这种自然灾害的频繁发生无疑给中原居民在当地的生活造成困难，像"五胡乱华"一样，显然也是引起中原居民外迁的主要原因。

西晋末年"五胡乱华"和自然灾害的交织，最终引起了以衣冠士族、官宦大户为主体的中原居民向较为安宁的江淮地区迁徙。这些南迁的中原居民后来大多衍化为客家先民，其迁徙也被认为是客家先民的第一次南迁。当时的情况正如《资治通鉴》所说的那样："时海内大乱，独江左差安，中国士民避乱者多南渡江。"《晋书·王导传》也说："俄而洛京倾覆，中州士女避乱江左者十六七。"从"十六七"之言，可知中原居民避乱南下者人数之多。又据颜之推《观我生赋》自注曰："中原冠带随晋渡江者百家"。南朝人撰士族谱，也称百家谱，所指也主要是这些渡江官宦士族。具体说来，如颍川长社（今河南长葛）人钟雅，西晋时任著作佐郎，后来"避乱东渡，元帝以为丞相记室参军"②。南阳顺阳（今河南淅川）人范坚，"博学善属文，永嘉中避乱江东，拜著作郎"③。陈留考城（今河南民权东）人蔡谟，早年举秀才，后来也"避乱渡江"④。陈郡陈（今河南淮阳）人王隐，博学多文，于"建兴中渡江"⑤。由于这一时期避乱南下的中原居民较多，朝廷为了安置他们，还专门设立了侨州郡县。《隋书·食货志》载："晋自中原散乱，元帝寓居江左，百姓之自拔南奔者，并谓之侨人，皆取旧壤之名，侨立郡县，往往散居，无有土著。"《晋书·地理志》也说："永嘉之际，豫州沦于石氏。元帝渡江，于春谷县侨立襄阳郡及繁昌县。成帝又侨立豫州于江淮之间，居芜湖。时淮南入北，乃分丹阳，侨立淮南郡，居于湖口。又以当

---

① 《晋书》卷二九《五行志下》。
② 《晋书》卷七〇《钟雅传》。
③ 《晋书》卷七五《范坚传》。
④ 《晋书》卷七七《蔡谟传》。
⑤ 《晋书》卷八二《王隐传》。

阳县流人渡江，侨立为县，并淮南、庐江、安丰，并属豫州”，“后以弘农人流寓于寻阳者，侨立为弘农郡”。《东晋南北朝舆地表·江州寻阳郡》也称：“孝武因新蔡流人，于汉九江王黥布旧城，置新蔡郡。”上述这些原属中原地区司、豫等州各郡县的居民，在南迁后被安置在江淮流域的芜湖（今属安徽）、寻阳（今属江西九江）等地，成为当地侨居之人，一则说明当时南迁人口之多，致使朝廷不得不设立侨州郡县加以安置；再则也反映了这些客家先民在第一次南迁后大多定居江淮流域的客观事实。

根据史书记载和近人有关研究结果表明，在晋末南下的中原居民大约有90万人，占后来南朝人口的1/6。其迁居地区在同属江淮流域的基本前提下，由于在南迁以前居住地区的不同，在南迁后也呈现出不同的地区分布。其中来自中原西北部的移民，主要定居在今河南、湖北二省的汉水流域，而其他地区的移民则定居在今安徽、河南的淮河以南，以及湖北东部和江西北部①。具体说来，如南阳顺阳人范汪6岁过江，依外家新野庾氏，其子宁，“家于丹阳”②。陈郡项（今河南沈丘）人周兴嗣，“世居谷熟”③。荥阳开封（今属河南）人郑袭“初为江乘令，因居县境”④。新野（今属河南）人庾易，“徙居江陵”⑤。上述这些中原士族，定居地点都在江淮流域，说明迁居江淮流域是当时的移民主流。当然，除此之外，还有一些中原居民迁往今福建、浙江、江西等地。如据《闽书》记载，“永嘉二年，中原板荡，衣冠始入闽者八族，所谓林、黄、陈、郑、詹、丘、胡、何是也。”《台湾省通志·人民志》也说，晋代从中原入闽者有十三姓，除以上所及者外，又有张、刘、杨、梁、钟、温、巫等姓。上述都说明，晋末有中原移民入迁福建。又如《南史·陈本纪》载，南朝陈开国皇帝陈霸先，“自云汉太丘长寔（颍川人）之后也。寔玄孙晋太尉准，准生匡，匡生达。永嘉中南迁，为丞相掾，太子洗马，出为长城令，悦其山水，遂家焉。”⑥《晋书·殷浩传》

① 谭其骧：《晋永嘉丧乱后之民族迁徙》，载《长水集》上，人民出版社1987年版，第219页。

② 《晋书》卷七五《范汪传》。

③ 《南史》卷七二《周兴嗣传》。

④ 《宋书》卷六四《郑鲜之传》。

⑤ 《南史》卷五〇《庾易传》。

⑥ 《南史》卷五〇《刘虬传》。

载，陈郡长平（今河南西华）人殷浩仕晋，后“坐废为庶人，徙于东阳之信安县（今浙江衢县）”。《宋书·谢灵运传》载，陈郡阳夏（今河南太康）人谢灵运，在祖父时已渡江南下，后因“父、祖并葬始宁县，并有故宅及墅，遂移籍会稽”。《晋书·江逌传》载，陈留圉（今河南杞县）人江逌“避苏峻之乱，屏居临海”。上述这些人，迁居地区都在今浙江境内。又如《晋书·谢鲲传》载，阳夏人谢鲲是晋太傅谢安叔父，“避地豫章”，其地即今江西南昌，可见当时有中原移民迁居江西。

从数量上看，晋末南迁的中原居民尽管有90万人之多，但其核心仍是中原士族、官宦之家，其中可考知者约有30余家，占全部南迁官宦士族的1/3。他们主要来自中原地区的陈郡、颍川、陈留、荥阳、南阳、汝南、河内等郡，其中陈郡有袁、谢、王、陈、殷、邓六姓，颍川有庾、钟、荀、韩四姓，陈留有蔡、江、范、阮四姓，荥阳有郑、毛二姓，汝南有周、应、李三姓，南阳有范、乐、刘、张、庾、宗六姓，新蔡有干、毕二姓，河内有郭、王、山三姓，义阳有朱氏一姓，河南（今洛阳）有褚氏一姓，濮阳有吴氏一姓。此外，唐林谞《闽中记》曰：“永嘉之乱，中原士族林、黄、陈、郑四姓先入闽。”据此，可知当时有更多的官宦士族渡江南下。

尽管中原官宦士族在晋末大乱时为了避乱而迁往异域他乡，但其外迁时间和外迁方式等并不一致。首先，就外迁时间而言，有元帝过江前已避乱江东者，有原在荆扬地区做官、中原丧乱即受元帝节度、因而留居江左者，有随元帝过江者，有元帝过江后追随而来者；其次，从迁徙方式看，除绝大多数携家属过江外，也有只身避乱和举族而往者；再次，从侨居地看，有在建康（今江苏南京）一带者，也有在江陵（今湖北荆州）一带者，大都属于江淮流域；最后，从郡望看，颍川、陈郡、陈留、汝南、南阳等郡官宦士族较多，其他诸郡较少。这除历史原因（如家族地位、文化水准、经济水平等）外，主要还是因为地域关系。即上述诸郡距江左要较他郡为近，五胡势力所及较晚，当大乱还没有彻底破坏这些地区时，他们就已经渡江南下了，因而得以保全。

上述30余家中原官宦士族在南迁的过程中，有不少采用集体迁移方式，率领着自己的乡里宗族共同迁徙，所以仅从姓氏或家族数量上看似不很多。其实当时的“家”是一个较为复杂的概念，往往指父家长制统治下的一个大家族。在这个家族中可以有同姓的远近宗族，以及受其荫庇的各种依附人口，在总数上可以多达数十或数百。因此，在晋末南迁的中原移民，事实上都是一个个相对独立的团体。这些团体有自己领导者（即士族首领或族长），拥有一定的物质基础和自保能力，同时也有在新的环境中自我生存的能力。这些，都是后来形成客家人的基础。当然，上述统计数字仅是根据史书记载而来的，不可否认有更多人的迁徙活动没有被记录下来。

总之，西晋末年的战乱引起了以中原官宦士族为主的居民迁徙，而以后形成的客家人又直接得益于这种迁徙。在迁徙之前，他们居住在汉、淮、颍、河四水之间的中原地区。迁徙之后，定居在较为安宁的江淮流域，并以此作为以后进一步迁徙的起始之地。故而可以认为，客家先民在西晋末年的第一次南迁，对客家的形成具有至关重要的意义；同时我们还可以确信，这些以官宦士族为主的中原移民与后来的客家人具有直接的渊源关系。

二、从中原坞垒堡看客家居住风俗

谈到客家居住风俗，人们很容易想到那些分布在今闽粤赣交界地区众多的围龙屋式建筑。其实，这种兼具自卫和聚族而居功能的民居直接渊源于中原地区的坞垒堡壁，是中原居民在南迁时直接带去的固有建筑模式。

《晋书·苏峻传》称："永嘉之乱，百姓流亡，于时豪杰所在屯聚。"这里所谓"豪杰"，大体是上文所说的中原官宦士族。其所屯聚的地方，一般是经过认真选择或悉心构筑的临时工事，在当时通称为坞，或者称为坞壁、垒、堡、固，是他们赖以生存的军事据点。

所谓坞，许慎《说文解字》曰："小障也。一曰：'庳城也'。"这种坞大约最早出现于东汉末年的战乱之中，其最为著名者是由汉太尉董卓兴建的郿坞（今陕西郿县境内）。在这座坞中，不仅有高达一丈的基址和七丈的围墙，而且其面积也达一里多，可以屯驻军队和积屯粮食，"积谷为三十年储。自云：'事成，雄据天下；不成，守此足以毕老。'"① 从董卓的话中不

① 《后汉书》卷七二《董卓传》。

难看出，这座坞壁具有突出的防御功能和自给自足能力，与客家人后来在各地建造的围龙屋并没有本质的区别。

董卓的郿坞首开了战乱时期官宦士族结坞自保的先河，至西晋末年及其以后，由原晋朝官吏或中原士族兴建的坞壁便广泛流行开来，成为动乱时期居民自我保护的一种重要手段。当时，仅在中原西部的伊洛地区，大的坞壁就达十多个。如据《水经注》载，在洛水流域，自西而东，在今河南洛宁一带有檀山坞，今宜阳一带有金门坞、一合（泉）坞、云中坞，在洛阳附近有合水坞，今偃师一带有零星坞、百谷坞、杨亮坞、白马坞、袁公坞，在巩义境内有盘谷坞；在伊水流域，自西南而东北，今伊川一带有崖口坞、杨亮垒、范坞、杨志坞。伊洛地区原是西晋的中心区域，二水流域又多山林险要之地，因而是官宦士族率众自保的理想场所。至于平原地区，虽无天然屏障可守，但结坞自保者亦遍及大河南北。如永嘉初，王弥与刘曜、石勒等攻魏郡、汲郡、顿丘，“陷五十余壁，皆调为军士。”① 石勒与“刘零、阎罴等七将率众三万，寇魏郡、顿丘诸垒壁，多陷之”，其后“退屯黎阳，分命诸将攻诸末下及叛者，降三十余壁”②；“魏郡太守刘矩以郡附于勒，勒使矩统其垒众”，“与阎罴攻睹圈、苑市二垒，陷之”。③ 上述这些被石勒等人攻占的坞壁，都分布在中原地区的黄河以北。此外，在永嘉四年（310 年），匈奴刘粲等人“率众四万，长驱入洛川，遂出轩辕，周旋梁、陈、汝、颍之间，陷垒壁百余”④，据此可知在中原腹地的坞壁也极多。又据《晋书·祖逖传》载，东晋初年，宋、谯一带有流民坞主张平、樊雅、董瞻、于武、谢浮等十余部，众各数百，相聚抵抗祖逖。后来，祖逖求救于陈留一带的蓬波坞主陈川，打败张平，又“讨诸屯坞未附者”，继续周旋于各坞壁之间。除此而外，又有大批动摇于后赵、东晋之间的“河上堡固”，可见坞壁在这些地区的分布之广。

当时，中原地区的坞壁当然不止上述这些。其影响较大者，如庾衮在禹

① 《晋书》卷一百《王弥传》。

② 《晋书》卷一零四《石勒载记上》。

③ 《晋书》卷一零四《石勒载记上》。

④ 《晋书》卷一零二《刘聪载记》。

山、林虑山、大头山所结坞壁已为史家所熟知，此外又有汲郡向冰枋头坞[①]、安阳邵续厌次坞[②]、河内郭默怀坞[③]、河南褚翜万氏台坞等[④]。至于外地人在中原所结坞壁也为数不少。如平阳人李矩为乡人所爱，推为坞主，初屯荥阳，后移新郑（今属河南）[⑤]。东海人魏浚寓居关中，及关中乱，与流民数百家东保河阴之硖石（今河南孟津一带）。及洛阳陷，屯于洛北石梁坞，抚养遗众，渐修军器，归之者甚众。死后，其子该据宜阳一泉坞[⑥]。京兆人杜尹为弘农太守，屯宜阳一泉坞，后为魏该所杀，坞亦属该[⑦]。天水人阎鼎行豫州刺史事，屯许昌（今属河南），及晋末乱，乃于密县（今属河南）鸠合西州流民数千，为坞主。时司徒左长史彭城人刘畴亦在密为坞主。[⑧] 此外，平阳人李洪有众数千，垒于舞阳（今属河南）[⑨]。这些事例无不说明，在西晋末年时，结坞而守对于中原官宦士族来说具有普遍意义。

坞壁作为中原官宦士族武装自救的一种依托手段，具有许多引人注目的特色。分布在多山地区的坞壁大多地势险要，易守难攻，而平原地区的坞堡虽无天然优势，但也有人工构筑的土堡保护其生命财产不受侵犯。因此，有险可守也就成为坞垒堡壁的首要特点。如伊洛地区的檀山坞“四绝孤崎”，一合坞“在川北原上，高二十丈，南北东三箱，天险峭绝，唯筑西面”，云中坞“迢带层峻，流烟半垂，缨带山阜”，百谷坞“因高为坞，高十余丈”，崖口坞“翼崖深高，壁立若阙，崖上有坞，伊水径其下”。[⑩] 上述这些坞壁，恃险而建的特点都极为明显。至于坞壁其他方面的特点，如有一定的作战能力，同时也有生产能力，且战且守，武装自救，等等，都是人们熟知的事实，这里不再赘述。

坞壁是中原官宦士族在两晋之际自发组织的自救团体，一个坞壁也以一

---

① 《晋书》卷一零四《石勒载记上》。
② 《晋书》卷六三《邵续传》。
③ 《晋书》卷六三《郭默传》。
④ 《晋书》卷七七《褚翜传》。
⑤ 《晋书》卷六三《李矩传》。
⑥ 《晋书》卷六三《魏浚传》。
⑦ 《晋书》卷六三《魏浚传》。
⑧ 《晋书》卷六〇《阎鼎传》。
⑨ 《晋书》卷一零四《石勒载记上》。
⑩ 《水经注》卷一五《洛水》。

个家族及其结成的团体为单位，这一特点在当时也具普遍性。颍川士族庾衮所以能团结一大批宗族乡里保聚禹山等地，根本原因就在于他是士族出身的乡里名士，不仅有一定的号召力，而且在他周围还有一个势力很大的宗族组织。如他出身颍川鄢陵，是后汉著名征士庾乘之后。魏晋之时，其家族成员或为当世名贤，或至三公九卿，族中常有近十人出任中外要职；又联姻当世名族颍川荀氏、南阳乐氏、河东毋丘氏等；而他本人又有“父母诸弟”、“诸父兄”、“诸父”、“弟子”、“门人”、“群子”、“诸子侄”、“同族及庶姓”等社会关系，无不说明他有一个极为庞大的家族势力。至于其他出任坞主的官宦名士，也莫不如此。如向冰的枋头坞有众数千，而他是当年“竹林七贤”之一的向秀宗人；怀坞坞主郭默虽出身寒微，但晋末进入仕途，其家族也提高到足以号召乡里的地位；褚翜的万氏台坞有众数万，其中不少人也是他的亲戚及“同志”①。正因为坞主们出身官宦士族，有一定的家族势力和号召力，才能招合部曲、结坞而守，保全自己和家人的利益。

总之，通过上述可以看出，中原地区在动乱时期出现的坞垒堡壁起到了“保合乡宗，庶全老幼”的作用，在“晋末饥乱，奔控无所”的情况下更是如此②。也正因其具有较大的实用性和不可替代性，由中原南迁的官宦士族才会将其携至南方，并经过不断发展完善，成为典型的客家民居。

三、从中原姓氏起源看客家大姓祖根

姓氏是反映一个人血统所出的文字符号，也是客家人最为重视的血缘标志，所谓“姓者，统其祖考之所自出；氏者，别其子孙之所自分”③，正是形象地说明了姓氏的作用。因此，我们从姓氏的起源和演变中，也可以看出客家与中原地区之间实际存在的渊源关系。

简单地说，中原地区是中华民族的摇篮和中国姓氏的主要发祥地，客家姓氏则是在这一基础上的演变或发展。早在人类的原始时代，中华民族的共

---

① 《晋书》卷七七《褚翜传》。
② 《晋书》卷六三《邵续传》。
③ 《通鉴外纪》卷一《黄帝纪》。

同祖先炎黄二帝就生活在中原地区，他们所在的部落徽号也就成为人类最早的姓氏。此后由于人口越来越多，大的部落分为若干小氏族，小氏族又分成一个个方国或家族，为了相互区分，各以不同的文字加以命名，于是就有了更多的姓氏。据先秦史籍《世本》所记，炎黄二帝所建的方国和部落共有1000多个，这便是最早的1000多个姓氏。今天客家人中最常用的姓氏，大多包括在这1000多个姓氏中。因此可以说，客家姓氏源于中原，源于炎黄二帝，是有充分事实根据的。

进入阶级社会以后，夏商王朝的统治中心都在中原地区，周代的许多封国也在中原。当时由于我国的姓氏制度正在形成，许多姓氏的名称都被固定下来。此后又经过进一步的分化、发展、演变，就成为我们今天使用的姓氏。据有关专家研究，我国古今约有姓氏12000个，其中有半数以上发源于中原地区；而在当今人口最多的100家大姓中，有近2/3的姓氏发源地在中原地区。所以人们常说中原地区是中华民族的摇篮，仅从姓氏发源一个方面便可得到印证。

从西晋末年开始，随着中原人口的广泛南迁并进一步衍化为客家先民，其所使用的姓氏也进一步发展成为客家姓氏。如陈姓的祖根在中原地区的颍川，其先民分别在晋末、唐初、唐中叶迁居福建等地，以后又西迁江西、广东，形成客家陈姓；郑姓发源于中原地区的荥阳，族人郑昭在西晋永嘉二年（308年）南迁福建，其后在唐初、唐末又有两批郑姓人入闽，散居闽、粤，成为客家大姓；谢姓发源于中原地区的南阳，两晋之时，族人谢缵由陈郡南迁会稽，成为东南望族。其后又迁福建、广东、江西，发展成为客家大姓；钟姓源于中原地区的颍川长社，族人钟会正在晋宋之际迁于江西，成为江西、福建、广东等地客家人的祖先；王姓的一支在北宋时是中原地区的东京开封望族，称“王氏三槐堂”，以后随宋室南迁，流寓浙、闽、赣、粤等地，成为客家王姓的重要支派。上述这些姓氏不过是客家姓氏中较有代表性的几个，其祖根都在中原地区，渊源关系十分明显。

当然，客家与中原之间能够确切指出渊源关系的姓氏并不仅是上述这些。如在客家社会中较有影响的林、黄、蔡、杨、何、胡、赖、叶、廖、苏、江、罗等姓氏，其根源也都在中原地区。其中林姓发源地在今河南北部的卫辉、淇县一带，其所尊奉始祖比干的墓葬至今仍完整保存在卫辉境内；

黄姓发源于今河南南部的潢川县，其最早的居住地黄国故城就在今潢川县城西北隆古乡境内；蔡姓发源于今河南中南部的上蔡县，其主要郡望之一的“济阳”所指即今河南民权县东北部一带；杨姓发源于今河南西部灵宝一带，其郡望“弘农”所指也是这里；何姓发源地在今河南中部，新郑等地是其早期居住地区；胡姓发源于今河南淮阳和郾城等地，其郡望“新蔡”至今仍名新蔡，是河南中南部的一个县；赖姓发源地在今河南南部的息县，其早期居住地即今息县东北37公里的包信赖亭；叶姓发源于今河南中部的叶县，其郡望“南阳”所指也是叶县；廖姓发源于今河南唐河县湖阳镇，其郡望“汝南”所指即今河南汝南；苏姓发源于今河南温县，其早期居住地已在县中西部的招贤村一带发现；江姓发源于今河南南部的正阳县大林乡涂店村，郡望“济阳”所指也在今河南民权东北部一带；罗姓发源于今河南南部的罗山县，其姓氏来源与县中的大小罗山山脉有关；等等。据研究，目前在客家人中人口最多的百家大姓，其根源大多与中原地区有关。

如果我们对客家姓氏的发源地再作进一步研究，便会发现，其在中原地区的发源地大多与其先民在南迁时的居住地有关，亦即主要集中在今河南历史上的汝南、颍川、南阳、济阳、陈留、河内、河南（今洛阳）、荥阳、弘农等地。其中如源于汝南的周、齐、蓝、殷、危、咸、平、袁、梅、盛、昌、和、应、廖、汪，荥阳的郑、潘、毛，颍川的陈、赖、邬、钟、于、田，济阳的江、蔡、卞、左、丁、柯、庾，南阳的叶、乐、滕、邓、翟、韩、岑、张、赵，河南的邱、褚、禹、方、萧、罗，河内的陆、司马，弘农的杨、刁、谭，陈留的谢、阮、虞、屠、卫，光州固始的陈、王、黄，内黄的骆姓等，都是客家社会中影响较大的姓氏。

总之，客家姓氏与中原地区之间具有一脉相承的渊源关系，这种关系实际也即血缘关系，斩不断，隔不绝。透过一个个独立的姓氏符号，展现在我们面前的是客家与中原之间同是作为炎黄子孙的血肉联系。

四、从谱牒堂号认识客家根源

由于客家是一个在不断迁徙过程中形成的特殊民系，保留了较多的中原习俗，对自己的家族来源和血统所出十分重视，以至在家谱和堂号上多有反映。今天，我们探讨客家先民与中原地区的关系，其家谱和堂号也是重要依据。

在大多数客家人编纂的家谱上，都有其祖先在历史上不同时期从中原地区南迁的记载。如兴宁《汪氏三修族谱》说，兴宁汪氏来源于颍川，其“三十一世孙讳文和，为汉献帝龙骧将军，破黄巾贼。建安二年中原大乱，文和南渡，孙策表授会稽令，封淮阴侯。时王郎为会稽太守，黟歙属之，得郎降，更立新为新郡治，文和遂家焉。”据此，我们可知这支汪姓人是在东汉末年从中原地区南迁的。又如兴宁《张氏谱抄》载，其“十五世毽公，晋散骑常侍，随元帝南徙，寓居江左。”嘉应《刘氏族谱》载，“先主次子永公，初封鲁王，继封甘陵王，魏咸熙元年东迁洛阳，遂家焉。自五胡乱华，永嘉沦覆，晋祚播迁，衣冠南徙，永公之裔，亦迁居于江南。”梅县《丘氏族谱》说，“河南丘氏，先世自东晋五胡云扰，渡江而南，入闽而汀之宁化石壁。”兴宁《温氏族谱》说，“我族发源于山西、河南，子孙繁衍。逮东晋五胡乱华，怀、愍帝为刘渊所掠，我峤公时为刘琨记室。晋元帝渡江，峤公奉命上表劝进。后峤公出镇洪都，子孙因家焉。”蕉岭《赖氏族谱》说，“赖氏居颍川，已更数代。西晋永兴间，列宝官浙东，从东海王越讨成都王颖，迁松江家焉。”《崇正同人系谱》载卓氏源流说，“晋五胡之乱，中原望族相率南奔。奥有卓祎者，为建安刺史，后因家焉。”同书载钟氏源流说，“其族皆处中州，东晋有钟简者，世居颍川，生三子，三曰贤。元熙二年避寇南迁，贤则徙居江西赣州。”兴宁《廖氏族谱》说，“五世诚希公，原籍汝南，因五胡云扰，太元九年，复迁江南。”

上述这些中原士族，都是在西晋末年南迁的。至于在西晋以后南迁的中原居民，在客家谱牒中也不乏记载。如《崇正同人系谱》载李氏“南来之祖，则溯始于唐之末年，有宗室李孟因避黄巢之乱，由长安迁于汴梁，继迁福建宁化石壁乡。”同书载蔡氏“本周姬姓之后，文王子叔度封于蔡，今河阳、汝阳、上蔡、新蔡诸县。唐末避黄巢之乱，迁于闽南。”同书载吴氏“世居渤海，散处中原，其后有随王潮入闽而入于粤之潮、嘉等处”。同书载沈氏“五代时，其族有从王潮入居福建汀州。”又松口《钟氏族谱》说，“响公为江阳太守，时因军乱大变，自颍川逃难，在江西雩都县竹子坝穿窥乡住。后流在福建宁化县白虎村，安家乐业。”又《罗氏族谱》说，“五代之际，有罗希松者率罗姓一支自江西迁洛阳，其后又自洛阳迁于闽粤。”上述这些中原士族，都是在唐末五代时由中原南迁的。又如《崇正同人系谱》载陈姓南迁始末说，“故陈氏郡望称颍川。宋末中原士族，纷纷南随帝室播迁，有陈魁者，率其族众九十三人，移居福建汀州府之上杭，其族复相率转南而入粤。”据此可知这支陈姓人是在北宋末年南迁的。又梅州《丘氏创兆堂记》载丘氏源流说，“始迁祖讳文兴，宋征士，文信国参军也。先世由中州迁闽……喜其山水，因卜居梅州北之文福乡。”据此可知这支丘氏人是先由中原迁居福建，然后由福建迁入广东梅州的，其时间是在宋代前后。除上述这些家谱以外，在客家杨、谢、周、潘、郑、葛、方、韩、陶、袁、蓝、危、萧、江、邬、于、刁、钟、丘、骆、丁、乌、邓、伊、左、叶、屠、申、利、沙、滕、陵等姓的家谱上，也都有其先民在历史上不同时期由中原地区南迁的明确记载。

客家人除通过家乘谱牒反映血统所出外，又十分重视自己的郡望和堂号，并以此作为家族来源的标志。如陈、钟、赖、邬、田、李、于、乌等姓皆称“颍川堂”，堂联用“颍川世泽”，表明自己的先祖来源于颍川；郑、潘、毛等姓的堂号是“荥阳堂”，堂联称“荥阳世泽”，说明他们的先祖与荥阳有关。此外，如汪姓称“汝南堂”，丘姓称“河南堂”，蓝姓称“汝南世第”，陈姓称“汝南家声”等等，也无不说明他们与中原地区有密切关系。据统计，像上述这样与中原有关的堂号共有十多个，即颍川、汝南、荥阳、南阳、济阳、河南（今洛阳）、陈留、弘农、顿丘、内黄、河内、三槐、新安、魏郡等。各个堂号使用的情况，除以上所及者外，又有邱、褚、禹、方、萧、罗、于、利等姓称“河南（洛阳）堂”，叶、骆、滕、邓、翟、韩、岑、张、赵等姓称“南阳堂”，谢、阮、于、卫、潘、伊等姓称“陈留堂”，周、齐、殷、危、咸、平、袁、梅、盛、昌、和、应、廖、沙等姓称“汝南堂”，杨、刁、谭等姓称“弘农堂”，江、蔡、卞、左、丁、柯、庾、陶等姓称“济阳堂”，陆、司马、陵等姓称“河内堂”，以及葛、骆、古、王、申等姓分别称“顿丘堂”、“内黄堂”、“新安堂”、“三槐堂”和“魏郡堂”等等，其根源无不在中原地区。

总之，客家与中原，渊源有自，血脉相通，“客人大抵来自河南”[①]，应是能够令人信服的结论。

文献来源：《嘉应大学学报》（哲学社会科学）1998 年第 1 期。

① 章太炎：《客方言序》，转见《太炎文录初编》，上海书店 1992 年影印本。

从中原人口南迁看闽台姓氏源流

夏志刚　王大良

中原地区向称中华民族的摇篮，同时也是大多数闽台姓氏的渊源所在地。历史上对闽台姓氏产生重大影响的迁徙活动，如晋末永嘉之乱时的8姓入闽和唐初随陈元光父子的58姓入闽、以及唐末五代时的“十八姓随王”等等，无不与中原地区有关。所以，自古及今，一向有闽台人根在中原或根在河洛之说。认真回顾中原人口南迁的历史，找出闽台人及其姓氏的历史根源，有助于我们对这一问题的认识和解决。

一、中原人口入闽的历史问题

中原人口的南迁入闽，经历了一个漫长的历史过程。总的说来，这一过程开始于汉魏时期，在晋末、唐初、唐末形成三大高潮，至宋代以后基本结束。一部中原人口南迁入闽的移民史，实际也是闽台人口源流史的重要内容。

众所周知，今福建省所在的东南沿海地区，原为闽越人居住的地方，自古被视为蛮荒之地。直到东汉末年时，整个闽中仅建置5县，人口也是十分稀少。而同一时期的中原地区，不仅是全国政治经济文化中心，而且还是天下人口最为稠密的地区。但到东汉末年时，由于政局动荡和战乱频仍，中原地区成了“数百里中无烟火”① 的荒凉残破之地。这种后果形成的原因一方面是“民人死者且半”②，另一方面则有人口大量外迁的因素。其中在这时南迁闽中者，如原生活在今河南卫辉、淇县一带的林姓人，于东汉灵帝时因

① 《三国志·吴书·孙坚传》，注引《江表传》。
② 《三国志·魏书·司马朗传》。

灵帝接受董卓谗言，“收林氏宗族七百四十四人，同时流窜，……避于南地”，他们迁徙的方向之一便是闽中地区，成为第一支入闽的林姓人。当然，由于闽中地区在当时过于蛮荒偏远，还没有成为中原人口南迁的主要方向，中原人口入闽的大潮还没有形成。

到了西晋末年，中原地区再次发生战乱，居民在当地无法生活，加上晋朝廷也南迁江东，因此也有不少中原人口随晋室南下，其中的一部分还进一步南迁闽中。如据《建瓯县志》记载，“晋永嘉末，中原丧乱，士大夫多携家避乱入闽”。路振《九国志》也说：“永嘉二年，中原板荡，衣冠始入闽者八族。林、黄、陈、郑、詹、丘、何、胡是也。”当然，中原人口在当时南迁的并不限于以上 8 姓，据《台湾省通志·人民志》记载，当时南迁闽中的尚有张、刘、杨、梁、钟、温、巫等姓的人。由于这些姓氏在中原地区原是各有影响的世族，入迁闽中时又带去了较多的宗族人口，因而在以后的发展中成为当地大姓。时至今日在闽台地区还流传着“陈林半天下，黄郑排满街”的俗谚，其根源便可一直追溯到这里。①

晋代以后和南北朝时期，由于中国政权南北对峙，其政治中心之一转移到江南，一些原生活于中原而转仕于东晋南朝的人困在闽中仕宦的缘故留居当地，从而进一步增加了中原人口南迁闽中的人数。其中如台湾《郑氏世系序》所载郑姓始祖郑昭入闽的情况便是一个突出的事例。进入唐代以后，随着国家的统一和中原人口的恢复，一些具有开拓精神的中原人又相继入迁闽中，形成一个新的南迁大潮。在这一大潮中，有不少人是零散迁来的，大多定居在今福建的中部一带。据《晋江县志》载，该县居民中原有 16 大姓，至唐代又陆续增加 16 姓，大都是北方南下的中原移民。另外在莆田、福州、浯州岛等地，也都有基本类似的情况。至于由中原地区而来的大规模移民，则发生在唐高宗总章二年（660 年），由陈元光率 58 姓入闽开漳引起。这 58 姓人大多来自光州固始，定居在闽南的漳州、泉州、南安、惠安、安溪、同安、诏安、漳浦等地，对闽中人口变迁和发展的影响甚为巨大。根据近年一些学者的统计，闽中人口在唐代全盛时已有 9 万多户，而在此前的隋朝仅有 1 万多户。这种户口的增加一方面是当地居民发展繁衍的结果，另

---

① 《西河九龙族谱·长林世纪》。

一方面则同中原人口大量南迁直接有关。

至唐代末年和五代十国时期，由于中原地区发生了大的动乱，中原人口再次南迁入闽，形成又一次入闽浪潮。据研究，这次浪潮的发生与王审知等人率光州固始等地居民入闽有关。史称这批移民最初包括“光、寿兵五千人”①，至王审知安定闽中以后，“中土士族以闽峤僻左右，可以避世，故多依焉。衣冠之胄与编户杂处②”。在这批晚来的南下士族中，便包括来自中原地区的郑戬、杨承林、韩屋、归傅懿等名士③。另外在《崇正同人系谱》、《台湾省志·人民志》等书中，也都有关于中原居民入迁闽中的明确记载。总计在这一时期由中原地区陆续迁闽的人数至少在万人以上，所以闽中的人口因此也有了大规模的增加。

两宋之际，随着金兵南下和宋室南渡，中原地区再次成为战乱的中心，大批中原人口也随着宋室南下，其中一些人又入迁闽中。如南阳人滕员“随宋南迁，因居建之瓯宁”④；光州人叶炎会“随宋南渡，卜居仙游之古赖”⑤；洛阳人郑居津“高宗南渡，随徙入闽”⑥。不过，这一时期中原人口南迁的主流在今福建北部的江浙一带，南迁入闽并没有形成大潮。

宋代以后，由于南方经济文化的迅速发展，人口也出现了相对的饱和，已经落后下来的中原地区再也没有出现大规模地南迁运动。

总的来看历史上各个时期中原人口向闽中区的迁徙，以晋末、唐初和唐末三个时期最为集中，因此也形成三大入闽浪潮。这种大规模入迁的最直接后果便是促进了当地人口的发展繁衍，以至在流传至今的各种家谱古籍中，绝大多数闽台人都自称是中原移民的后裔。

二、闽台姓氏根在中原

从姓氏角度考察中原地区向闽地区的移民，按照闽台地区最为流行的说

---

① 《潭西书林余氏族谱》序。
② 《潭西书林余氏族谱》序。
③ 《全唐诗》卷763。
④ 《南征录·滕君员墓志》。
⑤ 《古赖叶氏族谱》。
⑥ 《古赖叶氏族谱》。

法，是在晋末永嘉之乱时有八姓入闽，唐代陈元光时有58姓入闽，唐末王审知时有18姓入闽。在这些说法中，除对晋末入闽的八大姓氏已有认同外，其余两次所包括的姓氏数量和具体姓氏所指，目前还没有统一的结论。根据大多数研究者的看法，这两次入闽的姓氏并不限于58个或18个，这些数字仅是一个流行的说法和最低数目，真正数量实际上并不限于这些。如关于58姓入闽说，根据对较为流行的陈元光军校名字的统计，其使用的姓氏就已有64个①或72个②之多，另外随将士前往的军眷还有40多个③姓氏；而唐末随王审知入闽的姓氏也至少有27个④。上述这些姓氏通过不断地发展繁衍，便构成当今闽台姓氏的主体。据1946年福建云霄县的人口统计，当时全县有81姓，11万多人，而其中9万多人的姓氏都与中原地区有关，占人口总数的80%。另外在台湾，据1953年的人口统计资料，当时户数在500个以上的大姓有100个，其中有63姓族谱上都明确记载是在晋末、唐初和唐末由中原地区迁往闽中，然后又在明清时期由闽中迁台湾的。这63姓计有67万户，占全部户数的80.9%。因此我们说闽台大多数人的根在中原，是有充分根据的。

我们说闽台人的祖根在中原地区，是就其总体而言的，如果再进一步研究的话，就会发现其祖根在今河南东南部的固始县。由于这里在古代属光州管辖，因此也被称为光州固始。在福建流传至今的80%以上的族谱上，都明确记载着他们的根在光州固始。另外在福建近年出版的有关移民资料中，提到先祖来自光州固始的族谱也有16部之多，居住地区分别在晋江、泉州、南安、安溪、永春、漳州、龙海、诏安、仙游、长乐等地⑤。另在福建平和《朱姓族谱》上，更明确记载他们的先祖来自固始朱皋镇。甚至连收复台湾的民族英雄郑成功，其先祖也是“自光州固始县入闽”的⑥。而在台湾陈、黄、丘、宋、林等18部大姓族谱上，都记载着祖先为光州固始人。究其原

---

① 《漳州府志》。

② 《云霄县志》。

③ 《唐开漳龙湖宗谱》。

④ 《台湾省通志·人民志》。

⑤ 《闽台关系族谱资料选编》。

⑥ 《郑氏附葬祖父墓志》。

因，主要与唐代的中原地区和闽中之间的两次大移民有关。其中由陈元光率领的58姓入闽军校除许天正一人是汝南人外，其余全部都是光州固始人。至于王审知建立闽国以后，“以桑梓故独优固始”①，更引起了更多的人以光州固始为祖籍。于是，“闽台人根在固始”，也就成为在闽台地区流传最广的说法。

当然，中原人口入迁闽中是一个较为复杂的问题，闽台人的姓氏来源也不限于固始一支。如以在闽台地区最有影响的陈、郑二姓为例，陈姓除有来自光州固始的陈元光“圣王派”一支外，又有“太傅派”和“南朝派”之分，并且各成系统。另据《闽中记》等书记载，陈姓在公元4世纪初的永嘉之乱时便有一支入迁闽中，定居在侯宫（今福州）一带，至南朝时已发展成为当地望族，史称“闽中四姓”。及陈朝建立时，其中的陈宝应还与皇室建立了联系，获得了“命宗正录其本系，编为宗室”的殊荣。此后至隋末唐初时，又有一支陈姓人在陈迈率领下入迁莆田，而陈迈也成为莆田陈氏开基祖。上述这些，也都不包括在陈姓“三派”之中。又如郑姓，除分别随陈元光和王审知入闽的两支出自光州固始外，被誉为“郑姓入闽始祖”的郑昭和由此发展而来的莆田派、南湖派、夹漈派等都不属于光州固始系统。宋末入闽的郑居津更被明确记载为“河南（洛阳）人”，可见也是另有所出。因此，在我们探讨闽台姓氏源流的时候，既要认识到其大多出自光州固始，同时也不应忽视其复杂性。

最后，有一点需要特别指出的是，无论闽台人的姓氏源流在光州固始之外是多么复杂，但总离不开中原地区这一根本。因为中原地区毕竟是中华民族的摇篮和中国姓氏的主要发祥地，许多姓氏都可以在这里找到根源。如从闽台最有影响的陈、林、黄、郑、蔡、王、杨、谢、何、胡、赖、叶、廖、苏、江、罗等姓氏的发源地和郡望等方面考察，其根源无不在中原地区。其中陈姓发源于今天的河南淮阳一带，其郡望“颍川长社”即今河南长葛，“开漳圣王”陈元光便是由“颍川堂”进一步分省到光州固始的；林姓发源地在今河南北部的卫辉、淇县一带，其所尊奉的始祖比干墓至今仍完整保存在了卫辉境内；黄姓发源于今河南南部的潢川县，其最早的居住地黄国故城

① 《荥阳郑氏家谱序》。

就在今潢川县城西北隆古乡境内；郑姓发源于今河南中部的郑州地区，其郡望“荥阳开封”所指即今河南开封西南25公里的古城村一带；蔡姓发源于今河南中南部的上蔡县，其主要郡望之一的“济阳”所指即今河南民权县的东北部一带；王姓的陈留、新蔡、新野、河南、洛阳、汲郡、王城、开闽、三槐等郡望或堂号也都发源于河南，分别相当于今天河南的开封、新蔡、新野、洛阳、卫辉等地；杨姓的发源地在今河南西部灵宝一带，其郡望“弘农”所指也是这里；谢姓发源于今河南唐河、南阳一带，其郡望“陈郡”所指即今河南太康；何姓的发源地在今河南的中部，新郑等地是其早期的居住地区；胡姓发源于今河南的淮阳和堰城等地，其郡望“新蔡”至今仍名新蔡，是河南中南部的一个县；赖姓的发源地在今河南南部的息县，其早期居住地即今息县东北37公里的包信赖亭；叶姓发源于今湖南中部的叶县，其郡望“南阳”所指也是叶县；廖姓发源于今河南唐河县湖阳镇，其郡望“汝南”所指即今河南汝阳；苏姓发源于今河南温县，其早期居住地已在县中西部的招贤村一带发现；江姓发源于今河南南部的正阳县大林乡涂店村，郡望“济阳”所指也在今河南民权东北部一带；罗姓发源于今河南南部罗山县，其姓氏来源与县中的大小罗山山脉有关；等等。据研究，目前在闽台地区人口最多的100大姓，其根源十有七八与中原有关。

总之，通过上述可以看出，闽台姓氏的来源与中原地区的关系十分密切，特别是与中原地区的光州固始有密切关系。无疑，中原地区或其所辖的光州固始也正是闽台人及其姓氏的祖根渊源所在。

文献来源：《西南民族学院学报》（哲学社会科学版），1998年10月。

从固始到福建再到台湾和海外

——黄敦、黄膺兄弟移民南下个案研究

黄英湖

福建原来的居民，都是东南百越中闽越族。西汉时期的元封元年（公元前110年），汉武帝派兵灭掉反叛的闽越国，迁其民于江淮之间后，北方汉人才不断南迁入闽，逐渐成为福建的主要民族。历史上，北方汉人向福建的大规模移民主要有三次：第一次是东、西晋之交，“五胡乱华”后的中州“八大姓入闽”；第二次是唐初受命入闽平叛，随后定居福建的陈政、陈元光父子所率的6000多中州官军及其眷属；第三次是唐末从河南光州辗转入闽，并在福建建立闽国的以闽王王审知兄弟为首的5000多农民军及其眷属。

所以，现在福建居民的祖先，大多是历朝历代从北方各省，尤其是河南省南迁入闽的移民。同样地，闽清县虎丘黄氏和长乐县青山黄氏的肇基祖黄敦、黄膺兄弟俩，也是唐朝末年从中州河南移民到福建的。经过1000多年的繁衍播迁，如今的黄氏兄弟已是枝繁叶茂，成为福建黄姓的两大主要衍派。

一、黄氏兄弟的南迁入闽

黄姓是我国的大姓之一，在全国的姓氏排名中位列第七。在福建和台湾，黄姓更是仅次于陈、林的第三大姓，所以，在福建就有“陈林半天下，黄郑排满街”（或“黄郑满街走”）的说法；在台湾，也有“陈林半天下，黄郑排成山”的说辞。据《福建日报》2005年3月21日报道，福建的黄姓人口总数将近200万人，约占全省3500万人口总数的5.64%。

福建各地的黄姓虽然人数众多，但他们基本可分为几个大的衍派，都是

由几个人闽始祖繁衍下来的子孙后裔。如闽清的虎丘黄（黄敦衍派），长乐的青山黄（黄膺衍派），莆田的金敦黄（黄岸衍派），泉州的紫云黄（黄守恭衍派），邵武的和平黄（黄峭衍派），以及宁德的黄鞠衍派，就是福建黄姓的几个主要的衍派。

1. 王审知的入闽和黄氏兄弟的南迁

黄敦、黄膺兄弟俩祖籍河南光州固始县，都出生于唐宣宗大中年间（847－859）。时值唐朝末年，群雄并起，天下大乱。唐僖宗中和元年（881年），淮河上游的屠者王绪也趁机而起，组织起一支农民军，占领了光、寿两州，但受制于唐蔡州的防御史秦宗权，被授为光州刺史。光州固始人黄霸及其第五子黄敦、第六子黄膺父子兄弟三人，一起参加了王绪的农民军。

唐僖宗光启元年（885年），王绪的农民军受秦宗权逼迫，无法在河南立足，不得不渡江南下，经江西进入广东，再从广东到达福建。由于王绪暴虐猜忌，滥杀无辜，引起下属的不满和军心的不稳。王潮、王审邽和王审知三兄弟利用军中的这种不满情绪，在福建泉州的南安县发动兵变，夺取了领导权，并在当地士绅的支持下，于光启二年（886年）攻占了泉州。唐昭宗景福元年（892年），王氏兄弟又挥师北上攻占福州，进而夺取全省，建立了闽国，王审知也在五代的后梁（907－923）被封为闽王。黄霸和黄敦、黄膺父子兄弟三人，也随王氏为首的农民军一起来到福建。

2. 虎丘黄氏的肇基繁衍

黄霸父子三人随光州农民军入闽来到福建后，先居于清流县泰宁乡梓潭村。黄霸逝世后，黄敦兄弟葬其于清流县白塔桥。然后兄弟俩各奔东西，分头发展。黄敦“唐授官，辞不受”，“不荣以禄，有功不仕”，而是决心归隐乡间，“志乐山林，”请地到福州下辖的闽清县梅溪坪盖平里凤栖山（今塔庄镇秀环村），“兴创访舍，垦辟农田，积善积德，清居乐道”。

黄敦在闽清娶当地女陈氏为妻，传下宗、礼、凝、勃、启、余6个儿子。为了使子孙后裔和睦相处，黄敦作了一首《厅壁训子》诗：“六叶同开一样青，莫因微利便相争。一回相见一回老，能得几时为弟兄?”以后，宋哲宗皇帝也和一首诗予以赞誉：“六叶同开一样心，多生兄弟少相争。白马桥头旌御葬，穆然为尔永风声。”因此，黄敦的子孙后裔被誉为“六叶传芳”，其宗祠也被称为“六叶祠”。

五代后梁乾化五年（911 年），黄敦卒于移民地闽清。据其宗族的《入闽谱志》中说：“初敦公晦德躬耕，登庐后峰览景，异其形胜，每徘徊其间，俄以寿终，因攒其地。夕有巨虎咆哮，发土培柩，迟明视之，殆若培冢，子孙惊异以为神，遂即宅兆，世传虎葬是也。”据其族谱中说，黄敦是因为登山览景，受野兽惊吓，倏然而逝的。其家人找到黄敦后，本想把他抬回家，但却抬不动他，只好就地安葬。其后有老虎不断为其坟培土，使坟逐渐增大增高，人们异为祥兆，因此，黄敦的子孙后裔号称“虎丘黄氏”。

3. 青山黄氏发展播迁

黄敦的弟弟黄膺入闽后，先与父、兄择居清流县泰宁乡，后迁邵武军武阳故县的仁泽乡，卒于后唐明宗天成三年（928 年）。据其宗族的族谱记载，黄膺与王审知友善，相交莫逆。他天资颖悟、学行俱优，而律赋自成一家，更以五经课子而显名于世，号五经先生。黄膺娶杨氏耀卿为妻，生茂材、茂哲两个儿子。以后，兄弟俩各自择地而居，分枝繁衍。

黄茂材于唐天佑年间（904－907）任秘书丞，特进光禄大夫、太子少师。他传下宾、推、惬、鸣凤四个儿子，黄茂哲也传下安、颇两个儿子。历经上千年的衍传，黄膺一脉至今也是子孙繁茂，后裔众多，并且英才辈出，与黄敦一脉交相辉映。其中较有名气的有监察房、少师房、秘书房、仆射房、鸣凤房、胪峰房，被称为黄膺衍派的六大望族。

黄茂材长子黄宾由太学出身，学优而登仕，后唐时任古田县令，后又兼知长乐县事。他到长乐上任后，奇其地风土淳厚，喜董奉高峰灵气，爱海滨鱼米之乡，就在离县城 15 里的青山下筑庐而居。其后裔子孙众多，名人辈出，成为福建黄姓中著名的“青山黄”，也是黄膺衍派的代表。以后，黄茂哲的第二子黄颇也迁居长乐县芳桂乡炉峰境。

二、黄氏兄弟的向外发展

从唐僖宗光启元年（885 年）入闽始祖黄敦、黄膺南迁至今，黄氏兄弟及其后裔已在福建生息繁衍了 1100 多年。经过向国内外的不断分支衍派，如今黄氏兄弟的子孙后裔已嗣遍寰宇，成为福建著名的宗族，也是福建黄姓的两个重要衍派。

1. 在大陆间的播迁

一千多年来，黄敦的虎丘黄氏已繁衍到40多代，如今其子孙后裔总人数已多达200余万人，遍及福建9个设区市中8个，在全省80多个县、市、区中，也有30多个分布有六叶祠的子孙后裔。在福州市，他们分布在城区和闽清、长乐、永泰、闽侯、连江、罗源和福清7个县、市；在莆田分布到莆田和仙游2个县；在龙岩分布到市区和龙岩、漳平两个市；在三明分布到市区和尤溪、沙县、建宁、明溪、宁化、清流、永定7个县；在南平分布到市区和顺昌、邵武、光泽、浦城4个县、市；在泉州分布到市区和晋江、德化2个县、市；在宁德分布到市区和古田、周宁、寿宁、福鼎、福案、霞浦6个县、市；在厦门，也分布着其子孙后裔。

以四叶黄勃的后裔迁居福州义序为例：其四世孙黄腾从闽清县迁往永福县的龙井。大约在南宋的宋高宗绍兴年间（1131－1162），其12世孙黄复又从龙井迁居福州近郊南台岛的义序，成为义序黄氏的始祖，至今已有800多年的历史。现在，其子孙后裔分为15房，总人口有2万人左右，成为当地一个著名的大宗族。

还有一些虎丘的子孙后裔迁居到外省，如江苏的镇江、广东的梅县、潮州，以及浙江的台州、乐清、平阳、苍南、黄岩等市、县。特别是四叶黄勃的九世孙黄龟年，从福建移居到湖南渠阳，共生了10个儿子，传下56个孙子，以后又分为483支。至今其子孙后裔已遍及湖南、湖北、贵州、四川、云南、广东、广西等省，总人口达数十万之多。

弟弟黄膺一脉也是不断地开枝繁衍，子孙后裔繁荣昌盛，遍布省内外各地。如其衍派的六大望族中，监察房子孙就分布于福建的福州、长乐、连江、建阳、建瓯和广东的潮汕、化州等地；少师房子孙也分衍到福建的古田、罗源、连江和浙江的温州等地；秘书房之后裔，主要分衍于闽北、江西和浙江金华；仆射房也广播于闽粤各地，鸣凤房后裔分迁于福建的福州、长泰、邵武、建宁、浦城、建阳、安溪等地，炉峰房则远播广东的潮州、汕头、江苏的南京，以及安徽和福建的诏安等地。

在黄膺一脉中，比较突出的是黄膺14世孙黄干（勉斋）的衍派：其子孙后裔经过800多年，30多世的繁衍，如今瓜瓞绵延，总人数已达30多万，播迁到省内外各地。在省内的有福州市城区及其下属的长乐、连江、福清、永泰等县、市，南平市城区及其下属的建阳、武夷山、建瓯、浦城等县市，漳州市城区及其下属的漳浦、南靖等县，还有泉州市属的永春县，宁德市属的霞浦县，龙岩市属的连城县，以及厦门市等20多个县、市、区。其中仅在长乐市的就有3万多人，在建阳市的也有2万多人，在福清市的则有近万人。播迁省外各地的有：广东的潮阳、惠来、海丰、陆丰4个县共4万多人，化州市有3万多人。此外，还有北京、上海市和浙江、江西、广西、山西省和香港。

黄膺的7世孙黄程迁居广东澄海县后，子孙后裔也是发达旺盛繁衍众多。他们广泛分布于广东的澄海、潮州市区、惠来、揭阳、潮阳、潮安、梅州、佛山、湛江等县、市，以及相邻的福建诏安县，还有一些人再播迁到江苏的南京、安徽等地。现在，黄程衍派的子孙后裔，仅在潮汕和惠州等地，人口就达20万以上。黄膺10世孙黄潜善的衍派更是枝繁叶茂，子孙后裔众多。宋高宗时曾任尚书左仆射兼门下中书侍郎的黄潜善传下久昌、久隆、久茂、久盛、久美、久养、久安、久康和久兴9个儿子，子孙后裔播迁到福建、广东等地，以及世界各大洲，人口不下百万。

2. 往台湾和海外的移民

除了在大陆间的播迁外，黄敦、黄膺兄弟的一些子孙后裔还跨洋过海，向海峡对岸的台湾以及海外的东南亚等地繁衍发展。

清康熙二十二年（1683年），朝廷派施琅率水师攻打台湾，消灭了岛上的郑氏割据政权，把台湾纳入清王朝的统治版图。此后，许多福建人不顾清廷的渡台禁令，纷纷迁居当地地广人稀的台湾进行垦殖。尤其是乾隆二十五年（1760年）清廷取消渡台禁令后，福建人民更是掀起举家迁台的热潮，使台湾的汉族人口急剧增加。黄敦、黄膺兄弟的一些子孙后裔也比分随着这股移民大潮，前往一水之隔的海峡彼岸开拓发展。经过300多年的繁衍发展，现在，黄氏兄弟的子孙后裔已分布到台北、基隆、台南和宜兰等南北各地的许多市、县。移居湖南渠阳的虎丘黄氏四叶黄勃的九世孙黄龟年衍派，也有一些子孙后裔迁往台湾发展。

另一方面，近代以后，随着中国人出国大潮的兴起，一些黄氏兄弟的子孙后裔也远涉重洋，迁居到海外各地。尤其是20世纪初，闽清许多虎丘黄氏的子孙后裔，在其族人黄乃裳的带领下，漂洋过海前往东南亚的沙捞越拉让河流域建立垦场，开辟“新福州”之举，更是为世人所赞誉。他们的垦殖地诗巫也得到很大发展，成为沙捞越最大的城市。以后，这些虎丘黄氏的子孙后裔逐渐从沙捞越分散到马来西亚各地，以及印度尼西亚、文莱、泰国、新加坡等东南亚国家。二战后，他们中的一些人又迁居到美国、加拿大、澳大利亚等地世界各地。

同样地，福建沿海侨乡一些黄膺的子孙后裔也纷纷播迁到海外。如黄干这个衍派中，就有人移民到美国、日本和东南亚的新加坡、菲律宾、印度尼西亚、泰国这 4 个国家。黄潜善的子孙后裔也遍及世界各地，尤其是东南亚各国居多。迁居广东侨乡澄海县的黄膺 7 世孙黄程，也有许多子孙后裔移民到海外。特别是潮汕华侨最集中的泰国，更有不少他们的后裔。如泰国北榄府巨贾黄两镇，经营水产业致富后，担任北榄德善堂监事长、泰国黄氏宗亲总会副会长等职，荣获泰王陛下御赐勋章。泰国黄氏宗亲总会另一副会长黄志标则是黄干的后裔。

三、黄氏兄弟后裔英才辈出

1. 黄敦衍派英才辈出

虎丘黄氏的子孙后裔不仅人数众多，而且英才辈出。据不完全统计，在宋、元、明、清四个朝代，黄氏子孙后裔中状元及第者 9 人，登进士者 389 人，入相者 3 人，任京官、地方官者 400 多人。其中有 3 人被封侯，5 人被封国公，4 人曾担任尚书。此外，还有担任光福禄大夫、监察御史、节度使等重要职务的。南宋端宗景炎二年（1277 年），时任太子少保、左丞相的民族英雄文天祥，曾为虎丘黄氏的族谱撰写了序言，盛赞黄氏子孙之贤达。

这些子孙后裔中的一些事迹突出者，还被史书所记载，留芳于后世。如黄敦第四子黄勃的九世孙黄龟年，在宋朝担任监察御史，曾四次上奏皇帝，弹劾秦桧之专权奸佞。文天祥在为虎丘黄氏族谱撰写的序言中，曾赞誉“其奏章与日月争光”。十三世孙监察御史黄师雍，也多次上疏弹劾史嵩之奸恶凶残，文天祥也赞誉“其疏词与山川竞色”。

近代以后，有担任孙中山先生秘书的黄展云，1906 年东渡日本，考入早稻田大学。在日期间，他参加孙中山先生的同盟会，担任福建支部负责人。在1911年11月上旬的福建反清起义中，他亲冒炮火与清军激战于福州于山，历三昼夜目不交睫，终于使革命取得成功。福建军政府成立后，他担任教育部长，一心为公，鞠躬尽瘁。还有担任孙中山先生高级顾问的黄乃裳，1898年“戊戌变法”期间，曾与梁启超及“六君子”讨论变法新政，八次上书痛陈兴革。变法失败后，他在清廷的追捕名单中被列为第11名。幸得友人相助，才得以脱离险境，离京回闽。1907年，他参与组织潮州的龙冈起义。“双十”武昌首义后，在11月上旬的福建反清起义中，时已62岁的黄乃裳带头组织学生炸弹队，为福建革命的成功立下汗马功劳。起义胜利后，他担任福建军政府交通部长兼筹饷局总办等职，向华侨募款70多万元，缓解了军政府的财政困难。民族英雄黄乃模在甲午中日大东沟海战中，协助管带邓世昌指挥“致远”号军舰与日激战，不幸军舰被鱼雷击中，以身殉国，名垂青史。

在中国现代史上，虎丘黄氏的众多子孙后裔中，也涌现出一些为人们所赞誉的英才。祖籍湖南省永兴县、1995年被授以大将军衔、曾任中共第七届、第八届中央书记处书记、中央纪律检查委员会常务书记的黄克诚，也是虎丘黄氏四叶迁居湖南的子孙后裔。另一四叶子孙后裔、祖籍闽侯的黄春平研究员，曾担任2002年成功发射的“神舟号”火箭总指挥，为我国航天事业的发展作出了不小的贡献。

海外的虎丘黄氏子孙后裔也是英才辈出。祖籍闽清湖头的黄顺开，历任马来西亚人民联合党秘书长，沙捞越州副首席部长兼基本设施暨发展部长等要职，他为官清廉，在当地享有很高的声誉，曾荣获马来西亚国家元首颁赐的丹斯里拿督阿玛勋衔。另一虎丘黄氏后裔黄启晔也历任马来西亚国会上议员，还担任黄氏公会主席。新中国成立前夕出国前往印度尼西亚的黄双安，现已成为该国的“木材大王”，他的材源帝集团拥有30多家公司，3万多名员工。据香港《Forbes资本家》杂志1995年6月统计，其个人财富总额已达到20亿美元，荣获马来西亚国家元首颁赐的高级拿督勋衔。福州义序竹榄村的黄依娇从家乡来到厦门，后移居台湾，再移居到南美洲的玻利维亚。以后她经商成功，成为该国华人的首富，还曾被玻利维亚统委派为该国驻广州总领事，被人们誉称为“传奇夫人”。

2. 黄膺后裔人才济济

黄膺的后裔子孙也是人才济济。据不完全统计，仅黄膺衍派的监察房、少帅房、秘书记、仆射房、鸣凤房、炉峰房这六大望族中，就至少有 130 多人考中进士，还有人高中状元、榜眼、探花这类皇帝钦赐的前三甲，他们分别是宋朝文状元黄朴、榜眼黄中、武进士、探花黄桂，清朝武状元黄仁勇。在黄干（勉斋）这一脉中，历代高中进士者就有 12 人；黄膺的 12 世孙黄执躬和胞弟黄惟则，一门五代登进士者 40 多人；榜眼黄中之后裔高中进士的也有 10 多人。

在古代，最为著名的是理学大师朱熹的嫡传弟子黄干（1152 - 1221），他不仅担任过湖北汉阳、安徽安庆、广东潮州的知州，而且还拜朱熹为师，深得朱子理学之真传，是朱熹的四大弟子之一，成为朱子理学最重要的传人和南宋的大学问家。他著有《朱文公行状》、《勉斋先生文集》、《书传》、《易解》、《四书通释》等书，为朱子理学的形成和发展，确立其在当时思想界中的主导地位作出很大的贡献。他也深得朱熹的赏识，被嫁之以女，成为朱熹的爱婿。据谱志记载，他“秉承师志，存统卫道”，为人“笃行直道”，求知“志坚思苦”，讲学“义理精传”，为官万民载德。因此。黄干还被从祀圣庙，《宋史》中也辟有《黄干传》。

黄膺二儿子茂材的后孙后裔中，黄履在宋代进士出身，历任御史中丞、尚书右丞、大学士、资政殿学士，封会稽郡公，是一位德高望重的大臣。黄伯思也是进士出身，历任校书郎、秘书郎，为北宋后期杰出的书法家。黄中榜眼出身，曾任兵部尚书、端明殿大学士等职，封江夏郡开国侯，食邑 1500 户。他是南宋著名的主战派，极力反对秦桧的投降政策，深得国人的敬仰。黄中逝世后，朱熹为他撰写了墓志铭。这三人都是宋代名臣，俱入《宋史》“名臣传”。宋代另一名臣黄潜善，更是官至尚书左仆射兼门下中书侍郎，深得宋高宗的赏识。在明代，有曾任广东、浙江布政使的黄泽，还有明天启二年进士，历任礼部尚书、吏部尚书、兵部尚书的大儒黄道周，都是其中较为著名的英才。

近代以后，有中华民国首任海军总长兼海军总司令黄钟瑛，他参加过甲午中日海战，辛亥革命武昌首义后，他以临时舰队司令的身份率舰队驶至九江响应，救援武昌，为辛亥革命的成功立下汗马功劳。南京政府成立后，他被孙中山总统任命为中华民国海军部总长兼海军上将总司令。任职期间，他整顿海军，力促南北统一，为革命作出很大贡献。为此，他废寝忘食，竭心尽力，终因劳累过度，鞠躬尽瘁，年仅44岁。孙中山先生亲临主祭，并亲撰挽联吊唁："尽力民国最多，缔造艰难，回首思南都旧侣；屈指将才有几，老成凋谢，伤心问东亚海权！"给他以很高的评价。

在当今，黄膺的38世孙黄如论先生是北京世纪金源投资集团董事局主席、总裁，福建金源实业集团董事局主席、总裁。他被评为全国十大企业家之一，也是中国地产三巨擘之一，在福建、浙江、江西、北京、吉林和香港、菲律宾等地有企业40多家，总投资达100亿人民币。他曾连续四年获得中国最大慈善家荣誉，总捐资额近5亿元人民币。他还以建筑设计学上的精深造诣和巨大成就，而被中国人民大学礼聘为客座教授。

在海外，担任英国剑桥大学副校长的澳洲大学博士黄嗣恩女士，担任新加坡大学校长的英国牛津大学博士黄兴件，担任新加坡政府的福利部副部长的黄秀玉，也都是黄膺子孙后裔中的杰出英才。

参考文献

1. 虎丘黄氏宗史研究会编：《虎丘六叶黄氏宗谱》"总谱"。
2. 虎丘义序黄氏谱志编纂理事会编：《虎丘义序黄氏世谱》。
3. 黄拔灼：《福建虎丘黄氏主源发展》，载"首届海峡百姓论坛"组委会2007年9月编印：《首届海峡百姓论坛文选》。
4. 林耀华：《义序的宗族研究》，生活·读书·新知三联书店，2000年版。
5. 江夏入闽始祖黄膺公宗史研究会编：《正本清源，光辉历史》。

文献来源：2008年固始与闽台渊源关系学术研讨会论文，《固始与闽台渊源关系研究》人民出版社2009年9月。

作者简介：黄英湖，福建社会科学院华商研究中心副主任，研究员。

从族谱资料看开漳

汤漳平

自上世纪80年代以来，围绕开漳史的讨论已历经近30年时间，虽然这期间召开的专门学术研讨会不多，但是，讨论一直没有停止过，只是表现在形式上时而热烈时而冷清，呈高潮与低谷交错状态。进入本世纪以后，随着闽南文化研究日益受到重视，乃至闽南文化生态保护区的建立，在两岸关系日渐和缓的气氛中，两岸文化交流也日益热络起来，于是，这一问题再次受到关注。弘扬开漳圣王文化，关系到两岸五缘关系中最重要的血缘和亲缘关系，它又和两岸共同关注的闽南文化之形成有着特别重要的影响，确实应当认真加以讨论。可是，有个别学者无视学术界对开漳史已达成基本认识这一事实，依然在缺乏相关深入研究的情况下，耸人听闻地提出所谓“开漳史充斥谎言”的怪论，让一些不明真相的民众无所适从。这不能不令人感到遗憾。为了从根本上对开漳史有一个比较清楚的认识，笔者一直期望能够在比较充分了解与阅读涉及开漳姓氏的族谱资料后，通过比较分析，得出较为真实科学的结论。然而限于种种条件，这个想法一直未能真正实现。

2008年，漳州市政协聚合全市的力量，组织了多达200余人的编辑队伍，调查了全市一万多个自然村，在认真搜集、查阅与核对众多姓氏的族谱资料基础上，编写出长达270余万字的《漳州姓氏》一书，并由中国文史出版社编辑出版。本文即主要以这部著作为依据，附以所见部分姓氏族谱资料，探寻1300多年前开漳将士的足迹，庶几对这一历史能够形成比较客观的认识，至于目的达到与否，尚祈学界朋友正之。

一

唐代初年的中原民众入闽，是闽粤开发史上的一个重大事件，其意义绝不止于开漳。虽则“唐史无人修列传”，使这一对日后影响深远的史实缺乏详细的正史记载。然而，唐、宋以来，一些零散资料从不同侧面保存记载了这一事件的过程，例如，有关建漳的具体时间，在《新唐书》、《旧唐书》中便都有明确的记载，而豫、闽、粤、台诸省地方史志、族谱资料的载录，乃至民众口传记忆，依然使人可以对这一事件有比较清楚的认识。我以为，目前至少在以下几个方面，多数研究者的认识是一致的。

（一）对于本次事件的起因、过程、结局，各方并无多少异词，也就是说：这一历史事件的总体脉络是清楚的，也是符合事实的；

（二）事件的主体人物也是清楚的：即以陈政、陈元光及其所带领的中原府兵及58姓民众成为本次入闽平乱及开发建设闽南粤东的主力；

（三）本次事件的意义及其影响的几个方面：社会的稳定、经济的发展、族群的整合，乃至尔后的闽南文化区域之形成、台湾的开发以及海外的拓展等。

上述诸方面在认识上的一致，是我们这三十年来研究上取得的最重要的成果，这也就是说，一部开漳史，乃至影响所及的闽南史、闽南文化史，它的基本轮廓、主要的脉络均是清晰明了的，将一部开漳史说成“充斥谎言”，对于历史工作者而言，起码是不负责任的表现。至于在网络上大加宣扬，就缺乏基本的良知了。

二

当然，在开漳史、闽南史的研究中，确实也存在不少认识不一致，乃至有分歧的方面，尽管这些并不涉及整个事件的基本层面的问题，但如果能够通过我们的研究，提供可信的资料，使之逐渐明朗，减少分歧，进而逐步达成一致，应当是我们研究的目的所在。在正史记载不足的情况下，方志与族谱资料的记载，就显得分外珍贵。那么，到底有多少姓氏记载了唐初参与闽粤开发的姓氏呢？传世的《漳州府志》、《漳浦县志》、《云霄县志》及《山美陈氏族谱》中载录了当时入闽将领名单。据载，首次随“陈政戍闽粤的将士自副将许天正以下一百二十三员”，这些人多数名字俱在，且各族谱也均有资料保存，焉得随意指其为假造、伪造。而两批入闽人数当有万人之众，这也是多数人所认可的史实。对于他们的去向，实在应当加以认真的探究。

本次编写《漳州姓氏》，对于现有的漳州703种姓的入闽、肇漳情况逐姓进行调查并记录下来，这就使我们能够在此基础上，对与开漳有关的各种姓氏的基本情况进行一次全面的审视，同时，编者还作了许多统计分析工作，这也为我们的研究提供了珍贵的资料。

按照过去记载的资料，唐府兵士卒守闽粤可考者64姓，而府兵将士眷属可考者40姓，这40姓中，除部分与府兵姓氏重复者外，尚有18姓，分别为：卜、尤、尹、韦、甘、宁、弘、名、阴、麦、邵、金、种、耿、谢、上官、司空、令狐、吐万。这样合计共有82姓。而本次调查结果发现有记载的府兵姓氏是68姓，加上眷属18姓，总数应为86姓。

我们分别对这68姓入漳始祖姓名、职务、去向、后裔的繁衍及播迁等问题进行整理，所列出的结论令我十分惊讶，充分感受到这些资料的珍贵，它让过去种种不实的传言揣测不攻自破。

1. 陈姓

入闽影响最大有三支（P66），永嘉之乱南渡入闽八姓有陈姓。

（1）开漳圣王派，由陈政、陈元光父子总章二年（669年）入闽奉命平定“蛮獠啸乱”，陈政之兄陈敷、陈敏增援途中病殁于浙江江山，侄元敞、元扬病殂于浦城。陈元光领兵继承父业，子孙传至今。同时入闽地还有府兵队正陈实、陈马、陈叔章，但其后裔不详。

（2）太傅派：陈邕，开元年间入闽。

（3）南朝江州义门派：北宋嘉祐七年（1062年）入漳。

陈姓入闽派系众多，故“陈、林半天下”。

2. 许姓（P1400）：西汉建元六年（公元前135年），左翊将军许濙奉命屯戍闽越，驻师泉州西南，后定居同安，墓葬今存，在厦门翔安。

总章二年（669年），宣威将军许陶、许天正奉旨入闽平乱，为前锋副使。许陶战殁，葬于闽清（墓今存），汝南人。许天正（649－719），汝南许纲九世孙，任别驾，泉潮团练使。中外许姓以其父子为入闽一世祖、二世祖。子许平国镇南诏，兼治州事，性格刚烈，不受请谒，降为海寨巡检使，辖兵马4360人。后裔由漳入泉入安溪、南安。

景龙二年（708年），许州人许辅泉入闽任武荣州刺史（州治在今泉州南安），子孙繁衍于莆田、晋江。

唐大中九年（855年），殿前中丞许成之子许德猷、许德勋携家口70余人30余姓入闽。子孙繁衍于政和。

3. 卢姓（P824）：入闽有三派。卢铁，字如金，为陈政部下校尉。子卢伯道为分营将。建漳州时，卢如金任司仓、司户参军。开元二十三年病逝，享年88岁。夫人祝氏随军偕来。子孙迁居天宝。有三子，长子伯道妻陈怀珠，系陈元光长女。

4. 李氏（P610）：入闽李氏有七派。

李氏开漳人物有五：一为李伯瑶（陕西三原人），为唐开国元勋李靖之孙。随陈政、陈元光父子入闽平乱，任营将，后为漳州司马。同任营将还有李茹刚。任府兵队正三人：李仙客、李彪、李牛。漳李姓多认李伯瑶为开漳祖。

李伯瑶有十三子，皆以军功授职团练使，分守福建各地：

长子李莅汝，袭职宣慰监军。

次子李董汝，以水师都统总理海防。

三子李萌汝，镇守新宁（今长乐），兼理水务。

四子李莛汝，镇守延平（今南平），兼巡闽江。

五子李茀汝，镇守永贞（今罗源），兼督造兵器。

六子李茎汝，镇守绥城（今建宁），协理兵器。

七子李莳汝，镇守清溪（今安溪），兼司积储。

八子李著汝，镇守武平，兼理水务。

九子李英汝，镇守浦城，兼司转输。

十子李华汝，镇守长溪，兼督造战船。

十一子李莲汝，镇守永泰，兼司粮食。

十二子李苍汝，镇守龙岩，兼理棕、麻、竹叶、油、灰等造船用料。

十三子李菁汝，镇守建州（今建瓯），协理船务。

5. 马氏（P891）：马仁，河南固始人，随陈政父子入闽，任营将，后任漳州司马。711 年为保护陈元光突围阵亡。后裔传于华安、漳浦、东山等地。

6. 张氏（P1631）

肇漳始祖张虎，兄张龙，一同随陈政父子入闽平乱。后张龙领兵返回河南开封，弟张虎（即张伯纪）落籍漳州，为漳州张氏始祖。唐中宗时，张虎受封武威协应大将军，镇守漳州路大总管。后裔子孙分居闽、粤的漳、泉、惠、潮各地。又府兵校尉中有张公远，队正有张来、张本仪，情况不明。

7. 沈氏（P1009）

入闽始祖为唐初跟随陈政、陈元光入闽的沈勇，原名彪，字世纪，河南固始人。沈世纪入闽为营将，骁勇善战，在开漳建漳中屡建功勋，官至辅佐中郎将玉钤卫将军。漳州沈氏均奉其为开漳祖。又有府兵校尉沈天学，后裔不明。

8. 欧氏（P915）

总章二年（669 年），欧氏随陈政、陈元光父子入闽的有欧哲、欧真兄弟和欧宪伯三人，欧哲任营将，欧真任校尉。欧哲为陈元光五大将之一，定居龙溪县九湖营。欧宪伯入闽后，留守于莆田、仙游的兴化府。

此外，在陈政军中任府兵队长的还有欧阳传惠，事迹无考。

9. 戴氏（P193）

戴氏于唐总章二年（669 年）随陈政入闽的有固始人戴伯岳、戴元理父子。戴元理为府兵营将。府兵校尉还有戴仁。

戴元理子戴君胄，703 年出生于云霄，袭父职，后佐元光子陈珦，妻陈元光三女陈怀金。卒于大历十二年（778 年）。今漳州戴氏皆为君胄后裔。

10. 黄氏（P425）：黄氏入闽始于东汉。

唐初随陈政入闽平乱的有军前祭酒黄世纪。据载，黄世纪原为高宗朝廷礼部侍郎兼祭酒，因不执行武后“命改庙制”而被发配随同陈政戍闽平乱。在李辅胜（伯瑶）营中，陈政命其在今厦门专司监造海上战船和兼管浯州（今金门）牧马事。有三子，子孙遍布闽台、粤东。

11. 林氏（P682）：林氏也为西晋时入闽最早八姓之一。

唐总章二年（669 年），固始人林孔著随岳父陈政入闽为军咨祭酒。政殁，佐陈元光讨平广潮诸蛮，开漳建漳，后裔传衍漳州。

同时入闽的还有府兵校尉固始人林章，队正林克非。但其后裔去向不明。

12. 郑氏（P1692）

郑氏同为西晋入闽的八姓之一。而肇漳有记载的则自唐初。

陈政入闽时，跟从者有军咨祭酒郑时中，府兵校尉郑平仲，府兵队正郑正、郑业、郑惠、郑牛容等。建漳后，郑姓将士奉命驻守闽东南四境，包括同安、长汀、潮安、龙溪等。郑氏均为河南固始人，其后裔部分迁回固始，今在漳后裔均尊郑时中为先祖。

13. 朱氏（P1765）

朱氏之入闽，始于唐总章二年（669 年），陈政军中有军咨祭酒朱秉英，府兵队正朱参。

据传，朱秉英受封信国将军，戍镇海，年老后回河北。唐开元十五年（727 年）病逝。朱参为朱秉英堂兄，原驻守上营（云霄岳坑）。后奉旨任河南刺史，居永城（今河南永城）。后裔传衍情况不详。

14. 魏氏（P1239）

魏氏入闽始于唐初，陈政府兵中有军咨祭酒魏有人，队正魏仁溥。陈政母亲魏妈，在开漳建漳中功勋卓著。但今漳州魏氏多为其他时代入闽之魏姓后裔。

15. 刘氏（P791）

开漳唐府兵将士名系中有府兵校尉刘举，但今《漳州姓氏》中无其传衍的后裔，情况不明。

又，今龙岩九龙江畔有多处“三公庙”，祭祀刘氏三兄弟。《漳平县志》载：九龙乡居仁里刘珠华、刘珠福、刘珠成从陈政、陈元光军队开漳，率部沿九龙江上溯，疏浚河道，直抵雁石，以通舟楫。后人建庙祭之。

16. 廖氏（P677）

廖姓三国时期即已入闽。

唐初中原府兵进漳时，有府兵校尉廖光达，但事迹及后裔情况不明。

17. 汤氏（P1114）

汤氏之入闽，始于唐初随陈政入闽的汤智、汤简兄弟，河南固始人。汤智为府兵校尉，汤简为府兵队正。驻守柳营江东，并安家于龙溪角美之乌浔坑。汤简去向不明。今漳州汤氏为汤智后裔。

汤简名字见于江西南昌《汤氏族谱》，载曰：“汤简，江西南昌人，唐奉政大夫，修正庶尹。”可知其后由闽入赣了。

18. 涂氏（P1155）

涂氏入漳为唐初跟随陈政入闽的府兵校尉涂本顺、涂光彦，但其后裔无族谱记载其谱系。诏安县建有供奉二人的涂氏祖祠聚德堂。

19. 吴氏（P1271）

吴氏入闽始于汉。

唐初跟随陈政入闽将士中有府兵校尉吴贵、队正吴弼等，但其后裔无考。吴姓在漳者人数众多。

20. 周氏（P1747）

周氏入闽始于西汉，居闽北。

唐初跟随陈政入闽有府兵校尉周广德，河南固始人。为周姓漳州肇基祖。居龙溪，其裔孙周匡物是元和十一年（816 年）的进士，为漳州建州130 年首位进士。官至广东登州刺史。

21. 柳氏（P815）

柳姓入闽始祖为唐初跟随陈政府兵南下的府兵校尉柳彦深。其后裔居漳浦赤土乡。其裔孙柳少安于建中年间（780－783）曾接替陈谟（陈元光四世孙）任漳州刺史，后应朝廷内召入朝。

22. 施氏（P1048）

入闽肇漳始祖为唐初跟随陈政入闽的府兵校尉施光缵。平乱后家于漳州。今闽南施氏多为其后裔。

23. 蔡氏（P9）

蔡氏入闽为西汉时期，居福州。

唐总章二年随陈政入闽的府兵校尉蔡长眉、队正蔡彧，均为河南固始人。后蔡长眉居云霄火田（原漳州州址）。蔡彧为随魏妈第二批南下的军校，驻守漳州东之四望山（今角美）并于此开基。

24. 杨氏（P1456）

杨氏于永嘉之乱时即有人入闽，居南平、福州。

进入闽南者为唐初随陈政入闽的府兵校尉杨统，队正杨永、杨珍。但今族谱记载中为杨统与杨细秀。杨统后裔主要在今长泰、华安及漳州市的芗城、龙文区。杨细秀在族谱中载为府兵校尉，驻守漳浦，后迁至漳州，后裔传衍龙海、云霄、漳浦、莆田、仙游等地。

25. 陆氏（P843）

陆氏入闽为唐初跟随陈政平乱的府兵队正陆明，是为开基祖，但后裔世系不明。

26. 苏氏（P1085）

唐初随陈政入闽的有府兵队正苏道，但其后裔世系不明。

27. 司马氏

随陈政入闽的府兵队正中有司马仲章，但今漳州一带无姓司马者，故其下落不明。

28. 詹氏（P1620）

詹姓为西晋入闽八姓之一。

唐初随陈政入闽有府兵队正詹英，詹次（一作詹以）。但今闽南无此二人后裔。漳州之詹氏为北宋及南宋间詹氏后裔。

29. 曾氏（P1585）

唐初随陈政入闽的府兵队正有曾仲规，但其后裔情况不明。

30. 萧氏（P1341）

唐初随陈政入闽的府兵队正有萧澜尔，其后裔居住在漳州诏安县，播迁于广东、台湾宜兰。

31. 胡氏（P410）

唐初跟随陈政入闽有府兵队长胡贤，河南固始人。落籍于漳，后任泉州司马，迁州别驾，进翊府左郎将兼领潮州刺史。为胡姓漳州开基祖，原居龙瀛（今漳州芗城区）。其后裔遍布漳州各县。

32. 赵氏（P1674）

唐初随陈政入闽府兵队正有赵瑞、赵伯恭，均河南固始人。后裔在漳传衍，但世系不明。

33. 叶氏（P1505）

唐初随陈政入闽时，有府兵队正叶清随军前来平乱。乱平后任北境都尉，居仙游归德乡，率领士卒辟地置屯，为仙游古濑叶氏太始祖，肇漳开基祖。后裔传衍于今长泰等地。

34. 颜氏（P1448）

唐初随陈政入闽有府兵队正颜伯矩，河南固始人。但其后裔不详。

35. 潘氏（P933）

唐初随陈政入闽有府兵队正潘节，河南固始人，平乱后驻守南安丰州。其裔孙或居泉州，或居漳州。

36. 柯氏（P559）

唐初随陈政入闽有府兵队正柯敦颐，随陈政之母魏妈入闽，屡立战功。后居漳州，被尊为柯姓入闽肇漳始祖，但其世系不明。

37. 钱氏（P955）

唐初随陈政入闽有府兵队正钱仲先，后落籍福建，但子孙世系不明。

38. 余氏（P1239）

唐初随陈政入闽有河南固始人余良、余克，均为府兵队正，后定居漳州，先居云霄，后随州治迁移而居漳浦、龙溪。

39. 姚氏（P1497）

唐初随陈政入闽有府兵队正姚廉洁，河南固始人。为姚姓入闽第一人，但今漳州姚姓多为南宋年间由莆田徙居漳州的姚朝珪后裔。

40. 韩氏（P346）

唐初随陈政入闽有河南固始人韩器、韩尧、韩球三兄弟（固始县砖仔埕角竹子林社），三人均为府兵队正。今漳州韩姓多为韩器后裔，而尧、球两派无考。

41. 吴氏（P1271）

唐初随陈政入闽有府兵队正吴弼，但其事迹及后裔不详。

42. 王氏（P1189）

唐初随陈政入闽有王华、王佑甫、王一忠等三位军校，均任府兵队正。河南固始人。其后裔定居漳州龙海等地，但世系不详。

43. 方氏（P238）

唐初随陈政入闽有河南固始方集人方子重（644－726），任府兵队正。功勋卓著，被魏妈视若亲子。建漳后奉命驻守文山（今龙海崇福）一带。后裔多迁云霄，部分迁居宁德霞浦，浙江苍南、金华、义乌等地。传说唐末随三王从固始起兵的部将方世琮为方子重后裔，晚唐官员，曾返居祖地固始，后随三王南下入闽，为攻克泉州的先锋。

44. 孙氏（P1096）

唐初随陈政入闽有光州固始人孙梁文，任府兵队正，居于柳营江西岸岐山马崎社。今孙氏皆尊其为肇漳始祖。

45. 何氏（P361）

唐初随陈政入闽有光禄大夫何嗣韩，屯垦闽南故绥安地（今云霄火田），平乱后何嗣韩居泉州，子孙传于漳泉各地。随同陈政入闽的还有任府兵队正的何德（军），居浦南何厝。

46. 庄氏（P1789）

唐初随陈政入闽有府兵队正庄肃鸾，其事迹及后裔不详。今闽南庄氏皆唐末随三王入闽者之后裔。

47. 唐氏（P1131）

唐初随陈政入闽有府兵队正唐孔礼等，但其后裔不清去向。

48. 罗氏（P862）

罗氏入闽始于唐初随陈政南来的府兵队正罗幼邻。建漳后罗幼邻奉命驻守闽西龙岩，定居连城。今居闽南罗姓族人则多于明代从广东入闽。

49. 邹氏（P1819）

唐初随陈政入闽的府兵队正有河南固始人邹牛客，开漳后居今漳州龙海邹塘村。后裔分布情况不明。

50. 邱氏（P959）

唐初随陈政入闽有府兵队正邱安道，固始浮光山人。定居于云霄火田社，后裔播迁龙溪十一都镇南社。

51. 冯氏（P258）

唐初随陈政入闽有府兵队正冯隽水。后裔不详。

52. 江氏（P516）

唐初随陈政入闽有府兵队正江延兴，后裔定居闽南、粤东，世系不详。

53. 石氏（P1061）

唐初随陈政入闽的有府兵队正石子尊，而今族谱中作石先子，未知是否同一个人。石先子后裔在开漳后居龙溪田下，五代时已为闽南望族。

54. 郭氏（P311）

唐初随陈政入闽者有河南固始方集人郭淑（即名录中之郭鱼），建漳后居漳州东四十里之郭埭，后播迁闽南各地。

56. 曹氏（P57）

唐初随陈政入闽有府兵队正曹敦厚，后落籍于漳。据郭启熹先生考证，今漳平《香山曹氏族谱》记载，曹敦厚开漳后受命镇守龙岩（即苦草镇），子孙居漳平。曹为徽州婺源人。

57. 高氏（P281）

唐初随陈政入闽的有固始人府兵队正高盛典，但其事迹及裔传世系不详。

58. 钟氏（P1736）

唐初随陈政戍闽有府兵队正钟法兴，但今族谱无载。

59. 徐氏（P1385）

唐初随陈政入闽有河南固始人徐睦恕，但其后裔与派居不详。

60. 汪氏（P1181）

唐初随陈政戍闽的有府兵队正汪子固和伙长汪廷君，但其后裔不详。

61. 洪氏（P384）

唐初随陈政戍闽的有府兵队正洪有道，河南固始人。其后裔世系不明。

62. 章氏（P1672）

唐初随陈政戍闽的有府兵队正章鳌、伙长章敦复，但其后裔不详。

63. 宋氏（P1075）

唐初随陈政戍闽的有府兵队正宋用，建漳后定居于漳州东厢二图。生子六：萃江、萃汉、萃谷、萃陵、萃宇、萃亭。其后裔居于闽南各地。

64. 翟氏（P1600）

唐初随陈政入闽的有府兵队正翟恕，建漳后居漳州，但后裔情况不明。

65. 丁氏（P215）

据《白石丁氏古谱》载，济阳人丁儒于麟德元年（664 年）随唐诸卫将军曾溥戍闽，为幕僚。陈政入闽后代曾溥，任命丁儒为军咨祭酒，后任左承事郎、州别驾，居龙溪，其后裔在今漳州的龙海市、诏安等地传衍。

66. 谢氏（P1359）

据谢氏族谱载，陈政戍闽时，有固始人谢逸，字徵德，随同南下开漳，并奉命驻守北界（在今南平市东南部），定居兴化石井（今莆田），为谢氏入闽开基祖。

至宋，其后裔居泉州、漳州。

67. 薛氏（P1427）

唐初随陈政入闽有河南固始人薛使（武惠），开漳后，曾任“行军统管使”，并奉命驻守长泰山重，遂于此传衍后裔。

68. 蒋氏（P532）

据载，陈政戍闽时，有蒋姓固始人，随同南下开漳，并落户漳州，繁衍后代。

三

以上是《漳州姓氏》一书中所提供的有关各姓氏开漳时期先祖的基本情况。

陈氏率领的士兵，前后两批应有7000人以上，加上眷属，则有上万人，因此可以肯定地说，当初南下的各姓氏绝不仅于此，只是因为年代久远，他们中多数其名字已被岁月的尘埃所掩埋了。

（一）从各姓氏唐初之肇漳祖史料，展示了宏阔壮观的开闽图景。我们从上述资料中可以查出，即使作为当初军队主要将领，有部分不知其下落，如颜、魏、柯、赵、钱、吴、姚、高、钟、徐、汪、洪、漳、翟、庄、唐等姓氏的20余位将领，不知其后人世系。不难想象，连主帅陈元光、重要将军马仁都以身殉职，毫无疑义，其中一些人应是在残酷的环境中或战死沙场，或因瘴疠之类瘟疫捐躯。当然，这其中应当也有我们尚不知道的原因。例如许多将领奉命防守四境，有的返回中原故里，有的任职他处，当然也有去向不明者，正因为有这样丰富的原始记载，才更展示其真实性。

（二）从唐初开漳始祖的踪迹中，可以印证唐初泉潮开发的规模和治理的景况，为原本史料不足的开漳史提供珍贵的佐证。族谱记载，许多将士开漳后被派守四境，离开漳州。这四境绝非今漳州的四面边界。唐初陈元光作为岭南行军总管，其防守范围遍及泉潮。因此，我们从族谱资料中看到有许多官员被派守到的北界竟然是南平的南部、莆田和仙游一带，其西境则是汀州、南部的潮惠。这也正如我们过去曾多次指出的，陈氏与中原将士所影响范围，绝不像一些学者所认为的，仅仅在漳州一地。族谱资料的记载，让人们大开眼界，同时也印证了我们此前的论述。

（三）各相关姓氏不同时期入闽入漳的多元记载，让我们从不同侧面了解了中国移民史的丰富性。通过史料的整理，加深对闽南族群与闽南文化形成的认识。我们强调唐初开漳在闽南文化研究中的重要性与开创性，并不是说其他后来者便不重要。相反，由开漳所造成的影响，应当是形成了一个连续的长期的移民过程，正是这连续不断的中原移民南下，加速了移民族群居落的形成，补充了新生血液，增厚了中原文化与当地文化相交融的积淀，并进而在唐代中后期使闽南文化终于形成。只有在闽南移民的数量达到比较大的规模，形成强势的族群，才有可能使这种文化在一个地域深深地扎下根来。唐代自唐初至盛唐、中唐、晚唐，每个时期都有众多中原移民南下入闽，这与中原地区连续发生的政局动荡是分不开的。然而，中原移民之选择入闽，显然有两个最重要的原因，一是唐初的平定“蛮獠啸乱”，使这一地区形成了相对和平、安定的环境，这是其吸引后人之处。二是信息的沟通。我们从上述族谱资料中看到，在整个唐代数百年间，闽地与中原人员交流，从未断绝过。中原府兵多数落籍闽南，但其中也有一些人又返回了中原，他们就成为两地沟通的使者。三是闽地开发晚，在当时可谓地广人稀，物产丰富，自然条件相对优越，利于开发，这些都是吸引移民的有利条件。因此从唐初至北宋的300多年间，福建人口增长了数十倍。这种超常增长的原因，主要便是陆续南下的移民潮所至。当然，比较稳定的社会环境，也利人口的增长，但绝不可能如此迅速。

（四）《漳州姓氏》中还有一部分特别珍贵的资料，是对相关姓氏的播迁史的记载，如上所说，其中有关在闽、粤、浙、赣等地之播迁，丰富中国移民史的内容。而宋元明清后垦台、下南洋等方面者尤其珍贵，是海交史、华侨史及中西文化交流史方面的重要资料，可惜相对内容较为简略，但其筚路篮褛之功，确应肯定。

四

最后再简单谈几点想法。

（一）关于“闽人冒籍固始说”，虽其首倡者为南宋著名史学家郑樵，但郑氏此说并无充分证据，也未作过认真的考察，实为揣测之论。后人应在认真调查研究基础上再来判断其是非。当然，族谱“冒籍”现象不能说没有，但以偏概全则就掩盖史实的真相了。

（二）如何认识族谱中的“讹误”问题，是去伪存真呢？还是以真为伪呢？

（三）对古代传统下来的史料，自然也包括族谱、方志在内，在研究方法上如何进行观念与方法更新，这涉及古籍整理中的基本理论问题。笔者曾写有《观念的更新与族谱资料应用的思考》（《闽台文化交流》，2008 年第 1 期）一文，愿与学界朋友共同探讨。

文献来源：2011 年固始与闽台渊源关系学术研讨会论文，2011 年 11 月。

作者简介：汤漳平，漳州师范院教授、闽台文化研究所所长。

关于开漳圣王陈元光的几个问题

任崇岳

当年平寇立殊勋，时不旌贤事弗闻。

唐史无人修列传，漳江有庙祀将军。

这是宋代曾任漳浦（今福建云霄）知县吕琦题威惠庙（即陈元光庙）的一首诗。陈元光是唐代开发漳州的功臣，只因唐史无传，致使他的许多事迹湮没不彰，实为一大憾事。近年来有关陈元光的论文、书籍不断问世，有些问题已经澄清，而有些问题则扑朔迷离，还存在争议。这里只就几个有争议的问题略抒浅见，以就正于方家。

一、陈元光的籍贯

历史上有不少名人籍贯有争议，如墨子有河南鲁山与山东滕州之争；老子有河南鹿邑与安徽涡阳之争；庄子有河南民权与安徽蒙城之争；吕不韦有河南禹州与濮阳之争；范蠡有河南南阳宛城区与淅川之争等。造成这一情况的原因有三：一是记载歧异，两种说法都见于史籍，需要后人甄别；二是攀附名人，把名人收录在本县本邑，为桑梓增光；三是写作态度不严谨，捕风捉影，以讹传讹。陈元光是光州固始人，如今已是学者共识，但还有广东揭阳说、河东说、岭南上著说。揭阳说、岭南土著说是捕风捉影，以讹传讹，河东说则是指陈姓系舜帝后裔。

揭阳说见于明嘉《广东通志·陈元光传》。该传云：“陈元光，揭阳人，先世家颍川。祖洪，丞义安（今广东潮安），因留居焉。父政，以武功著，隶广州扬威府。元光明习韬略，善用兵，有父风，累官鹰扬卫将军。”又说：“永隆二年（681 年），盗起，攻南海边鄙……元光……提兵深入，伐山开道，潜袭寇垒，俘馘万计，岭表悉平。还军于漳，请置漳州。”这条史料有两处明显错误。第一，陈元光的祖父不叫陈洪，而是叫陈克耕。他也未在潮安任过县丞，更不曾在那里定居。与陈元光一起率兵入闽的大将许天正撰写的《开漳始祖行状》云：“公讳政，字一民，号忠肃，谥武烈……父威顺公克耕者，当隋季之乱，与阳羡（今江苏宜兴）人卫逖商游并、汾间，逖因与并（今山西太原）人沈勇，汾（今山西汾阳）人李义谋反，众推公为盟主以御乱。会唐秦王李世民击河西，公乃率精兵五万赴之，共取霍邑（今山西霍县）及临汾郡（今山西临汾），功成仕唐，为诸卫将军。”许天正与陈元光是同时代人，由他来写陈元光之父陈政的行状，绝对是准确的。陈元光的祖父名叫陈克耕，因帮助秦王李世民打天下，唐朝建立之后，被封为诸卫将军，这个官职比县丞大多了，陈克耕何必跑到唐代被视为瘴疠之乡的广东潮安任县丞呢？既未任潮安县丞，自然也不会在那里定居了。

同样出于许天正之手撰写的《开国元勋陈克耕夫人魏氏墓志》云：“陈公府君夫人魏氏，汝宁（今河南汝南）名族，墓于此者。夫人年十八适陈克耕。”又说：“魏氏有三子，长子敏，封中郎将，孙元敞；次子敷，封右郎将，孙元扬；季子政，封左郎将，孙元光。”可见陈元光之父为陈政，祖为陈克耕，并非陈洪。

第二，漳州设郡年代不合。揭阳说认为漳州设郡于永隆二年（681 年），而实际上设于垂拱二年（686 年），治所在漳浦（今福建云霄），开元四年（716 年）移治李澳川（今福建漳州）。

岭南土著说也不能成立。宋人王象之《舆地纪胜·威惠庙集》云：“陈元光，河东人，家于漳之溪口。唐仪凤中，广之崖山盗起，潮泉皆应。王以布衣乞兵，遂平潮州。”这一段文字纰漏更多。据唐人欧阳詹撰的《忠毅文惠公行状》：“公讳元光，字廷炬，号龙湖，谥忠毅文惠……生于唐显庆二年（657 年）丁巳二月十六日子时。……总章二年（669 年）己巳，年十三，举光州乡荐第一，从父戍闽，父殁，以儒术代领其众，任玉钤卫翊府左郎将。仪凤二年丁丑（677 年），会广寇陈谦连结诸蛮苗自成、雷万兴等攻陷潮阳，守帅不能收复，公以轻骑平之。”陈元光讨平的是广东潮阳的贼寇，是从福建入粤的，《舆地纪胜》移花接木，张冠李戴，把陈元光率兵入粤当作是当地土著了。其时陈元光已在军中任职，并非布衣。所谓“王以布衣乞兵”之说几近儿戏，以一布衣乞兵，有司岂肯贸然发兵？况且布衣之人甚多，为何唯独陈元光乞兵？于情于理，这些说法都扞格不通。还有，若是陈元光是岭南土著，他的副将许天正是汝南人；卢如金、沈彪、丁儒是固始人；张伯纪是祥符（今开封）人；蔡长眉是申州济阳（今河南信阳）人；女婿载君胄也是固始人。部将皆是河南人，唯有主帅一人是岭南土著，岂能令人相信！

河东说是指陈姓是舜帝的苗裔。许天正撰《开漳始祖行状》云：“公讳政，字一民，号忠肃，谥武烈。陈武皇帝霸先族侄孙，大宗正霸汉之曾孙，怀化将军一时之季弟也……系出河东，世居固始县浮光山。”南宋理宗嘉熙二年（1238 年）《重修威惠庙碑》云：“灵著顺应昭烈广济王，姓陈讳元光者，系出河东，父政仕唐，为归德将军，领兵戍闽。”唐代以后，泛指今山西全境为河东。因陈克耕曾在山西居住做官，而山西永济县蒲州镇一带又是舜及其后裔居住之地，因永济县在妫水之旁，舜的子孙就以妫为姓，永济也在河东的范围之内，陈姓是舜帝苗裔，舜居住的永济县蒲州镇也是河东的一部分，故称陈元光系出河东。这实际上是说陈元光系舜帝之后。

陈姓是舜帝的苗裔，说系出河东只是远祖居住在那里，并非陈元光的籍贯，陈元光的籍贯在光州固始。陈元光在《龙湖集·故国山川写景》中就说：“浮光昂岳望，固始秀民乡”，两句诗就是明证。浮光指固始浮光山。《开漳史参考资料》一书把“岳望”注释为望族，殊牵强附会。昂是抬起头，岳是山岳，望是看，此句意为登上浮光山远望家乡，岳、望二字构不成词组。唐朝进士欧阳詹撰《忠毅文惠公行状》说陈元光“年十三，举光州乡荐第一”，也说明陈元光为固始人。这两种说法最早。清代乾隆《光州志》及《颍川陈氏开漳族谱》均说陈元光为光州固始人，如今已无人怀疑陈元光的籍贯了。张耀堂先生的《陈元光籍贯身世考辨及其他》，许竞成先生的《陈元光籍贯——光州固始浮光山考》两文钩沉发微，论述甚详，我在这里不过是补苴罅漏而已。

二、陈元光平“蛮獠啸乱”的性质

陈元光开发漳州的功绩早应肯定，但在“文革”前有镇压少数民族起义的嫌疑，人们不敢论及。实际上并非所有少数民族反抗官府的战争都是揭竿起义，这要看情况而定。福建九龙江流域开发较晚，那里的居民分作两大部分，一部分是外地迁徙来的汉人，还有一部分是卜居于山林之间，为数甚多的原土著闽越族后裔和岭南一带迁入的“蛮獠族”。两者之间接触较多，但因语言、生活习惯上的差异，常产生矛盾，蛮獠族因文化程度较低，生产方式也不及汉人先进，因此动辄聚众起事，攻打官府。这里既有官府抚驭不力的因素，也有少数民族本身的原因，既不是揭竿起义，也不能称作叛乱，是由民族矛盾引起的武装械斗。唐朝初年统治者把精力放在吐蕃、突厥、吐谷浑及高丽、百济等方面，疏于对蛮獠的管理，因而这种械斗经常发生，而且规模愈来愈大。其实不光是九龙江流域，整个有蛮獠居住之处都是如此。如唐高宗龙朔三年（663 年）五月“柳州蛮酋吴君解反，遣冀州长史刘伯英、右武卫将军冯士翙，发岭南兵讨之”（《资治通鉴》卷 201，唐纪十七）。乾封三年（668 年），“是岁，海南獠陷琼州”，（同上）仪凤元年（676 年）“纳州（今四川叙永县西南）獠反”（《资治通鉴》卷 202，唐纪十八）。陈元光《请建州县表》说泉、潮两州的情况说：“兹镇地极七闽，境连百粤。左衽居椎髻之半，可耕乃火田之余。原始要终，流移本出于二州。”“左衽居椎髻之半”一句透露出在九龙江流域，少数民族的人口占了一半。既然有一半人口，便有了与汉人对抗的实力，由于他们剽悍骁勇，在与汉人的冲突中往往占上风，因此动辄便举兵起事。“可耕乃火田之余”一句透露出唐代的漳州、潮州一带生产力低下，居民大多是刀耕火种，粮食产量不高，良田不多，因而少数民族与汉族常为争夺田地而发生械斗，规模越来越大，成了武装冲突，少数民族进而攻打官府，剽掠郡君，这都是常有的事。当地官府无法解决，只好请求中央政府出兵干预，这就是陈政、陈元光之子率兵入闽的原因。目前所能见到的有关记载，均出自汉人之后，称之为“蛮獠啸乱”，当然只是一面之词，把罪过都推诿给少数民族肯定不对，因此，我认为蛮獠之乱既不是起义，也不能算作叛乱，只能说是因民族矛盾而引起的武装冲突。基于以上认识，陈政、陈元光父子入闽是为了恢复、稳定岭南的社会秩序，给百姓一个安定的生产、生活环境，其积极意义不可低估。唐朝统治者对少数民族的态度是恩威并用，并非一味镇压，唐太宗就说：“獠依山险，当拊以恩信。胁以兵威，岂人父母意也？”（《新唐书·南蛮传》）陈元光贯彻了朝廷的意图，他开漳置郡，教民稼穑；发展商贸，货畅其流；大兴文教，州县有学；汉蛮通婚，民族融合；边陲无警，长治久安。陈元光的历史功绩，无论如何评价，都是不过分的。

三、陈元光的世系

陈瑞松先生编著的《陈姓源流》一书中附有唐代元和进士、户部郎中潘存实撰写的《漳南陈氏世系记》，还录入一篇《唐开漳龙湖公宗谱总序》，综合两文，陈元光的世系可从汉代的陈寔一直排列到清代嘉庆时期。今将《漳南陈氏世记》一文逐录于后：

潘氏存实曰：漳南陈氏，乃河南光州固始之世家也，本舜子商均之胄。姚姓历夏殷四十五代为诸侯，食采于虞。殷之季，有虞幕裔孙曰遏父者，事周为陶正，妻武王元女太姬，生子满，封于宛丘，赐姓妫氏。俾奉舜祀，备为三恪（古代新的统治者封前代三个王朝的子孙，给王侯名号，称三恪），国号曰陈，卒谥胡公。传国二十四世，至闵公国灭。次子全温，奔晋而奉魏为大夫，邑于浚仪，别号陈留，改姓陈氏也。七传而至浚文子，魏灭失其官。浚子宪，宪子武，事汉祖封棘津。侯生成仲、成有，成有少子讳鱼字终化者，仕到临江太傅，生公望，治《春秋》，精于左氏。武帝时上书自鬻，得为春秋博士。生道源，任司隶校尉，领京兆、扶风、冯翊、弘农、河东、河内、河南七郡事。传若海，为陈留副尉。生顿昌，以冠军大将军领益州刺史。至干岳为蜀国都尉、日南太守。生子绶，征和间任尚书事、库部员外郎。绶生见深，以大中大夫授太子司。

绶有次子曰祁山，为高密相，入为太子詹事，出为高密太守。生子立贤，建武初，拔野王令……生希古，仕为武威军参谋祭酒。生盂琏，为固始侯相，死葬浮光山之麓，子孙因家焉。历宗、尧、康、晋，俱为豫章太守，世珍、天爵俱为河南督邮，至冲翺，为冀州刺史。子引奇为信都别驾。故德化大行于魏郡、清河、赵国、常山之间，恩威得著于河间、广平、巨鹿、真定之处，而信都则又超特者也（注：引奇公无子，家谱上以陈寔为嗣）。别驾生寔，为太丘长，不言而化，无为而治。故乡人曰：宁为刑罚所加，不为陈君所短。时中常侍张让葬父，名士无往，让耻之，公独吊焉。让感公恩，党锢多所全宥。太丘生元方，元方生群，为司空。群生泰，泰生准，准生诉，诉仕晋为太尉，生匡，匡生达。达永嘉南迁为太子洗马，出为长城令，悦其山水，遂家焉。八传至文赞，生霸始、霸先。

霸时受梁禅，为皇帝，国号陈。诉生，为梁州刺史。绥怀荒弊，甚有威惠，郡生潭，嘉平间为余杭尹，创高塘以积水利，凿石门以御水患，民德之而生祠立焉。河生钦、约，约生怀高，怀高生建丙，为泗水令。令生琅，琅生肃，为东海功曹。肃生任，为徐州刺史。刺史生本昭，为临淮太守、虎牙将军。将军生时杰，事刘宋为公车司马，令职掌签奏。生景文，为汝南别驾。会太守常珍奇，欲以悬匏降魏，泣谏不从，谋泄为珍奇所杀。别驾有子曰伯绍，任合浦太守。有惠政于民，民像而祀之，即廉州陈王祠是也。王子霸汉，为陈大宗正，生果仕，事隋为司徒判官、尚书户部度支事。先时常守嘉兴，白制司以雪冤狱者数十家，有欲造逆者，诲之几百，人皆率服。后以羡余，请减逋负，炀帝不从，泣谏以死，郡人立祠岁祀。咸通中，封为忠烈公。公生四子，克耕者事□□为左玉钤卫大将军。传其子政，奉命戍闽，是为漳南望族，陈氏之始祖云。

根据这段文字，陈寔以前的谱系暂且不论，从陈寔起至陈元光世系清晰：

一世陈寔，字仲弓，颍川许人，任太丘（今河南永城）长；

二世陈元方，官至太仆尚书；

三世陈群，为魏国司空；

四世陈泰，官冀州刺史，迁左仆射尚书；

五世陈准，仕晋，官太尉、中书郎；

六世陈诉，仕晋为太尉，生陈匡、陈□；

七世陈□，任梁州刺史；

八世陈潭，嘉平间任余杭尹，因修渠御水，百姓为立生祠；

九世陈约；

十世陈怀高；

十一世陈建丙，泗水令；

十二世陈琅；

十三世陈肃，任东海功曹；

十四世陈任，徐州刺史；

十五世陈本昭，临淮太守、虎牙将军；

十六世陈时杰，事刘宋为公车司马；

十七世陈景文，汝南别驾；

十八世陈伯绍，合浦太守；

十九世陈霸汉，南朝陈大宗正，陈霸先的族弟；

二十世陈果仕，仕隋为司徒、尚书户部度支事；

二十一世陈克耕，唐代左玉钤卫大将军；

二十二世陈政，唐代奉命戍闽，陈氏入闽始祖；

二十三世陈元光。

《唐开漳龙湖公宗谱·总序》则叙述了从陈政至清代嘉庆繁衍了42世，限于篇幅，这里不再赘述。以上世系不知与云霄、固始陈姓族谱契合否？

文献来源：2008年固始与闽台渊源关系学术研讨会论文，《固始与闽台渊源关系研究》，人民出版社2009年。

作者简介：任崇岳，河南省社会科学院研究员。

陈元光籍贯考辨

陈昌远　陈隆文

近年来在史志研究中，对陈元光的研究已成为一个热点。1990 年国内外学者和各地代表近 200 人在漳州召开陈元光国际学术讨论会，就有关问题进行了热烈讨论，并取得了一批具有较高研究水平的学术成果。会议组织者从提交的百篇论文中提出 57 篇，编辑成《陈元光国际学术讨论会论文集》，1993 年 11 月由厦门大学出版社出版。经过大家讨论对众多问题达成共识，但其中有一些问题仍然有不同的看法，从最近一些期刊发表有关陈元光的论文中也可以看出。陈元光，字廷炬，号龙湖，生于唐显庆二年（651 年），于显云二年（771 年）不幸逝世。陈元光籍贯在何处？至今争论不休，有以下几种不同的看法。

一、广东揭阳说

谢重光先生认为："陈元光先世为河东人，但从祖父一代起即居于潮州为广东揭阳人。"其主要根据是顺治《潮州府志·人物部·陈将军传》记载："陈元光揭阳人，父政，屡立战功。元光善用兵，有父风，历官鹰扬卫将军。"《广东通志》卷 292《列传·陈元光》也记载："唐陈元光，揭阳人……"这些省府志都言陈元光为揭阳人，但又说"祖洪，丞义安（潮州），因留居焉。"在这些记载里没有说明陈氏家庭南迁的真正原因，只说广东潮州不是陈氏家庭的世居之地。值得注意的是揭阳不是唐时的名称。古揭阳是秦戍五岭而得名。据乾隆《揭阳县志》记载："始皇三十三年（公元前 214 年），发兵五十万命任嚣、赵佗南平百越，置揭阳为戍守区。"

秦亡，赵佗于公元前 204 年自立为南越王，任史定为揭阳县令。当时管理的范围，据贝闻喜先生的意见认为：“包括现在的汕头、潮州二市八县及程乡梅县地区各县。”① 汉元鼎六年（公元前111年）武帝发兵10万平南越，仍置揭阳县，属南海郡。晋安帝义熙九年（413年）以原揭阳地立为义安郡，辖五县。隋文帝开皇十一年（591年）废义安郡置潮州。隋大业三年（601年）罢潮州复义安郡。唐武德四年（621年）再废义安复潮州。唐太宗贞观三年属江南道，明皇开元二十二年，隶福建经略使，又隶属岭南道。从以上史实看来，从秦置揭阳至晋义熙九年分揭阳置义安郡，前后经历627年之久。古揭阳早已废多时，虽然一些人仍然称陈元光为揭阳人，但其中有一个问题，揭阳是秦时的行政区划名，其间管辖的范围有如此之大，到底陈元光的籍贯在哪里，地理位置仍然没有准确的定位，所以此说地理位置模糊不清，经不起沿革历史的推敲，不可信从。

地方志所载陈元光为揭阳人，究竟指何处？唯有《丰顺县志》有详细记载，《丰顺县志·人物传》从陈元光的祖父陈洪记起，谓“隋，陈洪，八乡贵人村人。先世家颍川，隋任义安丞，因居留八乡贵人村，遂为揭阳人”。《揭阳县志》说他“先世家颍川”。《潮州府志》说他揭阳人。很明显《丰顺县志》是根据陈姓那些想当然演绎出来的，为揭阳八乡贵人村人是没有任何根据的，也没有任何材料证实。陈洪及陈政父子居住在八乡贵人村这个南北交通要道和险要关隘。一些人认为“陈洪作为一位担任保卫边塞职务之义安郡丞，长期镇守在这里，元光的父亲陈政兄弟可能就出生在这里并度过童年的”②。此说完全是无根据的想当然推论出来的，不足为据。

二、河东说

有的认为：“陈元光实为河东人。”“陈元光是河东人”③。有的认为

---

① 贝闻喜：《陈元光原籍考》，《韩山师专学报》1991年第1期。

② 贝闻喜：《潮州历史文化的主要开拓者陈元光》，《岭南文史》1999年第4期。

③ 周贤成：《陈元光家世考》，《东南学术》1991年第5月。

“陈元光先世为河东人”①。他们主张陈元光为河东人的主要根据是唐林宝《元和姓纂》的记载。林宝《元和姓纂》卷3“陈氏条”将陈元光列为诸郡陈氏谓“右鹰扬将军陈元光，河东人”。林宝是唐代著名史学家和谱牒学家，他编撰《元和姓纂》是奉朝廷命令：“按据经籍，穷究旧史，诸家图牒无不参详。”② 林宝《元和姓纂》具有一定的权威性，此书的修撰是元和年间上距陈元光曾孙陈谟任漳州刺史不过数年，自然对陈元光的家世是有所了解，其材料是有所根据的。但是在这里有一个问题，就是对材料的引用应该全面的理解和引用，不能断章取义。为何有陈元光是河东人之说？据美国源流出版社1986年8月出版的《王启史志文集》记载“陈政父从唐太宗攻克临汾等郡，立有军功。陈政本人在唐高宗时也立有军功，官至广州扬威府玉钤卫归德将军”。据此可以知道陈洪是在隋末唐初时辅佐李世民平定天下，在今山西地区转战是有密切关系，所以光绪《漳浦县志》明确记载：“陈政尝经漳江谓父老曰：此水如上党之清漳，故漳州各郡漳浦各县，悉本诸此。”③ 再据台湾《光州陈氏始祖世系生卒之签》记“陈欲得，字果仁，子克勤（陈洪），当隋唐纷争交替时期，征战频仍，在晋南淮北之河东一带，征战经年，且传在漳河附近之曲城（今河北西部曲阳，初唐名相魏征家乡）配魏征之妹魏箴为妻，卒葬云霄半征山”④。由于陈政有这段戎马生活，于是构成河东之说的主要缘由。

值得注意“河东”一词最早出在司马迁《史记·货殖列传》，书中说河东、河南、河内。夫三河天下之中，而唐代河东是一个区域名。唐代河东道为唐贞观十道，开元十五道之河东节度使设于唐开元十八年，可是林宝《元和姓纂》说“陈元光河东人”到底是指河东哪一个县呢？没有明确的说明，模糊不清。唐代设河东道据《元和郡县图志》记载其中有“河东县本汉蒲坂县地”，“州城即蒲坂城也”，“故陶城在县北四十里”，“故尧城在县南二十八里”。一些人将陈元光河东人定位在今山西运城市，显然是错

① 谢重光：《〈龙湖集〉的真伪与陈元光的家世和生平》，《福建论坛》（人文社会科学）1989年第5期。

② 《全唐文》卷322。

③ 清光绪《漳浦县志》卷14，《陈政传》。

④ 转引自贝闻喜：《陈元光原籍考》，《韩山师专学报》1991年第1期。

误的。

黄超云先生说："陈政父子原居河东（山西运城古名'河东'）。"① 根据史为乐《中国历史地名大辞典》（上）说：运城清政司盐城置，属安邑县。即今山西运城市。《清一统志·解州》之运城在安邑县东南。元至正间建。本朝初设盐政及运司以下等官。乾隆五十七年裁。嘉庆十二年移河东道驻此，兼管盐务。958 年为运城县驻地②。从以上看来"山西运城名河东"是没有根据的。根据《元和郡县图志》唐置河东道，有河东县，曰"河东县，本仅蒲坂县地也，属河东郡，隋开皇三年罢郡，县仍属蒲州。十六年移蒲坂县于城东，仍于今理别置河东县，大业二年省蒲坂县入河东县"。据刘纬毅《山西历史地名通检》，"蒲反县西汉置，属河东郡，新莽改名蒲城县，东汉称蒲坂县。故治在今永济县西二十五里蒲州老城"。《汉书·地理志》河东郡："蒲反，有尧山，首山祠，雷首山在南，故曰蒲，秦更名，莽曰蒲城。"应劭曰："秦始皇东巡见长城，故加反云。"孟康曰："本蒲也，晋文公以赂秦，后秦人还蒲，魏人喜曰蒲反矣，谓秦名之，非也。"③《后汉书·郡国志》河东郡，有蒲反县。《隋书·地理志》河东郡："河东，旧曰蒲坂县，以开皇十六年新置河东县，大业初并蒲坂入。"唐初魏王李泰《括地志》曰："河东县南二里故蒲坂城，舜以都也。城中有舜庙，城外有舜井及二妃土台。"（《史记·五帝本纪》）"舜饬下二女于妫纳"（《正义》引）。再据史为乐《中国历史地名大辞典》，"蒲坂县，秦置，属河东郡。治所在今山西永济市西南蒲州镇。西汉改为蒲反县。东汉复为蒲坂县。北魏为河东郡及泰州治。北周为蒲州治。隋属蒲州，开皇十六年（596 年）移治蒲州镇东，大业二年（606 年）废"。④

从以上记载看来今运城市在古代根本就没有河东之名，而古河东县名是在今山西永济县，所以历史上山西运城古名河东之说可以说是错误的。由于河东地名是泛指，没有确切的地理位置，所以后来明万历《漳州府志·陈元光传》记载："陈元光其先为河东人，后家于光州固始县"。

---

① 黄超云：《陈元光换姓新考》，《漳州职业大学学报》2003 年第 2 期。
② 史为乐：《中国历史地名大辞典》，中国社会科学出版社，2005 年版，第 1175 页。
③ 刘纬毅：《山西历史地名通检》，山西人民出版，1990 年版，第 208 页。
④ 史为乐：《中国历史地名大辞典》，中国社会科学出版社，2005 年版，第 2658 页。

三、固始县说

我们主张陈元光是固始人。在这里首先要解决一个问题就是一些反对此说的人认为：“固始县都找不到有关的可靠证据。作为一方之全史的《固始县志》只详载比陈元光之后的王潮、王审知兄弟入闽的问题，而未记载陈元光的入闽事迹，故不能说他是固始人。”① 此说是站不住脚的。《固始县志》明确记载“永嘉之乱，中原士族张、黄、陈、郑四姓入闽，闽人称之为固始人”。在这里陈姓自然是包括有陈元光在内。这里还有一问题就是现在新旧《唐书》没有陈元光传，所以使陈元光的籍贯产生很多问题，为何唐史不载陈元光传，宋洪迈《容斋随笔》卷1《唐平蛮碑》曰：“南蛮大酋长染浪州刺史杨盛顺为边患，明皇遣内常侍高守信讨之，拔其九城，此事新旧《唐书》及野史皆不载。”在这里，黄超云先生说“可见边远州县，讯息不通。唐代羁縻都护府、都督府、州、县四级，共八百多个，其军事、政刑、官吏，新旧《唐书》阙载多矣，岂止陈元光、高守信其人其事哉”②？此说很正确，在这里我们还可以从现保存的《元和郡县图志》一书佐证此说。唐李吉甫《元和郡县图志》原有图和志共40卷，图的部分在唐时就亡佚了。大体上保存42卷之数。宋以后目录亡佚，又缺第19、20、23、24、35、36卷。今天流传下来的只有34卷了。从中华书局点校后的《元和郡县图志》看，其中岭南道有的全缺州，而且其他州所保存所记的内容也都非常简略，可能是由于周边情况，因道路遥远，交通不便，信息不畅通，因此，陈元光在边区是一个刺史地方官，因此新旧《唐书》不立传，那是很自然的，不能因此就否认陈元光不是固始人。

一些人又认为：“明朝曾先后三次修纂《漳州府志》目前仅见万历志，万历《漳州府志》开始了伪造的过程，陈元光‘其先河东人，后家于光州之固始，遂为固始人’。万历《漳州府志》仍保留了‘其先河东人’尚不敢全盘否定前人的结论，但‘后家于光州之固始，遂为固始人’之说已出笼，

① 贝闻喜：《陈元光原籍考》，《韩山师专学报》1991年第1期。

② 黄超云：《陈元光换姓新考》，《漳州职业大学学报》2003年第2期。

伪造郡望初露端倪，自万历始，经明末、清至民国初，陈元光为河南光州固始人的伪造过程不仅完成，而且成了‘信史’。倘置前之说于不顾，而信千百年后的伪造实乃本末倒置。”①

以上说法我们看一下唐代漳州人潘存实所编撰的《陈氏族谱·漳南陈氏世系记》的记载，此著算是最早最详细的记载。曰：“漳南陈乃河南光州固始之世家也。……景文为汝南别驾……别驾有子曰伯绍，任合浦太守，有惠政于民，民像而祀之，即今廉州陈王祠是也。……公生四子，克耕者事□□为左玉钤卫大将军，传其子政，奉命戍闽，是为漳南望族陈氏之始祖。”唐欧阳詹撰《龙湖行状》曰：“公讳元光，字廷炬，号龙湖，行百五十三，光州固始人。”

潘存实其人，谢重光先生也承认是唐代人。他说：“所得唐代漳州登进士，明经科第者只有周匡业、周匡物、潘存实、谢翛数人。”② 因此，潘存实所记述陈氏世系应该是比较可靠的。唐欧阳詹的记述也是真实的。从这里可以看出说陈元光是固始人的说法不是伪造的，明伪造说是根本站不住脚的。

关于陈政戍闽和陈元光事迹，康熙甲子（1684 年）重修《漳州府志·宦绩》曰：“陈政，字一民，光州固始人，父克耕，从唐太宗攻克临汾等郡。政以从征功拜玉钤卫翊府左郎将归德将军。高宗总章二年，泉潮间蛮獠啸乱，民苦之，佥乞镇帅，以靖边方。”又说：“陈元光字廷炬，政子也。……年十三领乡荐第一。总章二年随父政领军入闽，父卒，代领其众。……进正仪大夫岭南行军总管。垂拱二年……伊建漳州……进中郎将右鹰扬卫率府怀化大将军，仍世守刺史。”明代何乔远所撰《闽书》叙陈元光及其父事迹略同，亦直书陈元光为“固始人”。

《颍川陈氏开漳族谱》已有陈克耕“世居光州固始县浮光山”及“陈元光十三岁领光州乡荐第一”的记载，而后《中国人名大辞典》和固始县志办公室编的《固始概况》均记陈元光为河南光州固始人。至今河南固始县

① 周贤成：《陈元光家世考》，《东南学术》1991 年 5 月。

② 谢重光：《〈龙湖集〉的真伪与陈元光的家世和生平》，《福建论坛》（人文社会科学）1989 年第 5 期。

的陈集乡还保留有陈将军祠，正堂上书“威镇闽粤尘净东南”。楹联：“开闽数十年烽火无惊称乐土，建漳千百载香烟不绝祀将军。”将军祠值得我们注意。跟随陈政入闽的府兵将中，表现较为突出的主要有许天正、李伯瑶、卢如玺、丁信等人，皆为固始人。

1. 许天正，字允心，号云峰。1938 年刊《福建通志》总卷 35《唐宦传》记载为“汝南人”是不确切的，道光《福建通志》卷 122《唐宦传》载为“固始人”应是正确的。

2. 卢如玺，固始人。入闽后兴建屯营于云霄修竹里，与陈元光、许天正等一起，开拓山林，为以后漳水之北建置漳州（治所在今福建云霄）奠定基础。

3. 丁信，固始人。通经术，喜吟咏诗，练达业务，陈政引为军咨祭酒。

4. 沈勇也是固始人。原名彪，字世纪，因作战勇敢唐高宗赐名勇，妇吴氏随行，初任军牒祭酒，漳州建置后，授司马分营将。①

5. 郑时中，固始人，妇史氏。初任府兵。据厦门大学图书馆《台湾马巷郑氏族谱》记载，称他为“大臣”并云：“陈将军（元光）趋闽，大臣郑时中随之，郑氏遂星布闽粤本。”《漳林郑氏族谱》手抄本，成于民国初期，原谱已失，后据原藏谱人郑仲章回忆整理②。

当时陈政率领了府兵 3600 多名，从征将副将许天正，营以下 123 员。陈元光以鹰卫将军身份，随同父亲陈政领军赴闽。根据康熙《漳浦县志》记载，当时跟从陈元光入闽的主要将士有“婿卢伯道，戴君胄，侄士李如刚，前锋将许天正，分营将马仁、李伯瑶、欧哲、张伯纪、沈世纪等五人，军咨祭酒等官黄世纪、林孔著、郑时中、魏有人、朱秉英等五人，府兵校尉卢如玺……十六人”③。以上列举的将领，很多都是固始人。在这里也可以证实际元光也应是固始人，不然不会带这样多的固始人入闽。

---

① 据泰国沈氏宗亲会编：《沈氏大宗祠一百周年纪念特刊》，《沈氏族谱》。

② 以上材料均见卢继定：《唐代中原移民漳潮的组织者和带头人陈元光》，《韩山师专学报》（社会科学版）1990 年第 8 期。

③ 俞北鹏、陈智超：《陈元光与闽南开发》，《韩山师专学报》1993 年第 3 期。

四、河南潢川说

最近有人写文章表示赞同《福建史志》总39期发表肖林同志《陈元光籍贯窥探》一文所作的结论“认为陈元光确切的籍贯是河南光州无疑”。又认为“光州——弋阳——潢川同为一地”得出结论认为陈元光原籍“在河南潢川县”。① 此说值得研究讨论。

史为乐《中国历史地名大辞典》明确指出，光山县“隋开皇十八年（598年）置，为光州治。治所即今河南光山县。大业初为弋阳郡治。唐武德三年（620年）为光州治。南宋绍兴二十八年（1158年）改为期思县，寻复为光山县。南宋末废。元至元十二年（1277年）复置。清属光州直隶州。民国初属河南汝阳道。1927年直属河南省。”

弋阳县，史为乐《中国历史地名大辞典》又指出曰：“西汉置，属汝南郡。治所在今河南潢川县西北十二里隆古集附近。三国魏为弋阳郡治。南朝梁普通八年（527年）改为北弋阳县。东魏武定七年（549年）复为弋阳县。治所移至今潢川县。北齐改为定城县。”可见弋阳县治所有很大变化，今潢川县地与古治所在今潢川县西北12里隆古集附近。

弋阳郡三国魏文帝置，属豫州。治所在今弋阳县（今潢川县西北12里隆古集附近）。辖境相当于今河南淮河以南，竹竿河以东，灌河以西地。南朝宋属南豫州。南齐属豫州。北魏属豫州。南朝梁普通八年（527年）属光州。治北弋阳县（今潢川西）。东魏武定七年（549年）治弋阳县（今潢川县）。北齐郡治弋阳县改名定城县。隋开皇初郡废。大业初复置，移治光山县（今河南光山县）。唐武德三年（620年）改为广州。太极元年（712年）还治定城县（今潢川县）。天宝元年（742年）复为弋阳郡，乾元元年（758年）改为光州。

从以上所叙述的光州、弋阳、潢川三个地名的历史沿革及其演变的过程来看，光州、弋阳、潢川应为三地。光州在西，潢川在今光山东北。怎么能将光山、弋阳、潢川说成一地呢？其间隋大业初治光山县，后又武德改为光

① 贝闻喜：《陈元光原籍考》，《韩山师专学报》1991年第1期。

州，太极元年还治定城县（今潢川县），天宝复为弋阳郡，乾元年间改为光州，这是名称的演变，但不能说光山、弋阳、潢川为一地。

根据唐《元和郡县图志》记载光山是因境内有山为光山而得名。“光山，名弋山，在县西北八十里”。而“定城县，本汉弋阳县，属汝南郡，自汉至萧齐，常为弋阳城，武德三年置豫州，领定城一县，贞观元年省，定城属光州”，“黄国故城，在县西十二里，春秋时黄国，后为楚所灭”。“古黄国地处淮水南岸，当今河南省之潢川。汉代为弋阳县，属汝南郡。清时属河南汝宁府光州境。有黄水流经光州，黄因水得名”。①

嘉庆重修《一统志》也说：“黄故城在州西十二里，春秋时黄阳。”“弋阳故城在州西，本汉县，属汝南郡”。“光城故城，光山县治，刘宋元嘉二十五年，以豫部蛮民立光城县”。又说“黄川故城，在光山县西南，后魏置黄川郡，治定安县，梁废入光州，《寰宇记》故黄州城在光山县南四十里，相传古黄国别都，以带黄水故名”。从以上看来，怎么能把光山、弋阳、潢川说成一地呢？其间名称虽然变迁，但是不能把光州、光山说成是潢川，一些人认为陈元光是光州人，是不很确切的，必须说是光州固始人。这样才是正确的。一些反对此说的人认为：“许多地方志都把陈的籍贯以光州和固始并提，实是不同的”。又认为：“光州，州名，南朝梁置，治所在今光城（今光山），唐太极元年（712年）移治定城（潢川县），唐大业及天宝至德时曾改光州为弋阳郡，元复光州，1914年改潢川县。”② 在这里应值得注意贝先生把光州说是州名，这没有问题应是正确的，但是州下面还管有县。从《元和郡县图志》地理书上看光州辖县管县五：“定城、殷城、固始、光山、仙居”。其中陈元光为固始人，不说陈元光为固始人，只说光州人，怎么能叫人了解陈元光的原籍是在河南哪里呢？光州的治所在历史上有变迁，但1914年改为潢川县，恐怕不确切。据史为乐《中国历史地名大辞典》“潢川县1913年改光州置，属河南汝阳道，治所即今河南潢川县。1927年直属河南府”。在此应注意两点，第一，年代是1913而不是1914，改光州置潢川县，是废除州，而不是将光山县改为潢川县，光山县仍然存在，民国初属河

① 齐文心：《商殷时期古黄国初探》，《古文研究》（第十二辑），中华书局，1985年版。

② 贝闻喜：《陈元光原籍考》，《韩山师专学报》1991年第1期。

南汝阳道，所以光山、潢川同属为河南道，是河南东南边上的两个重要交通枢纽，从来没有人把光山县叫潢川县的，光山县与皖、鄂邻省。历史上，把光山县与潢川混为一的说法是主张陈元光为潢川人的主要根据。潢川与光山历史沿革不同，光山从没有在历史上叫过潢川，潢川在历史上也没有叫过光山①。值得注意，潢川县武德年置弦州，乾元初为光州弋阳郡治定军。宋为光州弋阳郡光山军，南宋更名蒋州，寻复故，仍治定城，其治所在定城，并在今潢川县，因潢川县是1913年才设置的。

文献来源：2008年固始与闽台渊源关系学术研讨会论文，《固始与闽台渊源关系研究》，人民出版社2009年。

作者简介：陈昌远，河南大学历史文化学院教授。

① 可见《河南新志》（上册）（民国十八年），河南省地方史志编纂委员会整理重印。

陈、林、黄、郑四姓的入闽及其在闽台的兴盛

陈建魁

一

陈、林、黄、郑四姓都是起源于河南的姓氏，但是在当今福建和台湾人口中，陈、林、黄、郑四姓的比例要高于全国，更高于河南。这种局面的形成与中原陈、林、黄、郑四姓人口在历史上最早南迁入闽有极大的关系。

历史上，中原士民曾四次大规模南迁，而陈、林、黄、郑四姓为每次南迁都包括的姓氏，且是最早入闽的一批姓氏。陈、林、黄、郑四姓经过这四次南迁入闽，对当今福建、台湾人口姓氏特点的形成起到了举足轻重的作用。

西晋末年，中原士民第一次大规模南迁。唐林谞《闽中记》载，永嘉之乱，中原士族陈、林、黄、郑四姓先入闽。陈、林、黄、郑四姓为最早入闽四姓。南宋泉州晋江人梁克家撰《淳熙三山志》记载："爰自永嘉之末，南渡者率入闽，陈、郑、林、黄、詹、邱、何、胡，昔实先之……隋唐户口既蕃，衣冠始集。"其中也把陈、林、黄、郑列在最早入闽八姓的前列。乾隆《福州府志·外记》中引路振的《九国志》也有同样记载。今天中国大陆所形成的陈、林、黄、郑四姓在分布上南多北少的基本格局，其根源便是由此引起的。

唐总章年间，中原士民第二次大规模南迁。唐朝初期，陈政、陈元兴父子带兵入闽平定"蛮獠啸乱"，奉朝准建置漳州及属县。据统计，陈元

光父子入闽所带府兵将士与眷属共有 84 个姓氏，其中包括陈、林、黄、郑四姓。

唐代末年，中原士民第三次大规模南迁。唐朝末年，中原动乱，固始人王潮、王审知兄弟带领乡民义军入闽，除暴安民。昭宗诏授王审知福建威武军节度使。后梁太祖进封王审知为闽王。随从“三王”入闽，开发建设闽地的光州固始籍民 5000 多人。据《八闽祠堂大全》等资料记载，随从“三王”入闽的姓氏有 83 个，陈、林、黄、郑四姓也均在其中。

北宋末年，金军占领开封，中原士民第四次大规模南迁。在这次著名的“宋室南渡”过程中，大批皇亲国戚、官吏、平民向今天的浙江、福建、江苏、江西、湖南、广东等地迁移。陈、林、黄、郑四姓为官者与家属及四姓其他平民许多人迁至福建。

陈、林、黄、郑四姓经过四次入闽，尤其是第一次入闽，对福建人口姓氏特点的形成起到了关键作用。唐代这四姓的两次入闽，又对这四姓人口在福建的持续增长创造了条件。明清以后，福建人许多渡海入台。现在的台湾人有 80% 来自福建，这也使福建的姓氏人口特点带到了台湾。在福建和台湾，陈、林、黄、郑四姓中，陈、林、黄三姓均排在姓氏人口的一、二、三位，只有郑姓略有差异，福建的郑姓排第 7，台湾的郑姓则排第 13 位。在福建和台湾，有“陈林半天下，黄郑排满街”之说，就是闽台姓氏人口特点的生动写照。而在陈、林、黄、郑四姓的起源地河南，这几个姓氏所占的人口比例则大大低于福建和台湾，这就是历史上中原人南迁带来的后果之一。

下面是福建及福建三个城市排名前 10 位的姓氏：

福建：陈、林、黄、张、吴、李、郑、王、刘、苏。

泉州：陈、林、黄、王、李、吴、张、郑、蔡、苏。

莆田：陈、林、黄、郑、吴、张、李、杨、刘、蔡。

福州：林、陈、黄、郑、王、张、李、吴、刘、杨。

而台湾十大姓是：陈、林、黄、张、李、王、吴、蔡、刘、杨。

请看下表：

	陈姓	林姓	黄姓	郑姓
全国人口排序及比例①	5（4.63%）	17（1.07%）	7（2.48%）	21（0.9%）
全国人口排序②	5	19	7	21
河南人口排序③	7	89	18	20
福建人口排序及比例一④	1（11.06%）	2（9.4%）	3（5.5%）	7（3.3%）
福建人口排序及比例二⑤	1（11.51%）	2（10.17%）	3（5.64%）	7（3.25%）
台湾人口排序及比例 1（11%）	2（8%）	3（6%）	13（2%）	

因文章篇幅所限，本文不再对陈、林、黄、郑四姓的入闽及其在闽台的兴盛情况进行一一考证，而仅结合黄姓家谱所载，就历史上黄姓南迁及其在闽台的发展和兴盛情况略作考述。⑥

二

源于河南的黄姓是从中原较早南迁的姓氏之一。黄姓南迁之后，在福建获得了极大发展，并播迁台湾等地，使黄姓成为当今闽台名列前茅的大姓。

黄姓的主源有两支，均系以国为氏。一支出于金天氏少昊。上古时少昊的裔孙台骀被封在汾水（在今山西省汾水流域），其子孙后来分别建立了沈、黄等几个小国。其中的黄国在春秋时为晋所灭，黄国的子孙以国为姓，奉台骀为黄姓始祖。另外一支出于嬴姓伯益。伯益在虞舜时为东夷部落的首领，因帮助大禹治水有功，被舜赐姓嬴氏。相传伯益的后裔有 14 支，合称嬴姓十四氏。其中的黄氏商末周初在今河南潢川建立黄国。有的姓氏书中说

① 此为袁义达 2006 年版《百家姓》排列顺序及比例。

② 此为 2007 年 4 月公安部治安管理局根据对全国户籍人口的一项统计分析，排列出的新的《百家姓》中的数据。

③ 此为 2007 年 4 月公安部治安管理局根据对全国户籍人口的一项统计分析，排列出的新的《百家姓》中的数据。

④ 此为袁义达对福建 45 个县市进行抽样统计得出的数据。

⑤ 此为 2006 年 3 月 21 日《福建日报》报道的根据 2005 年福建 1% 人口抽样调查资料统计得出的数据。

⑥ 关于林姓自中原南迁的情况，可参看陈建魁、王大良：《中华林姓通史》，东方出版社，2002 年版。

这支黄姓是陆终的后代。陆终也是嬴姓，陆终的后代，受封于黄（今河南潢川）。公元前648年黄国为楚所灭，子孙以国为氏。查考古书，伯益是颛顼的玄孙，陆终也是颛顼的玄孙。因此，无论这支黄姓出于伯益还是出于陆终，都是帝颛顼的后代，属以国为氏之姓。而据何光岳先生《东夷源流考》，出处山西的黄国为河南黄水迁来的，因此。黄姓之根在河南的潢川。

源出台骀的黄姓，起初主要分布于山西一带，许多人在晋国任职。公元前6世纪中叶，在晋国的一次宗族斗争中，这支黄姓的代表人物黄渊被杀。此后，这支黄氏日渐衰落，而源出河南潢川的黄姓却一直子孙兴盛，当今绝大多数黄姓人都是这支黄姓的后裔。今河南潢川发现春秋时期黄国多件带有铭文的青铜器，如黄君簋、黄父盘、叔单鼎等，说明当时黄国文化已经达到相当水平①。

三

黄国灭亡后，有一部分黄国遗民仍然留在潢川故地。他们由原黄国王族沦为楚国臣民后，经过300年痛苦中的挣扎，终于获得一种新生，开始以普通平民族姓的身份去生产和生活，通过征战、仕途、经商、讲学等方式，重振黄姓宗族的声威。其余多散居今湖北省境，并仕于楚国，今湖北的黄冈、黄陂、黄安、黄梅等地名，盖因黄姓人迁居而得名。战国晚期，在异军崛起的黄姓家族中，黄歇家族即是这种奋发进取的新黄姓宗族之代表。宋人邓名世在《古今姓氏书辩证》中说："楚灭黄，其族仕楚，春申君黄歇即其后。"元代黄姓著名文人黄溍在《族谱图序》中也说："黄国为楚所灭，子孙仕楚者有黄歇。"各家黄姓族谱，也无不说黄歇是古黄国的后代，但关于黄歇的家世、生平、后裔情况，则各种传说不大相同。

太史公司马迁在《史记》中只说黄歇是楚国人，未指明到底在楚国什么地方，史称黄歇徙封江东，而故宅乃在黄，《广舆记》记载："黄歇宅即光州治"，清代于此设立春申镇。由此可见，黄歇是那支留居故地的黄国遗民后代。

黄歇最后挂印封侯，称雄诸侯，成为战国四君子之一。他官至楚相，封

① 刘佑平：《中华黄姓通史》，东方出版社，2000年版。

春申君，封地原在黄国故地淮北 12 县。后来黄歇改封于江东吴国故墟，即今江苏常州、苏州至上海一带。黄歇子孙众多，又散处各地，他们在政变后，确实有大部分被满门抄斩灭族，但也应有许多幸存者，他们或逃于外，或隐姓埋名，顽强地生存延续下来。据载，春申君的子孙，至少有五支幸存并传衍下来：一支为东吴派，如吉安双井谱所记的黄歇之子黄堂。第二支避乱隐居江夏县黄鹤乡，传说是黄歇长子黄尚的这一支，此支形成后来的江夏黄氏。第三支即迁居黔中府。第四支传说迁往中原阳夏。第五支为楚王熊捍一支，实为春申君的私生子。

有关黄歇的遗迹布于河南、安徽、上海、江苏、浙江、湖北等。除前面介绍的河南潢川春申君黄歇之墓外，湖北武汉有黄歇墓，安徽淮南有春申君墓，上海有春申君祠，江苏苏州有春申君庙，江苏江阴有君山、黄山，江苏无锡有春申涧，浙江湖州有下菰城遗址，湖北监利有黄歇口，湖北沙洋有黄歇村，这些遗迹和地名都与春申君黄歇有关①。春申群黄歇死后，黄姓的发展陷入低潮。但原黄国子民及春申君后裔一直在各地默默生存，至两汉时期，多支黄姓大族竞相迸发，开启了黄姓发展史上新的时代。黄极忠、黄霸、黄石、黄香、黄琼、黄盖、黄忠、黄宪、黄承彦等等，都是这些黄姓家族中的佼佼之士。

两汉黄姓大族多出于江夏郡望和淮阳阳夏郡望，淮阳阳夏黄姓的代表人物是“循吏”的黄霸。

黄霸，字次公，淮阳阳夏（今河南太康）人。大多数黄姓家谱都认为黄霸是春申君的直系后代，出自黄歇长子黄尚之子黄广。黄霸的后裔非常兴盛，分支众多，第五子黄刘一支留居于淮阳阳夏，一支分居陕西云陵（今淳化），另一支徙居杜陵县（今陕西西安东北），还有一支则在其封地建成侯国（今河南永城市）居住，也有一部分居住在他的成名之地颍川（今河南长葛市）。史载，黄霸“子孙为吏二千石者五六人”，可见黄霸的后裔，不仅人丁兴旺，而且家族荣显发达。东汉时期，汝南慎阳黄氏因出了个才倾天下的大才子黄宪而名扬于世。据多种族谱记载，汝南黄宪家族是淮南黄霸的后裔分支，出自黄霸八个儿子中的第二子黄宏一支。

---

① 陈建魁:《中国姓氏文化》，中原农民出版社，2008 年版。

四

关于黄姓的郡望，魏晋门阀制度初兴之时，黄姓的郡望已有江夏、会稽、零陵、巴东、西郡、江陵、晋安等七八个之多。

隋唐时期，随着世家大族的衰落和门阀制度的变化，黄姓的郡望也有变化。总计自魏晋至宋代黄姓的郡望共有江夏郡、会稽郡、零陵郡、巴东郡、西郡、江陵郡、洛阳郡、晋安郡、濮阳郡、东阳郡、松阳郡、南安郡等12个。

在黄姓历史长河中，地位最尊，影响最大，族姓最繁的宗族，无可争辩地要推汉魏之世的江夏黄氏。这支黄姓宗族世居江夏安陆（今湖北云梦东南），代为冠族。至孝子黄香，才倾天下，黄琼、黄琬，位至三公，名震宇内。时人誉称“江夏黄氏，无下无双”。今天海内外数千万黄姓子孙，都无不追宗江夏，认江夏为黄姓的郡望与发源地。

江夏黄氏虽然在东汉时期即已形成，但江夏黄氏为天下所知还要归功于黄香，所以当今黄姓人多以黄香为江夏黄姓始祖。几乎所有的族谱不约而同地认为黄香的江夏黄氏是西汉丞相黄霸的后裔分支。黄香传记见于《后汉书》、《东观汉记》、《楚国先贤传》等书，他被尊为后世天下黄姓江夏大始祖。

五

随着江夏黄氏宗族的繁衍壮大，家族中一些富有开拓性的优秀子孙，便离开家园故土，到异地去另谋新的发展。汉魏之际的南阳黄氏，便是较早从江夏黄氏中分离出来的一支。

南阳黄氏的开基始祖为黄琼的长子黄守亮。邓名世《古今姓氏书辩证》称：黄子廉，名守亮，为尚书令黄香之孙。黄守亮官任南阳太守，他的家室也随迁至此，子孙落籍南阳，遂形成后来的南阳黄氏。

黄忠死后被追谥为“刚侯”。其子名叫黄叙，很早就去世了，因此没有后代。

黄忠弟弟黄赍生两子：长子和璞，次子自溟。黄自溟徙居豫章南昌县洗马池，临终时对诸子留下遗言，称丰城山清水秀，死后要葬在这里。黄赍死后，子孙果遵遗嘱将他葬在江西丰城，并徙居此地以守墓庐，后裔遂繁衍成今江西丰城黄氏的一支。黄赍长子黄和璞则继续留居南阳。黄和璞生一子黄觉，字先和。黄觉的子孙，在南北朝时的大动乱中也多迁居江南。

南阳黄氏是江夏黄氏最为著名的分支，由南阳黄氏产生出来了零陵黄氏，另外，淮南的黄祖家族也是南阳黄氏的分支之一。

今河南南阳有黄忠故里，位于河南南阳市宛城区新店乡夏晌铺村，现有“季汉后将军刚侯黄忠故里”石碑一通，此外，还有演武厅、饮马池、灌花井等遗迹。

据《三国志·黄盖传》注引（吴书）：“（黄盖）故南阳太守黄子廉之后也，枝叶分离，自祖迁于零陵，遂家焉。”可见，黄盖是后汉南阳太守黄子廉之后，而黄子廉则是南阳黄氏开基始祖。这就说明，江夏黄氏分支南阳黄氏枝大枝茂，从中分出了零陵黄氏，而零陵黄氏的代表人物就是三国吴名将黄盖。”

六

汉代以后，主要由于任官的原因，黄氏分别向大江南北迁徙，北迁至河南固始、南阳等地，南迁至江西、湖南、四川等地。西晋末年，是中原人南迁的一个高潮，由于“八王之乱”、“永嘉之乱”、“苏峻、祖约为乱于江淮”，中原人结族南迁，到达闽、粤等地。

关于晋末黄姓人南迁，有这样一个传说。

五胡乱华，中原残破，干戈挠混，民不聊生。有黄姓弟兄数人，各自逃难时，分其祖产后，剩一大锅置于灶上，不宜分享，怎么办？老大提议给幺兄弟，因其年幼，应予关顾。老幺不接受，并说大哥年高，维持家业，辛苦劳累，应该由老大享受。相互推让，一不小心，大锅掉地，“当”的一声，破成数块，众兄弟均叹惜不已。大哥感叹曰：“釜破不能复圆，正像我们兄弟逃难各奔东西一样，此乃天意。”虽成碎片，乃是先祖血汗之物，不能丢弃，各捡一块为纪念，有捡边者，有捡底者。故有得边者为“锅边黄”，得底者为“锅底黄”之谣传。

黄氏也是从晋代开始大批入居福建。《闽中记》载：“永嘉之乱，中原士族林、黄、陈、郑四族先入闽。今闽人皆称固始人。”《闽书》载：“永嘉二年（308 年），中原板荡，衣冠始入闽者八族，所谓林、黄、陈、郑、詹、丘、何、胡是也。”关于“八姓入闽”的史实，台北县深坑乡《黄氏族谱》称：世居光州固始。至晋，中州板荡，南迁入闽，固始黄氏族人黄元方，为官晋安太守，后定居福建，成为福建历史上最早的黄氏望族——晋安黄氏。据说，后来的莆田黄氏、侯官黄氏等，都是黄元方晋安黄氏的后裔。谱志所载，不但与西晋末年中原士民南迁的史实相吻合，而且移民的时间与当时福建设置“晋安郡”的时间也是一致的。

还有黄姓族谱称：当时河南光州固始有个黄舜夫，其子叫黄道隆，为避乱由光州入闽，初居仙游，后居泉州。不久，北方稍为安定，道隆又回光州，后来动乱，他的孙子元方与大批游民入闽，居福州乌石山，即今日的黄巷。黄元方为开闽黄氏始祖。

当然，诸姓入闽并非始于永嘉之乱，而是在此之前。王充《论衡》云：“越在九夷……今皆夏服，褒衣履舄。”这就是说，在东汉时期，闽越人已经开始汉化。《三国志·吴书·贺齐传》记载，东吴第一次出兵闽中之时，福建豪强詹强、何雄的武装力量大到足以抵抗孙家军。其时福建居民结构已是汉越交融，以汉为主。地方志书也对永嘉之乱以前汉人入闽有详细记载。例如《惠安县志》载：“锦田黄氏，泉之世家著姓。始祖隆公，为东汉会稽令。东汉末乱甚，于建安，弃职避世入闽。”又云：“黄兴，吴孙权将也，与妻曹氏入闽，居邑之凤山。”

莆田黄氏是黄姓中著名支系。黄氏族谱称，黄知运、黄元方父子是晋安黄氏和莆田黄氏的开基始祖。黄知运在两晋之际任永嘉（今浙江温州市永嘉县）太守，有子黄元方（即黄彦丰），任晋安（今福州）太守。因为当时中原战乱频繁，于是在晋怀帝永嘉二年（308 年），举家入闽，卜居侯官乌石山，黄知运也随了入闽。史称黄元方“历官廉明，政尚慈惠，封开国公”，他“资质异人，轩秀魁梧，博览群籍，工草书，尝以道学倡闽，有万卷书楼在榴花洞”。黄氏在福州建万卷书楼，因号其楼曰“黄楼”，号其巷曰“黄巷”（今福建省福州市东街口南后街）。黄元方（字彦丰）因此成为晋安黄氏入闽始祖。这支黄氏，到唐朝初年，又分出两大支：一支由黄元方第11世孙黄崖迁居泉州，后裔形成著名的泉州五安黄氏，又称紫云黄氏。这支黄氏在唐中期出了一个著名的人物，就是捐建福建开元寺的黄守恭。

黄元方后裔中的有人由福州迁泉州，至唐朝渐显。黄守恭为巨富，名闻遐迩，人称黄长者。他一生乐善好施，曾献桑园宅建开元寺。现在守恭子孙，都以开元寺中的檀越祠为祖字，“紫云”为堂号。相传黄守恭献宅建寺后，为了让子孙开拓发展，将五子分居五安：长经居南安，次纪居惠安，三纲居安溪，四伦居同安，五纬居诏安，称为“五安黄”。历经1300余年，如今紫云后裔，广播闽、浙、赣、粤、港、澳、台，并侨居海外新、马、泰、菲、印度尼西亚、欧美等地，瓜瓞绵长。

另一支由黄元方11世孙桂州刺史黄崖迁居莆田涵江区黄巷村，后裔形成著名的莆田黄氏。莆田黄氏为黄氏望族，自唐至清出有进士250余人，传下派系有前、后黄，东里黄，巩溪黄，广东南雄朱玑黄（岗州派）等，人口达数百万。莆田黄氏因产生了唐末著名学者黄璞、黄蟾、黄滔，而成为最早繁荣发达的福建黄氏宗支。莆田黄氏在宋元明清时期也十分辉煌，出现了黄公度、黄仕俊，黄凤翔、黄锡兖等名重一时的人物。

广东深圳最早的黄姓居民也是在晋代南迁的。据清代《新安县志》的记载，黄舒被奉为宝安黄姓始祖。黄舒之父辈在晋代时迁至宝安县。黄舒服侍双亲全面体贴入微。后双亲去世，黄舒守孝三年，孝感天地。黄舒的孝名传出后，宝安县里的人将他比作春秋时孝子曾参，他居住的地方也称为“参里”（今沙井中学一带）。他的事迹经过当时的宝安县令上报朝廷，晋帝钦旌他为孝子，死后祀为乡贤。如此一来，黄舒成了古代深圳最早成名之人。

据资料记载，黄舒子孙众多，今深圳黄姓大都是他的后裔，黄姓也是目前见载最早开发深圳的姓氏之一。现在福田沙头上沙村、上默林村、福田村、南山北头村、宝安上合村等黄氏的历史都和黄舒有关。今广东东莞市有黄孝子特祠。黄孝子即晋朝黄舒。黄舒尽孝的事迹后来受到官府的旌表赞扬。后人建立祠庙，把黄孝子作为神来祭祀。明代大剧作家汤显祖还撰有《东莞县晋黄孝子特祠碑》。

七

唐代以后，由江夏黄氏分出的金华黄氏与邵武黄氏名震天下，开辟了黄姓历史的新篇章。

唐代期间，曾有两次中原人口大规模南迁。一次是高宗总章年间，陈政、陈元光父子入闽。

据学者研究，随陈政、陈元光父子入闽者有中原将士及家属近万人，分属 84 个姓氏，黄氏即为其中之一。台湾《紫云黄氏历代世系表》亦有这方面的记载：有名黄守恭者，于唐高宗总章年间随陈政、陈元光入闽，垦荒致富，其子孙蕃昌兴旺，成为闽南大族。

一次是唐末王潮、王审知入闽。唐僖宗光启元年（885 年），寿州人王绪率农民军攻陷光州，固始东乡人王潮、王审知奉母董氏率乡民 5000 人从义军入闽。据《台湾省通志》，这数万人有 27 姓（后人考证为 34 姓），其中有黄姓。中原黄姓特别是固始黄氏纷纷渡江南下入闽，前往投奔。如宋人黄椿，其祖先“光州固始人也，五季之乱，从王审知入闽为判官，因家焉。后析而为三：一居福清之嗒林，一寓闽邑之黄巷，一居长乐北乡之黄垅”。再如黄振龙，“九世祖自光州固始从王氏入闽，因仕焉居，言路有直声，后迁至中丞”。据宋人何澹《黄公（永存）墓志铭》记载，福建邵武峭山派始祖黄惟淡，也是唐末从光州固始徙邵武的，河南光州固始，是黄氏入闽的一个重要“源头”或途径。唐末，洛阳人黄子棱随父入福建，事后梁太祖朱全忠义子，累官侍御史，后避乱居于建阳之东。今福建建阳西南有考亭。相传为五代南唐时黄子棱所筑，以望其父（考）墓，因名望考亭，简称考亭。南宋朱熹晚年居此，建沧州精舍。宋理宗为崇祀朱熹，于淳祐四年（1244 年）赐名考亭书院。此后因以“考亭”称朱熹。

魏晋隋唐时期，黄姓给人的总印象是处于运动之中，经过这一时期的蛰伏之后，将是黄姓的繁荣，后来极为荣耀的金华黄氏与邵武黄氏都与这一时期黄姓的南迁有关。

金华黄氏的开基祖是东晋人黄苾，黄香第 10 代孙。

江夏黄氏自始祖黄香之后，传到第九世时，有黄积者，曾任新安太守，在晋室南迁之时从江夏迁至新安郡歙县黄家墩（今安徽省歙县黄墩）。东晋初年，新安始迁祖黄积的次子黄苾又徙居婺州金华府浦阳县开基，后裔形成江夏黄氏的最大分支之一金华黄氏。金华黄氏的主要散播地为浙江、江西一带，而邵武黄氏则广播福建各地。

八

邵武黄氏根在固始。邵武黄氏是与金华黄氏齐名的黄姓巨族。邵武黄氏有许多支，最初都是由江夏北迁至中原光州固始，然后再折而向东，于晋末及隋唐之时再迁居于福建邵武。

如果说东汉时期黄道隆入闽只是黄姓入闽的开始，那么两晋之际则是中原，特别是固始黄姓迁入福建的第一个高潮。据记载，这次中原士族入闽浪潮中，有多支黄氏入闽，而其中落籍邵武的也有黄裳一支。

黄裳，字以绣，号锡传，是固始始祖黄侃7世孙。黄琬之子黄侃自湖北江夏迁入固始。黄侃6世孙黄必福在晋室东渡后，亲自进京献策，请求恢复社稷之计。得到晋元帝赏识，被任命为江州刺史，后屡建战功，死后封为平远侯。他育有三子，即裳、张、聪。黄裳，于两晋之际为避战乱，率领家庭迁入福建邵武县禾坪乡鹳薮林（即邵武市和平镇坎头村黄家林），成为福建邵武禾坪黄氏的一支开基始祖。据说后世峭山派就是其后裔。

邵武黄氏发展至第22世孙时，出了中国黄姓历史上最富有传奇色彩而至少仍为黄氏族姓家喻户晓的大始祖黄峭山公。今日，无论是台湾、港澳、国外还是大陆各地的黄姓，绝大多数都自称是峭山公的后裔。

九

在唐代，从河南固始进入福建邵武的主要有两支：一为黄惟淡后裔峭山派（禾坪黄氏），一即黄膺派（邵武仁泽派）。黄惟淡原籍河南光州固始，后带领家族随王潮、王审知兄弟迁徙至福建，初居建州浦城（今福建浦城），不久迁居邵武，占籍邵武平洒乡（今邵武市水北乡旧县村），成为后世闻名的邵武黄氏一派始祖。邵武黄峭派《禾坪黄氏大成宗谱》载，为海内外黄姓万派共宗的邵武黄氏大显祖黄峭山，是邵武黄氏始祖黄惟淡之孙。

邵武仁泽派黄氏入闽始祖黄膺，也是与兄长黄敦一起随王潮、王审知兄弟领导的农民起义军入闽的。建立闽国后，兄长黄敦移居闽清盖平里凤栖山，成为虎丘黄氏入闽始祖，弟弟黄膺初居长乐青山，成为青山派黄氏入闽始祖，后迁居邵武仁泽，又成为邵武仁泽派黄氏入闽始祖。

唐朝末年，黄敦带着弟弟黄膺参加王潮、王审知领导的农民起义军进入福建。弟弟黄膺奉命率部镇守今邵武、顺昌断后，哥哥黄敦随王审知率领的一支农民起义军从河南一路南下，转战到福建，最后攻克福州，并在福州建立闽国。后来人们把留在闽北的弟弟黄膺后裔这一支称作“江夏黄”，将后来迁居到闽清的黄敦后裔这一支称作“六叶黄”。闽国建立后，黄敦辞官归隐，隐居在闽清县塔庄镇秀环村凤栖山，结庐躬耕，生有六子：黄宗、黄礼、黄凝、黄勃、黄启、黄余，世称“六叶”。闽清六叶祠就是六叶后裔为缅怀入闽先祖黄敦“筚路蓝缕，奠定基业”伟绩所立，该祠位于闽清县坂东镇干上村松柏林下。

由于战乱、经商、致仕等原因，六叶后裔从唐末五代十国始，就开始从闽清纷纷外迁全省和南方各省各地，有的还漂洋过海迁移到台湾、潢港、东南亚和世界各地。这在宋朝时尤为显赫，黄裳、黄洽等为其显者。近代民主主义革命家黄乃裳，甲午海战中牺牲的民族英雄、“致远”号副管带黄乃模等，也是六叶后裔。

黄峭山，为海内外黄姓万派共宗的邵武黄氏大显祖。其名，其事，虽不见于经传史志，但在黄氏族人中、在黄氏家乘中，他事迹独特，名望尊显，流传久远，几乎无人不知，无人不晓。

据禾坪谱，黄峭山是唐末五代人，是邵武黄氏始祖黄惟淡之孙。黄惟淡学富五车，传说他以五经教子，五子各通一经，时人因称他为“黄五经”。其第三子黄知良由邵武平洒乡分居邵武禾坪乡（今邵武市和平镇坎头村），成为邵武黄氏禾坪分支的始祖。黄知良曾任贵溪县令（今属江西），生有五个儿子，长子就是黄峭山。黄峭山名黄峭，字峭山，又名岳，字实登，号十郎。

而据宝安坪山谱和鹳薮谱记载，黄峭山是固始入闽始祖黄裳的第 22 世孙，父黄锡，祖父黄贵华。黄峭山，名岳，字仁静，号青岗，又名峭，号峭山。

黄峭山于唐懿宗咸通十三（871 年）农历四月十五日生于邵武禾坪里鹤薮，卒于后周广顺三年十一月初十日（953 年），享年 82 岁。

黄峭山娶妻三位，三位夫人各生七子，其后繁衍出 100 个孙子，13 个孙女，334 个曾孙，116 个曾孙女。随着邵武黄氏黄峭山公家庭的迅速发展壮大和人口的急剧繁殖增长，分家逐渐提到议事日程。

五代后周广顺元年（951 年）正月初二日，正处在新春佳节的喜庆之时，年已 80 岁的黄峭山公置酒备席，广邀亲友，大宴宾客。席间，黄峭山公将 21 房子孙召集齐全，并当众宣布了一个重大的决定：将黄家数十代积累的祖产——铜钱 80 万贯，金银 800 余两，一并均分为 21 份，除官、吴、郑三位夫人名下各留长子一房奉养老母外，其余 18 房子孙，不许恋此一方故土，令其各自信步天下，择木而栖。今黄峭山 21 房子孙徙居之地遍及福建，也有在江西等地者。

邵武黄氏有许多著名分支，宁化客家黄氏即是其一。

宁化客家黄氏是黄峭山的支裔，其开基始祖是黄峭山的第九子黄化。嘉应州即今天广东省的梅州市一带，是全国著名的桥乡，也是当今客家人最为集中的地区，被誉为客家之乡。据黄氏族谱记载，嘉应客家黄氏是宁化客家黄氏的一个重要分支。

嘉应州黄氏自始祖黄僚传十余代到明朝末年，有裔孙名叫黄文蔚，又从梅州分出，定居于嘉应州城东攀桂房，称为攀桂房人，以别于嘉应州黄氏。攀桂房黄氏后来出了一位非常杰出的人物，他就是中国近代史上著名的诗人、思想家和外交家黄遵宪。

明代有大儒黄道周，是宁化客家黄氏开基祖黄化的后裔。黄遵宪是宁化客家黄氏分支攀桂房黄氏始祖黄文蔚的第 8 世裔孙。

十

北宋末年，中原人随高宗南迁者众多，其中也有黄姓大族。

据民国《川沙县志》卷 2《户口志》记载，川沙黄氏始祖黄彦，字符一，宋南渡时为康王府侍卫亲军。随驾至浙江临安。致仕后，黄彦隐居嘉定之滕阳，再迁青浦县。历六世至黄文明，昆仲三人，文明居长，今高行宗祠即奉其为始祖。又八传而至黄学禄，与兄侍泉同迁上海高行镇。黄文明 18 世孙黄典谟，即黄炎培的祖父，清光绪初年迁居川沙城厢“内史第”，是为黄氏川沙城厢支始祖。居今川沙高行镇东北的一支，为黄文明 19 世孙黄琮的后裔。黄氏另有一支则迁居九团。

黄氏今已发展成为上海市的大姓，居全市第 8 位。浦东新区（即川沙县）黄氏为第 4 大姓，以黄姓为地名的有黄家浜、黄家宅、黄家湾、黄家楼、黄家竹园等等。现浦东高桥地区，黄姓人数居首位。民国时期民主人士黄炎培就是川沙黄氏后裔。

十一

黄姓由闽入台多在明清时期。

今台湾台北有黄氏大宗祠，位于台北淡水潘湖渡头村。据福建《金墩黄氏宗谱》记载，晋江黄姓系唐开国公黄岸之裔。黄岸裔孙黄光渊等于清康熙年间到台北淡水潘湖渡头定居，被认为是该地黄姓之始祖。在康熙到嘉庆的 158 年间，晋江潘湖黄姓就有 3 万人迁居台湾。

福建石狮市宝盖镇塘后村是有名的黄姓村落，塘后黄姓为唐代黄守恭的后裔，号称“紫云衍派”，约在南宋时期就迁居此地。清代，石狮先民大量迁居开发台湾，据《黄氏家谱》记载，早在 300 多年前的清康熙年间，塘后村黄姓中一位名叫黄钟的元祖就是其中的移民之一。此外，在台湾经商并定居的还有生于 1733 年的黄廷佛、生于 1742 年的黄廷文等支派，他们主要聚居在台南、彰化、淡水、新竹等地。在清代正式开放与鹿港对渡后，更多人迁居台湾，他们不仅保留祖籍地使用的“辈分排行”，还把老家敬奉的“集福堂”信仰文化带入台湾，并集资在台南建造庙宇。为了表明一本同源之情，直接使用老家“集福堂”的名称，即现在的“集福宫”前身。集福宫位于台南市西区信义街 83 号。

台湾移民大部分从闽迁出，《福建省志·人口志》指出：“宋代以前，以北方人口迁入为主，宋代以后逐渐变为向国外和台湾省迁出人口为主。”1953 年台湾户籍统计，户数在 500 户以上的 100 个大姓中，有 63 个姓氏族谱记载其先祖来自河南固始，其人口共 670512 户，占当年台湾总户数 828804 户的 80.9%。1955 年台湾史学家陈绍馨在《台湾的人口变迁与社会变迁》中指出："福建移民多以菲马与台湾为其目的地，故至今台湾与菲马之华人百分之八十籍贯属福建省。"1979 年台湾公布，全台 1740 万人中汉族共 1710 万人，占 98%，其中 80% 是由福建去台湾的河洛人。

黄姓今已遍布台湾各个地方，目前，台湾的黄姓人接近 180 万人，约占台湾人口总数的 6%，是岛内仅次于陈姓（占 11%）和林姓（8%）的第三大姓。与福建黄姓占其总人口的比例（5.5%）近似。

文献来源：2008 年固始与闽台渊源关系学术研讨会论文，《固始与闽台渊源关系研究》，人民出版社 2009 年。

作者简介：陈建魁，河南省社会科学院历史与考古研究所副研究员。

李姓的起源及其向闽台地区的播迁与壮大

李龙海

一、前　　言

李姓是中国人口最多的姓氏之一①。同时也是客家第一大姓，全球华人第一大姓。目前李姓主要集中分布于我国的华北、西南、东北地区。另外，西北地区也有大量的李姓。从省别来看，李姓主要集中在河南、四川、山东，三省李姓人口分别占全国李姓总人口的10.8%、10.1%和8.3%，其中河南李姓人口即占该省总人口的10.2%；其次李姓还多分布于河北、广东、湖南、湖北，这四省李姓人口又分别占全国李姓总人口的6.7%、5.8%、5.6%、4.9%。以上七省的李姓合计占全国李姓总人口的52.2%。另外，东北三省的李姓人口也占了全国李姓总人口的10%②。除以上分布集中地区外，全国其他地区也分布着相当多的李姓人口。由此可见，李姓不仅人口众

---

① 中国科学院遗传研究所研究员袁义达依据1982年第三次全国人口普查抽样资料统计，指出李姓是当时中国人口最多的姓氏，当时李姓人口已达9500余万，约占全国人口的7.9%（详见袁著《中国姓氏：群体遗传和人口分布》，华东师范大学出版社，2002年版，统计数据不包括少数民族）。2006年，在国家自然科学基金姓氏研究项目的支持下，中国科学院遗传与发育生物学研究所与深圳市鼎昌实业有限公司历时两年对中国人姓氏进行了一次大规模调查。调查结果显示，李姓人口已超过1亿，占我国总人口的7.4%。虽然在总人口中所占的比例所有所下降，但是李姓仍为第一大姓，比第二位的王姓多200多万人。而2007年公安部治安管理局根据对全国户籍人口的统计分析后，公布的数据则是李姓是中国第二大姓，有9207.4万人，占全国人口总数7.19%，略低于第一人口大姓王姓。

② 参见袁义达：《中国姓氏：群体遗传和人口分布》，华东师范大学出版社，2002年版。

多，而且在全国分布集中且又极其广泛。由大量的方志及各地李氏族谱的记载可知，李姓支系纷繁，但皆言出自陇西，其姓氏的起源又可追溯至中原地区①。这些分布在不同地区的李姓，其先辈们就是从中原走出，并在经过了一个相当长的历史时期后，辗转播迁至目前所生活的地方。所以，要全面研究李姓的播迁是一项宏大而又艰苦的工作，非一人之力亦非短时期内即可完成的。借固始与闽台渊源关系国际研讨会召开之际，本文仅对李姓的起源（包括唐以前李姓在中国北方的播迁）以及李姓族群向闽台地区的迁徙、发展与壮大作一探计，以就教于方家。

二、李姓的起源及唐以前李姓在中国北方的播迁

学界关于李姓的起源主要有两种观点：一为李姓源于嬴姓说；一为李姓源于老姓（氏）说②。

1. 李姓源于嬴姓说

据《新唐书·宗室世系表》载："李氏出自嬴姓，帝颛顼高阳氏生大业，大业生女华，女华生皋陶，字庭坚，为尧大理。皋陶生益，益生恩成，成虞夏商，世为大理，以官命族为理氏。"又据《史记正义》引《帝王世纪》云："皋陶生于曲阜。曲阜，偃地，故帝（舜）因之，而以赐姓曰偃。"皋陶长子伯益"为舜主畜，多，故赐姓嬴氏"。《说文》："嬴，帝少皞之姓也。"段玉裁《注》说："伯翳嬴姓，其子皋陶偃姓。偃、嬴，语之转耳。"③ 郭沫若也指出："皋陶是偃姓，伯益是嬴姓。偃、嬴，一声之转，是

---

① 历史上还有李姓的其他起源，如少数民族改姓，三国时，诸葛亮平哀牢夷后，就曾赐当地一些少数民族为李姓，另后魏有代北鲜卑族复姓"叱李"氏，后改为汉字单姓"李"氏。又有赐姓，如唐朝，李姓为国姓，唐初的开国元勋诸将功臣多赐姓李。不过，这些观点均较李姓源于嬴姓说为晚，且影响小。同时，这些或改姓或赐姓后姓李的人群，他们在族源上也会攀附于正统的李姓源于嬴姓，起于中原的观点。

② 严格说来，先秦时期（至迟在战国中晚期以前），姓与氏是两个截然不同的概念。姓强调的血缘，氏可以地名、官职等命名，同一姓下可有诸多不同的氏，且男子是称氏不称姓的，所以，不论称"理"或"李"只能是氏，而非姓。秦汉以降，姓氏合称，但因后人不察，误将先秦时期的氏视为姓。

③ 伯翳乃为皋陶子，这是段氏的错误倒记。

从两个近亲氏族部落发展下来的。”① 嬴、偃通转，除段、郭二氏所举例证之外，近年出土的马王堆帛书和阜阳汉简又提供了力证。《诗经·邶风·燕燕》中“燕燕于飞”之“燕”，帛书《五行》引作“婴”，阜阳汉简《诗经》作“匽”，燕、匽、偃声韵俱同，燕、匽、婴通用，是偃、嬴通转的最好旁证，故偃、嬴同宗不同姓。若依《新唐书·宗室世系表》说，李姓起于皋陶，则源于偃姓才更符合历史的真实。

皋陶在尧舜时担任掌管刑狱的理官，其子孙世袭了“大理”职务，并以官为氏，称为“理氏”。而理氏改为李氏又有两种说法：一说是《新唐书·宗室世系表》的记载，商代末年，皋陶后代理征因直谏于纣，被赐死，其妻陈国契和氏带着儿子利贞逃难于伊侯之墟，当时又饥又渴，见一树李子，便采来充饥，为了报答李子的救命之恩，也为了不忘这段蒙难的历史，遂改氏名“理”为“李”，李利贞从此就成了李姓的得姓始祖。一说李氏是始于李耳称姓的。据《姓氏略考》载，周之前未见有李氏，李耳为利贞的后裔，因祖上世代为理官，理、李两字古音相通，便也以李为氏。

2. 李姓源于老姓（氏）说

唐兰先生认为：“据当时人普通的称谓，老聃的老字是他的氏族的名称，因为当时称子的，像孔子、有子、曾子、阳子、墨子、孟子、庄子、惠子以及其余，都是氏族下面加子字的”，又言：“老聃在古书中丝毫没有姓李的痕迹。”② 高亨先生也说道：老、李一声之转，老子原姓老，后以音同变为李，非有二也。高亨从《老子》一书中引大量语句，证幽部、之部间韵通谐，并进一步指出：“老、李二字其声皆属来纽（即声母为l），其韵又属一部，然则其音相同甚明，唯其音同，故由老而变为李。”③ 依唐兰、高亨等人的说法，李姓不是由理姓演化而来，而是源于老姓。另今鹿邑老子故里太清宫附近有老庄乡，村人多姓李，也可作李姓源于老姓（氏）的旁证④。

---

① 郭沫若：《中国史稿》（第一册），人民出版社，1976 年版，第 114 页。

② 唐兰：《老聃的姓名和时代考》，《古史辨》（第四册），上海古籍出版社，1982 年版，第 332、333 页。

③ 高亨：《老子正诂》，《高亨著作集林》，清华大学出版社，2004 年版。

④ 王剑：《李姓源起考索》，《寻根》2003 年第 3 期。

关于李姓起源的两种观点中，第二种说法较之第一种说法更侧重于学术方面的探讨，论证也更有说服力，但起源早且影响最大，并被李氏族谱所认可的则是第一种说法。不论李姓源于嬴姓还是老姓（氏），在李姓的起源地域上，两种观点均无歧义，都认为是源于中原，尤其是豫东的鹿邑。

据《古今图书集成》载，李利贞亦娶契和氏女，生昌祖，为陈大夫，家于苦县，生彤德。彤德曾孙硕宗，周康王赐采邑于苦县（今河南鹿邑）。又据《元和姓纂》，李利贞第11世孙就是道家学派的创始人老子——李耳，而李耳也出生在苦县①。可见商末至东周的200年间李氏一直居住在豫东。

据《李氏族谱》记载，李耳九世孙李昙生四子即崇、辨、昭、玑。李崇是秦时的陇西守，封南郑公，成为陇西房的始祖。后陇西房分为39房，李崇子孙以陇西为基地自此繁衍生息，建功立业，根深叶茂。四子玑为赵郡房，成为赵郡的始祖，赵郡房分为东、南、西三组，李玑的幼子李齐为辽东李氏始祖。

西汉时期，老子的后裔有一支已迁往今山东境②。另根据相关史料记载，大约自东汉开始，有李氏族人陆续徙居西南，分布于川、滇一带，其中有的融入白、苗、壮、彝 、满、回、土家、纳西等民族中。魏晋南北朝时，李氏已是全国的大姓，李与崔、卢、郑并称中原四大名门望族。不过，综合史料来看，在唐以前李姓主要是在北方播迁、发展。

三、唐以降李姓由北方向闽地的迁徙

唐王朝建立后，李姓被奉为国姓，这是李姓的大发展时期，表现在李姓人口规模的急剧扩大，以及李姓人口或因分封或因北方战乱而向南方的迁徙。李氏入闽，即始于唐代。北方的李姓向闽地的迁徙大致可分四个阶段，时间跨度历经唐初至宋元时期。

第一个阶段是始于唐初太宗时期。唐朝宗室支系（唐高祖第二十子）

---

① 《史记·老子列传》："老子，楚国苦县濑乡曲仁里人。"

② 《史记·老子列传》："老子隐君子也。老子之子名宗，宗为魏将，封于段干；宗子宫；宫玄孙假，假仕于汉孝文帝；而假之子解为胶西王卬太傅，因家于齐焉。"

李元祥一支为最早。李元祥 10 岁被封为“闽越江王”（贞观十一年，637 年），分派入闽。先入汀，徙状元崎。35 岁（高宗龙翔二年，662 年）到永安大湖坑源开基，李元祥成为永安李姓的开基祖。今永安大湖坑源村存有“江王祠”，祠堂大门对联书曰“祀开唐帝念一子，派衍闵邦亿万家”。元祥之子武阳袭爵为武阳王，后遭武则天所杀，武阳之子李皎袭封江王。到皎子李祖丛时，被武则天黜夺“武阳郡王”封爵，李祖丛在流放岭南途中落脚福建南安，卒葬南安德教乡超庭里皇平山天砚冢（今南安八都）。祖丛之子万康，名融，幼鞠养于南安县丞。李融于天宝十年（751 年）蒙敕申叙，得以恢复族人身份，授南安县丞，赠秘书监。李万康成为南安李姓的开基祖。万康生四子：楚盌、晁唐、晁嵩、晁丛（晁隆）。天宝十四年（755 年）安史之乱，楚盌率诸弟侄和子尚昊 50 余人勤王从军，授漳浦参军。肃宗乾元二年（759 年）封五州节度使，因破安禄山有功，升云麾大将军。代宗宝应元年（762 年）封陇西开国公，后卒于南安德教乡嘉禾里半林村（今南安洪梅镇仁宅村与东园村）。楚盌苗裔分布在德化英山、乡溪、沙堤。唐德宗建中四年（783 年）十月，李祖丛曾孙李尚昊从长安避难回福建，并定居剑州尤溪皇历村（今永安槐南乡皇历村）。其后，元祥后裔逐步向外徙居。如元祥 14 代裔孙李伯玉于北宋初年由南安县迁徙至莆田县白塘定居，成为“白塘李氏”，其 15 代裔孙李圣于五代后汉戊申岁（948 年）由南安县迁徙至仙游县永福里汾阳，成为“仙游李氏”始祖，又据永春县《官林李氏七修族谱》的记载，李元祥 18 代裔孙的一支于元末从沙县徙居永春县，后又于明初洪武初年，李祖友卜居永春官林村。

第二个阶段是始于唐初高宗时期。据《漳州府志》载：唐高宗总章二年（669 年），泉、潮间蛮獠啸乱，朝廷任命光州固始人陈政，掌管岭南军事，时有偏裨将领 123 员，随之入闽，而这些将领之中，就有唐开国名将卫国公李靖之孙李伯瑶（612－672）。《漳州府志》载：“李伯瑶者，固始人，随陈元光开漳州，平蛮獠三十六寨，战功推为第一。”《福建通志·唐宦绩篇》也载：李伯瑶（征闽中郎将），尝任开漳圣王陈元光之参军，因其佐政有功，赐号“辅信”。尔后，随开漳圣王征讨南蛮诸寨时，以骄兵之计，智擒贼酉，平三十六寨，遂奏封“司马”。又尝凿断鹅头山，平娘子峒诸寨，战功彪炳，卒谥“定远将军”。

据《开漳辅胜将军武侯公碑记》载，蛮獠啸乱平息后，李伯瑶及其十三子即随陈元光留守、开发漳州。李伯瑶成为李姓漳州开基祖，并成为闽南一大李姓宗系，其子孙散处福建漳州、成溪、漳浦，广东潮汕等地。闽南的华安、渡东等地族谱，就直接写李伯瑶为其始祖。

因李伯瑶智勇双全，功居第一，又被称为“辅胜将军”、“辅胜公”、“李辅胜爷”。今漳浦县旧镇等地皆有辅胜将军庙，李伯瑶殿奉祀。云霄火田村李氏家庙有联曰：“辅国屯军曾此地，承家衍派永朝宗。”云霄县成惠庙李伯瑶殿联云：“竖柳为营操胜券，断鹅平洞扫妖氛。”古楼庙李伯瑶殿联曰：“辅佐玉钤军，一家父子资襄赞；顺搜金浦志，并壁山河赖转圆。”无不充满着后代子孙对李伯瑶的敬仰之情。除李氏视为家庭保护神外，李伯瑶还多配祀于开漳圣王庙。

第三个阶段为唐末五代时期。这次南下的李姓主要包括两类人：一是河南固始人王潮、王审知率众南下，并在福建创建闽国。随王审知入闽的67个姓氏中，就有祖籍为固始的李姓①。这可有闽地李氏族谱之证。如浙江三江李氏的一支——蓝溪李氏房中，有裔孙李泌，字长源，封邺县侯。李泌房系中有光州刺史名杞为避朱梁翦灭之祸，随王审知做官到福建，于是定居于福建长溪，成为长溪显姓。后人有秉义公，被送往福建江口服役筑堤，于是把家安在那里，江口李氏便自此始。再如南安市梅山镇《芙蓉李氏宗谱》载：“远祖在五季初，随王潮南下，分居八闽各地。吾乡一世祖广世公，生于元泰定元年，原籍河南光州固始县，携眷定居武荣（南安市原名）芙蓉乡，繁衍生息。”另据明朝正德十一年丙子（1516年）李良策撰写的《同安地山李氏家谱引序》② 载：“其始光州固始县人也，同闽王王审知入闽，遂卜于县南人（仁）德里地山保家焉。”清康熙六十年辛丑（1721年）李挚中写的《重修地山李氏族谱序》亦言：“惟吾地山一脉，相传始自光州固始县居民，当唐末梁初之时，随闽王王审知入闽，兄弟叔侄散处闽地，分居五山。始犹时相往来，一二世后遂不相闻，各就所处之地建立宗祠，自立谱系，后人不能稽核古迹，各以其始至都为祖。”又言：“尝闻吾始祖之来此

---

① 朱彩云：《福建省唐末随“三王入闽”姓氏已经增加到67个》，福州新闻网，2008－10－15。

② “同安地山”现改为厦门集美区后溪兑山村。

地区山也，其始受命于太祖贞孚公曰：惟吾始至闽中，依山立家，后世子孙分居，勿忘山字。由是言之，凡以山为号者，皆吾宗人也。”① 太祖贞孚公名君怀（1141－1207），君怀弟君迭，居南安浮桥（今属泉州），君怀堂兄君达传安溪湖头。君怀传五子：汝淳、汝谨、汝海、汝谟、汝谦，繁衍于大盈雄山、同安南山、集美兑山、潮州海澄已山，南靖水头金山等漳泉五座名山，故号为“五山公”、“五山李”，君怀被奉为闽南金台李氏始祖。“五山李”后裔又进一步向外衍迁。南安兑山始祖李仲文为李君怀以下的第三代曾孙。“溯源光州固始县入闽，仲文开拓地山人丁旺”，兑山李氏孝祠堂这副对联正说明李氏与绝大部分闽南人一样，是由河南固始县迁入福建。台北《李氏族谱》也载：“先世光州固始人，唐末随王潮入闽。”

河南固始李姓族人随王氏兄弟入闽者，定居于莆田、晋江，后又分支宁化、上杭、邵武、清流等地。

另一类是南下的皇室宗系，即邵武开基祖唐哀帝李祝之子李熙照及其后裔南方大始祖李火德宗系。

如据《福建上杭县志》、上杭县官田村李火德公祠《李氏史记》、《永定县文史资料》、安溪县《湖头李氏族谱》、仙游县《东屏李氏族谱》与《中华姓氏丛书·李姓》载，唐末，哀帝子李熙照被其堂叔李开来救出，并带回福建邵武县定居，其子孙就在闽北繁衍生息。李熙照下传7世至两宋抗金名将李纲（1083－1140），南宋末，李纲的孙子李燔为躲避金兵南侵战乱之祸，携五子逃到江西赣州石城定居②，幼子李孟成家立业后，又携四子迁居到邻省福建宁化县石壁村定居，李孟次子李珠（又称李宝珠）生有五子：金德、木德、水德、火德、土德。金德留居宁化，木德、土德迁长汀河田，水德迁邵武，四子火德（1206－1292）迁福建上杭县定居，渐成望族，俗

① 陈文平：《福建族谱》，福建人民出版社，1996年版，第134页。

② 《崇正同人系谱》卷2《氏族·李氏》条称：“而南来之祖，则溯始于唐之末年。有宗室李孟，固避黄巢之乱，由长安迁于汴梁，继迁福建宁化石壁乡。”参见邓迅之：《客家源流研究》，天明出版社，1982年版，第48－49页。李孟为两宋之际的抗金名将李纲的三世孙，生于1152年，为南宋时期人。故《崇正同人系谱》记载有误。

称福建上杭李氏①。李火德生有三子，长子朝文（三一郎）这一房，传至庆三郎，迁居福建永定，为湖坑开基祖，再传至孝梓，分居福建平禾，其后人仲宗分传福建南靖；仲仪分传福建晋江；仲信分传福建诏安青龙山；仲文分传福建同安兑山，为兑山李氏开基祖；嘉龙分传福建安溪景仙，为景仙李氏开基祖，其后分传广西、江西等地。火德次子朝宗（三二郎）先移居福建长汀、连城，其后迁往广东嘉应州梅县、广西等地。火德三子朝美（三三郎），仍住上杭，后人迁往广东程乡、梅县、大埔和江西、浙江等地。由于李火德风范长存，裔孙众多，影响颇大，故被尊为南方陇西李氏的一大始祖，亦被称为闽台始祖。

第四个阶段是宋元时期。大规模的一次发生在宋代“靖康之变”、高宗南渡时期，其间有许多李姓官绅士民，及抗金义军中的李姓将士南迁。如李兴领导一支抗金义军万余人（其中不少李姓人），南渡归附南宋，及至流入福建、潮汕等地。

又据《燕楼派家谱》载，其先世唐时居燕京东角楼，宋元间，有李善浦到福建泉州做官，便把家安在同安（今属福建泉州），这就是燕楼派李氏。

四、明末以降李姓由闽粤向台湾的迁徙

在持续七八百年移民流入后，明清时代，福建山多田少，人口饱和现象很快凸显，加上闽、台位置毗邻，从明末开始，闽、粤两地的李姓族人陆续移居台湾。明朝天启年间，颜思齐与福建南安人郑芝龙设寨于台湾的笨港（今北港），郑芝龙曾多次招徙福建漳州和泉州沿海的汉人到台湾垦荒。当时有李魁奇为郑芝龙守寨，这是入台最早的李姓人。

---

① 李火德之前的世系，各家系谱记载较为混乱。除正文中记李火德为李熙照后裔外，又有世界李氏宗亲会于1980年出版的《李氏源流》的另一种说法，即李火德为李元祥之后裔。后汉乾祐元年（948年），李元祥第十五世孙李其洪从皇历迁到沙县的崇仁里二十六都（今永安贡川镇双峰村）居住。李其洪又名“李大郎”。李大郎生有四个儿子，次子名李宏义；李宏义也有四子，老四曰“小廿三”；小廿三有六个儿子，分别以“金、木、水、火、土”加“德”字命名。其中老四火德就是后来被李氏所尊崇的“入闽汀州始祖火德公”。二说都认可李火德为唐皇室宗系裔孙，不过，依据方志与族谱，当以李火德为熙照后裔更可靠。

顺治辛丑（1661年），沿海李氏族人大多因参加郑成功抗荷复台战斗和为反抗清朝“禁海迁界”的迫害，南安石井溪东李氏有数百人东渡台湾，涌现了郑成功护驾左都督李启轩及李仕荣、仕华、学老、卿发、李富等18猛士，仕华、学老、卿发及其后裔参加郑氏父子在台湾的“开辟荆榛”①，除此之外，《台南市志·人物志》也载有不少随郑成功入台的李姓，如延平郡王府兵都事李胤、思明知州李景、右先锋镇李茂、宁卫澎湖的右先锋镇领兵副总兵李锡、右冲镇李昂、为郑经袭位立有大功的李思忠、水师二镇先锋营副将李富、总理官李瑞、中提督下副将李芳、果毅中镇下部司李升、游兵镇中营守备李忠、游兵镇管炮守备李受等多人。又连横《台湾通史》等文献也记述明郑时期李氏的在台活动，如：永历十八年②，明朝遗臣李茂春随郑经入台，定居承天府永康里；永历二十二年，平和人李达入垦大糠榔西堡潭；永历三十七年，淡水通事李沧，获准前往卑南（今台东）采金③。这些迁台李氏及其后裔长期居留台南、高雄、嘉义、台中、澎湖等地。

清政府领有台湾后，于康熙二十三年（1684年）置台湾府，不久，闽、粤李姓移民接踵拥至台湾中部；雍正、乾隆时入台人数日渐繁多，垦殖地不断扩展。同安兑山李氏族人于康熙末年始迁居台北芦州，在清代渡台者多达460人。据永春县《官林李氏七修族谱》载：官林李氏子孙到台湾去的甚多，分布凤山、彰化、淡水、新竹、鹿港等地。至民国十七年（1928年）第七次修谱时，见载的赴台子孙已达200人左右。至清末，台湾的平原和盆地已经被开拓殆尽，入台的李姓人只好向山区求发展。300多年来，闽、粤李姓络绎不绝于台海道上，他们定居台湾后，披荆斩棘，凿山辟田，为开发和建设台湾作出了应有的贡献。又据台湾统计部门2005年2月底基于户籍的统计，在台湾李姓为第五大姓，占到其总人口的5.11%④。

台湾李姓支系众多，每个支系又以其来台的第一代作为始祖。并在族

① 郑成功诗作《复台》：“开辟荆榛逐荷夷，十年始克复先基。田横尚有三千客，茹苦间关不忍离。”

② 南明桂王朱由榔年号，始于1647年，郑成功及子经、孙克塽沿用至1683年。

③ 连横：《台湾通史》（下），商务印书馆，1983年版，第109、13页。

④ 台湾另四大姓是陈、林、黄、张。占台湾总人口比例分别为11.06%、8.28%、6.01%、5.26%。

谱、郡望、堂号上与祖籍保持一致。这对实现两岸李姓的族谱对接，以及台湾李姓的寻根问祖提供了有力证据。据《高雄红毛港李氏家谱》记载，雍正年间，李远从泉州府渡海到台湾，当时同去的还有其三位兄长。最初，祖厝设落在“空地仔”，也就在后来的高雄，李远成为红毛港李氏开基祖。近年，红毛港李氏族谱经过学者的努力，已与泉州石井溪东村成功对接①。

台湾同胞的祖根，500 年前在福建，1300 年前在河南。黄典诚先生在 20 世纪 80 年代初曾就豫闽台的关系作为一个评价，他说：“（台湾同胞）寻根的起点是闽南，终点无疑是河南。”② 现仅以李姓向闽台地区的播迁即可看出此言可谓一语中的，而固始则在北方人口向包括福建等南方诸地的迁徙中无疑起着集散地与中转站的作用。

文献来源：2008 年固始与闽台渊源关系学术研讨会论文，《固始与闽台渊源关系研究》，人民出版社 2009 年。

作者简介：李龙海，中原工学院人文学院讲师，历史学博士。

---

① 《泉台族谱对接台湾红毛港李氏源于石井溪东》，李氏网，2008－9－19。

② 黄典城：《寻根母语到中原》，《河南日报》，1981－4－22。

古代河南的四次政治性外迁移民及其影响

罗福惠

移民的类型，从原因和性质考察，可以区分为政治移民和经济移民两类；从迁出和迁入的方向考察，可以区分为外向型（从中原腹地迁往周边）和内向型（从周边迁往中原腹地）两类。各种类型的移民都可能具有调整人口布局和资源分配，提高生产力，加强族群融合的作用，本文侧重讨论政治性外向型移民对迁入地政治生态和文化发展的影响。

一

从西周到南宋，从河南向外移民而且明显属于政治原因者，主要有以下四次或者说四个阶段。

第一个阶段是楚人从河南开始辗转迁徙，终于到江汉地区建国。楚人的始祖季连，是黄帝族颛顼系的后裔，属于上古的华夏集团，而非三苗系统的南蛮集团和后来以殷商为代表的东夷集团。殷代卜辞出现过“楚京”二字。《左传·僖公二年》有“诸侯城楚丘而封卫”的记述。《诗·鄘风·定之方中》云：“定之方中，作于楚宫，揆之以日，作于楚室。……升彼虚（同墟）矣，以望楚矣。望楚与堂，景山与京”，记载的也是获封于“卫”的卫文公在楚墟（楚人先前所居之地）筑城与宫室之事。这个后来称为卫国的地方就是楚人的故地楚丘，从朱熹到顾栋高再到今人李学勤，都一致认定在今河南滑县东。

山东曹县东南也有一个楚丘，今人何光岳认为这是楚人第二次迁徙的所居之地，从而把最先聚居之地的地名移来。大约在夏末，楚人迁回河南新郑、许昌以北一带。此后又曾迁徙到鄢城县东三十五里处的熊山，楚人先祖穴熊即因在此穴居而得名。因为东面商人的压力，楚人此后又迁徙到今河南禹县西北五十里处的荆山（楚荆通用，均为丛木杂生之状）。其后商人势力更大，楚人又迁徙到今灵宝县西南三十五里处的荆山（俗名覆釜山，在渑池附近）。不久因商王武丁的征讨，楚人为依附同属于华夏集团的西周，迁徙到陕西朝邑境内的华原山，仍遵旧习称此处为荆山，把洴水改称楚水。商末，西周开始强盛，楚人又越过终南山，迁到上洛（今商县）。所以今商县一带还有楚山、楚水、大荆川、西荆川等地名。

周灭商之后，力量膨胀。周成王封鬻熊曾孙熊绎“以子男之田”，“居丹阳”。楚人因此从上洛迁回今河南淅川县南的丹阳，即淅水汇入丹水附近之地。不久熊绎被动地卷入了管叔、霍叔等人的叛乱，虽然楚人很快归顺而得到成王谅解，但熊绎仍然心存惴惴，终于南渡汉水，迁徙到今湖北保康县一带的睢山，并用荆山之名代之。① 楚人从河南迁入湖北之后，周昭王、周穆王多次亲征荆楚，证明周、楚之间原有矛盾，楚人是出于政治原因而南迁的。此后直到公元前278年秦军攻陷楚都郢（今荆州纪南城），楚人又迁都到陈（今河南淮阳）之前，楚国约800年的都城一直在湖北境内，但楚人是从黄河中游的河南迁到今湖北“江汉沮漳”一带的移民，是毫无疑义的。

第二个阶段是在西晋末年永嘉之乱（307年）以后长达百余年的时间里，河南一些大族与民众追随东晋及南朝政权的大迁徙。如《晋书》记载，陈郡阳夏（今太康）人袁瓌于西晋末“与弟欲奉母避乱，求为江淮间县，拜吕令”，永嘉之乱后“转江都，因南渡”。在此前后，“中州士女避乱江左者十六七”。② 此次人口大迁徙呈现为集团式行动。由于名门大族的首领、地方官员、豪强和士人具有社会地位、军政实权或组织指挥能力，移出者遂大多以地域宗族为单位，依附于上述领袖而集体迁徙。一个移民群体往往有数百、上千甚至数万人之多。

据葛剑雄主编的《中国移民史》第二卷的列表，可知在这次长时段的人口大迁徙中，从河南迁出的著名宗族不下数十。诸如陈郡（今淮阳）殷

① 何光岳：《楚源流史》，湖南人民出版社，1988年版，第179－184、185－189页。

② 《晋书》卷八十三，列传第五十三，“袁瓌”，中华书局，1972年版，第2166页。

氏（殷顗、殷叔文等），陈郡长平（今西华县东北）殷氏（殷浩等），陈郡阳夏（今太康）谢氏（谢鲲、谢安、谢玄、谢石等，多迁入浙江会稽即今绍兴），陈郡阳夏的袁氏（袁悦之、袁乔等，多迁入建康即今南京），陈留尉氏（今尉氏县）的阮氏（阮孚等，迁入会稽等地），陈留圉（今杞县西南）的江氏（江敳等），阳翟（今禹州）的褚氏（褚希、褚叔度等，多迁入建康和京口），河内温（今温县西南）的司马氏（司马纯之、司马亮等），济阳考城（今民权县东北）的江氏（江顗、江夷等），南阳涅阳（今邓州东北）的刘氏（刘湛等），涅阳的宗氏（宗繇之、宗说等，多迁入江陵即今湖北荆州），汝南安城（今汝南东南）的周氏（周顗等，有迁入建康者），新野的庾氏（庾深之等），荥阳和开封的郑氏（郑万顷、郑袭等），荥阳阳武（今原阳东南）的毛氏（毛宝、毛穆之等），颍川长社（今长葛东北）的钟氏（钟雅、钟诞等，迁入建康），临颍的荀氏（荀崧等），鄢陵的庾氏（庾亮、庾悦等，迁入建康），许昌的荀氏（荀邃、荀奕等，迁入建康）等。①其中阳夏的谢氏与山东临沂（今费县东）的王氏，即后来人们耳熟能详的“王谢”两族。而且河南迁出的大姓远远多于山东、河北、山西、陕西等地。

第三阶段有唐前期高宗——武后——睿宗时代陈政、陈元光父子的“平乱”与“开漳”（669－711），唐末五代王潮、王审知兄弟父子的“王闽”（885－945）。前者是唐高宗时，闽南“蛮獠”起兵叛乱，光州固始陈政奉命率将士113员、府兵3600人前往平叛，陈政之子陈元光随行。由于初战不利，陈政之母魏敬、兄弟陈敏、陈敷率固始58姓府兵数千人驰援，终于平定泉州、潮州（今属广东）间的“獠乱”。688年因陈元光之请，朝廷下令设置漳州，陈元光任漳州刺史，陈氏父子治理漳州40余年。② 陈氏子弟及属下府兵中多数人此后就定居闽南。

后者是在唐末农民大起义中，固始人王潮、王审知兄弟起兵后率部南进，经江西进入福建，先攻下汀州（今长汀）、漳州、泉州，继而夺取福州，控制福建全境。王潮、王审知得到唐王朝的承认和册封，王审知之子王

---

① 葛剑雄主编：《中国移民史》（第二卷），福建人民出版社，1997年版，第342－374页。

② 徐伯鸿：《龙湖集——编年注析》，光明日报出版社，2004年版，第2－4页。

延翰更称王建国，此即五代史上的闽国，王氏兄弟父子治闽40多年。随同他们入闽的固始人，据清末固始进士何品黎考证，有18姓5000多人。而《中国移民史》第三卷中的列表则显示，此次有黄、潘、孙、郑、周、朱、李、王、陈、郭、魏、林、刘、姜、裴、蔡、夏侯、叶、曾、和、傅、韩、杨、许、方、丁、徐、孔、詹、翁、熊、江、吕、崔、柳、邓、吴、邹、苏、连等40个姓氏，“数量在二三万人左右”。① 固始陈氏、王氏两次带往福建的移民，成为后来有族谱可据的河南人迁居福建的基本群体。

第四阶段是北宋末靖康之变（1126年）后近200年的人口迁徙。由于淮河以北的中原地区先后处于战乱和金人、蒙古人的统治之下，而从开封迁移到临安（今杭州）的南宋政权维持了150余年，不愿服从金人、蒙古人统治的中原王室、官僚、将士和普通民众持续南迁，人数多达数百万之众。执掌南宋政权的大多是靖康之变时随高宗南迁的上层移民及其后裔，南宋（特别是前期）的军人也主要来自北方。其中“临安移民的76%来自河南，其中绝大多数又来自开封”。据《中国移民史》第四卷中的《靖康乱后南迁的北方移民实例》所记，从北方迁入江南（指今苏南、皖南、江西、浙江）者共1006人，其中河南601人，占60%；山东127人，占12.6%；江苏（除苏南）71人，占7.1%；河北37人，占3.7%；甘肃34人，占3.4%；安徽（除皖南）38人，占3.8%；山西30人，占3%；陕西26人，占2.6%；湖北17人，占1.7%；其他北方各地一共20人，占2%。可见当时河南是最主要的人口迁出地，而且“自河南迁出的移民中上层人物特别多”。② 因为只有中上层人物才有可能在文献中留下记载。

二

政治移民与经济移民最大的不同，是前者首先会明显改变迁入地的政治生态和社会结构，而后者的作用则首先是扩大资源开发和增加物质生产。

---

① 葛剑雄主编：《中国移民史》（第三卷），福建人民出版社，1997年版，第306－309、302页。

② 葛剑雄主编：《中国移民史》（第四卷），福建人民出版社，1997年版，第280、416页。

古代的黄河流域，由于适于农耕而生产发达，人口繁衍。加上多种族群在此竞争角逐，因而在夏、殷、周的故地率先出现了今中国境内人类文明最重要的组织形式——国家。而包括长江流域在内的中国南方，直到商末周初，还是人口稀少，生产落后，社会组织也处于原始状态。南迁的楚人建立了中国南方最大最先进的国家政权，加速了南方社会向古代国家社会的过渡。楚人“筚路蓝缕”，不仅是在南方建成第一个大国，也是为秦汉以后统一的中国奠定了半壁江山的基业。

从秦、汉、三国到西晋，长江流域及其以南的地区在统一国家中的作用仍然远逊于中原，这里人们的地域观念至少不弱于国家观念。“吴地”（长江下游地区）尤其如此。于助成东晋政权确立有大功的王导，西晋末曾“徙镇建康，吴人不附”。但东晋奠都建康之后，一面对中原南迁者“收其贤人君子，与之图事”，一面对当地土著“宾礼故老，存问风俗，虚己倾心，以招俊义”，尤重“此土之望，……引之以结人心”，“由是吴会风靡，百姓归心焉。自此之后，渐相崇奉，君臣之礼始定。”① 从中原南迁的高门大族不仅结成牢固的乡族集团，还使东晋政权在自己的疆域里大量设置侨州郡县。从而不仅推动了地区经济的开发，更继续吸引中原同郡之人南迁，得以汇聚人心与实力，与北方政权对抗。

漳州地处福建泉州和广东潮州之间，自汉代以后“久成荒徼，蛮獠纷乱，民不知礼，号称难治”。唐代陈元光平定乱事，增置漳州，变“七闽”为“八闽”，建县置吏，委派属官治理。开创漳州地区的屯田制度，让驻军垦荒自给；招致中原流民，着手兴办学校，使漳州成为“治教之邦”。福建《云霄县志》称颂陈元光说，“公开建漳邦，功在有唐，州民永赖。”② 所以，陈元光的“开漳”实可视为唐王朝治下有计划有组织的政治移民和治理开发活动。

王潮、王审知兄弟父子的政治角色常有转换。其先他们是“反唐”的叛乱者，由于控制了福建全境，处于风雨飘摇中的唐王朝只得承认王氏对福

---

① 《晋书》卷六十五，列传第三十五，“王导”，总第 1745－1746 页。

② 福建《云霄县志》，转引自汤漳平、林瑞峰：《论陈元光的历史地位和影响》，《福建论坛》，1983 年第 4 期。

建的治权，先任王潮为“节度福建管内观察使”，其弟王审知为副。王潮去世后，唐王朝以王审知继其兄职，并加封为琅琊郡王。后梁朱温篡唐以后，更册封王审知为闽王。王潮、王审知治闽期间，对中原王朝政权称臣，与周边各种割据势力交好；对内保境安民，抚流亡，定赋敛，劝农桑，促进了福建地区中原化。但到王审知之子王延翰自己建国称王以后又出现内乱。

如前所述，在南宋政权前期，将领和士兵多为中原移民。对于文官，高宗也一再“诏令侍从官举西北流寓之士。被举者甚众”。但朝中文臣和地方官员中的南方人士仍然不断增加，最后终于占据绝对优势，从而产生南北地域观念和军、政之间的矛盾。故有日本学者认为，“以军队为后盾，从北方移居过来的皇族及与其相联系的新兴地方阶层，跟维持北宋以来的传统的南方原来的地主阶层之间的对立、妥协、斗争的展开”,① 是贯穿南宋政治生态的一条主线。

在这种大势之下，南宋朝廷已不可能再像东晋那样设置侨州郡县。故其始只能让移民以“流寓”的身份存在，科举考试也特置“流寓试”。而到南宋定都临安十年之后，就通过确定移民的财产和“户等”这种方式，使移民在定居地“入籍”。又过了十四年后，更取消了“流寓试”。不仅如此，为维持宋代当地人不得在当地任官的制度，高宗“诏令西北流寓及东南人寄居满七年，或产业及第三等以上者”不得在新定居地“差遣”。② 种种措施，无非是尽力消泯移民和土著的分别，使两者浑然一体，这样才支撑了南宋150余年的偏安局面。

从上述四个阶段的移民情形来看，由于南迁的上层人物掌控了权力资源，在一定程度上得以制订和执行吸引、安置、保护移民的制度和政策，所以在上述各阶段相当长的时间里，南迁移民持续不断。楚国、东晋、南宋的情形不用说，就连王潮、王审知、王延翰统治下的“闽”，也是如此。由于福建偏僻多山，战祸较少波及，王氏兄弟父子不仅招抚流亡，更建招贤院礼待外来上层人士，使得唐末中原公卿一时认为“安莫安于闽越，诚莫诚于

---

① 〔日本〕小林广义著、海新译：《评 <南宋初期政治史研究>》，《宋史研究通讯》，1990 年第 3 期。

② 《宋史》卷二十八，本纪二十八，“高宗（五）”，北京，中华书局，1977 年版，总第 532 页。

我公”（指王潮、王审知兄弟），遂通过荆襄吴越而远迁福建。在“中原乱，公卿多来依之”的浪潮中，有著名士大夫如杨承休、郑璘、韩偓、归传懿、杨赞图、郑戬等人。还有唐宰相王溥之子王淡、宰相杨涉从弟杨沂、知名进士徐寅、大司农王标、司勋员外郎王拯等。曾任河西节度使的翁郜，“携家来建阳居焉”。后唐庄宗之弟李崇礼举家迁入延平（今南平）。①

偏安的政权当然也有“收复失地”的野心和意图，普通移民更难免眷念祖宗故里。但这种愿望一般难以实现。楚人逐鹿中原未成，东晋、南朝、南宋的“北伐”一一失败。陈元光父子因合法的长期守土之责，王审知、王延翰父子也因政治上的形格势禁，都只能落地生根。随陈氏父子赴漳州的丁儒，先后任军谘府祭酒和承事郎参理州事，晚年就在漳州归田。其作品中有“土音今听惯，民俗始知淳。烽火无传警，江山已净尘”，“辞国来诸属，于兹结六亲。追随情语好，问馈岁时频。相访朝与暮，浑忘越与秦”，“呼童多种植，长是此间人”② 等诗句，生动地再现了他们逐步融入当地社会的情景，但仍带着一股无可奈何而又只能随遇而安的心理。而移民的“后生晚辈但见生长于是，慷慨仗义谁与共之”，③ 对于他们生于斯长于斯的异乡，显然会逐步认同。

政治移民不仅是促成了中国南部的中原化，即政治制度的一体化进程，也从社会层面改变着南方的组织结构，这主要体现为宗族制度的普及。东晋时中原的名门大族迁居南方，奠定了南方宗族组织的基础。唐宋时士大夫和普通百姓的南迁，使南方的宗族组织更为繁盛。故从宋代起，南方各地普遍出现宗族祠堂、义庄、族学等事物，以及纂修族谱、家乘的宗族活动。而江南地区尤其是江西、福建、广东等地，有大量的族谱记载表明，许多姓氏和宗族的祖先是在唐宋时期甚或更早的西晋末年从中原南迁的。

客家人群体和讲闽南话的群体，与唐宋中原移民的关系最密切。《中国移民史》第四卷中的《客家氏族移民实例》列举了从中原南迁的陈氏、谢

---

① 《新唐书》卷一百九十，列传第一百一十五，“王潮”，北京，中华书局 1972 年，总第 5491 – 5493 页；《新五代史》卷六十八，闽世家第八，“王审知”，总第 845 – 847 页。

② 转引自汤漳平、林瑞峰：《论陈元光的历史地位和影响》，《福建论坛》，1983 年第 4 期。

③ 《宋会要辑稿》，转引自《中国移民史》第四卷，第 424 页。

氏、黄氏、赖氏、萧氏等37个姓氏。① 而福建学者研究闽南语群体的情况时，曾以福建云霄县为例，称该县1946年的人口为113802人，分为81姓。在族谱中写明先世是从河南入闽的有方、吴、张、陈、柳、王、汤、蔡、林等9姓，共约90000人，占全县人口总数的80%。这当中写明先祖是随陈元光父子入闽的则是方、吴、张、陈、柳、汤6姓，约60000余人，占全县人口的53%。福建的东山、诏安、漳浦、漳州等地的情形也大同小异。而台湾居民大多由漳、泉二州迁入。1930年台湾有3751600人，漳、泉移民后裔为3000900人，占总人口的80%。1953年的户籍统计表明，当时台湾总户数为828804户，超过500户的大姓为100个，其中有63姓的族谱载明其祖先是在晋代、唐初和唐末从河南迁居福建，后来又从福建迁居台湾的。②

三

政治移民中的中上层群体，作为文化尤其是制度文化和学术文化的主要载体，无疑会给迁入地带来文化繁荣。而从中原带来的固有文化与南方各地的原有土著文化结合，又会产生新的具有地域性和时代特色的文化。中国文化生生不息，既有一以贯之的根本性格和核心价值，内容和形式又常变常新，而且传播和影响的范围持续扩大，政治移民在其中的作用，应当是原因之一。

在楚人进入江汉沮漳地区之前，长江中游主要生息着“三苗”、“百越”、巴人和濮人，草莽未辟，文化落后。通过楚人几百年的开发经营，中原文化、三苗文化、百越文化、巴濮文化等融合而成瑰丽新奇、丰富多彩的楚文化。楚国不仅在制度上比南方各地先进，而且城市和宫室建筑雄伟华丽；冶炼、纺织、医药、髹漆都冠绝一时。政治家如楚庄王、孙叔敖，军事家如吴起，思想家如季梁（早于孔子）等，各类“楚材”史不绝书。尤其是屈原等人的“楚辞”，可说是中国古代文学中的精美绝伦之作，一直吸引

① 葛剑雄主编：《中国移民史》（第四卷）福建人民出版社，1997年版，第365－368页。
② 汤漳平、林瑞峰：《论陈元光的历史地位和影响》，《福建论坛》，1983年第4期。

着后人的崇敬、仿效和研究，成为至今还在发挥着巨大影响的宝贵文化遗产。

长江下游地区直到三国和西晋时，文化仍然落后于中原。东晋和其后的南朝的中上层统治者，多为中原移民或其后裔。诗人、文学家和书法家也多出自这个群体。如鲍照、江淹、谢朓、谢灵运等人的诗，庾信的赋，王羲之、王献之父子的书法，还有昭明太子萧统编的《文选》，刘勰写的《文心雕龙》，钟嵘写的《诗品》，都在文学艺术史上占有重要地位。而上述诸人的原籍，均在河南和山东。唐代的杜佑曾回顾说，“永嘉以后，帝室东迁，衣冠避难，多所萃止。艺文儒术，斯之为盛。今虽闾阎贱品，处力役之际，吟咏不辍，盖颜、谢、徐、庾之风扇焉。”① 上述四大文化世家，颜、徐二家出自山东，谢、庾两家则出自河南。

南方到了梁、陈两朝时逐渐衰微，占有中原的西魏和后来的隋终于占了上风。西魏和隋攻入南方之后，又强制一些中原移民北返。除了政治人物北返之外，学者文人也在重点之列，于是文学家王褒、王克、刘璠、殷不害、宗懔、庾信等人回到中原。音乐的情形也是如此。永嘉之乱以后，首都洛阳的大部分乐官和乐工南逃江陵或建业。到西魏灭梁时，就把江陵的乐工掳至关中；到隋灭陈时，又把留在江南的乐工集中到长安。当隋文帝听到在中原久已失传的“清乐”时，不禁大加赞赏，称其为“华夏正声”。可以说，这种文化的南北传递也是中国文化绵延不绝的原因之一。

到了北宋，长江下游地区的文化水平已与中原并驾齐驱，南宋建立后更使该地区驾乎其上。在黄宗羲原著、全祖望修补的《宋元学案》中，记载有南宋学者1144人，其中115人来自中原，占学人总数的10%，他们广泛地活动于苏、浙、皖（南）、赣、闽、粤、湘、鄂、川九省。其中来自河南的最多，将近有50人。如出自开封吕姓的就有吕好问、吕广问、吕切问、吕和问、吕坚中、吕稽中、吕绷中、吕本中、吕大伦、吕大器、吕大猷、吕大同等十余人。出自与宋室皇族同姓的有赵师孟、赵师恕、赵师渊、赵师雍、赵汝愚、赵汝靓、赵汝谈、赵希绾、赵孟頫、赵淖、赵不息、赵顺孙、赵善佐等十余人。其他还有邵伯温、朱弁、高元之、曾开、尹焞、冯忠恕、

① 杜佑：《通典》，卷一八二，“州郡”十二，浙江古籍出版社1988年，第969页。

徐度、蔡迨、曾逮、邵溥、韩璜、程端中、韩元吉、罗靖、郭雍、李迎、曾几、李椿、向沉、向涪、邢世才、吴琚等人。

由洛阳二程（程颐、程颢）开创的“洛学”，经其弟子尹焞在苏州发展为和靖学派，又经尹焞弟子吕本中（字居仁）在婺州形成紫微学派。吕本中之子吕祖谦形成东莱学派。他们使二程之学广播东南。河南人郭维，南宋初迁居浙江明州昌国县（今舟山市），“以北学教授诸生，从者如云”。迁居到明州（今宁波市）的开封人高元之，得“是乡学者数百人师事之”。① 南宋最著名的理学家朱熹，被人们视为“得程氏之正”。朱熹虽是南方人，但其学问就在“既博求之经传，复遍交当世有识之士”。而在他重要的学侣讲友中，就有前述吕祖谦、赵汝愚、赵汝靓等人。② 南宋学者熊禾说，“周东迁而夫子出，宋南渡而文公生”，③“夫子”指孔子，“文公”即朱熹。熊禾之说，表明他看到了伴随着政治中心迁移而导致的文化中心移动和文化交流，对产生新的文化巨匠的影响作用。

南宋不少著名诗人、散文家也是中原移民。其中诗人陈与义（号去非）、吕本中、朱敦儒、曾几、韩元吉均自来河南。来自河南的散文家有晁说之、崔德符、陈叔易、吕祖谦和吕本中。由此可以发现，吕本中、吕祖谦父子在理学、诗歌、散文诸领域中都是具有一定影响，值得关注和研究的人物。

上述四个阶段因政治原因而引起的外向移民，除陈元光父子的那次之外，其余的从短期来看，或者可以说曾经造成各个有关时期的分裂割据之局。但从长远来看，却加速了中国广大南方的开发，促进了南方从政治到文化的中原化，从而最终有利于中国版图的巩固和文化的多样性统一。

文献来源：《中州学刊》2009年第5期。

作者简介：罗福惠，华中师大历史文化学院教授，博士生导师。

---

① 葛剑雄主编：《中国移民史》（第四卷）福建人民出版社，1997年版，第490－491页。

② 《宋史》卷四二九，列传一八八，“朱熹”，总第12769页。

③ 熊禾：《勿轩集》卷二，“考亭书院记”，影印文渊阁四库全书，台北商务印书馆1983年，集部第127册，第777页。

关于唐代固始移民史的研究取向

尹全海

由于固始移民入闽迁台并远播海外的历史，固始成为“唐人故里，闽台祖地”，以及全球华人寻根问祖之圣地。但因当下唐代固始移民史的研究成果多浮于表面或趋于功利，其独特价值不仅未能彰显，反而与河洛文化、中原移民及闽南人、客家人之形成等历史文化现象之界线愈加模糊，不免有些黯然。有鉴于此，本文提出唐代固始移民史的两个研究取向，即纵向延伸性研究和横向精细化研究，据此确立唐代固始移民在中国移民史上的独特地位。

一、延伸性研究

唐代固始移民史的延伸性研究，就是将固始移民入闽迁台视为一个整体，用整体史观书写唐代固始移民通史，完成固始移民入闽迁台的史实重建，进而考察唐代固始移民对福建社会的直接影响和对台湾社会的间接影响。

所谓唐代固始移民通史，即唐代固始移民入闽及其后裔迁台的历史。其中唐代固始移民入闽，特指唐初陈元光父子“开漳建漳”和唐末王审知兄弟“王闽治闽”的历史，而不包括更早发生的零星移民和其间从各地进入固始的迁入性移民。

唐初陈元光父子入闽，系因泉、潮间爆发大规模的“蛮獠啸乱”。为巩固和拓展唐王朝在九龙江流域的管辖与统治，唐高宗于总章二年（669 年）诏命玉钤卫翊府左郎将归德将军陈政为朝议大夫统领岭南行军总管事，率府兵 3600 人，将士 123 人，入闽平乱。至永隆二年（680 年）“蛮獠”主力底定，余部相继归降。高宗永淳二年（683年），陈元光向朝廷呈奏《请建州县表》，请求于泉、潮之间的绥安故地建置州县，以利治理。垂拱二年（686年），朝廷颁诏，允许于原绥安地域漳水之北建置漳州，辖漳浦、怀恩二县，陈元光为漳州刺史兼漳浦县令，进阶为中郎将右鹰扬卫府怀化大将军、轻车大都尉兼朝散大夫。自此陈氏五代为闽南的开发与建设鞠躬尽瘁百有余年。

与唐初陈元光父子入闽一样，唐末王审知兄弟入闽，也起因于社会动荡，江淮地区大乱。僖宗光启元年正月（885年），为躲避军阀秦宗权的追剿，光州刺史王绪“悉举光、寿兵五千，驱吏民渡江”①。固始人王潮、王审知兄弟随部南迁，经江西入闽，陷汀、漳二州。是年八月，王潮兄弟发动兵变，取王绪而代之，次年攻占泉州。景福二年（893年），占领福州，至此控制福建全境。王潮兄弟先是得到唐朝的承认和册封，唐亡后，后梁太祖朱晃封王审知为闽王。审知死，其子王延钧建国称帝，都福州，即五代时期的闽国。自王审知以后，王氏子孙治闽期间，积极争取土著居民支持，努力实现王闽政权本土化，同时整顿吏治，轻徭薄赋；外交上进贡中原王朝，奉行睦邻政策，福建经济社会快速发展，逐步赶上中原发展水平。

尽管早在晋永嘉末已有固始人零散自发入闽，但唐高宗总章二年（669年）年固始人陈政奉命率部入闽平乱，应为唐代固始移民大规模入闽的始迁时间。因为，此后陈政的两位兄长中郎将怀远将军陈敏、右郎将云麾将军陈敷共率58姓固始子弟赴闽驰援（陈政75岁老母魏氏夫人亦在其中），以及唐高宗仪凤二年（677年）陈政病逝后，陈元光奉命代理父职，最终平息“蛮獠”之乱，都是为了同一个目标。唐末王审知兄弟入闽，不仅与唐初陈元光父子入闽大军同始迁于光州固始，有相同的出发地，而且迁移线路和迁入地也基本相同，可视为唐代固始移民入闽的组成部分。始迁时间对于确定移民类型及其特点具有至关重要的意义。唐初陈元光父子率兵入闽和唐末王审知兄弟入闽，与其说“是一次具有移民性质的进军”，② 不如说是一次军事移民更准确。至关重要的是，唐代两次固始移民入闽，对移入地产生的影

① 《资治通鉴》卷256，《唐纪七十二》。

② 林国平、邱季端：《福建移民史》，方志出版社，2005年版，第31页。

响有一致性：唐初陈元光父子开漳，唐末王审知兄弟王闽，以及陈氏开漳建漳、王氏王闽治闽的历史，使得整个闽南地区保存和延续了固始移民的所有“基因”——从音韵方言、姓氏根亲，到文化信仰、宗教艺术，进行整体“复制”，据此可以印证“闽人称祖皆曰自光州固始来”，不仅是一种文化现象，更是历史真实。

上述唐代固始移民两次大规模入闽的历史以及对福建社会的影响，学术界已有共识，且已积累了丰富研究成果。但唐代固始移民产生的影响远不仅限于福建，因为固始移民入闽之后，其后裔又因不同原因先后迁台，成为台湾移民社会的主体，所以，应将固始移民入闽、迁台视为一个整体。

据谱牒资料记载，唐代固始移民后裔迁台时间，始于宋代，但大规模迁台应在明末清初，其迁出地主要集中在漳州和泉州，且以漳州为最，① 所谓“漳庄”、“泉庄”、“粤庄”代表的就是移民祖籍分布。郑成功收复台湾后随郑成功首批入台的也以漳州人及厦门人为主，由此形成福建移民入台的一高潮。至康熙平定台湾，施琅“严禁粤中惠、潮之民渡台”，客家人入台受限，漳、泉人占大陆入台人数九成以上。② 依据陈孔立研究表明，至乾隆年间，大陆汉人迁台，“漳、泉移民占十分之六七，粤籍占十分之三四”③；诸罗、彰化，以及府城一带，漳、泉籍移民占九成以上。自固始人入闽，至漳、泉人迁台，固始“基因”世代相传，不曾中断。所以，著名历史学家郭廷以说，“台湾的开发经营，几乎全为闽南漳泉人与粤省客家人之功。所谓闽南人与客家人，原均为中原人，为了政治及经济的原因，他们被动的或主动的逐步南徙，扩展到沿海地区。又为了同样的原因，又扩展到台岛。”④ 如此，我们完全可以将漳泉人迁台视为固始移民的延伸。空间上从入闽到迁台；时间上自唐代至明清，就是我们所说的唐代固始移民延伸性研究的内涵，也是固始移民通史的时空范围。

① 台湾省文献委员会编：《台湾省通志》卷二《人民志・氏族篇》（第二册）。

② 乾隆朝《续修台湾府志》卷十一《武备》。

③ 陈孔立：《清代台湾移民社会研究》，九州出版社，2003 年版，第 177 页。

④ 郭廷以：《台湾史事概说・引言》，台湾正中书局，1954 年版。

二、精细化研究

开展精细化研究，包括史实重建和对相关历史文化现象的厘清，意在将唐代固始移民史研究引向深入。这里仅以三个研究主题为例。

第一，河洛、中原、固始地域概念之精细化研究，寻找闽台移民之原乡

世俗的而非学术的缘故，特别是历史学在固始移民史研究中的边缘化趋势，河洛、中原、固始之地域关系及其文化内涵界定出现了乱相，闽台移民之原乡被模糊——三源并出。

要寻找闽台移民之原乡，需对中原、河洛、固始三者之地域关系及其文化内涵做出界定。河洛有广义狭义之分，广义的河洛是指今日豫西地区；狭义的河洛就是古代的洛阳一带。无论是广义还是狭义，河洛是中原之中心是没有疑义的①。尽管河洛文化圈有时超越河洛区域范围进入中原文化圈，甚至一定时期可能会出现交汇融合，但河洛文化并不能因此代替中原文化；在文化积累和演进进程上两者有着本质的区别。如此，地域上的河洛是以洛阳为中心的中原，狭于中原；文化上的河洛是中原文化的源头，先于中原文化。而中原之民与东南越闽地区的往来，最早可追溯至西汉武帝将闽越之民迁往江淮，以及魏晋时期中原之民第一次南下。显然此时的河洛文化不能完全涵盖中原文化，江淮区域也超出了广义河洛的地域空间。在此意义上，仅就闽台移民之原乡而言，称其根在中原是成立的，若谓根在河洛，以河洛替代中原，似言之笼统。

厘清中原与河洛地域关系及文化内涵差异之后，还需进一步区隔中原与固始之地域及文化关系。闽台移民，甚至更为广泛的周边地区对中原的认知是一个相对、动态的宽泛概念。其相对性表现为中原与边疆、中央与四周的关系；其动态性表现为空间与时间两个向度，时间意义上的中原并非前后重合，如先秦之中原与隋唐之中原、明清之中原与近代之中原均存在较大差异，甚至有边疆变中原之沧海桑田；空间意义上的中原则呈现为一种向四周

---

① 孟令俊：《河洛文化的几个问题》，见陈义初：《河洛文化与汉民族散论》，河南人民出版社，2006年版，第8页。

扩散之趋势。闽台移民观念深处的“中原”是相对福建而言，是对“边疆”（或“四周”）的否定，表达的是福建（或台湾）与“光州固始”之相对关系，当然还蕴涵有祖上来自中原，并非生为蛮夷之意。换言之，这里的“中原”是他们原乡“光州固始”的代称或统称；“光州固始”才是他们的原乡。明乎此，便知闽台移民根在“光州固始”，而不是河洛；至于上面提到的根在中原，则是一个相对模糊的称谓。事实上全球华人根都在中原——不仅闽台移民根在中原。当然，厘清或强调闽台移民之原乡在固始，并不否认闽台文化与河洛文化、中原文化的渊源关系。

第二，唐代固始移民群体之精细化研究，解读闽南文化的多元特征

关于移民与文化的关系，在信息交流主要依靠人工传递的古代社会，人是文化最活跃的载体；文化传播一般是借助于人的迁移和流动来实现的。移民本质上是一种文化迁移。不过文化是分层次的，如制度文化、学术文化、宗教信仰、艺术方言等；移民也具有不同的类型和特点，且以中国古代移民为例，就有自南而北的生存型移民、以行政或军事手段推行的强制性移民、从平原到山区或从内地到边疆的开发性移民、非华夏族的内迁性移民，以及沿海向海外的移民，等等。不同类型移民或每一次具体移民活动，在充当文化传播载体时，是有选择的。他们没有能力将迁出地的学术文化、制度文化，以及方言、宗教与信仰等民间文化，全部携带并在移入地落地生根——也许他们只能携带其中一种文化；即使同一移民类型，也会因移民群体内部在性别、年龄、社会地位、受教育程度等差异，在文化传播中所扮演的角色，以及在传播对象的选择和文化层次的倾向方面表现出明显区别。就受教育程度与社会地位而言，一般情况下，个别杰出人物在文化传播中的作用可能会超过成千上万的普通移民；以贵族官僚、文人学士等社会上层为主体的移民，对学术文化和制度文化的传播具有明显的优势。因此，历史上学术文化和制度文化的传播往往与政治中心的转移同步，如西汉定都长安对关中学术文化的繁荣，永嘉之乱后中原上层士人南迁成为东南学术文化鹊起的转折点。① 当然，制度文化的传播还存在另一种情况，即制度移植问题。如由移民建立的政权，往往是将移出地的制度移植到移入地，并长期延续，但在移

① 葛剑雄：《中国移民史》（卷一），福建人民出版社，1997 年版，第 104 页。

入地建立政权的移民并不一定是社会上层或知识分子，陈元光“开漳建漳”和王审知“王闽治闽”就属于此种类型。至于最为普遍的社会下层或普通百姓的迁移和流动，可能带动更多的是宗教信仰特别是民间信仰和方言、艺术的传播。

从宽泛意义上讲，唐代固始移民可谓中原文化在闽台地区传播的载体和渠道，中原文化就是沿着移民线路渐次传到福建和台湾，从而确立豫闽台两岸三地渊源关系和文化认同基础。那么，唐代固始移民入闽，明清之际其后裔又大批迁台，传播的是学术文化、制度文化，还是艺术方言、宗教与信仰呢？似乎尚未深入研究，言之自然笼统模糊。这也是我们对固始移民群体进行精细化研究的原因所在。就唐代固始移民与文化传播之关系，需要我们对两次大规模移民群体内部结构进行精细化分析。我们知道，唐代两次固始移民入闽，都带有明显的军事移民特征，具体到这两次军事移民群体内部结构，基本上可以划分为将、士、眷三类或三个群体，其结构比例，将最少、眷次之、士最众。以唐高宗总章二年（669 年）陈政率部入闽为例，共率府兵 3600 名，将士自副将许天正以下 123 员，另有年仅 13 岁的陈元光也随父出征，说明入闽将士中确有携眷带子情况，当然这部分人不会超过出征将士人数，否则就很难说这是一次军事移民了，而是流民或逃民了。

根据我们以上分析，可以肯定，唐代固始移民以社会下层和普通百姓为主，在充当文化传播载体时携带的当然是他们“日用而不知”的文化，即一般民间文化，如与他们日常生活息息相关的风俗习惯、戏剧音乐、宗教信仰（特别是俗神崇拜）、方言俚语，农作物栽培技术、农田耕作方式等。由于固始地处淮河流域，南北过渡地带，有“江南北国，北国江南”之称，甚至长时间属于楚文化区（中原文化与楚文化交替覆盖），“豫风楚韵”非常明显，中原文化并不浓重。比如，至今仍盛行于固始的民歌就融汇了南方的号子、山歌、田歌、小调；而与固始比邻的光山花鼓戏由豫南民间小调、山歌、歌舞、小戏而融合楚剧、黄梅戏唱腔，又吸收了汉剧、曲剧的艺术特点，如此等等。况且自光州、寿州入闽的固始人，准确地说应是淮南人而非中原人。① 入闽移民携带的母体文化与闽越土著文化融合形成的闽南文化，

① 赵保佑：《区域文化与区域发展》，河南人民出版社，2009 年版，第 197－198 页。

自然就有楚文化的元素。当然，由于陈元光“开漳建漳”、王审知“王闽治闽”的历史，决定了闽南文化中的制度和学术文化，是对中原文化的移植。据此可以认为，闽南文化，是“豫风”、“楚韵”与闽越土著的多元融合，具有多元特征，而不仅是中原文化南传的结果。

第三，台湾姓氏族源之精细化研究，理解“光州固始”的象征意义

固始姓氏入闽，最早可追至西晋永嘉之乱。大规模入闽，主要集中在唐代。据最新研究成果，至少有蔡、曹、陈、程、戴、邓、丁、董、范、方、冯、傅、高、龚、顾、郭、韩、何、和、洪、侯、胡、黄、江、金、康、柯、赖、雷、李、连、梁、廖、林、柳、刘、卢、吕、罗、骆、马、茅、倪、潘、彭、邱、商、邵、沈、施、宋、苏、孙、汤、唐、田、涂、汪、王、魏、翁、吴、萧、谢、许、薛、严、杨、姚、叶、应、尤、游、俞、余、袁、曾、詹、张、郑、周、危、朱、庄、卓、邹 86 姓，是随唐代两次固始移民入闽。① 对此，方志和谱牒资料均有据可考，无大疑义。至于固始姓氏播迁台湾的情况，就没有入闽姓氏那样明确可查了，学者们大都采取模糊或笼统的说法，其中最具代表性的表述是将闽台合称，如张新斌教授根据方志和谱牒资料，提出闽台有 58 个姓氏源于“光州固始”，对于福建有多少，台湾又有多少，则未深究。

本文循着《台湾省通志·人民志·氏族篇》提供的信息，参考相关谱牒资料，初步列出源于“光州固始”的部分台湾姓氏：

庄姓。《桃源庄氏族谱·庄氏源流序》记载：“稽吾祖入闽之先，始有一郎公，讳森，字文盛，原河南汝宁府固始县人也。缘唐黄巢作乱之后，于光启丁未岁（887 年）从王审知兄弟入闽，居福州。卜居永春县桃园里善政乡蓬莱山。”另据台北新庄《庄氏族谱》记载：“唐末有庄森者，居河南光州固始，于僖宗光启元年，随王潮入闽，历漳入泉，再徙永春，乃卜居于永春之桃园里。”清康熙年间，庄姓迁台，垦于彰化县竹塘乡。所以，福建、台湾庄氏共同始祖，乃光启初年随王氏兄弟入闽的光州固始人庄森。

吴姓。福建《平潭县志·人口·姓氏构成》（卷 3）记曰：“吴祭，字孝先，河南固始县人，唐僖宗中和四年（884 年），随王审知入闽。传至二

① 李乔、许竟成：《固始与闽台》，河南人民出版社，2007 年版，第 59－107 页。

十二世的秦、泰、春三兄弟，先后从福清市音西镇玉塘村迁入平潭。”据吴铜辑台湾《吴氏族谱·祭公家传》记：“其祖有吴祭者，固始县青云乡铁井兜人，唐僖宗中和四年（884年），兄弟一行二十余人住福建侯官县，王审知据八闽之地，乃避地福、泉间，遂为闽人。今福建晋江、惠安、安溪、平和、诏安、莆田、广东饶平等地之吴氏，皆祭公之后。”总之，台湾吴氏，虽迁台时间不详，但与福建吴氏共同尊固始入闽之吴祭为始公，是清楚的。

苏姓。福建晋江《伦山衍派苏氏族谱》、德化《双翰苏氏族谱》及《龙井苏氏族谱》，均记曰：其先祖苏益侍于隰州，值黄巢起事，以都统职随王潮入闽，是为苏氏之入闽始祖。台北县《苏氏族谱》谓：“远祖有苏奕者，于唐宪宗时，授光州刺史，传三世至僖宗时，黄巢为乱，随王潮入闽，为泉州押卫都统，其后遍布闽南。”基隆《苏周连氏同宗起源略录》：“至唐末世乱，益公以嫡子孙继承武职，同王潮入闽”。宋代苏颂《苏绛墓志铭》记曰：“奕，元和中光州刺史，子孙因家于固始。光州之四世孙，赠隰州刺史，讳益自固始从王潮入闽。”如此，可以肯定光州刺史苏奕为闽台苏姓的共同先祖。

高姓。福建漳浦高氏，尊固始人高钢为入闽始祖。史迹见于漳浦《中山高氏家谱》。台北县木栅乡《安平高氏族谱》记载：“唐僖宗中和元年（881年），其入闽始祖钢，避黄巢之乱，挈眷由河南光州固始入闽，占籍于福建闽侯县凤岗。至五世祖于后周显德年间（954－959），殉节泉州，赐葬晋江二都，其后遂迁安平（晋江安海城），子孙蕃衍，瓜分散处，或居晋江永宁，或迁南安埕边，或赘同安高浦。元末，又有高氏一派，避乱入安溪，卜居太平。”

尽管固始入闽高氏迁台时间不甚明了，但高钢为闽台高氏的共同始祖，有族谱可考。

邱姓。台北县土城乡《丘氏族谱》谓：“远祖出自周之姜齐，支派蕃衍，盛于河南之光州固始。丘亦作邱”，“五胡之乱，南迁入闽，居兴化之莆田”。清康熙四十年，邱姓与林、张二姓同迁台垦于苗栗大甲镇。台湾邱姓虽非源于唐代固始移民，但其播迁脉络非常清楚：光州固始—福建莆田—台湾苗栗。

周姓。台湾之周姓有汝南、武功二派。《武功周氏族谱》谓：“系苏姓之后，先世居光州固始，唐末有苏益者，避黄巢之乱，于懿宗广明中，随王潮入闽。子孙分布漳泉。至正二十二年，有苏卓周者，因缺之，乃改为周氏。”郑经部属周全斌曾随入台，未留台而返闽。清康熙年间，漳州人周舜阳迁台，在淡水文山保内湖开基。台湾周氏始祖，亦应为固始苏益。

施姓。《姓氏纪略》：“夏诸侯有施氏，国亡，以国为氏。”《漳州府志》谓：“随陈元光开漳，有施光赞者，官府内校尉。”台湾《施氏合谱》：“唐之中叶，始由河南光州迁徙入闽，有秘书承公者，宅居于泉州钱江乡。”康熙二十二年，泉州人施长龄招佃渡台，垦于燕雾、武东两堡，与施琅渡台时间相差无几。

潘姓。台北县三芝、石门两乡之潘姓，均称“先世居光州固始，嗣迁福建漳州、诏安五部，迁移年代，已不可考。”然《漳州府志》记载，唐初陈元光开漳将佐中，已有潘节其人。足见潘姓入闽在唐初。明永历二十八年有潘□者，与徐阿华等七人渡海移居旂后（今高雄市）捕鱼，并与蔡、白、王、李、洪五姓倡建旂后妈祖宫。

颜姓。据基隆市《颜氏族谱》谓：颜氏随陈元光入闽，永历十五年颜望忠随延平王入闽。固始—福建—台湾播迁线路清晰可考。

孙姓。孙姓为周文王之后。台湾孙姓，未修谱牒。相传：其先世居光州固始，唐末五季之乱，南迁入闽，居泉州东门。《漳州府志》亦有孙姓入闽之记载。乾隆二十年孙天赐渡台初住麻豆堡。

黄姓。台湾《黄氏族谱》记载：“前先四十三世南陆居河南光州固始”，其中台北县深坑乡《黄氏族谱》云：“世居光州固始。至晋，中州板荡，南迁入闽，始祖黄元方仕晋。”看来迁台黄姓并非唐代随两次大移民入闽，而是传说中“衣冠大族八姓入闽”之黄姓。

宋姓。宋姓之播迁，唐宋之前无考。《漳州府志》载：陈元光开漳，有宋姓随之入闽。中坜《宋氏族谱》也称：“始祖唐丞相环，字持正，河南光州人。玄孙骈，唐咸通六年擢明经，历任福泉按察使，遂寓居莆田。”莆田宋氏宋来万，于康熙六十年以义民身份渡台平朱一贵有功，初居台南，后迁屏东，遂定居于此。

以上所列台湾十二姓氏，其先祖由固始入闽迁台播迁事迹，谱牒记载清晰可查，祖籍确为“光州固始”。但不少自称源于“光州固始”的台湾姓氏，其祖地无可考证，如台湾赖氏，《文献通考》曰：“赖国在保信县，今息县东北，其赖亭则在商城县南，息县、商城皆属河南汝宁府光州，是故颍川郡为赖国子孙散处之区。”德化县《侯卿赖氏族谱》记载：上涌乡赖氏始祖赖开国，光州固始人，唐僖宗中和三年随王审知入闽，居侯官孝悌乡感化里。宋末，其后裔居德化县下涌钱塘。台湾赖氏迁台时间为延平郡王东征时（永历三年）以郑部入台，但迁台赖氏是唐末固始入闽之赖氏，还是东晋安帝四年自颍川迁居潭州的赖氏，并未明确记载。更多情况是，台湾姓氏以《漳州府志》或《福建通志》关于固始入闽姓氏的记载为依据，认定祖上来自“光州固始”。如台湾之江姓、何姓、詹姓、沈姓，与福建漳州之江姓、何姓、詹姓、沈姓确有血脉关系；福建漳州之江姓、何姓、詹姓、沈姓，与河南固始之江姓、何姓、詹姓、沈姓也有血脉关系；但台湾之江姓、何姓、詹姓、沈姓，与河南固始之江姓、何姓、詹姓、沈姓之间没有族谱记载依据，这就意味着固始姓氏入闽后迁台情况或有中断，或非一脉，同姓不同族，难以详考。

本文并未完成对源于“光州固始”台湾姓氏的厘清工作，但台湾姓氏中“光州固始”的象征意义已经非常清楚了，那就是台湾姓氏认定其始祖在大陆，无论是中原，还是“光州固始”，都是他们心目中的族源。

三、简单结语

无论是纵向的延伸性研究，还是横向的精细化研究，其意在于恢复和彰显唐代固始移民的独特价值和研究意义。延伸性研究，即纵向拓展，将固始移民入闽迁台视为一个独立的研究单元和整体，确定固始移民史的研究框架和时空域限，对于回答台湾与大陆的渊源关系，具有重要的历史和现实意义。若将固始移民入闽作为一个独立单元，或入闽移民后裔不是渡海迁台，而是继续移入他处，则与历史上发生的“闯关东”、“走西口”、“湖广填四川”一样只是移民类型和移民线路不同而已。精细化研究，即横向深入，意在正本清源，史实重建，对存有模糊认识或有争议的若干概念、史实及文化影响进行澄清与厘定工作。比如，关于河洛、中原、光州固始之地域及文化概念差异，以及与闽南文化之关系，就需进行更为深入的探讨。当然，本文无力就以上所举议题得出结论，只是希望对固始移民史研究有所启发。

文献来源：2009年固始与闽台渊源关系学术研讨会论文，《固始移民与闽台关系研究》，九州出版社2009年版。

作者简介：尹全海，信阳师范学院教授，中原与闽台关系研究中心学术带头人。

豫闽方志中所见之陈元光籍贯及相关问题再探讨

毛阳光

在唐代闽南地区开发历史上具有传奇色彩，被后世誉为“开漳圣王”的唐代将领陈元光，在新旧《唐书》中却只字未提，而《资治通鉴》与《册府元龟》中也未见其踪迹。笔者曾检索了唐代数量众多的笔记小说和墓志资料，也没有发现有价值的线索。作为唐代数量众多的地方刺史之一，尤其是当时经济和文化尚不发达的漳州而言，正史忽略陈元光并不奇怪。但这对学术界研究陈元光的生平造成了很大的困难。而关于陈元光的记载之中，方志资料是非常重要的一部分内容，尤其是明清以来福建与河南地区传世的方志资料。尽管从史源学的角度而言，史料的记载是越早越好，用明清时期的方志来探讨唐代历史人物的事迹存在着先天的不足。但在目前，在唐代流传下来陈元光相关资料匮乏的情况下，明清豫闽地区的方志资料无疑是我们了解和研究陈元光的第一手资料，至少我们可以了解明清时代作为历史人物的陈元光在当时豫闽地区人心目中的形象。

一、关于陈元光的籍贯问题

关于陈元光的籍贯问题，学术界进行了热烈的讨论。肖林《陈元光籍贯窥探》、贝闻喜《陈元光原籍考》等文章力主光州说。郭联志《陈元光籍贯有定论》认为陈元光籍贯为河东。杨际平《从〈颍川陈氏开漳族谱〉看陈元光的籍贯家世——兼谈如何利用族谱研究地方史》则主广东揭阳说。[①]最近的研究见李乔的《“开漳圣王”陈元光籍贯辨析》，认为陈元光的籍贯为光州固始。[②] 笔者认为：河东地区应是陈元光家族的郡望所在，和具体的著籍地不能混为一谈。而揭阳说出现较晚，而且缺乏有力的证据。而争论最多的是光州以及固始两地之间的争论。

在光州的记载方面，主要见于清代以来的河南地区方志，如顺治《光州志》卷九《人物考·乡贤》陈元光传记中记载“光州人，字廷炬。”并详细记载了陈元光的生平以及随其父陈政进入福建，之后建立漳州的情况。其后还有其孙陈酆的列传。[③] 顺治《光州志》卷九《人物考·乡贤》还记载，明万历初，举人陈华任光州守。因他到先祖陈元光的故籍当州官，与先祖后裔和当地士绅黎庶非常友善，勤政惠及百姓，后人将陈华祀入宦祠。《光州志》也给予列传留世。传云：“其先人元光，本州人，有功唐代，世守闽，始居于闽，以故华视光之绅士黎庶犹其亲姻比党也。”乾隆《光州志》卷一一《坛庙》称陈元光为“郡人”。卷五六《忠义列传》称之为“弋阳人”，弋阳是光州的古称。《河南通志》卷六三《忠烈》也记载“陈元光，字廷炬，光州人。”

而记载陈元光为固始人的多是明清以来的福建地区方志，如万历年间漳州知府罗青宵等撰修的《漳州府志》卷四《漳州府·名宦》载陈元光“其先河东人，后家于光州之固始，遂为固始人。”崇祯年间何乔远撰修的《闽书》卷四一记载陈元光“固始人”。[④] 乾隆《龙溪县志》卷一五《人物·列传》陈元光子陈珦“先固始人也”。康熙《漳浦县志》卷十四《名宦志》记载“陈政，光州固始人。”嘉庆《云霄厅志》卷十一《宦绩》记载陈政“光州固始人”。但明嘉靖《固始县志》、清顺治《固始县志》以及乾隆《重修固始县志》都没有记载陈元光的事迹，哪怕是只言片语。

由于目前所见陈元光的文献资料出现都比较晚，因此这里仅仅列举材料

① 《福建史志》1990 年；《韩山师专学报》1991 年 1 期；《福建史志》1994 年；《福建史志》1995 年 1 期。

② 李乔：《“开漳圣王”陈元光籍贯辨析》，《信阳师范学院学报》，2009 年 5 期。

③ 顺治《光州志》卷九《人物考·乡贤》，第 351 页。

④ 四库全书存目丛书，第 205 册第 24 页，齐鲁书社 1997 年。

来求探讨清方志中陈元光的籍贯，而真正坐实陈元光的籍贯问题还有待于更多新资料，尤其是考古资料的出现。另外，陈元光无论是出自光州，抑或是固始，都是作于出自中原大地的一位值得我们骄傲的历史名人，在研究考证的时候不要有过多狭隘的地域色彩，只有认真、细致地搜集资料，用开放的眼光去研究，才能更进一步推进和促进陈元光的研究。

二、方志中记载的豫闽地区陈元光的祠庙及信仰

陈元光创建漳州的业绩，这里的百姓始终没有忘记，因此其父子二人在闽地威望甚著。《云霄县志·祀典》中评价说：“公开建漳邦，功在有唐，州民永赖。”“漳人至今思之”。根据明清方志记载，早在唐代嗣圣年间，漳州城已经出现了祭祀陈元光的祠庙。此后，漳州治所迁往龙溪，该庙也随之迁附，“民多祀之”。① 虽然在方志中没有明确记载陈元光祠庙的情况，但在唐代，地方盛行为有政绩的地方官建立生祠或祠庙祭祀。这一时期漳州地方存在纪念陈元光的祠庙是合理的。从五代一直到南宋，陈元光一直得到朝廷的褒赠，如五代时吴越王追赠保定将军、太尉、尚书令。尤其是到了宋代，陈元光受到历朝的封赠，如神宗熙宁八年封忠应侯。宣和四年封为忠泽公。到了南宋时期，先后加“显佑”、“英烈”、“英烈忠泽显佑康庇公”。绍兴十六年进封灵著王，二十三年加封“顺应”二字，绍兴三十年加封“昭烈”二字。孝宗乾道四年，陈元光被封为灵著顺应昭烈广济王。② 因此，绍熙年间的漳州知州，著名学者朱熹指出“陈公没而为神，今以王封庙食。”③ 明代规范祀典后，改封陈元光为昭烈侯。而陈元光也逐渐被神化，漳州地区也出现了大量纪念、祭祀陈元光的祠庙。因此，宋代官员吕璹就有“唐史无人修列传，漳江有庙祀将军”的诗句。④ 从目前的方志资料来看：早在唐宋时期，这里就出现了许多祭祀陈元光的祠庙。

而漳州地区祭祀陈元光的祠庙数量相当大。大多数祠庙称为威惠庙，威

---

① 万历《漳州府志》卷二《漳州府·坛庙》

② 《宋会要辑稿》礼二十之一四二－一四三，中华书局，1957年版，第834－835页。

③ 《晦庵先生朱文公文集》卷八十《漳州守臣题名记》，四部丛刊本。

④ 《宋诗纪事》卷一三《题威惠庙》。

惠庙是北宋徽宗政和三年颁赐的陈元光庙额。[①] 光绪《漳州府志》记载"属邑皆有威惠庙"。[②] 作为漳州府的治所，龙溪县城北门外嘉靖年间就有威惠庙，《嘉靖龙溪县志》卷三《祠祀一》记载："威惠庙，城北门外，祀唐将军陈公元光。"南宋高宗建炎四年建于此。据南宋淳熙年间在这里担任知州的章大任《灵著顺应昭烈广济王庙记》记载"食于彰历年数百，祭血未尝一日干也。"此时的威惠庙已经是春秋二祀，由地方百姓捐田以供应。此后章大任又将几所废寺的六顷田产划归威惠庙。[③]

此后，该庙在明正统、景泰、成化、嘉靖年间经过多次重修。庙中还有多景楼和览胜亭。而漳州士民对此也持肯定态度，如明初洪武时文人刘驷就指出"所谓灵著王，乃唐开创此州陈元光也。亦宜有司立庙，官自为祭，民间不宜渎祀。"[④] 一直到清朝乾隆二年，知府童华修又主持进行了重修。[⑤] 则此祠庙从南宋初年建立后一直到清代，香火绵延不绝，受到乡民祭祀。

漳州城北二十里的松洲石鼓山下也有威惠庙，这里有陈元光的坟茔。由于致祭不便，南宋时在又在漳州城北门外建威惠庙。但乡民仍旧在此祭祀。[⑥]

《明一统志》卷七八记载漳州"各县皆有庙"。这些都是陈元光的行祠，即主庙之外的祠庙。而各地祭祀陈元光的祠庙方志中多有详细的记载。如漳浦县建有威惠庙，庙在县城西门外三里，宋代就已经存在。百姓春秋祭祀陈元光。弘治、嘉靖多次重修，清初祠庙"倾圮殆尽"。一直到康熙二十六年，知县杨遇乂进行了重修，"前殿后寝，俱重建 ·新"。该庙还祭祀陈元光的妻子种氏。[⑦]

长泰县东人和里也有威惠庙，据《乾隆长泰县志》卷一二《杂志·祠宇》记载该庙是宋代县令王朝俊建立两座。此后明嘉靖、崇祯年间又经过

① 《宋会要辑稿》礼二十之一四二，第 834 页。
② 光绪《漳州府志》卷八《祀典》，日本东京早稻田大学藏本。
③ 嘉靖《龙溪县志》卷三，《天一阁明代方志选刊》。
④ 嘉靖《龙溪县志》卷八《人物》。
⑤ 乾隆《龙溪县志》卷七《坛庙》，台湾成文出版社，1966 年版，第 85 页。
⑥ 万历《漳州府志》卷十二《杂志·古迹》。
⑦ 康熙《漳浦县志》卷十《祀典志》，第 680－681 页，台湾成文出版社。

两次重修。到了清代，此庙仍旧存在，但损坏严重，祠庙仅存一间。①

海澄县也有三处陈元光祠庙，一处是儒山庙，在儒山，“庙宇极崇大”；威惠庙在槐浦，南宋时期，龙南县令陈兢募建。还有一处称为西峰庙，在五都西峰岭下，据记载，岭侧山顶有大石壁立，“祷雨多应”，因而当地人“祷雨名山”。②

另外，在唐代曾为漳州治所的云霄威惠庙历史也非常悠久，只是年代久远，位置已经不可考。清嘉庆年间建制的云霄厅也有威惠庙，在县城西门外，只是当时“祀典未举”。而县城外的溪尾保还有陈王庙，也祭祀陈政和陈元光父子以及其子孙，这是清初，陈氏子孙联合建立的。③ 另外，据方志记载：云霄各地还有许多的陈圣王庙，“王有启土功，各乡社皆立庙，不能备载。”也是祭祀陈元光的。如小将军、上下营、高溪保、后坪保、宅兜庵、洋下、火田、菜埔、莆美城内、南山尾、下坛乡等处都有陈圣王庙。④

龙岩县的威惠庙称为西庙，在县城西门外。⑤ 此庙清代又称威惠祠，而州治西还有威惠庙。⑥ 诏安县城城西有祈山庙、城东有灵侯庙，都是祭祀陈元光及其部将的庙宇。⑦

除了漳州地区以外，福建其他地区也有一定数量祭祀陈元光的祠庙。如漳州以北泉州的仙游早在南宋时期，县城东南的风亭市南北就有两座祭祀陈元光的威惠灵著王庙。⑧ 仙游县的灵著王庙一直到清代还存在。⑨ 而《福建通志》卷十五《祠祀》还记载福州的福清县城西隅后王山也有灵著王庙，也是祭祀陈元光的祠庙。⑩ 由此可见，宋以来福建地区祭祀陈元光的普遍。

---

① 民国重刊本，第811页，台湾成文出版社，1975年。

② 万历《漳州府志》卷三十《海澄县·杂志·宫庙》乾隆《海澄县志》卷十七《名迹》，第202－203页，台湾成文出版社1968年。

③ 嘉庆《云霄厅志》卷七《庙祀》，第277－278页，台湾成文出版社1967年。

④ 嘉庆《云霄厅志》卷七《庙祀》，第290页。民国《云霄县志》卷五《典祀》，第146－148页，台湾成文出版社1975年。

⑤ 万历《漳州府志》卷二一《龙岩县·舆地志·坛庙》。

⑥ 道光《龙岩州志》卷一四《古迹志》，第317页。台湾成文出版社1967年。

⑦ 万历《漳州府志》卷二九《诏安县·杂志·宫庙》。

⑧ 《仙溪志》卷三《祠庙》，第8310页，宋元方志丛刊本，中华书局1990年。

⑨ 乾隆《仙游县志》卷十二《坛庙》，第282页，台湾成文出版社1975年。

⑩ 《福建通志》卷十五。

遍布漳州各地的威惠庙在漳州地方信仰中占据着重要的地位，许多地方官和百姓将其作为漳州地方的保护神，能够为百姓消灾避祸、救苦救难。南宋初年中书舍人张扩《东窻集》卷九《漳州威惠庙神英烈忠泽显佑公加康庇二字制》有“尔神自唐以来庙食一方，捍患御灾，民实赖之，利物之功，久而弥著。”如漳州府城的威惠庙，刘克庄《后村集》卷三七《卓推官墓志铭》记载漳州大旱，长官傅公令龙溪县主簿卓先“祷灵著庙，返命雨至。”

漳浦县的威惠庙也非常灵验，《八闽通志》卷五九《祠庙志》记载：北宋庆历年间，有群寇自汀州和虔州到达漳浦地区，百姓四散奔逃。县令吕璹在陈元光庙祈祷，“俄而空中有金鼓之声，贼徒敛手就缚者三百七十余人。自言四顾皆神兵无路可逸。”① 据宋余靖《武溪集》卷二十《宋故殿中丞知梅州陈公墓碣》记载“邑西有陈将军祠者，《郡图》云：仪凤中，勋府中郎将陈元光也。年少强魂，邦人立庙享祠甚谨，日奉牲币无算。岁大旱，遍走群望弗雨，公乃斋洁诣祠下祷云：政不修者令之负，祷无验者神之羞，国家崇祀典所以祈民福也。祀苟不应，何用神为？即钥扉与神约曰：七日不雨，此门不复开，丛祠为烬矣。行未百步，霾风拔巨树仆于道。俗素信鬼，及是吏民股战神之怒。公徐曰：民方暋，何怒之为？乃援辔截树而去。果大雨，田收皆倍。”南宋绍定年间，“汀、邵寇犯县境，居民竞奔走哀告于神。俄而庙有大蜂千百为群，飞集道路，盗不敢过，邑赖以全。”② 这些都说明了陈元光祠庙在漳州民间社会生活中的重要作用。

有意思的是，明代以前的光州本身似乎并没有陈元光的祠庙，南宋周必大《文忠集》卷九四记载，光州城西有威惠庙，供奉神灵是威惠显应侯、昭惠顺应侯、孚惠灵应侯。有学者认为此就是陈元光的祠庙。③ 笔者认为缺乏具有说服力的依据。宋代的威惠庙并非专指陈元光的祠庙，如当时的四川地区也有威惠庙，祭祀的并不是陈元光。宋代的会要中就记载了漳州和四川地区的威惠庙。此庙在清初的光州仍旧存在，据顺治《光州志》卷二记载

① 《八闽通志》卷五九，福建人民出版社，1990年版，第393页。

② 《八闽通志》卷五九，第393页。

③ 冯大北、张秀春：《唐史无人修列传，漳江有庙祀将军——陈元光开漳与圣王信仰》，《寻根》，2006年第6期。

光州北城西门里有弋阳三公庙，祭祀三神中就有威惠侯、昭惠侯和孚惠侯。① 而乾隆《光州志》卷十一《坛庙》载称之为三侯庙，分别是灵应侯、顺应侯和显应侯。这与前引周必大文集中的光州城西当为同一处祠庙。而此三神到底是何方神圣呢？志书也没有记载，称“未详其姓氏由来，今遂湮没不可考。”② 这样看来，即便此威惠庙祭祀的神祇中有陈元光，但到了清代，当地人对该庙神祇的来历已经无从知晓了。

而方志中明确记载光州城中存在着祭祀陈元光的祠庙。该祠庙位于光州儒学之东的祠庙，是在明代万历年间修建的。当时来到这里担任知州的陈烨是陈元光的后裔，由于他对待光州士民宛若自己的乡亲，在这里推行一条鞭法，延请官员修订光州地方志，“士大夫感公德”。因此才为其先祖陈元光建祠庙于儒学之东。③ 据顺治《光州志》的记载“三十六世孙陈烨（一作华）来为光州知州，表扬先德，士民为立广济王祠于学之左。”④ 该祠庙在顺治年间还存在，“广济王祠在儒学前”。⑤ 这样看来，光州原本并没有陈元光祠庙，其建立是受到福建漳州地区陈元光信仰的影响而建立起来的。康熙年间“有司春秋祀之”，有祭田七亩。之后由于年久失修而坍塌，直到乾隆九年知州高鉴又予以重修。在光绪年间还在，名称为陈公祠。⑥ 另外，光州的忠义祠中也有陈元光的名位。可见明清时期，光州百姓是将陈元光作为本土的乡贤来对待的。

正是由于陈元光在开发闽南地区的重要贡献，因此宋元明清以来，漳州地区祭祀陈元光的香火非常旺盛，许多地区都有祠庙，因此与当地百姓生活联系密切。而河南只有光州地区有陈元光的祠庙，将其作为在外地开创功业的乡贤来对待。可以看出古代民间信仰的实用性和地域性差别。当年陈元光开辟漳州，促进了福建东南部的开发，而到了明代其后裔陈烨又在光州仕宦，多行惠政，使得光州百姓又了解了陈元光这位先贤的事迹，这也谱写了

---

① 顺治《光州志》卷二《建置考·祠庙寺观》，第 279 页。

② 乾隆《光州志》卷一一《坛庙》，国家图书馆藏刻本。

③ 顺治《光州志》卷七《宦业》，书目文献出版社，1992 年版，第 330 页。

④ 顺治《光州志》卷九《人物考·乡贤》，第 351 页。

⑤ 顺治《光州志》卷二《祠庙寺观》，第 279 页。

⑥ 光绪《光州志》卷二《典祀志·坛庙》，台湾成文出版社，1976 年版，第 155－156 页。

古代豫闽地区文化交流的一段佳话。

文献来源：2009年固始与闽台渊源关系学术研讨会论文，《固始移民与闽台文化研究》，九州出版社2010年。

作者简介：毛阳光，洛阳师范学院河洛文化国际研究中心主任、历史学博士。

关于陈元光与闽南开发研究的几个问题

汤漳平

适值由陈政、陈元光率领的中原87姓民众戍闽1340周年之际，在其故乡河南固始举办“固始与闽台关系学术研讨会”，确实很有意义。闽台两省，都是主要由中原移民及其后裔为主要居民形成的省份，其不同点仅仅在于福建人无论闽北、闽东、闽南或是客家人，均宣称其祖居地为中原地区的河南，尤以光州固始为多。而台湾则主要是由中原移民的后裔，闽南人与客家人共同开发的宝岛，其中以闽南人为主。其实，不仅上述两省，新成立不久的海南省也是如此，其居民构成中，也以闽南人居多。当然，还有粤东的潮、汕、惠与雷州半岛、浙南的温州地区、港澳乃至东南亚各国，均活跃着闽南人的身影。可知，唐初由陈政、陈元光父子带领的这次中原民众入闽，所产生的影响何等重大。但是，我们必须承认，由于闽南文化研究开展的时间还不长，许多相关问题的研究还不够深入，因此，如何进一步凝聚各方面的力量，大力开展这一领域的研究，取得新的突破，仍然是一项十分艰巨的任务。下面我想就这一问题，谈点个人的看法。

一、回顾

虽然在20世纪20－30年代，已有一些著名学者如林语堂、叶国庆等，在开展福建的地方史研究中，已初步涉及陈政、陈元光平蛮獠的一些传说和史事，林氏于1926年撰《平闽十八洞所载古迹》一文（载厦门大学《国学研究院周刊》第二期，民国十五年），叶氏则于1935年发表了《平闽十八洞研究》的长篇论文（载《厦门大学学报》第三卷第一期，1935年11

月），对清代中期出现的这部通俗章回小说做了研究，叶氏直接认为这部小说是借用通俗小说《杨家将演义》中的人物，实际附会了唐初陈政、陈元光父子率领五十八姓中原士民入闽，平蛮獠、建漳州之史事。然而此后的半个世纪，这一领域的研究一直处于沉寂的状态。

上世纪的80年代初期，是在我们党的解放思想、实事求是的思想路线指引下，这一禁区才得以被打开，这近三十年的研究状况，大体可以分为三个阶段：

上世纪80年代为第一个阶段，是研究的发轫与发展期，至1990年底在漳州召开的陈元光国际学术研讨会，形成了第一次研究的高潮。由于禁区的被打破，加上旧有评价的彻底被颠覆，引发了学术界的一场空前激烈的争论。争论中主要围绕史料的真伪、人物的评价、历史的贡献等问题展开。虽然从总体上讲，本次争论大体还是在学术研究的领域中展开的，各方都亮明各自的观点，摆出可能挖掘到的各种材料来进行讨论，但不可否认，其中也确有意气用事的成分在。

90年代是这一研究的第二个阶段。这一时期的特点是研究的气氛相对平静。虽然第一阶段争鸣中提出的许多问题并未达成共识，但各方在保留各自意见的基础上进行探讨，没有出现第一阶段那样激烈的交锋。与此同时，闽豫两地开始建立互动关系，固始县与云霄县建立了友好县，并同时在两地成立"陈元光开漳史研究会"，举行学术研讨活动。一些历史文化遗址得到了修缮和保护，如云霄县的将军山陈政陵园，漳州市的陈元光陵园，漳浦和云霄的威惠庙等都有计划地在修建中。

新千年以来的十年是研究的第三阶段。随着闽南文化研究的开展，陈政、陈元光及其率领的中原民众在闽南文化形成中的作用和影响进一步得到研究者的关注和认同。由于中央对闽台关系的重视，对闽南文化在两岸和平统一中可能发挥的作用等问题越加关切，因而各级政府也积极参与和推动闽南文化的研究，从而出现了第二次高潮期。作为唐初中原移民落脚点与开漳发生地，漳州市大力加强这一领域的研究工作，2005年第三届闽南文化研讨会在漳州召开时，漳州市政协专门组织编写一套《漳州文化丛书》，以被称为"开漳圣王"陈元光的开漳史及其在闽南文化中的地位作为本次会议讨论的重点。鉴于民间信仰对下层民众更具号召力，这一时期特别重视

“开漳圣王文化”的研究（“开漳圣王”在台有数百万信众和300多座庙宇）。其标志即2006年成立漳州市闽南文化研究会的同时，成立世界开漳圣王联谊会。联谊会自2006年起，先后在新加坡、台湾地区举行了第一、二届联谊活动，明年将在漳州举行第三届联谊会。固始与云霄也分别举办几届研讨会，这些对于扩大“开漳圣王文化”的影响，加强闽台乃至海外侨胞的交流和相互了解，增进相互之间的感情，无疑具有十分重要的作用。

二、存在的问题

经过了这三十年的研究和宣传，可以说，目前对唐初以陈政、陈元光为首的87姓中原移民入闽，开发泉潮地区，传播先进的中原文化，促进民族和睦，发展社会经济与文化所起的积极作用及促进闽南文化的形成方面的意义，已经形成了共识，但是这一领域的研究仍然存在着一些值得讨论的问题，主要有以下三个方面：

一是研究的深度与广度不足，难以有效地取得突破。虽然这一课题的提出已有30年时间，但总体而言，后二十年的研究进展相对迟缓，研究的水平提高不快，对前十年研究中所提出的相关问题尚缺乏更深入的研究，因而虽然召开过多次会议，但尚未取得令人信服的突破性的进展，究其原因，是研究力量的不足形成的。目前的研究，停留在一般性的号召，没有专门从事该项研究的人员和设立相关的项目，这样就难以出现高质量的成果，自然也就谈不上真正意义上的突破了。

二是田野调查的力度不够。应当承认，近三十年来，我们的文物考古部门作了不少工作，例如相关的文物普查，一些历史遗迹的保护和修缮，相关景点的建设等（如云霄有开漳史迹陈列馆，固始有元光广场，漳州正在大张旗鼓地建设元光文化公园和陈元光纪念馆等），但如何通过田野调查与重点文化遗址的发掘，提供更有力的证据，这一方面的工作应当说还是有待加强的。“空口说白话”不行。无论河南还是福建，历史上都经过多次的战乱，历史文物大量被损毁，造成现今研究资料的不足，（河南历史上的大规模人口迁徙，福建明清以来的迁界复界等），因此有必要通过田野调查取得第一手的资料。

三是研究方法的相对陈旧。目前这一领域的研究，大多停留在使用原有的一些研究方法和研究手段，这也是研究水平难以得到提高的原因之一，如何采用跨学科的综合研究方法分工协作，以便取得一些突破性的进展，也是值得认真思考的问题。有些需要自然科学部门的配合，例如历史上关于气候变化的资料。陈元光的《龙湖集》中有一首诗写到雪景，但漳州现在的气候条件，冬天只见霜而不见雪。因此，一些学者（包括本人在内）怀疑此诗是后人所作，且作地不在漳州。但是，龙岩的郭启熹先生就不同意我的意见。他说，今龙岩地区当时属陈元光军队管辖区，闽西每年都有下雪，所以不能因此怀疑此诗的真实性。近读《漳州市志》，其中也有古人咏雪诗，所以诸如此类的问题，实在应当有其他学科的学者参与研究，否则，以今律古，恐怕未必尽然。

当然，还有一点是观念的更新问题，说起来话就长了，等第三部分再展开来谈。

三、对下一步工作的几点建议

加大研究的力度，提高研究的水平，努力突破研究中的难点，是所有研究者的共同愿望，也是豫、闽、台及所有关心这一领域研究进展的人士的共同愿望。召开本次会议也体现了这一点。但是，光凭良好的愿望是解决不了问题的，对于1000多年前发生的历史事件，史料的缺载造成我们今日的研究困难。但是，“唐史无人修列传”并不等于就没有其他途径可寻了。我想我们应当尽量拓展思路，通过多方面的努力来寻求一个比较切合实际的结论。下面我想就这一问题谈点我个人的想法。

（一）在中原文化和闽南文化研究和闽南文化生态保护的大背景下，大力开展这项研究工作。

新世纪以来的十年，中原文化与闽南文化研究的重要性及其现实意义已经越来越为各方所重视，闽南文化生态保护区也是在这样的背景下优先得以建设并开展工作。但是，如同客家文化研究一样，当前对闽南文化的形成期问题并未达成一致的意见，虽然多方面的研究（方言、民间风俗和信仰、民间艺术的传承、族群心理等）已经表明，闽南文化的形成与唐代中原文化南迁关系最为密切，但是这种形成的过程整体脉络还不是很清晰，如何通过各方面的努力来使之更加清楚，更具说服力，是下一步研究中应当做的工作。这两年来，漳州市政协组织编写《漳州姓氏》一书，对全市范围内各种姓氏的分布，入闽、肇漳、聚居地、迁徙等情况作了比较翔实的调查与考察。我在认真阅读之后，觉得其中提供了许多珍贵的有价值的资料和各方面的信息。把多方面的资料收集起来，通过综合考察和分析，其可信度就会高得多。豫闽两地如能配合起来，加强信息交流和沟通，那就更好了。目前中原地区居民，多数是明清时期由外省迁来河南的，但也仍有部分是原住地的居民，如能找到一些原始资料，那就很有价值了。明清时期迁豫的各族，与闽台方面也不是完全没有关系，认真考察的话，照样可以找出许多有参考价值的史料的。当然，这是一项较大的工程，涉及的面广，因此需要多方面的通力协作。人员、经费、机构的设置、项目的设计等都是必不可少的，这需要政府的支持和民间力量的投入。现在开展这项工作，条件比过去好得太多了，有各方面的积极性，事情就会好办得多。不仅闽豫两省共同做这项工作，尽可能让所有闽南文化圈的民众，包括广东的潮汕、浙南、海南和台湾的闽南人共同关心这项工作，“礼失而求诸野”，台湾虽然是后形成的闽南人的聚居在，但它保存的中华文化仍是相当丰富的，我曾提出以“保护我们的共同家园”作为两岸合作，共同保护闽南文化生态的建议，随着两岸关系的缓和，从加大文化交流的角度讲，我们也应当这样做。

（二）加大田野考察和文物的收集力度。虽然这些年来，我国加大文物普查的工作，取得不少成绩，但就专项工作进行调查，还是做得不够的，尤其过去经历许多战乱，文物或散失或损毁，怎样注意收集，使之不至于再度流失，这一方面仍有大量的工作可做。有时，一块碑记，一篇墓志铭，就能解决许多问题。

我特别希望能够结合建设中的需要，对一些重点文化遗址进行必要的考古发掘，许多古代的悬案，往往能在考古发掘中获得解答。古希腊神话中的特洛伊战争，曾经被认为是神话传说，未必实有其事，也未必实有其地，但经过考古学家的发掘，特洛伊古城遗址找到了。目前已得到大量文物，充分证实这场战争的真实性。我国这些年实施的夏商周断代工程，多学科的综合考古发掘，取得了可喜的成绩，许多问题得到答案，尧舜时代的考古发掘也成绩斐然，正在提出“走出尧舜传说的时代”。相比之下，发生在1000多年前的事件，时代更靠近，能够保存下来的东西也会更多，因此，在政府相关主管部门的组织下，如果能有选择地重点发掘一些地方，取得第一手的资料，相信对于这一项目的研究能够有新的推动作用。

（三）关于研究方法和观点更新的问题。这些年在研究中经常碰到的一个问题就是资料的鉴别问题，许多研究者虽面对众多资料却不知所从，时常可以听到有人询问：“这资料能引用吗？不是说族谱资料都不可靠吗？”对于古代传世的资料，尤其像族谱这类民间流传的史料，采取比较谨慎的态度并没有错。但是，如果因为有一些疑义便不敢问津，那就不对了。自20世纪初年，疑古风大煽，古代典籍动辄受到“伪作”的指责，各种传世资料亦不能幸免，族谱资料更是怀疑的对象，批评者往往根据其中的某些讹误动辄否定全部资料的真实性，这其实是更不慎重的态度。我国的私家族谱编纂是北宋时方成为普遍的风气，编谱人为寻找本族祖先，往往到史书中去找一些知名人物，以光大本族门面。因此往往导致张冠李戴的谬误。学界普遍认为，族谱资料中，年代越远的，资料可靠性越差，而年代越近的，其可信度越高。因此，我们应当采用分析的方法，不能动辄一概否定。顾颉刚先生是“疑古派”的代表人物，但他依然对族谱资料的价值给予很高的肯定。因此，要充分利用这些资料。就笔者所阅读的漳州众多家族的族谱资料看，其中保存有大量珍贵的史料，可供我们去综合分析和研究，不能因为某一部族谱资料中有问题，就把所有传世族谱资料都一棍子打死。我们现在的史料整理，不仅需要将所有传世的资料妥善保存下来，还要整理没有文字资料的“口传史”，因为其中也保存有许多有价值的研究资料。

史学界当前正在开展的关于怎样认识20世纪以来“疑古派”的是与非，也对当前流行的“走出疑古时代”的提法展开争鸣，甚至有人对“二重证据法”也持不同评价，大家应该关心这场争论，它对于我们拓展视野，重新审视我们研究的思路与方法，更新观念是大有好处的。

文献来源：2009年固始与闽台渊源关系学术研讨会论文，《固始移民与闽台文化研究》，九州出版社2010年。

范祖禹《王延嗣传》及闽国史料的新发现

徐晓望

上世纪九十年代以来，学术界对闽国史的研究成果累累。新史料的发现越来越困难。近读宋代大史学家范祖禹的《范太史集》，意外发现其中有一篇王延嗣传，这篇文章长达4600多字，是为研究闽国史的第一手资料。特撰此文，将其揭橥于世，以供诸位同仁参考。

一、范祖禹撰写《王延嗣传》的经过

范祖禹是宋代第一流的史学家，他是陕西华阳县人，宋仁宗嘉祐八年（1063年）进士甲科，后随司马光修撰《资治通鉴》。书成之后，司马光荐其为秘书省正字。范祖禹早年仕途顺利，一直做到龙图阁大学士。晚年因遭言官攻击，被贬至宾化县，死于任所。遗著有《帝学》、《唐鉴》、《范太史集》等。

在司马光组成的《资治通鉴》撰写班子中，学者各有所长，范祖禹是以研究唐史出名的。虽说范祖禹博学，但也会有一些不太熟悉的问题，长期不得其解。有一次，他遇到20多年未见的同榜进士王端，欢洽之余，范祖禹谈起了自己多年以来研究唐史的几个存疑问题。王端“援引他传杂说，并唐文士碑铭书疏之类，以决其疑，莫不皆有证据。”这让范祖禹大为感激，“而且叹其博洽”。① 王端为福建剑浦（南平）人，他的曾祖王延嗣、祖父王玠，都是研究经学的教师。王端出生于这样一个家庭，可以说是家学

① 范祖禹：《范太史集》卷三六，《王延嗣传》。本文未注明出处的史料，皆出于此文，下同。

渊源了。因此，王端能为范祖禹解决一些困难的学术问题。后来，王端将王延嗣的遗稿给范祖禹看，并请范祖禹为其曾祖写下了《王延嗣传》，这是《范太史集》中《王延嗣传》的由来。

由于范祖禹是宋代著名的史学家，他的《王延嗣传》很早就引起了学者的注意。专门研究五代十国史的宋代史学家路振在其《九国志》中说："王氏父子据有全闽，虽号不知书，一时浮光士族，多与之俱南。其后颇折节下士，开四门学馆，以育才为意。凡唐宋士大夫避地而南者，皆厚礼延纳，作招贤院以馆之。闽之风声气习，浸与上国争列。其从子王延嗣者，以道义自任。当时目之为'唐五经'，内翰范淳夫尝为立传。"①

路振文中的"内翰范淳夫"，即为范祖禹。因王延嗣晚年定居于南平县，南平的地方志说到五代时期南平人物，常会提到"唐五经"王延嗣，并认定他是南平儒学倡导人物之一。在王延嗣的家乡汝宁府固始县，对其也有记载。明代李贤的《明一统志》载："五代王延嗣，光州人。唐亡，梁太祖拜王审知中书令，封闽王。延嗣力谏曰：'义不帝秦，此其时也。'时强藩巨镇僭号，审知有效颦之意，延嗣极谏。审知虽不乐其言，然终其身不失臣节，延嗣之力也。"② 将这段文字对照范祖禹的《王延嗣传》，可知其出自范祖禹的著作。后来，清代吴任臣作《王延嗣传》，又将《明一统志》的相关记载纳入。福建方面的方志也辗转摘抄，所以，《明一统志》的王延嗣传流传很广。但是，后人著作基本没有直接引用范祖禹的《王延嗣传》。以博学闻名的吴振臣，在其名著《十国春秋》中广征博引，许多只有方志才有的相关史料，都被其纳入《十国春秋》，对于王延嗣，他是直接引用《明一统志》的史料，却令人遗憾地遗失范祖禹的《王延嗣传》，这也使这篇第一手资料成为沧海遗珠，弥足珍贵。

搜索四库全书的王延嗣相关史料，有一条记载引起我的注意。清代《佩文斋书画谱》引用了《图绘宝鉴》一书，书中提到一个擅长画鬼神的画家："王延嗣，国初，工鬼神。"③ 范祖禹笔下王延嗣是一个经学家，一直活

① 雍正《福建通志》卷六十六杂记，丛谈二，福州府。

② 李贤等：《明一统志》卷三十一，汝宁府。

③ 《御定佩文斋书画谱》卷五十，画家传六，宋一。

到宋代初年，但范祖禹并没有讲到王延嗣擅长绘画。因而，此文中的王延嗣是否同名同姓人物？尚待考证。不过，当时的文人兼通绘画的不少，不排除南平王延嗣擅长绘画的可能性。

二、范祖禹《王延嗣传》的史料价值

《王延嗣传》出于史学大家之手，而且撰写者是在掌握王延嗣原著的背景下写下了这篇文章，应当说，这篇传记的可靠性是很高的。事实上，宋代许多有关闽国史的著作，都直接引用了范祖禹《王延嗣传》中的文字。正史对王审知的基本评价，基本没有超出这篇文章的范畴。本文的价值由此可见。作为一篇传记，范祖禹还很详细地描写了传主参与王审知决策的过程，这在其他文献中是极为少见。

今人研究中古时期的中国史，最感缺乏的是历史事件经历者的第一手资料。这是由于，首先，中古时期的中国，除了帝王有史官记载其活动之外，普通人没有记载日常生活及政事的习惯，也就是说，记日记的习惯尚未形成，留下来的第一手资料就少，而且经过一千多年岁月的淘洗，这类文字大多无法保留下来。其次，中国史官崇尚以简约的文字记载复杂的历史事件，他们记载的历史事件，往往省略了决策者的动机和考虑过程，不管多么重大的事件，在他们的笔下，都只剩下简单的几句话，让人对事件的发生过程不甚明了。但对于今人来说，这些简单的记载太少了。范祖禹《王延嗣传》的传主，是王审知的族侄，自幼失怙，由王审知养大。他跟随王审知由固始入闽，成年后参与了王审知许多重大事件的决策，是王审知得力的幕僚之一。《王延嗣传》的价值首先表现在：其一，记载了王审知重大决策的过程及其决策前后的想法，这是十分难得的；其二，王延嗣作为王氏家族成员之一，披露了王家在固始以及在福建发展的一些情况，其文字虽然不多，但很有价值，可以使大家进一步认识王氏家族的真貌。其三，王延嗣在生前看到了王氏政权的灭亡，因而可以旁观的态度总结王氏政权灭亡的原因，这与王审知生前身后那些一味歌功颂德的那些碑记不同，范祖禹《王延嗣传》所展示的王审知，是一个更为立体的、全面的王审知，也是一个更有个性的王审知。其四，对王延嗣的研究，还可以让我们知道闽北儒学兴起的一些关键细节。在南平历史上被称为“唐五经”的儒学名家，究竟是怎样一个人。

对任何历史文献，都要考虑其作伪的可能性。范祖禹的《王延嗣传》引起我警惕的是：其文中第一句为：“唐宋间延平郡有隐君子，姓王氏，讳延嗣，字季先，光州固始人也”。其中延平郡三字让我考虑很久。南平县成为郡治是在南唐的保大六年（948 年），当时名为剑州，入宋之后，改名为南剑州，元代改名为“延平路”，明代改为延平府。从其政制沿革来看，到了元明以后才有了“延平郡”这一等级的治所，为何生于北宋的范祖禹、王端会称南剑州为延平郡？不过，搜索宋代的文集，延平郡的提法是常见的。例如：

黄裳的《怀远亭记》：“延平郡督邮，即其公宇之北山，南向天际，送目而往，相去之远，不可以胜计。”①

又如黄公度在作《卜算子》之时提到：“赴召命，道过延平郡。”② 刘爚在其文集中提到：“延平郡城之东，凿滩之上，有贤寓士焉，曰拙逸范君。”③

徐元杰在其《楳埜集》中，撰有《延平郡学及书院诸学榜》一文。④

以上所提宋代诸贤中，黄裳是南平籍的状元，他在《演山集》称南剑州为延平郡，表明南平人更喜欢“延平”这一名字，所以会将南剑州称之为延平郡。迄至元代，南剑州被改名为延平路，应当也是受当地人的影响吧。

其次，延平这一名字与南平相伴已久。宋初的《太平寰宇记》第一百卷提到：晋武帝之时的南平原名延平县，唐武德三年（620 年），唐朝在这里设置了延平军，一直到南唐保大六年升格为剑州，南平使用“延平”之名已经有数百年了。古人常以首县称呼郡望，将南剑州称之为延平郡，应是在这一背景下出现的。通过对“延平郡”的考证，更坚定了我对范祖禹《王延嗣传》的信任。

① 黄裳：《演山集》卷十三，《怀远亭记》。

② 黄公度：《知稼翁集》卷下，《卜算子》。

③ 刘爚《云莊集》卷十九，《宋通直范君墓志铭》。

④ 徐元杰：《楳埜集》卷十一，《延平郡学及书院诸学榜》。

三、王延嗣其人

王延嗣，字季先，光州固始人。从范祖禹的《王延嗣传》中知道，王延嗣死于宋太祖乾德四年（966年），享年94岁，以理推之，他应生于咸通十三年（872年），少年时在固始家乡，光启元年（885年）随王审知入闽，此时他已经14周岁。因其父母早逝，王延嗣成为王审知的养子。“君幼失怙恃，养于审知，为儿童时，谨愿端悫如成人，未尝戏笑。事审知如父。晨昏侍左右弥谨。审知寝疾，躬奉汤剂，未始须臾离庭闱，虽甚劳苦，不见有倦色。审知亦以是器而怜之，抚如己子。”王延嗣与王审知结下如此密切的关系，为其参与王审知幕府打下坚实基础。王审知多子多孙，而且收养了不少养子。诸子大多尚武，而王延嗣以读书出名。“审知诸子，豪气相高，日以驰马试剑为事，君独泊然无欲，惟喜躭玩书史，夜以继日，手不释卷，寝食为之几废。故多识前言往行，禔身行已，每以古人自期，儒冠书服，雍容委折，似不能言者。然邦有大政，阙国有大疑，将就谋焉。则引古验今，抵掌议论，凛凛风生，不可尚已。审知尝戏谓之曰：‘此吾家措大儿也’。”因王延嗣读儒书较多，对世界上的事情往往有自己的看法。“审知既抚有全闽，将欲录君以官，君闻之力辞恳免，至于三四。不听，乃称疾不出者逾月。审知使人往讯之，因手书以上审知。其略云：‘春秋传载孔子之言，曰唯名与器不可以假人。盖以名器者，国家砺世之具，苟上有私授之失，则下启奸觎之心。居平世犹之可也，况今天子播迁，大盗蠭起，迹其所由，正缘朝廷政出多门，刑赏滋滥。大王亲举义兵，为国平乱，轧于贼臣，决策入闽；士卒将佐，弃乡井坟墓，舍父母、妻子，从王南征，何所图哉？志于立功名耳。今师旅暴露日久，大勋未集，大王膺茅土之封、领节钺之寄，肃将明命，作镇于闽，尚未班爵策勋以旌战士，而首欲以爵命猥及无知之私亲，将士观望，解体必矣。昔卫懿公好鹤，鹤有乘轩者。及狄伐卫，授甲者皆曰：‘使鹤，鹤实有禄位。’仆虽愚瞢，粗灵于鹤，倘或侥荣冒禄，偷安利己，以陷王于卫君之地，虽粉骨縻肌，亦不足以赎其过。审知以其言切利害，益器重之。然终不能夺其志，稍寝其命，曰：姑俟他日而已。”不过，当公元907年梁太祖朱温窃唐自立，王延嗣反对向王审知向朱温称臣，被王审知拒绝。此后，在梁朝统治下，王审知也不便起用王延嗣。王延嗣因多次建言不被采纳，已经有出世之意。“自是君始浩然有隐遁岩穴全身远害之志，而牵于审知有鞠育之恩，于己念未有以报之，不忍遽遂翩然。”梁朝灭亡之后，王延嗣又反对王审知称帝，因此，王延嗣虽然长期在王审知的幕府，但并没有在闽国做官。

王审知死后，王延翰自立为闽国。王延嗣强烈反对，称之为“沐猴而冠”。他说：“是可为也，孰不可为也！此子能自免乎？使在先王之世，予固当以死争，然斯人也何足与语，吾族其血矣乎？”他认为王氏的大祸即将到来，“我虽不能饿死首阳，然亦岂可延颈待戮？”从此，他有意疏远当局而退居山野。“因潜随贾舟逸去，将欲遵海滨而处。偶值闽使者自海上还，遇君，迫之以归。至黄崎，君乃舍舟宵遁田间道，草宿露行，旬日始抵建平。因爱其佳山水，遂有终焉之意。乃易姓唐，以字为名。盖以唐与王，音韵相近，而亦自谓唐之遗民，于是隐焉。时延平人物凋零，乡无校，家无塾，士风不振。青衿之徒，散之城阙。君始以五经教授学徒，人皆以‘唐五经’呼之。”晚年，他闭门不出：“遂以废疾谢绝宾客，终日杜门，虽比邻亦莫得见其面。环堵萧然。卒于大宋乾德四年，寿九十有四。”

四、从《王延嗣传》看固始王氏

王审知为固始人，其人逝世以后，留下了一些传记史料，如于兢的《瑯琊王德政碑》、翁承赞的《闽王墓志》、钱昱的《忠懿王庙碑文》，但这些史料罗列其家人后来的封号，反而使其身世原貌不显。据徐寅的《广武王神道碑铭并序》，王氏家族“世业农，颇以赀显”，王潮“材气勇略，誉播乡邦，尤善招怀离散，众多归之。”[①] 在动荡的唐末社会里，王潮已成为乡里颇有威望的领袖。但这些记载是否可靠？仍然存在一些疑问。《王延嗣传》记载的王氏家族如下：“吾家本田舍郎”，“世为州里豪右，从父潮、审

① 徐寅《广武王神道碑铭并序》，载《王氏立姓开族百世谱》。按，徐寅之文今不见其文集或《全唐文》等书。唯新加坡海外王氏宗亲会编修王秀南主编《王氏立姓开族百世谱》（新加坡刊本）载其文，今从之。

知，俱以勇侠霸于一乡。”可见，王家在其家乡，应为类似晁盖之类的人物，他们世代从事农业，但在民风强悍的乡村，又以勇侠闻名，成为乡党的领袖人物，官府因而任命他们一定的职务。徐寅记载王潮被选任固始县佐史，应是可信的。在动乱的时代，这类人物往往受到豪强的重视。《王延嗣传》：“唐末之乱，四方豪杰竞起，大者以王，小者以伯，寿春王绪攻陷光州，得潮兄弟，相持大喜曰：‘恨相得之晚。’因留军中计事。”这里透出的消息是：王绪起事后，曾经大力招揽王潮兄弟，而后又将其当做核心幕僚，这就可以解释，为何王氏兄弟违抗王绪将令，将其母亲藏在军中，而王绪并没有对他们作出严厉的处分。

《王延嗣传》对王审知性格的描写，是其文中最具史料价值的部分。他认为王审知十分简朴：“审知虽起于任侠之徒，而天性纯俭，自奉甚薄。”王审知十分重视文人：“审知本武夫，初不省礼乐诗书之教。其后折节下士，开学馆、育人才。故唐贤士大夫避难南来者，皆厚礼延纳之。”王审知的这两个特点都载于史册，多少是受到此文影响的。《王延嗣传》也批评王审知佞佛：“闽俗喜佛，而审知亦溺于浮屠氏之说，穷极土木之功，以兴佛宇，财力殆困。君力言于审知曰：‘书云：‘不作无益害有益，功乃成。’浮屠氏本物外之人，以寂灭为宗，非有益于人之国。今乃蠹民财、损民力以从事于斯，是谓作无益，以害有益也。古之人君自谓善于其事者，无出梁朝之武帝，及其终也，卒无补于侯景之乱。殷鉴不远，在夏后之世。矧夫今日方欲以取威定霸，岂可崇此不急之务，以蠹国伤民耶？’审知卒不悟。”王审知崇尚佛教，载于许多史册与方志，但只有《王延嗣传》给出批评：“自此帑藏日虚，民力日困矣。”这让我们知道：王审知统治的晚年，民众的赋税也是很重的，所以才会有闽国建立后的动乱。

对于王审知的诸子，王延嗣也给他们作出评价：“审知诸子皆不肖，服饰车骑，侈异相胜。”“审知诸子，君素恶之”。有一次，王延嗣批评诸兄弟奢侈，“诸子为之忸怩”。对在王审知死后自称“闽国国王”的王延翰，延嗣给出的评价是：“沐猴而冠”。在王氏诸子中，王延嗣与较有才气的王延政关系较好。《王延嗣传》记载：“审知诸子，君素恶之，而独与延政善。及审知卒，延翰窃立，君谓其所亲曰，此真沭猴冠耳。延翰闻而憾之，君因约延政同隐。延政唯诺，然志于得国，不行。”王延嗣出逃后，被闽国使者发现，强迫其回闽。王延嗣在甘棠港逃出，一直逃到王延政治下的南平乡下隐居。王延嗣作出这种选择，应与他与王延政的关系有关。不过，虽然王延政在闽北建立殷国，但王延嗣并没有再去找他。一直到王延政被南唐所俘，王延嗣一直隐居于乡下。

王延嗣出逃后，“未几国乱，骨肉自相屠戮。继而南唐兵取闽，王氏族属靡有孑遗，皆如所料。仅脱于难者，惟君一人。自非明哲保身，其能尔耶。君初闻闽灭，乃衰绖出郊，东望故国，一酬先王，大恸而还。曰：‘天作孽，犹可违，自作孽，不可逭。’王氏之灭，非天也，亦自取之尔，复何言哉。”按，王氏子孙在福州、泉州、汀州者，大都遭到朱文进等人的屠杀。闽中保留下来的王氏子孙，主要是闽北的王延政一系。南唐吞并闽国之后，王延政的子孙也被俘虏到金陵，其中有些人后来成为平民，这在王氏族谱中是有记载的。不过，这些零碎史实，未必是范祖禹所能顾及的了。

五、《王延嗣传》与王审知的重大决策

由于王延嗣曾是王审知朝夕相见的人物，所以，王延嗣得以参与王审知的幕府，并对威武军内部的政事发表意见。其中在历史上较有影响的是反对王审知向梁太祖朱温称臣。《王延嗣传》记载：

> 唐亡，梁太祖拜审知中书令、封闽王，仍升福州为大都督府。命至闽，审知将拜赐焉。君力谏之曰：‘吾家本田舍郎，二父蒙国厚恩，迭秉节旄，朱全忠贼臣，固尝与我比肩事主，徒以挟穿窬之资，逞豺狼之暴，肆虐流毒，盗有神器，人神共愤，其能久有此土？我纵不能如留侯为韩复仇、沛公为义帝发丧，其忍北面以事之？义不帝秦，此其时也。

王延嗣的这段议论义正辞严，许多史册都记载了这段话。王延嗣因而史上留名。更有价值的是，《王延嗣传》记载了王审知对这段话的反应：“审知俛首久之曰：‘此特腐儒陈言，无补实用。知彼不知己，兵法所大忌。彼虽僭逆，然既已南面朝诸侯，加之坚甲利兵，半于天下，东征西伐，草折卵碎。我凭数州之地，辄婴其锋，是自取颠仆，安能成大事哉！’”

王审知的这段话不见于其他史册，所以特有价值。其时，王延嗣还竭力辩解："'是大不然。梁虽弑逆，僭举大号，而外窘于晋，日夕支梧，方且不暇，重以杨行密方据江淮，实吾之外屏，似出天造，以限南北，梁人虽欲袭我，得乎？此正所谓风马牛不相及也。况彼以新造之梁，雄据中原，大统未一，内怨外叛，腹背受敌。尤其甚者，与晋相持，雌雄未决，其能越大江度修岭以与我角耶？故司勋杜牧有言：'上策莫如自治'。诚能于此锐意自治，内以修政，外以治军，使府库充实，兵革犀锐，如小白之于齐，勾践之于越，国势日张，霸图日盛，近约吴越，远结江淮，外连荆楚，仗义合兵，为国讨贼，其谁敢不从。孔子曰：如有用我者，吾其为东周乎？'"

然而，尽管王延嗣反复辨说，"条陈数百言，审知竟不能用其策"。

按，朱温称帝之后，除了三晋的李克用举兵反抗之外，南方诸侯的态度不同。割据江淮一带的杨氏吴国坚决反对，蜀国置之不理，吴越国则向朱梁称臣。闽国在南方，一向是与吴越国合作，以抗衡杨氏的吴国。所以，从大势而言，闽国必须和吴越国采取统一步调，以抗拒杨氏吴国军队的南下。这是闽国王审知向朱温称臣的背景。在这一背景下，王审知将王延嗣"义不帝秦"之语当做腐儒之论，并不奇怪。

王延嗣的建言，也有被王审知采纳之时。《王延嗣传》记载："初潮卒，审知代立，疑外议有未甚服从者，会僚属有献言请以威严绳下之不从令者。审知始用其言，乃务以诛戮为事。君言于审知曰：'书云临下以简，御众以宽'；语云'宽则得众，信则民任焉。敏则有功。'公则说此万世治国齐家君天下之大法也。小人中无远虑，乃导王以苛虐为政，不亦悖乎？王绪之失，实本于是，覆辙在前，王所目击，可不戒哉！审知亦为之改容。君每侍审知左右，觉微有怒色，必怡声软语，进说以解释其意。前后有犯颜垂死复活者，盖千余人。识者固已知君阴德之必有后也。"这段文字，透露出一个活生生的王审知，他对手下诸臣，也有不放心和伺机诛杀的时候。按，当时的政治十分残酷，位尊者过于仁慈，被手下篡杀的事例不少，所以，统治者的铁腕手段，其实是可以理解的。《宋史・王彬传》记载："王彬，光州固始人。祖彦英，父仁侃，从其族人潮入闽。潮有闽土，彦英颇用事，潮恶其逼，阴欲图之。彦英觉之，挈家浮海奔新罗。新罗长爱其材，用之，父子相继执国政。"① 如其所云，朝鲜的王氏家族，其实也是固始人，但他们受到王潮的排挤，被迫迁到海外的新罗国创业。王潮时代有这种情况，迨至王审知时代，偶尔诛杀一些大臣，并不意外。

王延嗣做的另一件大事是反对王审知称帝。"时自朱梁篡唐之后，强藩巨镇，相次僭号改元。审知王闽日久，骄心日滋，屡有效颦之意。君极口切谏其不可，曰：'自古帝王之兴，莫不皆有大功德著于天下，故天命有归，人心胥附。然后应天顺人，起而君之，固非细事。当纣之时，西伯躬盛德，大业三分，天下已有其二，而服事殷。曹孟德划平祸乱，威震天下，挟天子以令诸侯，盗弄神器于掌股间，汉之为汉，特位号耳，而犹终于其世，不敢登尊履极，盖以天命人心之有在耳。今王虽聪明英武，出于万夫之上，然功未著于中原，威未加于海内，蕞尔之闽地，不大于吴楚，兵不加于梁晋，而輙欲谋此大事，诸镇闻之，称兵而南，则师直为壮，我复何辞？是乃操无益之虚名，享必然之实祸。仆尝谏王，勿臣朱梁。且王以仆言为不知彼己。而今日不意复为此图，其可谓知彼己乎？诚于此时检身修德，惟怀永图，敦好睦邻，以大桓文之业，则生享方面之尊，殁存忠义之名，以垂裕后昆，无有穷已，不其韪欤！今乃不此之思，而谋为刘聪、石勒之举，纵使诸侯未暇致讨，得以偷安假息。一旦有真主出，其能赦我哉。审知虽不乐其言，然志之于心，终其身不失臣节，君之力也。"

对王延嗣的政治主张，《十国春秋》也有记载：王延嗣，"太祖族子也。为人慨切好直言，以道义自任，当时目为'唐五经'……是时强藩巨镇多僭号称帝，太祖不无心动，延嗣反复极谏，力言不可。太祖虽不乐其言，然终身不失臣节，延嗣亦与有功云。"② 其时与王延嗣一起反对王审知称帝的还有威武军节度使推官——黄滔，"梁时强藩多僭位称帝，太祖据有全闽，而终其身为节将者，滔规正有力焉。"③

总之，王延嗣传揭示的许多史料，足以让后世的史学家进一步深入探讨闽国的历史，对推动王审知研究具有较高的史料价值。

---

① 脱脱等：《宋史》，第二十九册，卷三百零五，王彬传，第 10076 页。

② 吴任臣《十国春秋》卷九四，王延嗣传，中华书局 1983 年，第 1367 页。

③ 吴任臣《十国春秋》卷九五，黄滔传，第 1373 页。

文献来源：2011 年固始与闽台渊源关系学术讨论会论文，2011 年 11 月。

作者简介：徐晓望，福建社会科学院历史研究所所长、研究员，国务院特殊津贴专家，福建师范大学社会历史学院博士生导师。

应该重视宋人对闽人皆称固始人的评析

——兼论陈政、陈元光自粤入闽说

杨际平

一、宋人对“今闽人皆称固始人”现象的评析

《资治通鉴》卷二五四、二五六载：唐末黄巢农民起义军攻长安，江淮农民蜂起响应。中和元年（881 年）八月，“寿州屠者王绪与妹夫刘行全聚众五百，盗据本州，月余，复陷光州，自称将军，有众万余人；秦宗权表为光州刺史。固始县佐王潮及弟审邽、审知皆以材气知名，绪以潮为军正，使典资粮，阅士卒，信用之。”

> 光启元年（885 年）正月：“秦宗权责租赋于光州刺史王绪，绪不能给；宗权怒，发兵击之。绪惧，悉举光、寿兵五千人，驱吏民渡江，以刘行全为前锋，转掠江、洪、虔州，是月，陷汀、漳二州，然皆不能守也。”（是年七月）“王绪至漳州，以道险粮少，令军中‘无得以老弱自随，犯者斩！’唯王潮兄弟扶其母董氏崎岖从军，绪召潮等责之曰：‘军皆有法，未有无法之军。汝违吾令而不诛，是无法也。’三子曰：‘人皆有母，未有无母之人；将军奈何使人弃其母！’绪怒，命斩其母。三子曰：‘潮等事母如事将军，既杀其母，安用其子！请先母死。’将士皆为之请，乃舍之。有望气者谓绪曰：‘军中有王者气。’于是绪见将卒有勇略逾己及气质魁岸者皆杀之。刘行全亦死，众皆自危，曰：‘行全亲也，且军锋之冠，犹不免，况吾属乎！’行至南安，王潮说其

前锋将曰：‘吾属违坟墓，捐妻子，羁旅外乡为群盗，岂所欲哉！乃为绪所迫胁故也。今绪猜刻不仁，妄杀无辜，军中孑孑者受诛且尽，子须眉若神，骑射绝伦，又为前锋，吾窃为子危之！’前锋将执潮手泣，问计安出。潮为之谋，伏壮士数十人于篁竹中，伺绪至，挺剑大呼跃出，就马上擒之，反缚以徇，军中皆呼万岁。潮推前锋将为主，前锋将曰：‘吾属今日不为鱼肉，皆王君力也。天以王君为主，谁敢先之！’相推让数四，卒奉潮为将军。…… 潮引兵将还光州，约其属，所过秋毫无犯。行及沙县，泉州人张延鲁等以刺史廖彦若贪暴，帅耆老奉牛酒遮道，请潮留为州将，潮乃引兵围泉州。

（光启二年，八月）王潮拔泉州，杀廖彦若。潮闻福建观察陈岩威名，不敢犯福州境，遣使降之，岩表潮为泉州刺史。潮沉勇有智略，既得泉州，招怀离散，均赋缮兵，吏民悦服。幽王绪于别馆，绪惭，自杀。”

《新五代史》卷八六《闽世家·王审知》记：“景福元年（892年）岩卒，其婿范晖自称留后。潮遣审知攻晖，……审知乃亲督士卒攻破之，晖见杀。唐即以潮为福建观察使，潮以审知为副使。……乾宁四年（897年），潮卒，审知代立。唐以福州为威武军，拜审知节度使，累迁同中书门下平章事，封琅琊王。唐亡，梁太祖加拜审知中书令，封闽王。”

王潮、王审知入闽事是史书明确记载光州固始人集体迁闽的唯一一例。①

史书记载，从西晋永嘉之乱起，中原百姓南渡除了唐末外，还有两个高峰期：一是西晋永嘉之乱后，一是两宋之际。

史书关于这两次中原人士的大规模的南迁，有许多记载，但都没有提到光州固始人如何向福建迁移。但晚出的闽人族谱中，声称来自光州固始的却比比皆是。以至于有“今闽人皆光州固始人”之说。

汉至宋，黄淮以北共有数十个州郡，数百个县。战乱时，北方百姓为避战火大量南迁。以理揆之，百姓的南迁当依情势的变化（战争的进程，生

---

① 除《资治通鉴》、《新五代史》外，《新唐书》、《旧唐书》、《旧五代史》对王潮、王审知入闽事，也都有记载。

产生活环境的变化），先由黄淮以北，迁至淮南，再从淮南迁到江南，有的则迁至闽、广。全国各地南迁的移民通常会杂处于南方各地。一个地区的前后几次移民悉来自北方某一县的情况为史籍所未见。

对于闽人族谱咸称来自光州固始的奇异现象，宋代闽人学者做过许多研究。最早提出质疑的可能是南宋史学家，莆田人郑樵。方大琮《铁庵集》卷三二《题跋·跋叙长官迁莆事始》就说："曩见乡人凡诸姓志墓者，佥曰自光州固始来，则从王氏入闽似矣。又见旧姓在王氏之前者，亦曰来自固始。诘其说，则曰固始之来有二：唐光启（885－888）中，王审知兄弟自固始，诸同姓入闽，此光启之固始也；前此晋永嘉（307－313）乱，林、王、陈、郑、丘、黄、胡、何八姓入闽，亦自固始，此永嘉之固始也。非独莆也，凡闽人之说亦然。且闽之有长材秀民，旧矣。借曰衣冠避地远来，岂必一处，而必曰固始哉！况永嘉距光启相望五百四十余年，而来自固始，前后吻合，心窃疑之。及观郑夹漈先生集①，谓王绪举光、寿二州以附秦宗权，王潮兄弟以固始之众从之，后绪拔二州之众南走入闽，王审知因其众以定闽中，以桑梓故独优固始人，故闽人至今言氏族者皆云固始，以当审知之时尚固始人，其实非也。然后疑始释，知凡闽人所以牵合固始之由。"

随后，南宋大藏书家，吴兴人陈振孙也力证闽人皆称光州固始之妄。陈振孙在为《闽中记》作目录提要时就说："《闽中记》十卷，唐林谞撰。本朝庆历中有林世程者重修，其兄世矩作序。谞，郡人，养高不仕，当大中时。世程，亦郡人也。其言永嘉之乱，中原仕族林、黄、陈、郑四姓先入闽，可以证闽人皆称光州固始之妄。"② 在为《古灵集》作目录提要时又说："《古灵集》二十五卷，枢密直学士长乐陈襄述古撰。襄在经筵荐司马光而下三十三人，皆显于时。绍兴诏旨，布之天下。集序李忠定纲作也。年谱载其世系，出陈夷行之弟夷实，自光州固始从王绪入闽，家于福州。考之唐世系表，有不合者。尝怪闽之士族推本家世，辄言出自固始。光在唐为下州，固始又其一县，当时不闻显人，安得衣冠望族如许。就令有之，王绪以寿春屠者为盗，王潮从之为部曲，转斗万里而后入闽，士大夫何缘随逐不

① 郑樵（1104－1162），字渔仲，南宋兴化军莆田（福建莆田）人，世称夹漈先生。

② 陈振孙《直斋书录解题》卷八。

置？盖尝思之。王氏初建，国人不自保。谩言乡人，幸其不杀。后世子孙承袭其说，世禩绵邈，并与其初而忘之尔。若陈氏尤不应云然。当永嘉之乱，林、黄、陈、郑四姓先入闽。林谞为《闽中记》明著之矣。尚得以一时脱死贼手之说守之而不变乎?!"①

郑樵、方大琮、陈振孙等论闽人皆称光州固始之妄，言之成理，持之有故，所以后人多所引用，视为定论。如元人马端临《文献通考》卷二〇五《经籍考》就说："《闽中记》十卷。陈氏曰：唐林谞撰，本朝庆历中有林世程者重修，其兄世矩作序。谞，郡人，养高不仕，当大中时。世程亦郡人也。其言永嘉之乱，中原仕族林、黄、陈、郑四姓先入闽，可以证闽人皆称光州固始之妄。"

又如（清）陈寿祺《左海文集》卷六《家谱序》亦言："唐林谞《闽中记》言：永嘉之乱，林、黄、陈、郑四姓先入闽。陈振孙《直斋书录解题》以是证闽人皆称光州固始之妄。吾乡修谱系者盖未之知也。虽然，忘远而诬其祖，傎也。② 苟远者不可得详，则近而已矣。吾族世寒畯，其始来福州，以长子孙者由我高祖文侯君，故谱当断自是始。"

又如陈汝咸编修的康熙《漳浦县志》卷一九《杂志·丛谭》亦采郑樵之说，力陈"闽人皆称光州固始之妄"。

但今人亦有对郑樵所论不以为然者。戴吉强主编的固始历史文化丛书之一《固始移民资料简编》③ 就提出："固始一县，士民流向闽地如此突出，古今也有人提出过疑问，也有人解释说是因为闽王'王审知固始人贵固始'而造成的冒认，但从历史事件、地方史志资料和豫闽台三省诸多姓氏族谱资料来看，不以为然。闽台众多族谱记载先祖于晋末、唐初、唐末、两宋之季，自光州固始入闽，并且有名讳，有世系，有些还记有出自固始的具体地名，有的族谱甚至还记载从闽地又回迁固始，多少世代还有往来。如此翔实的记载，不能说都是附会，而是客观历史事实的反映。"

戴吉强等先生除强调闽台族谱的"翔实"记载外，还提出："汉武帝迁

---

① 陈振孙《直斋书录解题》卷一七。

② 傎（diān）：颠倒错乱。

③ 《固始移民资料简编》，河南人民出版社 2010 年出版。

徙闽越之民处居江淮之间，为后来中原姓氏入居闽地，沟通了联系”，“客观上把相距二三千里的闽南之地与江淮间的庐江之地联系了起来，为南北人口事例融合，为中原士族徙居闽地创造了先导条件”①。

我以为戴吉强等先生的上述论据都不合历史真实，碍难成立。先说汉武帝迁闽越（今福建福州、建安一带）、东越（今浙江温州与今闽北带）民至江淮间事。秦汉时期，还没有福建这一概念。今福建大部分地区尚未开发，社会经济还很落后，司马迁说“江南卑湿，丈夫早夭”，“楚越之地，地广人希，饭稻羹鱼，或火耕而水耨，果隋蠃蛤，不待贾而足，地埶饶食，无饥馑之患，以故呰窳偷生，无积聚而多贫”②，就包括今福建地区。从居民的族属关系上看，今福建一带多为闽越族，亦即属于百越“蛮”范围，文化水平远远不及中原地区。

秦始皇统一中国后，在今福建建安、福州一带设闽中郡（治东冶，今属福州市）。其相邻的郡为会稽郡（治吴县，今属江苏苏州市）、鄣郡（治鄣县，今浙江安吉西北）、庐江郡（治番阳，今江西鄱阳东北）、南海郡（治番禺，今属广东广州市）。秦末楚汉相争时期，越王句践后裔无诸和摇佐汉。汉初便封无诸为闽越王，都东冶，封摇为东海王，都东瓯（今浙江温州一带）。汉武帝将闽越与东越的越族百姓迁至江淮一带后，其地遂空，不单设郡县，而隶属于会稽郡。至西晋时才设建安郡与晋安郡。从汉武帝迁闽越、东越百姓至江淮间到西晋永嘉之乱，相隔400多年，大约经历了十代人。③ 此时，江淮一带与闽越、东越故地，都发生了很大变化。北迁的少数民族越人，经过长期的民族融合，应该也都已融入当地社会。没有证据表明，北迁越人的后裔与其故地还长期保持联系。也没有证据表明，永嘉之乱后，北方民众的南迁，本身就是，或者说本身就包含有汉武时北迁少数民族诸越“蛮”后裔的有意识回归。

再说，汉武帝将闽越与东越的越族百姓迁至江淮一带时，迁出地至少包括今福建与浙南两地，迁入地则至少包括江淮一带几十乃至上百个县。如果

① 《固始移民资料简编》，第52页。

② 《史记》卷一二九《货殖列传》。

③ 从汉武帝迁闽越、东粤百姓至江淮间，至唐末，更相隔千年，经历二三十代人。

说，“汉武帝迁徙闽越之民处居江淮之间，为后来中原姓氏入居闽地，沟通了联系”，那么，与今福建、浙南地区沟通联系的，就不仅是固始一县，而是江淮一带几十乃至上百个县。既然如此，北方战乱时期，江淮百姓“定向”迁往今福建、浙南的，也就不独是固始一县，而是江淮一带几十乃至上百个县。

实际上，永嘉之乱后，北方民众的南迁是一波一波地逐步向南推进，并不是什么“定向迁徙”。《晋书》卷一五《地理志·徐州》即记：“永嘉之乱，临淮、淮陵并沦没石氏。元帝渡江之后，徐州所得惟半，乃侨置淮阳、阳平、济阴、北济阴四郡。又琅邪国人随帝过江者，遂置怀德县及琅邪郡以统之。是时，幽、冀、青、并、兖五州及徐州之淮北流人相帅过江淮，帝并侨立郡县以司牧之。割吴郡之海虞北境，立郯、朐、利城、祝其、厚丘、西隰、襄贲七县，寄居曲阿，以江乘置南东海、南琅邪、南东平、南兰陵等郡，分武进立临淮、淮陵、南彭城等郡，属南徐州，又置顿丘郡属北徐州。明帝又立南沛、南清河、南下邳、南东莞、南平昌、南济阴、南濮阳、南太平、南泰山、南济阳、南鲁等郡以属徐、兖二州，初或居江南，或居江北，或以兖州领州。郗鉴都督青兖二州诸军事、兖州刺史，加领徐州刺史，镇广陵。”

《晋书》卷一四《地理志·豫州》亦记：“永嘉之乱，豫州沦没石氏。元帝渡江，以春谷县侨立襄城郡及繁昌县。成帝乃侨立豫州于江淮之间，居芜湖。时淮南入北，乃分丹阳侨立淮南郡，居于湖。又以旧当涂县流人渡江，侨立为县，并淮南、庐江、安丰并属豫州。宁康元年，移镇姑孰。孝武改蕲春县为蕲阳县，因新蔡县人于汉九江王黥布旧城置南新蔡郡，属南豫州。又于汉庐江郡之南部置晋熙郡。”

时固始县即属豫州的汝阴郡。时汝阴郡“统县八，户八千五百”。固始前身的期思县，属弋阳郡，“统县七，户一万六千七百”。[①] 固始、期思南迁的民众，多数应被安置于南豫州。后来，安置在南豫州的一些人又辗转迁至闽、广等地。因为永嘉之后时，固始等地的人口不多，南迁人口的总数不大，东晋南朝时，南迁的民众绝大多数又被“土断”为沿江各郡县的编户

① 《晋书》卷一四《地理志·豫州》。

齐民，所以进一步南迁入闽、广等地的比例应该很小。而迁入闽、广者，自然是包括黄淮以北许多郡县的移民，而不独汝阴固始之地。

王绪、王潮、王审知等入闽的情况也是如此。过去常说唐末光启年间，王潮、王审邽、王审知三兄弟率光州固始人入闽，从上引《资治通鉴》记载可知，这种说法并不准确。实际上，率众入闽的领导者是寿州人王绪与其妹夫刘行全。王潮只是王绪的一个僚属，并无决策权。王绪于中和元年（881 年）占领寿州、光州，在那里待了三年多。至光启元年（885 年）正月，为躲避势力强大的秦宗权的威逼，才率部南行。王绪率部南行，自始至终并无“定向徙居”福建的目标，而只是想找一个地方立足。所以，他一路打江州、打洪州、打虔州、打汀州、打漳州，只是因为江州、洪州、虔州等地，他“皆不能守”，才未停留下来。王潮取代王绪后，甚至还准备折回光州。实际上他也已经从漳州返回，走到沙县。只是因为泉州人张延鲁等的挽留，他才又从沙县南下围泉州，后来才先后占领泉州、福州，才得以在今福建建立“闽”国政权。从王绪率部入闽，到王审知称“闽王”，我们始终看不出与汉武时期的迁闽越、东越民于江淮间有什么关系。

据《新唐书》卷四一《地理志》记载：唐末光州领五县：定城（州治，上县）、光山（上县）、仙居（上县）、殷城（上县）、固始（上县）。寿州亦领五县：寿春（州治，上县）、安丰（紧县）、霍山（紧县）、盛唐（上县）、霍丘（上县）。光州和寿州的户口数大致相等。因为当时率众南行的主导者是寿州人王绪及其妹夫刘行全，因而随王绪南迁者中，寿州人可能多于光州人。[①] 而固始又只是光州五县之一，而光州的州治又不在固始，而是在定城。以此概算，王绪“悉举光、寿兵五千人，驱吏民渡江”时，光州固始人大致只有其中的十分之一上下。反过来说也就是，唐末随王绪、王潮、王审知入闽者中，十之八九不是光州固始人。仅此一端亦可见“闽人皆称光州固始之妄”，而郑樵、方大综、陈振孙等所言不虚。

戴吉强等先生对郑樵等所论“不以为然”，还有一个重要理由，这就是“唐闽县人林谞撰《闽中记》记载：‘永嘉之乱，中原士族林、黄、陈、郑

---

① 《新唐书》卷九《僖宗纪》载：中和元年（881 年）“霍丘镇使王绪陷寿、光二州”。说明王绪曾担任过霍丘镇使，其所统率的部属可能以霍丘镇兵居多。而霍丘乃是寿州的一个属县。

四姓先入闽，今闽人皆称固始人。’……由此可见，‘今闽人皆称固始人’，唐中后期已然，而非宋人郑樵言因闽王‘王审知固始人贵固始’之由。①”

戴吉强等先生这一理由初看似乎对他极为有利。但一经核实资料之后，就反倒变成对他极为不利的资料。《闽中记》，唐大中年间（847－859）闽县人林谞撰，宋庆历年间（公元1004－1048年）林世程重修。唐宋以后，学者多所引用。至清朝，《闽中记》已散失。但从历代学者的引用中，我们仍可窥其大概。

戴吉强等先生所引的《闽中记》，出自明嘉靖年间张梯、葛臣等修纂的《固始县志》卷七《人物志·隐逸附》。原文如下："附：陈钺、宋谏临贡不应；张纶、贾璜、吴淮、许遂、程贤、朱泰、邓文，冠带归隐。皆忘情进取，耽志《骚》、《选》。臣曰：固始衣冠南渡，大较有三。按《闽中记》：‘永嘉之乱，中原士族林、黄、陈、郑四姓先入闽。’今闽人皆称固始人，一也。观福清唐尚书右丞林贽、御史中丞陈崇可见。又，王潮之乱，十八姓入闽，二也。观方、胡、龚、徐、顾、丘、白可见。又靖康南渡，衣冠文物荡然一空，三也。观王荆公誌王深甫自固始迁侯官，朱文公誌黄端明祖膺自固始，邵武张翠屏序本固始人南渡徙闽可见。噫嘻！今虽去国何啻三世。其水木本源之思，当有如周之濂溪，朱之新安，胡、吕之安定、东莱者矣。"

可见，林谞《闽中记》只是讲"永嘉之乱，中原士族林、黄、陈、郑四姓先入闽"，并未说先期入闽的林、黄、陈、郑四姓来自光州固始。而"今闽人皆称固始人"一语，明显是《嘉靖固始县志》作者张梯、葛臣的意见，与《闽中记》无关。引者砍头（隐去"臣曰：固始衣冠南渡，大较有三"一语）、去尾（隐去"一也"、"二也"、"三也"等语），断章取义，便将《嘉靖固始县志》作者张梯、葛臣的话"今闽人皆称固始人"改造成《闽中记》的话；使原本极不利于"今闽人皆称固始人"说的《闽中记》和《嘉靖固始县志》，变成了"今闽人皆称固始人"的有力佐证。

历史是一门实证的科学，地方史亦然。既然是一门科学，就要严格遵循科学研究的学术规范，准确揭示历史的真实情况。其所谓"实证"，就是言

① 《固始移民资料简编》，第62－63页。

必有据，史学研究必须以充分的经过验证的真实可靠的史料为依据。未经验证的史料（如晚近新编族谱中凿空编造的数百年乃至千余年前的远祖世系，与地方志中前志并无，晚近始据晚近族谱增添的远年内容①），即使是数量再多，也不可取，想当然或断章取义，就更不可取。历史研究的学术规范要求慎重对待各种不同的资料，不能只挑选于己有利的资料，而对不同的说法置若罔闻。

前面谈过，“今闽人皆称固始人”说的论据只是晚近的族谱与听信晚近族谱的晚近地方志。实际上，晚近编成的族谱，其远祖部分率不可信。这是由晚近族谱的编撰特点所决定的。

我们知道，《世本》是我国最早的谱牒著作，记载了自黄帝至春秋时期帝王、诸侯及卿大夫的世系。司马迁编写《史记》，就很注重谱牒资料的搜集和研究。《世本》就成为他编写《史记》的重要参考资料之一。

魏晋南北朝时期，世家大族崛起，在九品官人法下，门第是政府选官、任官的重要依据之一，而谱牒资料就是甄别门第的主要依据。即如刘知几《史通》卷三《书志》所言，此类谱牒“用之于官，可以品藻士庶，施之于国，可以甄别华夷”。这就要求族谱资料完整、准确。其时的编修谱牒工作，多数仍由官府主持。民间私人修谱的情况也有，但要得到政府的认可②，要经得社会的检验，不是想怎么写就怎么写。所以大体上还能比较客观。

隋唐时期，科举制取代九品官人法，世家大族趋于没落，私家修谱更盛。宋代以后，除皇家玉牒外，家谱、族谱等均由私家编修，政府不再过问。这使私家谱牒大为普及。现存不下两万种的家谱、族谱、宗谱，绝大多数是明清两代乃至民国时期编纂的。这些谱牒资料，特别是其中的族规和各种记事（如祠田记、义田记等）对于研究明清时期的社会、经济、文化，

① 地方志的编纂原则是详今略古。新修地方志一般都是在旧志基础上，删去已经过时的内容（如前朝的土田、赋役等），增补旧志以来的新内容（如土田、赋税、科第、名宦等等）。对于远年的各种记事，除非有新出土的遗址、遗物（如碑刻等）等实证资料，都是一仍其旧，或加以简化。

② 其时私人修谱，都是专门从事谱牒著作与研究的学者。他们写的多不是本姓、本家的族谱，而是他姓、他家的族谱，也就是说是面向社会的。这与后世的“家自为书，人自为说”大不相同。

都有很高的参考价值。其所记载的迁到现住地前后的比较晚近的世系，一般都比较朴实，谱中人物很少是达官贵人，而多半是士农工商的普通人，因而比较真实可靠，是今人寻根问祖的不可多得的资料。

但此类族谱也有其不实的一面，即如史学家章学诚《文史通义·外篇》所说：“谱系之法，不掌于官，则家自为书，人自为说，子孙或过誉其祖父，是非或颇谬于国史。其不肖者流，或谬托贤哲，或私鬻宗谱，以伪乱真，悠谬恍惚，不可胜言”；“今大江以南，人文称盛，习尚或近浮华。私门谱牒，往往附会名贤，侈陈德业，其失则诬”。

晚近族谱其远祖部分率不可信，其例不胜枚举。这里且从宏观角度举两例：其一，如前所述，唐末随王绪等入闽的寿州、光州人中，来自光州固始的充其量不过十之一二。但晚近族谱中言唐末入闽者几乎全都说来自光州固始，极少自称来自寿州各县或光州定城、光山、仙居、殷城诸县。仅此一端即可见唐末自光州、寿州入闽者的族谱中，其远祖部分十之八九有作伪嫌疑。① 其二，北方战乱时期，为避兵灾而避入福建者，从数量上讲应以普通百姓占多数②，达官贵人占少数。但纵观其时从中原地区入闽者的族谱，其远祖部分（包括入闽始迁祖），基本上都是仕宦为官吏，似未见写明其远祖（包括入闽始迁祖）是农、工、商者。由此亦可概算其远祖（包括入闽始迁祖）部分，率多作伪。

因为晚近族谱其远祖部分率不可信，所以我们研究地方史志时，就必须下大力气对家谱、族谱资料的真伪，加以甄别。史学家刘知几就说过：“夫郡国之记，谱牒之书，务欲矜其州里，夸其氏族。读之者安可不练其得失，明其真伪者乎？至如江东‘五俊’，始自《会稽典录》，郡国记也。颍川‘八龙’，出于《荀氏家传》，谱牒书也。而修晋、汉史者，皆征彼虚誉，定为实录。苟不别加研核，何以详其是非？”

甄别的方法其实也很简单，只要比对相关资料即可。因为私谱的远祖部分多“谬托贤哲”，而贤哲们又多见载于史籍，只要认真核对，就不难辨出

① 这还不包括本非随王绪入闽，而诈称随王审知兄弟入闽者。

② 《新五代史》卷六八《闽世家·王审知》载，王审知父辈“世为农”，亦即普通百姓。其兄潮为县史，也只是县小吏。

真伪。今人所说的光州固始人曾数次“定向徙居闽地”，虽然引用了“众多”的晚近族谱，但多数并未对之进行必要的考证、辨析，显然不合历史研究的学术规范。

二、史籍与地方志关于陈元光籍贯的几种说法

陈元光是唐初今粤闽交界地区的重要历史人物，他曾平定该地区的“蛮獠”动乱，对于漳州的设置与开发有重大贡献。关于陈元光的籍贯，地方史志有不同的记载，亟须加以辨析。

唐人著作中涉及陈元光者有两条：一是与陈元光大体同时的张鷟的《朝野佥载》称陈元光为“岭南首领”；二是唐人林宝的《元和姓纂》卷三“诸郡陈氏”条载：“司农卿陈思门、左豹韬将军陈集原、右鹰扬将军陈元光、河中少尹兼御史中丞陈雄，河东人”。① 林宝的《元和姓纂》说的显然是郡望，不能说明陈元光是否由河东到粤闽。

宋代官修《宋会要辑稿·礼二〇》曾提到陈元光神祠：“陈元光祠。在漳州漳浦县。神宗熙（年）［宁］八年六月封忠应侯。徽宗政和三年十月赐庙额‘威惠’。宣和四年三月封忠泽公。高宗建炎四年八月加封‘显佑’二字。绍兴七年正月又加‘英烈’二字。十二年八月，加封英烈忠泽显佑康庇公。十六年七月，进封灵著王。二十三年七月，加封‘顺应’二字。三十年，又加‘昭烈’二字。王父政、母吐万氏，绍兴二十年六月封父曰胙昌侯；母曰厚德夫人。王妻种氏，建炎四年八月封恭懿夫人，绍兴二十年六月加封‘肃雝’二字。王子珦，绍兴二十七年四月封昭贶侯。灵著顺应昭烈王，孝宗乾道四年九月加封灵著顺应昭烈广济王。考胙昌侯加封胙昌开祐侯；妣厚德夫人加封厚德流庆夫人；妻恭懿肃雝夫人加封恭懿肃雝善护夫人；子昭贶侯加封昭贶通感侯；曾孙詠封昭仁侯，谟封昭义侯，訏封昭信侯。”② 但未提及其籍贯。

---

① 《全唐文》所收的陈元光《请建州县表》、《漳州刺史谢表》等都明显是伪作，故皆不计。参见谢重光《〈全唐文〉所收陈元光表文两篇系伪作考》，《中华文史论丛》2008 年第 3 辑。

② 《宋会要辑稿·礼二〇》之 835。

北宋漳州人吴与《漳州图经序》载："谨按本州，在《禹贡》为扬州之南境。周为七闽之地，秦汉为东南二粤之地。汉武平粤，为东会稽治县，并南海揭阳之地。晋宋以来，为晋安、义安二郡之地。皇唐垂拱二年十二月九日，左玉钤卫翊府左郎将陈元光平潮州寇，奏置州县。敕割福州西南地置漳州，初在漳浦水北，因水为名。寻以地多瘴疠，吏民苦之，耆寿余恭讷等乞迁他所。开元四年，敕移就李澳州置郡，故废绥安县地也。自初置州，隶福州都督府；开元二十二年四月二十二日，敕割隶广州；二十八年敕复隶福州。州本二县：一曰漳浦，即州治也；一曰怀恩。二十九年十一月二十二日，敕以户口逃亡废之，并入漳浦，又割泉州龙溪县隶本州。大历十一年，福建观察使皇甫政奏割汀州龙岩县来属，十二年五月二十七日，敕从之。天宝元年，改为漳浦郡。乾元元年，复为漳州。兴元二年，刺史柳少安请徙治龙溪，福建观察使卢惎录奏。贞元元年十一月十六日，敕从之。遂以龙溪城为州定，管龙溪、漳浦、龙岩三县。"① 吴与《漳州图经序》虽未提及陈元光籍贯，但叙述了漳州其地与岭南的深厚渊源，叙述了陈元光平定"潮州寇"的经历，显然对陈光元来自岭南说比较有利。

南宋朱熹《晦庵集》卷八〇《漳州守臣题名记》记："漳以下州领军事。唐垂拱二年，用左玉钤卫翊府左郎将陈元光奏置。领漳浦、怀恩二县，而治漳浦。开元四年徙治李澳川，在旧治南八十里。二十九年废怀恩入漳浦，而割泉州龙溪县来属。天宝元年改漳浦郡。……盖凡漳之所以为州，其本末之可考者如此。其守将则陈公，殁而为神。今以王封、庙食后乃或见或否，以至于刘侯而后始有纪焉。"亦未提及陈元光籍贯。因为古人为文，常提及所述之人的籍贯②（本地人则省略），其未叙陈元光籍贯，似乎也表示陈元光是本地人，而不是来自千里之外的光州固始。

以上说明，唐宋时期尚未出现陈元光来自光州固始说。

---

① 《全唐文》卷五一三。《全唐文》吴与小传称吴与为唐贞元中人，误。淳熙《三山志》卷八《公廨》提到"皇朝政和二年知怀安县吴与"，因知吴与为北宋时人。

② 如朱熹同书同卷的《德安府应城县上蔡谢先生祠记》就谈到："应城县学上蔡谢公先生之祠，今县令建安刘炳之所为也"；《邵武军光泽县社仓记》谈到："光泽县社仓者，县大夫毗陵张侯欣之所为也。"《常州宜兴县学记》谈到："绍熙五年十二月宜兴县新修学成。明年，知县事承议郎括苍高君商老以书来请记。"

到了明朝。明天顺五年（1461 年）修成《明一统志》，其卷八〇《潮州府》仍未及陈政、陈元光事。

《明一统志》卷七八《漳州府》，其《名宦》部分提到“唐陈元光以鹰扬卫将军随父政戍闽，父死代为将。永隆初击降潮州盗，请创置漳州，就命元光镇抚。久之，以讨贼战殁，因庙食于漳。”亦未及其籍贯。只是在《陵墓》部分提到“陈政墓在南靖县南新安里。唐诸卫将军陈政领兵戍闽。卒，葬于此。政，光州人，元光父也，俗名将军墓”。

时光州固始属汝宁府。《明一统志》卷三一《汝宁府》各部分（包括《名宦》、《流寓》、《人物》、《祠庙》、《陵墓》等）皆未及陈政、陈元光。值得注意的是，《明一统志·汝宁府》其《人物》部分，有唐五代的周光元、袁滋、周墀、刘仁安、王潮、王延嗣等，而无陈政、陈元光。说明天顺五年（1461 年）以前虽已出现陈政、陈元光州说，但尚未为光州史志所采用。

弘治（1488 - 1505）年间的《八闽通志》卷一《地理志·漳州府》载“唐嗣圣三年广寇陈谦等连结诸蛮攻潮州。左玉钤卫翊府左郎将陈元光讨平之，请置一州于泉潮之间以抗岭表，遂析福州西南境置漳州。”此外还多次提到陈元光，但亦皆未言其籍贯。

嘉靖《潮州府志》卷五《官师志》“唐州刺史”条载：“常怀德，高宗仪凤间刺潮，诛崖山贼，以礼义教民，民皆化之。”虽未及陈政、陈元光事，但隆庆（1567 - 1572）《潮阳县志》卷一《建置沿革纪》引潮州旧志则记：“按潮州旧志载：唐仪凤间崖山贼陷潮阳，命闽帅陈元光讨之。元光刊木通道，大小百余战，俘馘万计，岭表以平，后潮人以其有功于潮，立庙于州城，名曰威惠，今废。”隆庆《潮阳县志》称引的潮州旧志虽未提到陈元光籍贯，但既称陈元光为“闽帅”，似乎表明他不是从北方万里提兵入闽的。

福建方面至明崇祯（1628 - 1644）初刊印的何乔远（1557 - 1633）《闽书》卷四〇《君长志》，才明确说陈政、陈元光来自光州固始。《闽书》卷四〇《君长志》记载：“陈元光，字廷炬，固始人。祖克耕，从唐太宗攻克临汾等郡。父政，以从征功，拜玉钤卫翊府左郎将、归德将军。总章二年（669 年），泉潮间蛮獠啸乱，居民苦之，佥乞镇帅，以靖边方。高宗敕政统岭南行军总管事，出镇绥安故地。……仪凤二年（677 年）卒。元光通儒术，习韬钤，年十三则已领乡荐第一。及代领父众，会广寇陈谦连结诸蛮苗自成、雷万兴年攻陷潮阳，守帅不能制，元光以轻骑讨平之。”何乔远所述与《颍川陈氏开漳族谱》大体相同，可见，何乔远的陈元光来自光州固始说本于《颍川陈氏开漳族谱》。

但现存最早的固始县志——嘉靖《固始县志》以及后来的清乾隆《重修固始县志》却仍只字未提陈元光及其先人。尤其值得关注的是，嘉靖《固始县志》卷七《人物志·隐逸附》记：“固始衣冠南渡，大较有三。按《闽中记》：‘永嘉之乱，中原士族林、黄、陈、郑四姓先入闽。’今闽人皆称固始人，一也。……又，王潮之乱，十八姓入闽，二也。……又靖康南渡，衣冠文物荡然一空，三也。”更是明确地将陈政、陈元光排除在自光州固始入闽者行列之外。这说明明代后期，福建地方史志《闽书》虽已率先大幅采用《颍川陈氏开漳族谱》说，认定陈政、陈元光从光州固始提兵入闽。但此说并未为粤、豫方志（包括《固始县志》）所接受。

到了清朝，陈元光来自光州固始说更加盛行，且为闽、豫方志所广泛引用。但广东方面仍坚持广东揭阳说，如清雍正九年（1731 年）修成的《广东通志》卷四四《人物志·忠烈》载：“陈元光，先世家颍川。祖洪，丞义安，因留居为揭阳人。父政，以武功隶广州扬威府”，明确提出陈政、陈元光为揭阳人。清乾隆廿七年周硕勋《潮州府志》卷廿九《人物·武功》亦记：“陈元光，揭阳人，父政，以武功隶广州扬威府”。

有趣的是，清乾隆年间（1736－1795）编成的《清一统志》兼取互相矛盾的广东揭阳说与光州固始说。《大清一统志》卷一七六《光州》载：“陈元光，字廷炬，光州人，博览经书。总章间，从其父政领将卒五十八姓以戍闽，政卒，元光代领其众”。《大清一统志》卷三二九《漳州府·名宦》亦载“唐陈元光，固始人，总章二年随父政领军入闽，父卒，代领其众”。而《大清一统志》卷三四四《潮州府》则明确载：“唐陈元光，广揭阳人。仪凤中随父征戍闽中，父死，代为将”。同一本书，同时采用两种截然相反的说法，十分耐人寻味。

如前所述，陈政、陈元光自光州固始入闽说来源自陈氏族谱。《颍川陈氏开漳族谱》说陈元光之父“世居河南光州固始县之浮光山”。《颍川陈氏开漳族谱》所录的《颍川陈氏世系》开列了陈政近五世先人：陈显逊（字延谦，又字延思，仕梁州刺史）→陈庆之（为武威将军）→陈霸汉（字兴家，号太宗，封汝宁）→陈果仁（讳欲得，字育，隋任大司徒，封忠烈王）→陈克耕（克荆，唐开国元勋，封济美嘉庆侯）→陈政。现在我们就据此考证一下，陈政、陈元光的近几世祖是否为光州固始人。

陈显逊，史书无传。陈庆之，《梁史》有传。《梁书》卷三二《陈庆之传》载："陈庆之，字子云，义兴国山人也。幼而随从高祖。……普通中，魏徐州刺史元法僧于彭城求入内附，以庆之为武威将军"。可见，陈庆之绝非光州固始人，而是义兴人。《梁书·陈庆之传》未言陈庆之父祖为谁，可见其先世不显。① 《梁书·陈庆之传》既未言陈庆之其父为陈显逊，更未言其有子陈霸汉，而《颍川陈氏开漳族谱》却说陈庆之上承陈显逊，下传陈霸汉②。

陈霸汉，正史无传。然据祯祥本《颍川陈氏开漳族谱》，陈霸汉与南朝陈开国皇帝陈霸先同高祖。③ 《陈书》卷一《高祖纪》载："高祖武皇帝讳霸先，字兴国，小字法生，吴兴长城下若里人，汉太丘长陈寔之后也，世居颍川。寔玄孙准，晋太尉。准生匡，匡生达，永嘉南迁，为丞相掾，历太子洗马，出为长城令，悦其山水，遂家焉。……达生康，复为丞相掾，咸和中土断，故为长城人。康生盱眙太守英，英生尚书郎公弼，公弼生步兵校尉鼎，鼎生散骑侍郎高，高生怀安令咏，咏生安成太守猛，猛生太常卿道巨，道巨生皇考文赞"。据此可见，陈霸先的高祖为陈咏。至陈咏，陈氏已六世定居于吴兴长城县。如果有陈霸汉其人，这就意味着陈霸汉自其九世祖以来就是吴兴长城人，与光州固姓毫无瓜葛。如果陈霸汉果为陈显逊之子，那么陈显逊也只能是吴兴长城人，而非光州固始人。

---

① 祯祥本《颍川陈氏开漳族谱》称陈庆之之父为显逊，山美本《颍川陈氏开漳族谱》称陈庆之之父为陈景文，显然都是附会。

② 《颍川陈氏开漳族谱》说陈庆之"为武威将军，生二子：长昕，次宣"。加上陈霸汉，实际上是生三子。

③ 《颍川陈氏开漳族谱》所录《唐开漳龙湖公宗谱总序》称："霸汉，即陈武皇帝霸先之从弟也。为大宗正，封公，加九锡不受。

陈果仁，《颍川陈氏开漳族谱》说他是隋大司徒，封忠烈王。① 司徒为三公之一，品位显赫。如果陈果仁确为隋司徒，《隋书》定无不载之理。但遍查《隋书》却完全不见陈果仁的踪迹。《旧唐书》卷五六《沈法兴传》载："沈法兴，湖州武康人也。……隋大业末为吴兴郡守。东郡贼帅楼世干举兵围郡城，炀帝令法兴与太仆丞元祐讨之。俄而宇文化及弑炀帝于江都，法兴自以代居南土，宗族数千家，为远近所服，乃与祐部将孙士汉、陈果仁执祐于坐，号令远近，以诛化及为名。……于是据有江表十余郡，自署南道总管。复闻越王侗立，乃上表于侗，自称大司马、录尚书事、天门公。承制置百官，以陈果仁为司徒……初，法兴以义宁二年起兵，至武德三年而灭"。原来，陈果仁只是隋末割据势力沈法兴的"司徒"，不是隋王朝的司徒。在隋朝，他只是太仆丞元祐的部将。所谓封忠烈王云云，显然无稽之谈。沈法兴灭亡后，陈果仁不知所终。《颍川陈氏开漳族谱》编撰者"附会名贤"过于心切，一时"误会"，找错人，竟让隋末割据势力沈法兴的"司徒"入了谱。

《颍川陈氏开漳族谱》说陈果仁之子传陈政之父陈克耕（或曰克荆）②。如前所述，陈果仁于唐武德三年（620 年）还是江淮割势力沈法兴的司徒，其子又怎么可能在此之前的隋大业十三年（617 年）参加李渊的太原起兵，并成为开国元勋？查两《唐书》，唐开国元勋中也绝无陈克耕或陈克荆者。由此可见，《颍川陈氏开漳族谱》与《闽书》说陈政"从父克耕攻克临汾等郡"等等，也是子虚乌有之事，没有丝毫的可信度。除此之外，《颍川陈氏开漳族谱》所附的所谓陈元光《龙湖集》（在康熙陈汝箴《漳浦县志》称为《玉钤集》）等等，作伪之迹也都很明显。③

要言之，《颍川陈氏开漳族谱》开列的陈政、陈元光的近五世先祖，其

① 《颍川陈氏开漳族谱》所录《唐开漳龙湖公宗谱总序》则另有一说："祖讳欲得，为守嘉兴，请蠲逋负，泣谏炀帝不从以死，州人立庙号谓隋司徒。"

② 《颍川陈氏开漳族谱》所录《唐开漳龙湖公宗谱总序》称"考讳犊，见隋室之，倡义平纷，率所部诣神尧，有扈跸功，特赐锦旗，绣字为'开国元勋'。"

③ 参见谢重光《〈龙湖集〉的真伪与陈元光的家世和生平》，《福建论坛》1989 年第 5 期；杨际平《陈政、陈元光史事考辨》，载《陈元光国际学术讨论会论文集》，厦门大学出版社，1993 年；杨际平《也谈〈龙湖集〉真伪》，《福建学刊》1992 年第 1 期；杨际平《从〈颍川陈氏开漳族谱〉看陈元光的籍贯家世——兼谈如何利用族谱研究地方史》，《福建史志》1995 年第 1 期。

“附会名贤，侈陈德业”之迹历历在目，有力地印证了史学家章学诚所说：“谱系之法，不掌于官，则家自为书，人自为说，子孙或过誉其祖父，是非或颇谬于国史。其不肖者流，或谬托贤哲，或私鬻宗谱，以伪乱真，悠谬恍惚，不可胜言。”

既然《颍川陈氏开漳族谱》开列的陈政、陈元光的近五世先祖，无一人可确证是光州固始人，又有什么根据说陈政、陈元光必是光州固始人？既不能确定陈政、陈元光是光州固始人，又怎么能说陈政、陈元光是从光州固始提兵入闽的？再者，无论说随陈政、陈元光自光州固始举家入闽，且长期戍守于闽、定居于闽的是府兵，还是募兵，都不符合唐代兵制。唐代府兵只是后备兵，除定期轮番宿卫（或征行）外，都不离本乡。而且，唐代府兵制的制度是别将以上军官，例不由本地人担任。也就是说，如果陈政、陈元光是光州固始人，那么他所带的府兵就不可能是本地府兵（实际上唐代光州亦并无府兵军府），反之，如果陈政、陈元光率领的是光州固始府兵，那么，陈政、陈元光就绝不是光州固始人。无论哪一种情况，都会使陈政、陈元光率光州府兵入闽说陷于不能自圆其说的困境。或即因此，今人又改府兵说为募兵说。募兵牵涉到更改户籍与免赋役问题，也只能由地方长官出面招募，而不可能由军事将领到本人户籍所在地集中招募。而且唐前期的募兵，也是不随带家属的。① 从行军路线上看，总章二年的“蛮獠啸乱”既然发生在龙溪以南的沿海地带，唐中央政府如果要派兵平叛，按理说也应该走便捷的水路②，而不会长途跋涉，翻山越岭，穿越“蛮獠啸乱”地区到九龙江南布防，然后再依托潮州往北打。这种舍近求远战术，为历史所未见，极不合情理。总之，陈政、陈元光自光州固始万里提兵说，除破绽百出的晚近族谱与受其影响的晚近地方志外，并无任何实据。

反之，说陈政、陈元光是岭南首领，不仅传世文献有迹可寻，也很符合当时泉潮间的时空特点。陈元光其人、其事，与泉潮间的“蛮獠”啸乱，唐代史书皆不载，说明陈政、陈元光平定粤闽交界处“蛮獠”啸乱事件只

---

① 如果随带家属，又会牵涉户籍迁移、家属给养等一系列问题，这些问题都不是领兵将所能解决的。

② 元鼎五年（公元前112年），汉武帝遣楼船将军杨仆、伏波将军路博德破南越吕嘉于番禺，元鼎六年遣横海将军韩说、楼船将军杨仆等破东越余善（据泉州南）走的就是水路。

是地方性事件，并未牵动朝廷。既然其时“蛮獠”啸乱事变只是发生于潮州或靠近潮州的地方，而潮州所属的广州都督府又有较强的常备军①，由广州都督府或其下属的潮州或派兵平叛，可谓顺理成章。② 如前所引，广东方面的方志实际上也一直都这么说。陈政、陈元光自粤入闽说与早期《固始县志》——嘉靖《固始县志》只字不提陈政、陈元光，且明确将陈政、陈元光在泉潮交界处作战事排除在光州固始人“三次”入闽之外，也十分契合。应该说，陈政、陈元光自粤入闽说，“言之成理，持之有故”。

《颍川陈氏开漳族谱》与清朝的一些《光州志》或《固始县志》屡屡提到陈政、陈元光曾被授归化将军、岭南行军总管，又说陈元光子孙世袭漳州刺史，这一切如果属实，似乎也都无意中印证了陈政、陈元光是岭南首领这一事实。因为在唐代，归化将军这一类衔头，无论是作为虚衔，还是实职，都只授给少数民族酋长。世袭刺史，也只有少数民族酋长才有可能。

结　　语

唐末，包括光州固始人在内的一批寿州人、光州人，随王绪、王潮、王审知等入闽，这是光州固始人批量入闽的唯一一次，但其影响却很深远。后来因为王审知做了闽王，掀开了福建开发史新的一页。王审知其人，在福建又政绩可嘉，所以颇受闽人尊重。因此，许多从中原入闽者的后裔都自称是

① 唐代边地或冲要地方则设都督府、军、镇。都督府、军、镇则有常备兵。

② 明隆庆《潮阳县志》卷二九《人物·武功》即载：“仪凤二年（677年），崖山剧贼陈谦陷潮阳。潮州刺史常怀德檄光讨之”。何乔远《闽书》卷四〇《君长志》亦载：“会广寇陈谦连结诸蛮苗自成、雷万兴年攻陷潮阳，守帅不能制，元光以轻骑讨平之”，“永隆二年（681年），盗起，攻南海边鄙。循州司马高琁受命专征，令元光提兵入潮，伐山开道，潜袭寇垒，俘获万计，岭表率平”。《广东通志》卷四四《人物志·忠烈》所记略同。关于高琁受命专征事，唐陈子昂《陈拾遗集》卷六《唐故循州司马申国公高君墓志》亦载：“永隆二年，有盗攻南海，广州边鄙被其灾，皇帝哀洛越之人罹其凶害，以公名家之子，才足理戎，乃命专征，且令招讨（慰）”。康熙《漳浦县志》卷一九引《白石丁氏古谱》亦言“唐自高宗有曾镇府者，以将军镇闽。……及将军陈政与曾镇府更代，而曾遂留寓龙溪。”说明泉潮间原来就有戍兵。《漳浦县志》卷一七《艺文志·白石丁氏古谱·懿迹记》还谈到当地驻军于仪凤年间“乃募众民，得五十八姓，徙云霄地，听自垦田，共为声援”。则说明所谓“五十八姓”入闽，实际上多是在当地募兵所得。

来自光州固始。光州固始因此成为闽人称羡的中原先进文化的代表。这一特殊的文化心理现象，很值得研究。

文献来源：2011 年固始与闽台渊源关系学术研讨会论文，2011 年 11 月。

作者简介：杨际平，厦门大学历史系教授。

从开漳圣王探索固始原乡

林瑶棋

一、前　　言

对固始这个地名，台湾人知道的恐怕不多，在台湾人的心目中，固始是一个缥缈而遥不可及的地方，原因是台湾人只知道原乡是在唐山，至于唐山人的原乡是固始，那就很少人去关心它了，因为从迁徙的历史来看，固始只能算是唐山人的原乡之一。

再说，自从清末乙未割台之后，加上半个世纪国共内战的对峙，实际上两岸已经隔离了100多年，因两岸同胞长期不互相往来，现在的台湾人连原乡的唐山地名也所知有限，更何况是遥不可及的固始。

尽管固始对台湾人是陌生的，但是仍然有少数学者或开漳圣王庙的神职人员，尚能知道开漳圣王陈元光的家乡就是中原光州固始，也许他们不知道固始在哪里，但起码他们知道在固始这个地名。

开漳圣王在台湾是信徒相当众多的神明，据估计超过800万人。开漳圣王之所以香火如此鼎盛，是因为信徒不只是那四成的漳州人，连许许多多的泉州人或其他地区的移民也一样是开漳圣王虔诚的信徒，因为台湾是一个移垦社会，任何地域来的移民都杂居在一起，经过三、四百年的族群融合，他们早已没有地域观念，已融合成为台湾的新兴汉人族群，并且也不再计较自己所膜拜的神明在唐山是什么地方神明。

在台湾主祀开漳圣王的庙宇有380多座之多，其他有副祀开漳圣王庙宇更是不计其数。在这300多座主祀开漳圣王庙宇中，他们有的组成联谊会，这种联谊会除了互相交流联络感情之外，他们亦共同研究开漳圣王文化，使更多的台湾人能够进一步地认识开漳圣王开拓漳州的丰功伟绩，因而从饮水思源的内心中产生更虔诚的信仰，好让开漳圣王的香火更为旺盛。

二、台湾人信仰的开漳圣王

台湾人从开漳圣王庙的文化传播，得以了解开漳圣王平定蛮獠、建立漳州的丰功伟绩，台湾人之认识陈元光，开漳圣王庙宇的文化传播功不可没。

据传，开漳圣王姓陈名元光，字廷炬，号龙湖。唐初，光州固始人。出生于唐高宗显庆二年（657 年），逝世于唐睿宗景云二年（711 年），享年 55 岁。

唐高宗总章二年（669 年），陈元光随父归德将军陈政领 58 姓 7600 军民自光州固始入闽，剿伐蛮獠啸乱。高宗仪凤二年（677 年），其父逝世，弱冠即代父领兵众，厉兵秣马，显统御之才华。

唐垂拱二年（686 年），陈请朝廷建漳州府于今漳浦县绥安。到唐中宗景龙二年（708 年）蛮獠畲族苗自成、雷万兴等，聚众劫舍，蛮横无比，陈元光率轻骑征讨，却不幸于景云二年（711 年）被畲族军首领蓝奉高所杀，为国殉职①。

陈元光死后，朝廷赠豹韬卫镇军大将军，临江侯，唐玄宗开元四年（716 年），追封颍川侯。宋高宗绍兴十三年（1143 年）又追封为开漳圣王。

最早为陈元光立庙奉祀是在唐开元四年（716 年），距他殉职仅仅五年而已，该庙立于今漳浦城西郊约一公里许的西宸岭，谓之威惠庙，俗称西庙，是为开漳圣王的开基祖庙②。可惜这座一千多年的祖庙，已在“文革”期间被破坏殆尽，直到近 20 多年来，两岸人民可互相往来，台湾的开漳圣王庙跨海到这座祖庙进香者络绎不绝，台湾的虔诚信徒们又把它重修，今天的威惠庙祖庙又是一座金碧辉煌、古色古香的大庙宇，只要你走进到这座大庙的山门，内心自然而然对开漳圣王肃然起敬。

---

① 《畲族与台湾人》，《狮友杂志》第 3 卷第 3 期，1992 年 9 月，第 20 页。

② 林瑶棋：《开漳圣王》，《大雅狮子会特刊》1988 年 6 月，第 49 页。

三、陈元光对漳州地区的功绩

史料记载，潮、漳、泉一带自古以来，即是蛮獠的动荡地方，在唐人文集中，陈子昂写的《唐故循州司马申国公高君墓志》里①，颇有描述涉及畲族早期历史的情况，墓主高君就是高琁，是唐朝开国功臣高士廉的孙子，在朝廷政治斗争中被贬为循州司马（今粤东、闽南），永隆二年（681年）发生了岭南土著反抗朝廷，高琁受命平定这次反抗事件，在战事过程中遇疾卒于南海，由这篇墓志文献中可知在唐初，粤东、闽南还是一个南蛮的化外之地。

陈元光父子带领58姓7600人征剿今潮、漳地区，他们也从中原带来高水平的汉文化及先进的农业技术，使潮、漳地区落后的畲族人因而进入高水平的文明社会，他的功绩为后人所歌颂。

陈元光治理漳州时，在政治上，他于军事镇压时，是“落剑惟戎首，游绳系胁从”，后继之以抚绥政策，教化为主，对投降者给予安置，对畲族人居住区，规划为“唐化里”，给予自治权，禁止汉人侵犯②。

在经济上他奖励农耕，积粮备荒，对商贩活动给予优惠，并兴办陶瓷和炼铁及各种经济价值之生产。

在文化方面，他认为教化是安邦治国的根本，军事镇压只是一时的权宜措施。其本是在创州县，其要则在兴庠序，发展伦理法治的社会。他把设立学校看成与建立政权同样重要。据说，闽南的第一家书院——“松州书院”，就是陈元光开创漳州时期所兴建的。

自陈元光开漳后，这本是蛮獠落后之区，其人民的生活水平与文明程度，与中原的距逐渐拉近，到宋元之后已与中原文化水平相等，俨然已成为已开发的汉人地区。

四、有关陈元光几个值得探讨的问题

1. 陈元光真有其人吗

笔者祖先是来自漳州府漳浦县，280年前祖先由唐山过台湾，所以对于

---

① 谢重光：《畲族与古越族关系》，《福建民族》1994年8月，第27页。

② 李文章：《闽南靖疆拓土元勋陈元光》，《漳浦文史资料》1986年10月，第4－5页。

自己原乡的神明特别感兴趣，尤其漳州人聚居的地方必有开漳圣王庙，可见我们漳州人非常崇拜陈元光。

陈元光这样有丰功伟绩的历史大人物，他的英名必留青史，可是为何新、旧《唐书》和《资治通鉴》都没有陈元光的名字呢?①

可是有关陈元光却有不少文献留在明、清之后的地方志或陈氏族谱中，例如：唐高宗李治的《诏陈政镇故绥定县地》载于清康熙版《漳州府志》、陈元光的《请建州县表》载于《全唐文》卷164、唐武则天的《敕陈元光建州县》载于《陈氏族谱》、唐玄宗李隆基的《赐故将军陈元光诏》载于民国版的《颍川陈氏开漳族谱》、陈元光的诗集……这些属于重要文献为何没有登载在国史上，而且是出现在近千年后的地方志或族谱上，无不令人费解。

平乱或建置州县，任何王朝都会认为是皇帝的丰功伟业，必然会大书特书于史书上歌功颂德一番，为何新、旧《唐书》或《资治通鉴》都只字不提陈元光平定蛮獠？无不让后世的人对陈元光这个人的真实性感到怀疑。

2. 唐初平定蛮獠，开发漳州的真实性

其一，我们从陈子昂写的《唐故循州司马申国公高君墓志》的文章中，有叙述到永隆二年（681年）发生了南蛮土著人反抗朝廷事件，由这篇墓志可以证明与陈元光同一时间，唐朝确实在南蛮平乱，也就是说，唐初就已积极在开发漳、潮地区。

其二，在《新唐书·南蛮传》有这一段记载：“……大抵剑南诸獠，武德、贞观间数寇暴州县者不一。巴州山獠王多馨反，梁州都督庞玉枭其首。又破余党符阳、白石二县獠。其后眉州獠反，益州行台郭行方大破之。未几又破洪、雅二州獠，俘男女五千口。是岁，益州獠亦反……贞观七年，东、西玉洞獠反，以右屯卫大将军张士贵为龚州道行军总管平之。十二年，巫州獠反，夔州都督齐善行击破之，俘男女三千口……”，由这段记载文章中，足可证明在唐初就已积极经营南蛮地区。

其三，今天的闽南话还保留大量隋唐时期的中原古汉语，因此常有人

---

① 陈易洲编：《开漳圣王文化》，海风出版社，2005年版，第5页。

说，闽南语是“古汉语的活化石”，例如伊（他）、走（跑）、箸（筷）、卵（蛋），困（睡）、拍（打）……这些古诗文用字还很多保留在闽南语词汇中，可见南蛮的开发确实是自唐朝即已积极在进行。

从以上几点的说明，足以证明在1300多年前的唐初，确实有平定蛮獠，开发漳州的历史纪录。

3. 旧例无改，新例无设

台湾人有句俗语：“旧例无改，新例无设”，意思是台湾人的一切风俗习惯都沿用唐山的旧例，少有创设新例者。我们以坟墓或祖先牌位为例，唐山原乡的祖先并没有把中原原乡地名标示在墓碑或祖先牌位上，他们来到台湾后就无旧例可循，只好仅标示唐山的原乡地名。

一般来说，台湾人都是标示唐山原乡的县邑名，例如：同邑（同安）、晋邑（晋江）、诏邑（诏安）、金浦（漳浦）……，他们从来没有人标示中原原乡之地名。事实上，在台湾的闽、粤人后裔家族中，他们的墓碑或祖先牌位，都只标示祖籍地或郡望之名称，却从没有标示中原原乡县邑地名，当然更不会出现固始这个地名。

台湾确有部分的人在墓碑或祖先牌位上标示堂号，例如西河、扶风、清河、济阳……之类的地名，但那是隋唐时期的郡望名称，是中古时代的州郡地名，并非中原南渡前的原乡县名，其中也没有固始这个地名。通常台湾的少数民族汉化后，他们也一样借用汉人的郡号，例如很多少数民族改姓潘，他们的墓碑就标示荥阳，改姓洪的人就标示敦煌。

4. 闽粤人自称唐人

闽粤山岳绵延不尽，所以唐人住的地方叫唐山。一直以来，闽粤人喜爱到海外打拼，他们无论走到哪里（东南亚或欧美），都称自己是唐人。笔者在七、八年前，曾经到南太平洋的大溪地（Tahiti）观光，那里有一座规模不小的关帝爷庙，主持是一位约70岁的华妇，她只会讲法语和客家话，是第三代华侨，我问她是哪里人？她说是唐人，我再问唐人从哪里来的？她答是唐山来的，我再问唐山是否中国？她答说不知道。

闽粤人何以自称唐人？吾人认为有两个可能：一个是朝廷强迫蛮獠人是唐朝的子民，另一可能是自认文化水平低的蛮獠人想高攀文化水平高的唐朝汉人。不管哪一种可能，从唐人这个称呼足可说明漳、潮蛮獠地区确实在唐代开发的。

以上四点是我们研究开漳圣王文化值得探讨的地方，可是笔者多次到各地开漳圣王庙做田野调查，他们的神职人员多数没有做过这方面的探讨。

五、闽南人有关陈元光的野史传说

闽南人认为唐初开漳圣王陈元光征剿蛮獠，所指的蛮獠就是以畲族为主的百越族，这些畲族古代都是住在山洞或土寨里，所以在闽南地区有许多地名仍然沿用“坪”、“寮”、“洞”、“寨”。也因此迄今仍有很多闽南人或客家人还认为自己是汉畲融合族群的后裔，因为他们还保留下许多畲族的残俗。

根据畲族人世代相传的一首叙述他们祖先历史的诗歌叫“高皇歌”，该首歌记载畲族的祖先最早住在潮州（当时潮州属闽南蛮獠地区），并记载其迁徙经过：“兴化古田住久长，三姓开基在西乡（闽西），西乡难住三姓子（蓝、雷、钟），又搬罗源过连江。”① 这首诗歌可以说明今日的潮州、漳浦、诏安、南靖、平和、华安、闽西等闽南地区都是他们的故乡。有三个汉姓是他们已经汉化后的畲族人，这首诗歌表示他们汉化后仍然有流离失所的无奈。

他们的无奈从闽南人一则畲俗就能说明。据说闽南人及台湾人的女人出嫁时，需要穿白布内衣裙，意思是说，当年陈元光所率汉人来到漳潮地区后，不但滥杀畲族无辜，还要霸占畲妇，畲妇为了对亡夫表示贞节，就穿着白内衣裙勉强嫁给汉人，婚后这套白内衣裙洗净后妥为保存，作为将来年老临死时穿用的“返祖衫”。所谓“返祖衫”的意思是穿着白内衣裙到阴间见亡夫，以表示对亡夫守贞节。台湾人这种“返祖衫”的习俗在三四十年前还可见到，直到20世纪60年代台湾由农业社会转型为工商社会后，一般年轻人已难接受这种古老的风俗习惯，今天的台湾人可能已经没有这种习俗了。

---

① 《畲族与台湾人》，《狮友杂志》第3卷第3期，1992年9月，第19－20页。

五、结　　语

台湾人的原乡是唐山，唐山人的原乡是固始，所以固始对台湾人来说，那是祖先的原乡，是遥不可及的地方，所以台湾人除了部分学者之外，很少有人知道固始这个地方。

一千多年前，固始人陈元光开发漳州，建立州县，被漳州人奉为开漳圣王，三、四百年来，唐山人东渡来台，也把开漳圣王带到台湾来膜拜，其香火之鼎盛少有其他神明能出其右。台湾人透过开漳圣王文化的传播，不但认识了开漳圣王，认识了漳州人的原乡，更渐渐地知道了固始，让我们知道古时多次的汉人南迁，多数从中原光州固始出发。吾人猜想，古时候的固始，一定是一个人口众多、工商业繁荣的县邑。所以台湾人在虔诚的膜拜开漳圣王之余，要有饮水思源、慎终追远的心情来纪念唐人的祖地——固始。

很感谢“2008年固始与闽台历史渊源关系国际研讨会”主办单位的邀请，让我们有这个机会来到固始，认识固始，更愿意把汉人南迁的这个圣地带回台湾，让更多的台湾人知道固始。

文献来源：2008年固始与闽台渊源关系学术研讨会论文，《固始与闽台渊源关系研究》，人民出版社2009年。

作者简介：林瑶棋，台湾姓氏研究学会常务理事长，台湾姓氏研究学会常务理事，《台湾源流》杂志发行人。

论固始移民对闽南文化形成及传播的影响

何 池

闽南文化是中华文化的重要组成部分，属于区域文化，它源于中原文化，是中原汉文化与东南海疆古闽越族文化在几个世纪漫长的历史进程中相互碰撞与交融而逐渐形成的。随着闽南人口的迁徙，这一区域文化首先随着闽南人在明清时期开发台湾而延伸到了宝岛，成为台湾的主流文化。还随着闽南人的漂洋过海远播到东南亚各国的闽南方言区。据有关资料统计，至今全世界使用闽南方言的人口在一亿五千万人以上。那么，古闽越文化究竟是通过什么渠道与中原文化产生碰撞与交融而形成闽南文化的呢？又怎么传播到台湾呢？本文就此作一探讨。

一、历史上的中原移民入闽

（一）中原地区是中华文明的发源地

现在我们所说的中原，一般指河南省（广义的中原指黄河中游地区），故河南有“中州”、“中土”之称。4000多年前，河南就是中国“九州”中心之豫州，现在简称为“豫”。史学界普遍认为：河南是中华文明的发源地。这里是自三皇五帝到北宋中国长期的政治、经济和文化中心所在地，因此古有“得中原者得天下”之说。

中原地区是华夏民族的摇篮。据有关统计资料表明，仅河南起源的姓氏就占了中华姓氏的五分之一。尤其是固始，该县地处江淮之间，自古是中原人口第一大县。隋末唐初固始县就有人口4－5万人，[①] 居当时河南地区县级之冠（现全县有160万人口，仍是河南人口第一大县）。这里有许多诸侯封国，是中华民族许多姓氏的源头。又因地处古代中原人南行东部大通道的枢纽地带，从这里大量输出人口和姓氏便成为历史的必然。据固始地方史记载，西汉初年，汉武帝北迁闽越人于江淮间，闽固两地的血缘纽带由此搭起。之后从固始移民入闽便源源不绝，仅从东晋至五代比较大规模的对闽南较有影响的就有三次，一是东晋永嘉之乱，中原八姓衣冠南渡，半数以上从固始入闽；二是总章二年随陈政、陈元光入闽南平乱及其随后跟魏妈入闽增援的唐府兵大多为河南固始籍子弟；三是五代的“三王”（王绪、王潮、王审知）入闽。如今来自海内外各姓氏宗亲纷纷到固始的“寻根热”成为全国最独特的一大景观。

（二）固始三次较大规模的移民入闽

1. 永嘉之乱，中原士族大量南迁，其中固始人居半

晋武帝于公元290年逝世后，从晋惠帝永兴元年（304年）开始，北方匈奴贵族刘渊、羯族石氏、鲜卑族慕容氏、氐族符氏、羌氏姚氏相继称帝，分据中原，争战不已，史称“五胡之乱”。光熙元年（306年）晋惠帝死，司马炽嗣位，是为怀帝，改元永嘉。晋怀帝永嘉年间（307－313）是“五胡之乱”最剧烈的时期，故称“永嘉之乱”。永兴元年，刘渊在左国城（今山西离石）起兵反晋，遣石勒等大举南侵，屡破晋军，势力日益强大，永嘉二年（308年）正式称帝。刘渊死后，其子刘聪继位。次年，刘聪遣石勒、王弥等率军攻晋，在平城（今河南鹿邑西南）歼灭十万晋军。永嘉五年（311年），匈奴兵攻陷西晋京师洛阳，俘虏了晋怀帝。纵兵烧掠，杀王公士民三万余人。之后，怀帝被匈奴人所杀，其侄愍帝被拥立于长安，西晋王朝名存实亡。公元316年，匈奴兵攻入长安，俘虏了愍帝，西晋至此宣告灭亡。晋元帝司马睿东渡于建康（今江苏南京）建立东晋，收辑人心，义安江左，南方荆、扬、江、湘、交、广之地，比起烽烟四起的中原安静得多。于是中原士民相率举族南迁，避难斯土。

---

① 固始县史志研究室编：《历史姓氏》，1999年版，第85页。

“永嘉之乱，衣冠南渡，始入闽者八族”。[①] 《三山志》载有林、黄、陈、郑、詹、邱、何、胡八姓，这八姓是中原大族，入闽后先在闽北（今南平地区）及晋安（今福州）定居，而后逐渐向闽中和闽南沿海扩散。这些南迁的中原士民，有多少人来自固始，有多少人入闽？史料缺乏明确记载，但可以肯定的是，固始移民占一定数量，也有不少进入闽地。根据是《闽中记》记载：“永嘉之乱，中原士族陈、郑、林、黄四姓先入闽，今闽人皆称固始人。”又据固始《黄氏宗谱》记载：固始黄姓“永嘉之乱，中原板荡，流闽者百五十余户”。[②]

2. 唐初陈政、陈元光奉诏入闽南平乱与开发

唐高宗执政初年，闽南一带还是中央政府管理的盲区，这里的“蛮獠”山越族酋长连结汉族中的一些反唐势力，在福建的泉州（治在今福州）和潮州中间中央政府政令鞭长莫及的双不管地带，攻城略地，严重影响了当地群众的生产生活，给经济社会带来很大破坏。唐总章二年（669 年），陈政奉诏率领府兵三千六百名，将领一百二十三员，风尘仆仆从中原千里戍闽南安边，拉开了唐王朝绥靖与开发东南边陲战略部署的序幕，年方 13 岁的陈元光随行。之后，因唐军“兵困九龙山”，陈政母亲魏（箴）太夫人亲率 3000 援军来援，戍闽唐军才得以进军蒲葵关（今盘陀岭），打开了蒲葵关天险，进军云霄地界，屯营火田。从总章二年起，到永隆元年（680 年）八月陈元光最后在蒲葵关（今盘陀岭）消灭“蛮獠”部队主力，基本肃清动乱根源，前后达 11 年之久，陈元光也在残酷的战争烽烟中成长起来。

这前后两次分别由陈政、魏妈率领赴闽南的固始“河洛郎”连同家眷、随军能工巧匠共达万人左右，可考的姓氏有陈、马、王、沈、李、卢、戴、汤、何、陆、林、杨、方、张、吴等 85 姓。而当时闽南“泉潮之交”的漳州区域，还是地广人稀的“炎荒绝域”，当时这片地区才有人口 1690 户，[③] 以平均每户 5 人计算，才有人口 8000 多人。也就是说，陈政、陈元光所带来的戍闽将士及其家眷、能工巧匠总人数在当时已超过本地居民数。

① ［宋］梁克家：《三山志》。

② 固始县史志研究室编：《历史姓氏》，1999 年版，第 84 页。

③ 《漳州市志》卷三《人口》，中国社会科学出版社，1999 年版，第 231 页。

3. 唐末五代“三王”（王绪、王潮、王审知）的移民入闽

唐末王潮是光启元年统兵来闽的。《新唐书·僖宗纪》载：光启元年正月，“王绪陷汀、漳二州”。王绪起义军进入福建后，发展很快，“八月，绪率部至漳浦，有众数万。”部队一直活动在漳浦至潮州一带，因道路崎岖，筹粮困难等原因，王绪下令，军中“无得以老弱自随，犯者斩!”可是，王潮兄弟不忍离弃与自己同甘共苦、千里相随的老母亲，于是，与王绪产生了矛盾。随着部队的壮大和发展，王绪忌才多疑的性格也逐渐暴露出来。“见将卒有勇略逾己及气质伟岸者皆杀之。”疯狂到连自己的妹婿、前军先锋刘行全也不能幸免，搞得军中人人自危。结果，王潮联络一些将士在南安篁竹中设下伏兵，杀掉王绪，众奉潮为首领。

王潮领军后一改王绪“所至剽掠”的作风，军风整肃地过境泉州，给泉州的老百姓留下了良好的印象。那时泉州的百姓正饱受刺史廖彦若贪暴的苦难。耆老张延鲁等众奉牛酒赶到沙县请求王潮解救泉州百姓于水火之中。王潮顺应民心，围攻泉州，时间长达一年，至唐僖宗光启二年八月，城破，杀刺史廖彦若，遂有其地。光启四年十一月，唐王朝正式敕授王潮为泉州刺史、加检校右散骑常侍；翌年又晋封为工部尚书，唐昭宗大顺元年（890年）加户部尚书。大顺二年，任命王潮为福建观察使，王审知副之。至此，王潮、王审知完成了对福建省的统辖。

跟随“三王”入闽的将佐、军校、兵士、眷属、民众究竟有多少姓氏，历来说法不一。明嘉靖《固始县志》记载称18姓，清代福建《柘荣溪坪谢氏族谱》里，有名讳可考的25个姓。从连横的《台湾通志》又可能查找到27个姓。新编《固始县志》据现存族谱与其他资料统计后，增为34姓。

《泉州文库》杨清江先生从1996年起就对这一情况进行细心考核和增补，他先后从新旧《五代史》、《八闽通志》、《闽书》、《福建通志》、《十国春秋》、《泉州府志》、《八闽掌故·姓氏》等史志、史书和族谱中艰苦查寻，共考证出随“三王入闽”共有王、陈、林、刘、李、吴、郭、谢、郑、周、张、黄等67姓。[①] 而关于“三王”率领入闽的固始人数，清末固始进士何

---

① 许伙筹、杨清江：《随“三王”入闽诸姓考》，宋效忠主编：《根在信阳》，湖北教育出版社，2006年版，第50页。

品黎考证“王审知带领固始乡民5000人入闽。”① 《新唐书·僖宗纪》载：进入福建后发展很快，许多老百姓加入义军，“有众数万”，可见，该起义军是进入福建之后，贫苦农民纷纷加入起义军，才发展到“数万人”。

二、陈元光开漳活动是闽南文化形成的主要影响源

（一）三次移民入闽对闽南文化形成的不同影响

实际上，历史上中原人民大量南迁还有南宋时期，因北方土地先为金朝所据，后为蒙古族建立的元朝占领，南宋朝廷偏安江南一隅，于是又一次出现中原人口南迁浪潮，其规模之大，人数之多，超过以前各次南迁的人口。其中当然也包括固始士民，但其迁徙之地以江浙为主，也有一部分进入闽粤地区。

这数次的南下移民都带去了中原文化，都对闽文化的形成产生深刻的影响，但因以下情况而导致对闽南文化影响的程度各有不同：

1.“永嘉之乱”入闽的中原人士遍布“江东”各处。当时的“江东”是一个很大的地域概念，因为靠近中原地带的长江在九江到南京这一江段是从南（偏西）向北（偏东）流向，故当时有“江东”与“江西”之称。汉初的江东指吴中一带，中心在今天的苏州；三国时，孙权以太湖一带作为根据地，当时把吴统治下的整个地区称作江东。从广义上讲，当时的“江东”指整个江南地区，狭义上指太湖一带；相对而言，当时的“江西”也不是今天的江西，广义上讲是指长江以北直至中原一带，而狭义上是指淮河以南长江以北地区。唐开元年间，江南道分为东西二道，简称江东道、江西道，由此出现了具有行政建制意义的“江西”，原来以长江为标志，与江东对称的“江西”便逐渐被历史所淘汰。由此可见，中原士民南迁“江东”的地点十分广泛，包括今天的安徽东南部、江苏、浙江、江西、湖南、广东和福建等省。在福建则多集中在闽北、福州、莆田等较早开发的地区，有一些人

① 固始县志研究室编：《历史姓氏》，1999年版，第88页。

也到达今泉州地区，中原文化对这些地区的影响比较显著，现在这些地方还有（福州）晋安区、（泉州）晋江县、晋江等地名可以佐证。因此，《福建省志》载："相传中州八姓（林、黄、陈、郑、詹、邱、何、胡）入闽，主要聚居在闽北建溪、富屯溪、闽江下游以及晋江沿岸，交通方便、土地肥沃的地方"。① 漳州地区其时尚未开辟，属"化外之地"，是刀耕火种、以渔猎为主的剽悍的山越人聚居之处，地理上又有戴云山山脉阻挡，故能够进入漳州地区的中原士族极少。所以这次的中原移民带来的中原文化对这片土地影响微乎其微。

2. 唐末至五代的"三王"入闽，虽然带来的起义部队基本上都是固始士民，也有五千多人，但这些人被安置到全省各地，其时福建有漳州已创建220多年，全省有福、建、泉、汀、漳五个府级建制。大部分的固始移民集中到生活环境较好的福州，对闽文化的形成有较大影响。而当时漳州、汀州相对于福州而言生活环境较差，又被列为下州。因此到漳州定居的固始人士也就相对少一些，来自中原文化的影响自然就比较弱。

3. 唐高宗总章二年（669年），陈政、魏（箴）太夫人相继率领的固始军眷入闽南平乱与开发，这是历史上进入闽南人数最多的一次中原移民。这次移民因朝廷指示的平乱和开发双重任务，地点也指定在"泉潮之间"的闽南地区。于是，这片号称炎荒绝域的"化外之地"首次有近万名中原固始移民（比当地土著居民人数还多）集中在这里进行战争、生产和生活，而且战争结束后就在这片土地上定居生活、世代繁衍，成为这里的永久居民，其所带来的中原文化影响力理所当然也就达到最大化，效果也最为显著。

（二）陈元光卓著的开漳功绩

1. 实施剿抚结合、区分首恶胁从的平乱政策

陈元光自幼饱读经书，深受儒家忠君报国、王道仁政的影响，当乃父陈政在奉诏入闽南平乱八载，惫极劳瘁而逝之后，在平乱战争中长大的他承父职代领戍闽唐军，总结了父亲过度杀戮的平乱政策带来了消极的后果："元凶既诛，余凶复起，法随出而奸随生，功愈劳而效愈寡，……诛之则不可胜

① 《福建省志》·大事记·永嘉（307－312）末年，方志出版社，2000年版。

诛……”①。实行了剿抚结合、恩威并施的新政策，区别首恶与胁从，重点打击首恶，即“落剑唯戎首，游绳系胁从”②，对参与动乱的广大“蛮獠”山民，则以抚绥为主。通过多种渠道，下力气招抚流亡。这一政策的实施赢得了人心，缓和了民族矛盾，很快击溃了“蛮獠”主力，取得了平乱战争的胜利，结束了闽南一带从总章二年开始长达十多年的动荡局面。土著群众“负耒耜皆望九龙江而耒”③，荒凉的九龙江两岸“渐成村落，拓地千里”，为创建漳州奠定了社会基础。

2. 实行“畿荒一德，胡越和同”的民族融合政策

对归附的“蛮獠”山民，陈元光“抚而籍之”，免除其赋税徭役，促进了生产。为了进一步促使当地山越民族改变陋习，融入主流社会，促进“胡越百家，愈无罅隙”，陈元光提倡民族通婚，鼓励部将与当地女子结为秦晋之好。这些政策的施行，极大促使汉族和当地土著民族的融合，并推进了还处于部落时期山越土著的封建化进程。

3. 用中原先进生产技术取代刀耕火耨的落后生产方式

唐初，生活于泉、潮之间的山民仍处于氏族社会末期，其生产方式十分落后，他们“伐山而营，依山而猎”，“火田畲种无耕犊”④。针对这一现状，陈元光则积极推广中原先进的生产工具与技术，如铁器农具，牛耕和曲辕犁，大力提倡精耕细作，兴修水利，使用筒车提灌农田，实行双季稻生产方式。

正是由于这些来自中原先进生产工具与技术的应用，漳州地区农业生产得到初步发展，生产力水平第一次得到提高，沿袭数千年的刀耕火种生产方式至此画上了句号。

4. 创办学校，传播中原文化艺术，化蒙昧为敦伦

作为一代儒将的陈元光，深知“兵革徒威其外，礼让乃格其心”，“其本在创州县，其要在兴庠序”⑤ 的道理，因此，当战乱甫定，他就向朝廷上

---

① 陈元光《请建州县表》。载《全唐文》卷164，华文书局1961年版。

② 许天正《和陈元光平潮寇诗》，载《全唐诗》第2册，卷四十五，中华书局1960年4月版。

③ 《白石丁氏古谱》。

④ 陈元光：《龙湖集》。

⑤ 陈元光：《请建州县表》。载《全唐文》卷164，华文书局，1961年版。

了《请建州县表》的奏章，朝廷批准了这一奏章。垂拱二年，漳州得到正式创建，由此唐王朝各种制度法令和中原文化在这里得以推行和传播。“化蛮貉之俗为冠带之伦”，使“荒陬蛮獠尽沐皇恩”。他在州郡职官中设专司教育的“文学”一职，主持乡校事宜，还让其子陈珦在新创办的松州书院主持讲授，聚生徒40人，成为漳州学校教育的源头。学校的创办，不仅达到“民风移丑陋，士俗转酝醇”① 之目的，而且使漳州迈进封建科举制度的轨道。他还与部将诗赋唱和，其留下的《龙湖集》成为福建现存最早最完整的一部古诗集。他“教民祭腊”，成为闽南除夕过大年习俗的最早源头。另外，固始军民带来的中原戏剧艺术、饮茶文化、岁时风俗、宗教、祭祀文化都开始在这里扎下了根，并与这里闽越族文化相互交融与碰撞，成为今天闽南民俗的发端。而他们带来的中原古音与这里的土著方言相互交融，成为今天闽南方言形成的最初源头。至今闽南方言所保存的诸多中原汉唐古音，仍让许多语言学者如获至宝，激动不已。

5. 通商惠工，发展经济

建置漳州之后，陈元光十分重视发展经济，他劝农通商惠工，教育儿子和部属要“日阅书开士，星言驾劝农”（陈元光《龙湖集》）。在他政策的感召下，官民开荒垦田，种稻种茶养蚕，发展多种经营，形成热潮，处处是“较斧开林驱虎豹，施罟截港捕鱼虾”②。在漳州大地上，呈现出“火田黄稻俱甘旨，纲水金鱼洽醉醺”③、“农郊卜岁丰，帅阃和民悦”④ 的喜人景象。此外，晒盐，造船，制瓷，制陶，冶铁，织染，农机具制造等中原手工业技术也在这里得以传播。“海船近通盐”⑤，既道出了当时船舶制造技术的进步，也反映了制盐业的发展和海上贸易的初步繁荣。

由此可见，正是唐初陈元光及其部将和固始移民的开漳活动促成了闽南文化的产生，成为闽南文化的最初源头。

---

① 陈元光：《龙湖集》。
② 陈元光：《龙湖集》。
③ 陈元光：《龙湖集》。
④ 陈元光：《龙湖集》。
⑤ 陈元光：《龙湖集》。

三、闽南文化是联结海峡两岸的重要精神纽带

（一）闽南文化的基本内涵

闽南文化产生于晋唐，成熟于南宋，并在明清时期随着闽南经济社会的发展得到进一步发展。闽南文化的内涵博大精深，十分丰富，以至于至今许多学者对什么是闽南文化，闽南文化的内涵等问题仍没有统一的定论。我粗浅的看法是：闽南文化是所有闽南人在社会活动中所创造的物质财富与精神财富的总和，就其外延来说，闽南地域是闽南文化的载体和发祥地，它随着闽南人向台湾和海外的迁徙而传播到台湾，传播到海外各国闽南人聚居之地。就其内涵来说，闽南文化离不开闽南的人、事、物。“人”即闽南人物，主要是历史人物，包括侨居海外的闽南人物；“事”即发生于闽南地域、闽南人当中的事，包括历史事件、历史故事以及语言、著述、艺术、制度、组织、民风民俗、思想思维、人文性格、宗教信仰、民间故事等等。“事”又可分为实事、虚事（即精神方面的事）；“物”即闽南实物，包括自然存在物和人工制造物等。它包括了产生于闽南人中、闽南地域上的一切，涵盖了政治、经济、军事、文化等方方面面。既有物质的，又有精神的；既有古代的，又有现代的。我觉得它虽然还比较粗糙，但大体能圈出闽南文化的本质内涵。

（二）闽南文化随着台湾的开发传播入岛

明清时期，随着闽南人大量进入台湾开发垦殖，具有地域特色的闽南文化就传播延伸到了宝岛，成为今天台湾的主流文化。其中仅陈元光后裔“开漳圣王派”的陈姓，在明末清初开发台湾的热潮中也大举迁台，就有霞葛派（以诏安陈为主）、溪南派、赤湖派（均以漳浦陈为主）、大溪派、芦溪派（均以平和陈为主）等 20－30 个宗支，他们虽分居台湾各地，但世代相传的族谱都写着“固始衍派”，以陈元光为“唐山祖”。据 1953 年台湾户籍统计资料称：当年台湾全省户数在 500 户以上的 100 个大姓中，有 63 个姓氏的族谱上均记载其先祖来自河南固始。这 63 个姓氏共有 670512 户，占

当年台湾总户数828804户的80.9%，[①] 他们当中，绝大部分的开台祖来自闽南漳州，而这些开台祖的先祖就是唐初跟随陈政、陈元光入闽南平乱和开发的中原将士。正因为如此，今天的许多台湾同胞不仅回漳州谒祖，甚至不辞辛苦，千里迢迢到河南固始寻根。

（三）闽南文化成为今天台湾的主流文化

1. 国学儒家文化传入台湾，深深影响了台湾一代代人

在明末清初台湾的大开发过程中，国学儒学思想文化和科举制度随着大陆移民传入台湾，儒学的核心要义“修身、齐家、治国、平天下”的人生价值，既与清政府管理台湾社会、促使安定的需要相适应，又与移民社会族群建功立业、光宗耀祖的伦理规范相吻合，于是，儒家文化很快被台湾社会所接受，儒家思想成为台湾文化的精神核心与人们的道德规范。它最先由漳籍的陈永华在台南建立第一座文庙，并首次把大陆的科举制度推广到台湾。台湾归清后，儒学教育得到清政府仕台官员的鼓励和引导，所教内容更为全面深入。另外，社学的普遍设立，“番社”子女得到教育机会更多。这些措施使得儒学得以在台湾全面而普遍地传播开来。

2. 闽南民间宗教文化的传播

台湾的民间宗教信仰非常盛行，这是由于台湾艰难的自然条件和社会条件等原因使然。大陆民众到台湾要渡过波涛汹涌的海峡黑水沟，古时台湾又是一个瘴疠肆虐之地，加上地震、台风等自然灾害频繁，大陆群众到台湾真正能活下来留下来的不多。入台开发的垦民面对着不可抗拒的自然力、瘟疫等自然灾害，只能祈求冥冥之中各种神祇的庇佑，宗教信仰应运而生。

开台王漳人颜思齐最早在台湾传播了家乡的妈祖崇拜，他们在在笨港所创建的妈祖庙，今天已成为台湾的开台妈祖，成为全台湾所有妈祖庙的分香祖庙。如今全台湾共有妈祖庙1000多座，信众达1700多万，占台湾总人口70%以上。

除了妈祖崇拜之外，台湾还是多神崇拜的地区，拥有信众比较多的还有“开漳圣王”（陈元光）以及“保生大帝”（吴夲）和关帝崇拜。陈元光去

---

① 刘怀廉：《光州固始与闽台渊源》，载《根在信阳》，湖北出版社，2006年版，第4页。

世后在历代朝廷的敕封中升级为“开漳圣王”，陈元光也从人演变为神，之后，“圣王”香火随着开发台湾的漳籍乡亲传播到了台湾，如今台湾岛内有祭祀陈元光的庙宇300多座，信众800多万人，在台湾民间四大宗教崇拜（妈祖、开漳圣王、关帝、保生大帝）中居第二位。

此外，从漳州传入台湾的神祇还有“保生大帝”和关帝信仰等。现在，妈祖、开漳圣王、保生大帝、关帝四大神祇崇拜已成为台湾民众最主要的宗教信仰。

3. 漳州腔闽南话成为台湾的主流方言

现台湾岛内占80%多的人口讲闽南话，而其中约占全岛总人口的一半左右的人口是讲漳州腔的闽南话。有专家记录了台湾同胞讲的闽南话单词，发现常用的单词有4000个左右，而其中竟然有3500个单词与漳州话的腔韵相同。这就是今天台湾主流方言的腔调最接近漳州话的原因。

4. 中华文明及闽南民俗文化在台湾扎根

明清时期大量闽南移民促使了中华传统文化及闽南区域民俗文化在台湾的传播与扎根，这方面内容丰富，现仅介绍如下四个方面。

一是婚姻仪式：台湾民众缔结婚姻严格遵循“父母之命，媒妁之言”，并按照如下程序进行，即：问吉（互送甲庚卜吉）、探家风、订盟、纳采、请期、迎亲、拜堂。这不仅是漳州一带的传统婚嫁习俗，而且是中华民族的婚嫁礼俗，即“六礼”。“六礼”是从西周开始形成的婚姻成立的必经程序，这一缔结婚姻的程序因其相对的合理性而受到广泛的接受，至今仍在海峡两岸的民间得以流传；

二是丧葬仪式：基本上与闽南漳州一样，人死后要搬铺、请水、洗净、饭祭、守灵、哭棺、停柩、入葬、七七转红收魂、七七之后亲友毕至止吊，百日卒哭除灵谢吊，分胙于吊者，谓之答纸。这些丧仪基本与闽漳无异；

三是岁时民俗：康熙三十四年台厦道兼理学政高拱乾编纂的《台湾府志》“风俗”对当时台湾的岁时民俗作了详细记载：

> “除夕祀先，礼神，爆竹之声不绝，谓之‘辞岁’，老少围炉坐以待曙，谓之‘守岁’。正月元日早起，少长咸集，礼神，祭先，饭后，诣所亲及朋友故旧贺岁，俗谓之‘贺正’，至五日乃止，谓之‘隔开’。”

至今，除夕日，台湾民众家家户户在操办“围炉饭”之前，都要先煮一桌酒菜祭拜祖先。这与漳州民俗完全一样。

此外，岁时的端午节门悬蒲艾，吃粽子，划龙船；六月一日（农历）吃“半年圆”；七月七日“乞巧节”；七月十五，“中元节”做“普度”；中秋节，制大饼，进行“博饼”活动；冬至吃汤圆；腊月二十四“送神上天”；正月初四“迎神”下地，等等。与漳州岁时民俗毫无二致，在漳台两地代代相传，完整地保留至今。

综上所述，经过大陆移台垦民及其后裔近四百年的代代传承、熏陶与发展，中华民族传统文化及其子文化——闽南文化已经完全在台湾扎下了根，成为了如今台湾的主流文化。而它的源头，正是起于明末清初以漳籍人士为主力军的大规模开发活动，如若再往前追溯，则是唐初开漳活动中从固始传播过来的中原文化。

文献来源：2009年固始与闽台渊源关系学术研讨会论文，《固始移民与闽台文化研究》，九州出版社2010年版。

作者简介：何池，福建漳州市人漳州市委党校历史学教授。

“光州固始”的历史文化解读

张新斌

“光州固始”，一个将豫、闽、台三地永远联结在一起的历史地名，一个闽台人心目中的圣地，一个南北文化交流的永远的历史印记。

一、从历史地理的角度看“光州固始”

1. “光州固始”与地理沿革

“光州固始”联称，始于唐代。固始，为光州的属县，这种关系一直延续到民国建立。

关于固始之名，《括地志辑校》卷二云：“光州固始县，本春秋时蓼县，偃姓，皋陶之后也。《左传》云：子燮灭蓼。《太康地志》云：蓼国先在南阳，故县今豫州郾城县界，故胡城是也。”又：“光州固始县，古蓼国，南蓼也。春秋时蓼国，偃姓，皋陶之后。”皋陶，为传说中的东夷族首领，舜时为掌管刑法之官，他的后人受封于蓼。《左传·文公五年》：“冬，楚子燮灭蓼。”蓼，即廖姓，可见固始县也是廖姓的一个重要源头。

固始之名，始于东汉。《后汉书·郡国志》载：固始，“侯国，故寝也。光武中兴更名”。该书《李通传》：“建武二年（26 年），封固始侯，拜大司农。”可见，东汉时不仅有固始县，也有固始侯。在此之前，秦与西汉时固始为寝丘邑。自东汉之后直到唐代，除梁时固始改称蓼县外，均以固始名县。但是早期的固始县治，在今固始东北，隋开皇年间正式移治今县。

固始之属光州，时间较晚。固始位于三省交界之地，隶属变化极为复杂。秦时属九江郡；西汉时分属于汝南郡、六安国、庐江郡；东汉时分属于汝南、庐江二郡；三国时，域地内分置 6 个县，分属于汝阴、弋阳、安丰、庐江四郡；两晋时，分置6县，分属于4郡；南北朝时，政区变化频繁，亦分属于新蔡郡、安丰郡、弋阳郡、边城郡等；隋朝建立后，固始县属弋阳郡；唐代时，光州与弋阳郡互有替代，但《旧唐书·地理志》云：武德三年（620年），改弋阳郡置光州。光州治所，早期在光城县（今河南光山县），太极元年（712年）移治定城县（今河南潢川）后，直到明清没有变化。

2.“光州固始”与地理环境

固始县，位于河南省东南部，属信阳市管辖。总面积2946平方公里，人口达163万。固始县有如下特点：一是人口多。固始县为河南第一人口大县，也是全国人口数量较多的县之一。二是面积大。固始县域总面积，甚至超过了河南的某些省辖市面积，如鹤壁、济源等，因此固始也是河南面积较大的县之一。三是地形多样。固始境内丘陵、平原洼地分别占全境面积的40%以上，山地面积占全境面积的1/10。全县最高峰位于县南的曹家寨山，主峰海拔1025.6米，最低的地点则在县域北部淮河之滨的三河尖，海拔高度仅有23米，也是河南最低的地点。四是三省交界。固始东部与安徽西部的六安市金寨县接壤，南部隔商城与湖北省黄冈麻城市相望，为三省交界之地与结合部。五是中原水乡。固始地处江淮之间，属亚热带向暖温带过渡的季风湿润性气候，气候湿润，雨量丰沛，四季分明，年降雨量达1066毫米。固始县物产丰富，有“固始鸡”、“固始鸭”、“固始笨蛋”，有水牛、茶叶、板栗、腊味等名优特产，境内水渠纵横，鸭鹅成群，稻谷飘香，可以称为“中原江南”，有“南方人见了亲，北方人见了新”之感觉。

从以上的论述中可知，“光州固始”尽管在唐代以后，已成为习惯性联称，但以唐代开端最具意义，尤其是该概念中的核心词“固始”，最具意义。固始人口多，面积大，过渡特征明显，区位优势突出，无疑应为南方与北方的结合点。

二、从史料文献的角度看“光州固始”

1. 唐高宗时期固始人陈政、陈元光父子开漳入闽，使闽南发展步入新阶段。

唐高宗总章二年（669 年）诏命玉钤左郎将、归德将军陈政为统领岭南行军总管，率府兵 3600 人，到闽粤交界处平定“蛮獠啸乱”，其子元光随父出征。陈政大军入闽后，势如破竹，但在与“蛮獠”酋领苗自成的决战中受挫，后退守九华山。陈政母亲魏太母，以及陈政的两位兄长中郎将怀远将军陈敏、右郎将云麾将军陈敷率中原 58 姓将士前往增援。陈政的两位兄长，在前往闽南途中相继因病身亡，魏太母代为挂帅领兵，在九华山与陈政会师。陈政大军，在当地边垦种边休整，使兵力得以恢复。尔后南下夺取陀岭，挥师云霄，并对这里的清澈江水感叹而发：“此水如上党之清漳也。”（见《闽书》卷 28）漳水实则在今河南的林州一带，由中原之水，而形成了闽南的漳江、漳州。

仪凤二年（677 年），陈政在讨伐陈谦之乱时，不幸病故。陈元光正式接掌父印，经过数百战，彻底平定了东南蛮獠之乱。永淳二年，诏命元光为正议大夫、岭南行军总管。陈元光以闽南为大本营，正式向皇帝奏请建州立县，从根本上对闽南地区进行治理。垂拱二年（686 年），正式设置漳州，及漳浦、怀恩两县，陈元光为漳州刺史兼漳浦县令，晋升为中郎将、右鹰扬卫府怀化大将军。陈元光在当地不仅设置行台与堡所，以保障行政的推行；还将随行而来的中原将士，量才而用，使当地得以政通人和。他对当地蛮民采取了安抚与感化政策，以唐朝廷的“恩惠”感化蛮民，以中原的先进文化开化蛮民，提倡汉蛮通婚，促进了族群间的融合。陈元光还以军垦强化军队的实力，发展农业，鼓励工商业的发展，首创了松州书院，教化民众，使当地的社会风气，在元光主政漳州的 26 年间有了明显的变化。

陈元光之后，自开元十三年（715 年）至元和四年（819 年），元光之子陈响、元光之孙陈丰、陈丰次子陈谟均接任漳州刺史，为漳州的发展作出了贡献。

陈氏家族在闽南的事迹，几乎不见于正史，但陈元光的《请建州县表》一文，收录在《全唐文》卷一六四，陈元光的诗文则辑录在《龙湖集》中。在地方文献，如《闽书》、《福建通志》、《广东通志》、《漳州府志》、《云霄县志》中，对陈氏家族的事迹均有较多的保留。从《光州志》中可知，陈氏家族与祖籍地固始还保持着较多联系。《光州志》卷六载，陈元光的孙子陈泳已被称为闽人，曾受命为“光州司马”与“光州团练使”。陈泳的儿子陈章甫，后代称之为“光州司马”，陈泳死后，“章甫扶柩归葬于漳”。可知在当时，陈氏家族已将漳州作为故里。该志卷之八亦载，陈元光的孙子陈酆（丰），为辰州宁元令，到京师（今西安）进见权贵李林甫、杨国忠时，专程“访弋阳旧第，川原壮丽，再新而居之数年”。他不仅回到了祖籍地，而且将旧居翻新后居住了一段时间，后又到闽南任漳州刺史，为当地民众所爱戴。

陈元光的故乡固始，至今还有在旧居基础上建造的“陈将军祠”、陈氏祖茔，以及敬奉魏太母的太山奶奶庙。陈元光被福建人奉为神祇，明初封为“威惠开漳圣王”。因此，云霄县的威惠庙被称为“开漳圣王祖庙”，漳州也有保存完好的“陈元光墓”。开漳圣王庙不仅在福建有较多的分布，在台湾亦有70余座遍布全岛。每年农历二月十五日的陈元光诞辰日，闽台两地居民，同祀开漳圣王，以表达对陈氏父子的崇敬之情。

2. 唐末王潮、王审知兄弟建立闽国，为福建的发展奠定了基础。

唐末黄巢起义后，中原陷入了一片混乱。中和元年（881年），寿州屠夫王绪聚众而起，先后攻下了寿、光二州。光州之民响应者甚众，固始农民王潮、王审邽、王审知三兄弟，亦加入到义军之中，因才干举为“军校”。在义军南下江、洪、吉诸州的过程中，王绪因猜疑杀戮而遭抛弃，王潮因才干出众，以“拜剑选帅”的仪式而成为“将军”。王潮义军入闽后，攻克泉州，勇克福州，风卷建州和汀州。乾宁二年（895年），唐廷封王潮为武威军节度使、检校尚书左仆射。

乾宁四年（897年），王潮病故，王审知自称“节度使留后”。光化元年（898年），唐廷正式任命王审知为武威军节度观察留后、刑部尚书，后为节度使兼三司发运使。王审知主政后，采取了一系列措施，稳定局势，发展经济。首先，王审知采取与周邻的杨行密的吴国、钱镠的吴越、刘隐的南汉交好的方略，积极向中原王朝纳贡，以取得正统王朝的认可。当时的唐廷名存实亡，无论从政治上与经济上都看重王审知的纳贡。后梁建立后，对王审知的进贡更为看重。开平四年（910年），朱全忠正式晋封王审知为闽王，并专门派大臣赴闽主持册封仪式。其次，选拔人才，兴办教育。王审知招抚流亡的儒士，如韩偓、李洵、王涤、杨赞图等，均委以重任。他还重视本地人才的选拔，浦城章仔钧，被委任为高州刺史、检校太傅；仙游郑良士，被授予四门学士、御史中丞。王审知十分注重吏治的整肃，兴办儒学，强化礼制，使偏居东南的闽地，文化上有了大的发展。再次，发展农业，稳定民心。王审知在任时，招抚流民，安置他们开荒垦地，兴修水利，因而粮衣丰足，民心稳定，将中原动荡之时，变为福建发展的黄金时机。最后，外贸繁荣，国库充盈。王审知利用福建的沿海优势，发展海外贸易，使泉州港成为当时对外贸易的重要口岸。尤其是铸行铁钱后，市场更加繁荣，财源充足。可以说，闽国建立的数十年间经济文化的发展，为福建后来的崛起，创造了较好的条件。

王潮、王审知兄弟的事迹，见于正史。如《资治通鉴·唐纪》中，提到了光、寿二州举义之事等。《新唐书·僖宗皇帝纪》亦有简述。《新五代史》与《旧五代史》有《王审知传》、《闽世家》。《全唐文》中，收录有相关碑文。在地方文献中，《十国春秋》成书较早，记述的史实较为丰富。《福建通志》、《福州府志》等方志，亦多有记载。王潮、王审知的墓园，至今在福建还有保留。1991 年在《文物》杂志上公布了王审知夫妇合葬墓的清理情况的报告，出土的《大唐故扶天匡国翊佐功臣、威武节度使、观察处置三发运等使、开府仪同三司、守太师兼中书令、福建王都督府长史、食邑一万五千户、实封一千户闽王墓志并序》中，专门记载王审知曾祖王友则，居家于光州固始的情况。

从以上的记述可知，以陈政、陈元光父子，王潮、王审知兄弟为代表的两次固始移民活动，在正史上有所记载，但以地方文献记载为主。他们为发展当地的经济和社会作出了较多贡献，他们所带来的中原文化，对于当地的文化提升、族群融合，均具有积极意义。他们都经历了由人到神的转化过程，在闽台都有以他们为神祇的庙宇，成为当地民间文化的重要组成部分。陈氏父子与王氏兄弟所代表的“光州固始”，实际上亦是中原文化的象征，是福建文化发达的代名词。

三、从家乘谱牒的角度看“光州固始”

家乘谱牒，是家族历史的反映。在闽台的家谱中，保留了较多“光州固始”的印痕。据研究，随陈氏父子入闽的固始姓氏为 84 姓，随王氏兄弟入闽的固始姓氏为83姓，去掉重复的姓氏，入闽的固始姓氏达116个。而据我们查证家谱及方志资料，入闽的固始姓氏，至少有王、陈、杨、郭、叶、廖、何、萧、罗、高、詹、魏、孙、曹、傅、蒋、姚、唐、石、汤、欧、邹、丁、韩、钱、柳、刘、黄、李、郑、许、方、曾、吴、谢、尤、沈、施、余、颜、吕、龚、柯、蔡、彭、宋、潘、康、涂、苏、赖、卢、董、洪、戴、庄、张、侯、林等60个。

家谱中可见随陈氏父子入闽的姓氏。如《浯阳陈氏族谱》："太始祖讳政公，原系汝宁府光州固始县籍也。"《太平康陈氏公谱》：今晋江东石镇平坑陈氏始祖陈九郎，为光州固始人。也就是说，入闽的固始陈氏，有的属陈政的直系后代，有的仅为固始陈氏。《台湾通志》引《杨姓大族谱》：始祖杨胄，亦为随陈元光入闽的固始人。《台湾通志》引《何姓族谱》：固始人何嗣韩，从陈元光入闽，因家焉。《云阳方氏族谱》：始祖方子重，系光州固始人，随陈氏父子入闽，侨居漳州。《桃源潘氏族谱》记载，在永春西达埔一带的潘氏先祖，亦为随陈元光入闽的光州固始籍人。另外，《漳浦县志》（康熙本）卷19，在谈及随陈氏父子入闽的将校时，涉及姓氏20余个。如"婿卢伯道、戴君胄，医士李始，前锋将许天正，分营将马仁、李伯瑶、欧哲、张伯纪、沈世纪等五人，军谋祭酒等官黄世纪、林孔著、郑时中、魏有人、朱秉英等五人，府兵校尉卢如金、刘举、涂本顺、欧真、沈天学、张光达、廖公远、汤智、郑平仲、涂光彦、吴贵、林章、李牛、周广德、戴仁、柳彦深等一十六人"。以上这些人物，不但在其他方志中得到印证，也为某些家谱所认可。

家谱资料中更多的姓氏与唐末王氏兄弟入闽有关。如，《晋江风头王氏族谱》载晋江城东镇风岭村的王氏为王审知之后。《福清陈氏宗谱》云：唐僖宗光启二年，祖随王潮入闽，开漳，而家福清之南阳村。《塘滨刘氏九耀公派斯谱》载：今晋江英林镇的塘滨刘氏，先祖刘存及侄刘昌，于唐末自光州率部入闽，开基福州风岗一带，后又分居长东、福清，其裔孙于宋末元初由福清徙居晋江塔头，历经十世后又分居塘滨。《东石檗各氏族谱》：今晋江东石镇黄氏的开基祖为黄龙，黄龙的祖父黄岸的祖先，系唐末由光州固始避乱居闽。《芙蓉李氏族谱》云：今南安梅山镇芙蓉李氏，先祖为光州固始人，于五代从王潮入闽，其子孙因家于武荣（南安）芙蓉乡。《铭山周氏族谱》云：今德化（铭山）赤水镇铭爱村周氏先祖周默林，于唐中和三年自固始从王潮入闽，居于仙溪之东乡，后迁居延平郡之周田（今大田）。《诗山古宅吴氏族谱》云：今南安诗山古宅岭兜吴氏先祖，唐僖宗时随王审知由光州固始入闽，宋代吴氏定居今泉州鲤城浮桥镇一带（古武荣黄龙江），称“黄龙吴氏”。明初吴大冶迁居南安古宅，遂称“古宅吴氏”。《颜氏续修族谱》载：今永春达埔镇中村的“蓬莱颜氏”，先祖颜洎，于唐末由固始入闽，居德化顾杰泗滨，又徙居今永春达埔。《沙堤蓬莱龚氏家谱》云：今石狮永宁镇沙堤村龚氏因王潮自固始入闽，遂卜居于龚山。《虹山彭氏族谱》云：今泉州市鲤城区虹山乡彭氏，又称“山顶彭”，先祖于唐僖宗广明元年，由河南光州固始迁闽之泉州，复迁城西之南安，宋初移居鲤城虹山，虹山开基祖为彭栎。《双翰苏氏族谱》云：今德化县春美乡、大铭乡等地分布的苏氏，先祖苏益以都统职随王潮入闽，宋初苏奉礼肇居于德化石城，其族人出洋者达200余人。从目前收集到的家谱资料看，随王氏兄弟入闽的姓氏较随陈氏父子入闽者要多，也有的姓氏分别记述了这两次迁徙，或者说与这两次有关。

家谱资料中，也有的记载西晋末年的入闽活动与固始有关。如，《金墩黄氏族谱序》云：“晋永嘉中，中州板荡，衣冠入闽，而我黄迁自光州之固始，居于侯官。”《崇正同人系谱》卷二云：“林氏，系出比干之后……秦汉以降，聚族于河南光州。东晋永和三年，林世荫守晋安，因家焉。晋安，今闽侯也，是为入闽之始。”从目前见到的方志资料可知，西晋末年中原姓氏入闽者有八姓，林、黄、丘、何等，均为入闽的早期姓氏，但从正史及其他资料中，还找不到这次入闽与固始的关系，家谱所记，则另当别论。

从以上的情况可以看出，福建的族群对“光州固始”是十分认可的。一方面说明，唐代的两次移民活动，对福建的影响非常大。闽台家谱，实际上最早的先祖为入闽始祖，入闽之前的世系，则有更多的虚构成分，但入闽始祖之后的族系，应该说是基本可信的。另一方面，“光州固始”之移民，在当时均处于上层社会，社会的认知度也高，不排除当地的一部分居民，包括西晋末年的“入闽八姓”，甚至土著，攀附而上。这种风气，其实由来已久，宋代史学家郑樵在《家谱》后序中云：“吾祖出荥阳，过江入闽，皆有沿流，孰谓固始人哉？闽人称祖皆曰自光州固始来，实由王潮兄弟，以固始之众，从王绪入闽，王审知因其众克定闽中，以桑梓故，独优固始人，故闽人至今言氏族者皆曰固始，其实滥谬。”当然，郑樵的话不无道理，但有些言重了。中国传统的家族文化，有弃恶扬善、攀附名人之风，但所体现的更多的是文化认同，“光州固始”实则是中原文化的化身，也是中国正统文化的代表，这可能是族谱认同的本质所在。

“光州固始”作为一个较长时段的行政建置，尤其是唐代始有联称之名，因两次大规模的入闽活动，因而对闽台族谱文化与方志文化，有着深深的印痕。直到今天，“光州固始”已成为豫闽台一脉相连的纽带。它所体现的象征性、根亲性与神圣性，已深深地植根于豫闽台三地地域文化之中。毫无疑问，在闽台人的心中，“光州固始”就是唐山，就是原乡，就是中原，是他们永远的根。

文献来源：2008 固始与闽台渊源关系学术研讨会论文，《固始与闽台渊源关系研究》，人民出版社 2009 年。

分蘖与聚合

——闽南对中原文化的历史记忆与族群认同

郑　镛

美国著名人类学家菲利普·汉·博克在《多元文化与社会进步》一书中，论及人类社区的增长时认为有三种选择方式：稳定、分裂和聚合。至于选择何种方案取决于自然和文化力量的影响。① 以其理论研究汉晋以降中原地区向闽粤边地的移民，以及明清时期闽粤向台湾和东南亚地区的移民，当有启发意义。

与其采用“分裂”表述人类社区变化，笔者以为不如用“分蘖”一词更为确切。由此地向彼地进行规模性的人口移徙，可认定为族群分蘖。分蘖一词源于生物学，指禾本科植物在地下或近地面处发生的分枝，通常在稍膨大而贮有养料的分蘖节上产生。中古时期中原地区向东南沿海地区尤其是今闽南地区的人口移徙可视为典型意义的分蘖。在漫长的历史长河中，由分蘖——稳定——分蘖在不同的空间中往复发生，但文化上的族群认同却一步步地走向聚合，并在聚合中产生了富有标示意义的文化符号——光州固始。

一、分蘖——在移徙中完成

就整个中国传统文化的渊源及结构考察，中原文化一直具有特殊重要的地位和作用。

中原或称中州尤其是其间的河洛地区在历史上被称为“天下之中”。李学勤先生在为《河洛文化与殷商文明》一书所作的序言《河洛文化与中原

① 菲利普·汉·博克：《多元文化与社会进步》，辽宁人民出版社，1988 年版，第 118 页。

文化》中指出："中原地区在中国历史上之所以重要，一个重要原因就是它在地理位置上占全国的中心，从文化内涵上能吸收和容纳周围甚至边远地区的文化因素。"从文化学意义上可以这样理解：吸收、容纳和凝聚各种文化因素是一种"聚合"，而文化的向外传播辐射和影响则为"分蘖"。换言之，分蘖是文化的有效扩散，聚合是文化的群体性认识。当然，在传统社会中文化的"分蘖"与"聚合"主要还是由移民的规模运动来完成的。

今福建地区原为西汉王朝藩属闽越国的领地，居住着"百越"中的一支——闽越族。汉武帝元封元年（公元前110年），统治闽越的余善起兵反汉失败后，汉武帝以"东越狭多阻，闽越悍，数反复，诏军吏皆将民徙处江淮间，东越地遂虚"。这一地旷人稀的空间气候温湿，四季常青，溪河纵横，冲积平原土地肥沃，海岸线绵长，富有海盐之利，是人类理想的生存之所。因此，遂有北方汉人陆续南下。

西晋末年，中州发生"永嘉之乱"，此后兵连祸接，动荡不安。许多门阀士族纷纷举族南下至今苏、浙、皖、鄂、湘、赣等地散居。有一部分先至浙江后再迁闽北，然后由闽江上游、中游而到达下游的侯官，再由侯官往南迁至木兰溪流域、晋江流域和九龙江流域；其中可能也有一部分是从江西直接进入闽西，然后再到达闽西、闽南九龙江流域。① 诚如路振的《九国志》所说："晋永嘉二年（308年），中州板荡，衣冠始入闽者八族：林、黄、陈、郑、詹、邱、何、胡是也。以中原多事，畏难怀居，无复北向，故六朝间仕宦名迹，鲜有闻者。"宋代陈振孙《直斋书录解题》所引的唐代林谞《闽中记》也说："永嘉之乱，中原士族，林、黄、陈、郑四姓先入闽。"

2002年春，漳州市漳浦县博物馆抢救发掘了五座墓葬，出土了数十件随葬品并发现了具有典型风格的两晋南朝墓砖。其中有"泰元十一年"、"泰元十九年"、"泰元二十一年"三种纪年砖，应为东晋孝武帝之"太元"年。故可推断墓群的修建不迟于东晋太元二十一年（396年）。这一墓群为家族墓地，应是南下避乱的北方人一路迁徙进入闽南的鹿溪流域定居后而选择的安息处。这一家族的背景信息现不明晰，但从他们随葬的金银器、铁剑、瓷砚、铜镜等判断，绝非籍籍无名之普通流民，更可能是中原士族。而从墓

① 林国平主编：《福建移民史》，方志出版社，2005年版，第30页。

砖的数量和纪年的种类看，附近应有专营的砖厂，有相当数量的熟练技术工人，说明鹿溪流域已聚居一群自成社区的汉人，有一个稳定的生活空间和商业网络。与历史文献相印证，永嘉年间，确有一波中原移民潮。至义熙九年（413 年）在今漳浦一带，根据人口增长状况设置了绥安县也就在情理之中。①

至唐代前期，九龙江流域已聚居了相当数量的汉人，但留居、出没于丘陵山野间尚有为数不少的原土著闽越族的后裔和从岭南一带涌进的“蛮獠”民族。在这一区域的早期开发中，汉族移民和土著居民、“蛮獠”居民有较多接触，同时也产生许多矛盾。南朝时，土著居民与汉族移民的矛盾、土著居民与官府的矛盾已经呈现。唐初，矛盾激化，爆发所谓“蛮獠啸乱”。其时，中央政府已经在龙溪及闽西的新罗设立县级政权机构。为了确立唐王朝在九龙江流域的统治，唐高宗麟德年间（664－665），朝廷派曾镇府领诸卫将军衔由中原率部镇闽，驻扎九龙江东岸。总章二年（669 年），朝廷复派归德将军陈政与曾镇府更代，统岭南行军总管事，出镇泉、潮二州之间的故绥安县地（今漳浦、云霄一带）。当时，陈政率府兵 3600 多名、从征将士自副将许天正以下 123 员入闽。陈元光以鹰扬卫将军的身份，随同父亲陈政领军赴闽。

仪凤二年（677 年），陈政病故于军中。其子元光以玉钤卫翊府左郎将衔代领兵众，时年 21 岁。同年，元光率轻骑收复为“潮寇”、“土蛮”所攻陷的潮阳。永隆二年（681 年），元光潜师入潮州突袭“蛮獠”营垒，“俘获万计”，后又在盘陀岭打败“蛮獠”主力，泉潮间的“啸乱”日趋平定。②

陈政、陈元光的率兵入闽，是一次具有移民性质的进军，对汉民在闽南地区的开发作用甚巨。根据近人的统计，先后两批府兵共约 7000 余人，可考姓氏计有 60 余。③ 这些姓氏是否全部都是来自北方的汉民，还有待于进一步的探讨。如有的族谱记载称陈政入闽后，“乃募众民的五十八姓，徙云

---

① 王文径：《从石榴镇东晋墓群的发掘看开漳前的闽南》，《闽台文化交流》2006 年第 1 期，第 101－105 页。

② 参见何乔远：《闽书》卷 41；光绪《漳州府志》卷 22。

③ 参见民国《云霄县志》，《台湾省通志·氏族》；又参见陈嘉音：《漳州开发史考辨》，《唐初戍闽府兵的来历》（未刊稿）。

霄地，听自垦田，共为声援”①。但就整体情况而言，以上所统计当时开发九龙江流域的近90种姓氏，大部分应是从北方随军移民而来的。这数十姓府兵将士及其家眷，繁衍生息，形成了唐代开发九龙江流域的骨干力量。

为了更有效地开发和统治闽南地区，陈元光上书朝廷，请求在泉、潮之间设置一州。垂拱二年（686年），朝廷准元光之请，在泉、潮之间置漳州，并以漳浦、怀恩（今云霄一带）二县归隶之，委陈元光任漳州刺史。漳州建立之后，为进一步稳定局势，陈元光“奏立行台于四境，四时亲自巡逻，命将分戍”，把所属军队分布于闽南各地。这四境是：“一在泉之游仙乡松州保，上游至苦草镇；一在漳之安仁乡南召堡，下游至潮之揭阳县；一在常乐里佛潭桥，直至沙澳里太武山而止；一在新安里大峰山回入清宁里卢溪保，上游至太平镇而止”。② 于是，北至泉州、兴化，南逾潮州、惠州，西抵汀州、赣州，东接沿海各岛屿，均为陈元光部属的守戍地和开发地。陈军将士所到之处，且守且耕，招徕流亡，就地垦殖，建立村落。从漳州建州到唐末的200余年间，虽然中原地区有过不少战乱，但福建一带尚属安定，这给陈元光及其部属的后裔们在漳州各地繁衍生息提供了良好的社会环境。因此到了唐代后期，汉民在漳州的开发取得了很大的成效，逐渐缩小了与泉州等地社会经济发展上的差距。

唐代前期陈政、陈元光父子率领府兵入闽守戍开漳，是北方汉民迁移福建的一个高潮。但并不是说唐代的其他时期就没有北方汉人入迁闽中。事实上，从唐初直到唐代后期，北方汉人入闽几乎是不间断的。随着福建与北方地区联系的加强，唐代其他各个时期都有不少汉民迁移而来，只是数量有多有少，规模不如唐前期陈政、陈元光率众入戍那样集中，迁居的地点比较分散而已。③

唐代后期，中原战乱加剧，军阀各据一方，民不聊生，北方士民再次南迁，形成了汉人入闽的又一次高潮。其中尤以王潮、王审知兄弟率部入闽的数量为巨。

---

① 《白石丁氏古谱》卷上。

② 光绪《漳州府志》卷23。

③ 林国平主编：《福建移民史》，方志出版社，2005年版，第32页。

王潮、王审知原为河南光州固始县的农民，王氏兄弟乘黄巢起义之机组织乡兵渡江南下，转战于江西、广东。光启元年（885 年），王氏部队进入闽西、闽南，次年八月占领泉州。景福二年（893 年），王氏部队攻进福州，闽中各地纷纷降服。当时的唐朝中央政府实际上已经失去了对各地的有效控制，唐昭宗李晔只得任命王潮为福建观察使，尽领闽中五州之地。王潮死后，其弟审知继任。公元 907 年，唐朝灭亡，王审知被后梁太祖朱晃封为闽王。审知死后，其子延钧于 933 年正式称帝，改国号为闽。

闽国是中原移民在福建建立的第一个地方性割据政权，对于促进北方汉民的入闽影响很大。

闽国建立后，王潮、王审知的部属绝大部分都定居于福建。宋人陆游撰《傅正议墓志铭》云："唐广明（880－881 年）之乱，光（州）人相保聚，南徙闽中，今多为士家。"① 杨时在《龟山集》中便记载了闽北的一些追随王氏兄弟入闽的家族。如建州的郑氏，"讳毂，字致刚，姓郑氏，其先光州固始人，唐僖宗时避乱，从王潮入闽，居建城南乡之龙池，故今为建州人"。② 又如浦城的章氏，"仔钧仕王氏官至太傅，仔钊为泉州团练副使，兄弟俱有功于闽"。③ 一些地方志和族谱中也有这类记载。《崇安县新志·氏族志》记述：丘氏，唐僖宗时有丘祯、丘祥、丘福兄弟三人由固始随王潮入闽，居崇安之黎阳。张氏，"唐广平（明）间，张威偕兄感，弟咸由固始入闽，威居建阳，感居三山，咸居浦城。威孙义赘于本邑会仙里……遂留居于此。其子孙散处于下梅吴屯及大浑之西山"。④ 福州一带凡多原属王审知部下的后裔。如：陈姓，"随王氏入闽……陈岩观察福州，居闽"；詹氏，"唐光启年间……有詹敦仁者亦随王氏来闽"；张氏，"唐季张睦自固始随王氏入闽"；吴氏，"唐末有吴文卿者，自固始随王氏入闽，卜居井关外"；郭氏，"其裔于咸通中从王氏入闽"。⑤ 再如福州闽县的李、王二姓，也是王氏入闽之时部属的后裔，《福建通志》载云："李相，本寿州人……王绪未起

① 陆游：《渭南文集》卷 33。
② 杨时：《龟山集》卷 37。
③ 杨时：《龟山集》卷 35。
④ 民国《崇安县新志》卷 4。
⑤ 光绪《侯官县乡土志》卷 5。

时，为媪贳酒，数负责，又醉毁媪酒舍，相怒欲殴之，媪蹑之曰：‘天下方乱，此壮士也。’遂与为刎颈交。王绪起兵，相从之。王潮杀绪，相匿其孤建齐于山中，以其少子与建齐易名而呼。居三日，潮果索建齐，其少子应曰诺，遂见杀。卒与建齐俱从军，居福州闽县，冒姓李。至其曾孙荣，乃复故姓，两家以兄弟数。宋时子孙咸至大官矣。”① 这班追随王氏兄弟入闽的部属，因王氏在福建的得势，大多也成了一方新贵。他们利用政治上的优势，各自在福建寻找合适的地点定居下来，从而成为地方上的显姓。

众多北方的政客、士子、文人也随之入闽。闽国作为五代十国时期一个独立割据的政治群体，为了与邻国对抗，取得生存的权利，王潮、王审知兄弟在福建建立了比较完善的政治体制。这不仅需要军队作为地方政权统治的支柱，同时也需要政治、文化等多方面的人才。因此，他们十分注重延揽其他各方面的人才，礼贤下士，发展文化。于是，当时随王氏兄弟入闽的中原人士，除了军队之外，还有众多落难的政客、士子、文人等。而另一方面，中原朱晃后梁政权滥杀世家缙绅，士子、文人四处逃散，远离中原的福建便成了战乱中较为理想的避乱场所。当时中原有名的文人、学者，如李洵、王涤、崔道融、王溧、夏侯激、王拯、杨承休、杨赞图、王倜、归傅懿等，“皆以文学之奥比偃、商，侍从之声齐袁、白，甲乙升第，岩廊韫望，东浮荆襄，南游吴楚，谓安莫安于闽越，诚莫诚于我公（指王审知）”。②《新五代史》亦记载：王审知“好礼下士。王淡，唐相溥之子（王溥为朱晃所害），杨沂丰，唐相涉从弟，徐寅，唐时知名进士，皆依审知仕宦”。③ 再如唐末著名诗人韩偓，字致光，京兆万年人，仕至翰林承旨、兵部侍郎，也曾触忌于后梁太祖朱晃，险些丧命，于是挈族入闽，依傍王审知。这班文人才子相聚于福建，有了安身之地和发挥才能的空间，故五代是福建文教发展的一个重要时期，清末陈衍曾评这一时期福建的文化事业说：“文教之开兴，吾闽最晚，至唐始有诗人，至唐末五代，中土诗人时有流寓入闽者，诗教乃渐昌，至宋而日益盛。”④ 这一评述反映了福建地区的正统封建文化教育发

① 道光《重纂福建通志》卷170。
② 黄滔：《黄御史集》卷5。
③ 《新五代史》卷68。
④ 陈衍：《补订闽诗录叙》。

轫于唐代前期，至唐末“中土”士人大量南来，渐成规模，至宋而兴盛的基本史实。

由于王审知父子所建立的闽国在福建全境设立了比较完整的政治体制，因此，这一时期入闽的北方汉民，在福建地域上的分布要比以往几次更为广泛，可以说基本上遍及福建各地。同时，在汉晋以来的移民大多占据自然条件比较优越的闽江下游流域、九龙江流域、晋江流域等沿海地带的情况下，这一时期入闽的汉民，有逐渐向偏僻山区拓展的趋向。

至赵宋全国性政权建立的960年，北方汉人，特别是人口较稠密的中原地区汉人已完成较有规模的向福建的移民，这一移民过程也是中原文化向中国东南沿海的传播过程。东晋南迁汉人带来的中原文化与生产技术可从出土文物得到证实。陈政、陈元光率军平乱更是注重恩威并施，特别是“创州县，兴庠序”，建置了中国最早的书院之一——松州书院，聚生徒而教之，此后“民风移丑陋，士俗转酝醇”。至唐贞元八年（792年）龙溪周匡业明经及第，唐元和十一年（816年）其弟周匡物进士及第，越二年，漳浦潘存实又登科时距漳州建州已有130年，实现了当年陈元光“缦胡之缨化为青衿”的预定目标。

唐末五代闽国建立后，除大量文人士子来附外，一大批僧侣也慕闽国主好佛之名纷至沓来，佛教在闽地广为传播，至南宋人称泉漳二州为“佛国”，谓“此地人称佛国，满街皆是圣人”。

以上史实说明族群文化分蘖后，离开母本的分株异地植根、生长、开花、结果需要一个较长的周期，然后再衍发为一种既保留母本的若干文化基因又有别于母本的新的文化生态。

二、聚合——在认同中强化

其实，自东晋到唐末五代时期，迁徙入闽的北方汉人虽以中州士民为主体，但并非全都是中原人士，更不是全来自光州固始，还混杂了北方其他各地的士民百姓：“王彦昌，其先琅邪人，自东晋肃侯彬迁于闽，居龙溪后析龙溪置漳浦，遂为漳浦人。”① 琅邪为西晋时山东胶南县名，可知王氏的一支是由山东入闽。陈政入闽后，也在泉、潮之间“乃募众民得五十八姓，徙云霄地，听自垦田，共为声援”②。这五十八姓应是唐代前期之前陆续入闽定居的各地汉人，甚至可能含有被同化的当地土著。唐末五代亦复如是：“自五代乱离，江北士大夫、豪商、巨贾，多避乱于此，故建州备五方之俗。”③ 宋人杨时在《龟山集》中记载了闽北的汉族居民，其中便有不少是在唐末五代时入迁而并非河南籍者。如在《翁行简墓志铭》中称：崇安翁氏，来自中原京兆，“其先京兆人，唐末避地，子孙散居七闽。公之六世祖，徙家建州之崇安白水乡，故今为崇安人”。邵武泰宁邹氏，“先生讳某，字尧叟，姓邹氏，其先出于鲁国之郰，唐季之乱，避地闽中，故今为邵武军泰宁人”。福州陆氏，“其先吴郡人，六世祖权，唐末为建安县丞，值中原乱，不克归，因家福州之侯官，故今为侯官人”。邵武李氏即南宋宰辅李纲的祖先，原籍江南，《李修撰墓志铭》云：李纲之父，“字斯和，其先江南人，唐末避乱，徙家邵武，故今为邵武人。曾祖讳待，仕闽以武力显”。浦城周氏，其先为遂昌人，《周宪之墓志铭》云：“公之远祖，避唐乱，自遂昌徙浦城，故今为浦成人。”沙县张氏，“高祖照仕南唐，摄汀州幕官，遭乱退居沙县，故今为南剑沙县人”。当时甚至连李唐宗室，也有避乱入闽者。如李撰，“字子约，姓李氏，本唐诸王苗裔，其先恭王明以太宗子国于曹。……子孙蕃延与唐始终，今班班可纪。世居陈留，至公之七世祖澄为温州永嘉令”，始迁福州之连江④。其他如安溪周氏，“周朴，字太朴，吴兴人，唐季避乱，初隐于安溪县小溪场南山下，所居有塘，因名周塘”。厦门陈氏，“陈黯，字希孺，颍川人，十岁能诗，早孤，事母至孝……黄巢之乱，黯奔遁终南山，后隐同安之嘉禾屿”。建阳江氏，“江文蔚，字君章……其先济阳考城人也，徙籍建安，世为大姓”⑤。以上这些姓氏，均非来自河南固始。⑥

① 道光《重纂福建通志》卷170。
② 《白石丁氏古谱》卷上。
③ 黄仲昭：《八闽通志》卷3“风俗”。
④ 以上均见杨时：《龟山集》卷30、卷31、卷32、卷34、卷36、卷37。
⑤ 道光《重纂福建通志》卷170。
⑥ 陈支平：《福建六大民系》，福建人民出版社，2001年版，第47－48页。

至于陈政、陈元光的籍贯，学界争论不休，究其原因，自有其史料上的稀缺不全，也有认识的各执一端。目前，有三说。

一是“岭南首领”说，导源于唐人张鷟的笔记小说《朝野佥载》和明人黄佐的《广东通志》。前者云“周岭南首领陈元光设客……”①，后者直称陈元光为广东“揭阳人”，但后面一句是“先世家颍川”，② 值得治史者玩味。

二是“河东说”。最早、也较可靠的史料见诸唐人林宝的《元和姓纂》，该书“诸郡陈氏”曰：“司农卿陈思问、左豹韬将军陈集原、右鹰扬将军陈元光、河中少尹兼御史中丞陈雄，河东人。”③ 宋人王象之《舆地纪胜》“循州威惠庙”条载：“朱翌《威惠庙记》云：陈元光，河东人，家于漳之溪口。”④ 明人林魁等所纂修的《龙溪县志》中也沿用“河东说”云：威惠庙“在城北门外，祀唐将军陈公元光。公河东人。父政，以诸卫将军戍闽”。⑤ 同一时期的萧廷宣所撰《长泰县志》也云“威惠庙，勅灵著顺应昭烈广济王，姓陈氏，讳元光，系出河东”⑥。崇祯初梁兆阳主修的《海澄县志》“儒山庙”更引宋本《淳祐清漳志》曰：“灵著顺应昭烈广济王，姓陈氏，讳元光，系出河东。”⑦

三是“光州固始说”。明末何乔远《闽书》卷41“君长志”记陈元光为光州固始人。魏荔彤康熙间主修的《漳州府志》载：“陈政，字一民，光州固始人。父克耕从唐太宗攻克临汾等郡，政以从征功，拜玉钤卫翊府左郎将，归德将军。”⑧ 嘉庆间董诰总裁的《全唐文》曰：“元光字廷炬，光州人。”⑨ 明清间的诸多姓氏宗族谱也都认为陈氏一脉来自河南光州，颍州为其郡望，如漳州地区的《颍川开漳陈氏族谱》、广东海阳宋朝人许君辅所编

① 张鷟：《朝野佥载》卷2，唐宋史料笔记丛书本，中华书局，1979年版，第78页。

② 嘉靖《广东通志》卷515。

③ 林宝：《元和姓纂》卷3。

④ 王象之：《舆地纪胜》卷91。

⑤ 嘉靖《龙溪县志》卷3。

⑥ 嘉靖《长泰县志》卷下。

⑦ 崇祯《海澄县志》。

⑧ 康熙《漳州府志》卷19。

⑨ 《全唐文》卷164。

《韩山许氏族谱》皆载陈元光为“光州固始”人。

南迁汉人为抬高门第附会冒籍的做法由来已久，五代北宋时出于功利的需要，相当一部分姓氏攀附王潮、王审知光州固始籍，这一现象被南宋的福建莆田人方大琮所诟病，说：“王氏初建国，武夫悍卒，气焰逼人。闽人战栗自危，谩称乡人，冀其怜悯，或犹冀其拔用。后世承袭其说，世（祀）邈绵，遂与其初而忘之尔，此闽人谱牒，所以多称固始也。”① 著名史学家郑樵亦说：“今闽人称祖者，皆光州固始。实由王绪举光、寿二州，以附秦宗权。王潮兄弟以固始之众从之。后绪与宗权有隙，遂拔二州之众入闽。王审知因其众以定闽中，以桑梓故，独优固始。故闽人至今言氏谱者，皆云固始。其实谬滥云。”② 至明代同安洪受甚至还写了篇颇有影响的文章《光州固始辨》③，力议闽南族群并非来自光州固始。说明南宋末起，这种否定性的观点甚有影响。

其实陈政、陈元光一脉的陈氏家族并不屑于攀附王氏。陈氏军功世家，自陈政起，后陈元光、陈珦、陈酆、陈谟五代守漳，自总章二年（669 年）到元和十四年（819 年）经营闽南达 150 年之久，家族、部众势力之强，门第之显赫众所周知，入漳时间又远早于王审知家族。陈氏子孙完全没有理由去攀附王氏而改其籍贯。

根据陈政、陈元光家族唐初的移徙变迁，陈氏籍贯的三说均有可采信的理由，可综而析之。据《元和姓纂》陈政一脉“系出河东”应无歧义。此为祖籍地，而光州固始则为陈政父陈克耕从唐太宗平天下后奉命率部驻扎之地，并由此出镇潮泉之间。岭南首领说也不能轻易否定。这是几乎与陈元光同一时代的文人对其南下后身份的认定。据《唐书·地理志》和《元和郡县志》以及宋人吴舆的《漳州图经序》载因陈元光奏请建置的漳州很长一段时间划归岭南道，漳州自初建至天宝元年的 50 多年间隶于岭南道。天宝十载，漳、潮二州又从福州都督府治下分出，划归岭南道。张鷟将陈元光当做“岭南首领”——汉人军事集团的领袖人物也是可以理解的。笔者赞同

① 郑岳：《莆阳文献》卷 7。
② 郑樵：莆田《南湖郑氏家乘·荥阳郑氏家谱序》。
③ 《同安县志》“艺文志”。

清代康熙年间学者庄亨阳等所纂《龙溪县志》对祖籍、出生地、生活区域的处理方法。该志“唐列传”首列“陈珦”曰：“陈珦，字朝佩，先固始人，祖政，父元光，开漳因家焉，遂为漳州人。”① 陈珦既可称“漳州人”，陈元光长年率军赴潮平寇称为“岭南首领”也无不可，但“岭南首领”决不能误认为是“岭南土著”。

概言之，笔者认为陈氏家族的籍贯三说可以并存统合：河东是其祖籍地，光州固始是其驻扎家居、奉诏出征地，岭南为其征战戍守地。

唐以来陈元光的后人为何在自家宗族谱上认定是光州固始人？陈氏随行部将后裔亦大都认光州固始籍，如漳州龙海洪岱蔡氏祠堂楹联曰：“济阳衍派，上溯周姬分固始；鸿山发迹，遐思祖泽启清漳。”漳州方姓奉随陈政入闽的队正方子重为肇基始祖。云霄县阳霞村建有“昭德将军方子重祠”楹联曰：“辅王师，出固始，万里戎机安闽粤；传衍派，播漳州，千秋业绩启云阳。”诚如清乾隆《龙溪县志》所指出的：“陈元光，光州固始人，王审知，亦光州固始人，而漳人多祖元光与泉人多祖审知，皆称固始。”② 甚至渐被同化的闽越土著后裔也追随入闽汉人改称自己的祖先来自光州固始，即所谓“闽自汉武迁其民于江淮之间，尽墟其地，故后世氏族半属中州，然《路史》谓闽乃蛇种，若黄、林是其土著，余考二氏谱牒，又似不尽然……皆曰光州固始”③。这是值得关注的社会文化现象，其中蕴藏着族群迁徙、文化传播若干密码。

通常情况下，由分蘖而迁徙的族群习惯于对先辈遗传下的历史文化信息进行筛选，而后进行重新组合和认同。闽南的陈氏家族以及其他相当一部分氏族不论是否为唐初随陈政、陈元光入闽，大都在族谱上郑重标明是来自中原（中州），来自光州固始，并非全然受唐末王潮、王审知入闽建国的时尚影响，而更重要的是反映一种典型的族群认同，更确切地说是对中原文化的认同。造成这一认同的原因有三：

其一，中原在中国的特殊地位。中原在很长时间里一直是中国的政治经

① 康熙丁酉版《龙溪县志》卷7。
② 乾隆《龙溪县志》卷21。
③ 惠安《峰城刘氏族谱》卷首。

济中心。汉代班固说：“崤、函有帝王之宅，河、洛为王者之里。”从中国文明形成的唐虞，到夏、商、周三代王朝，都城大都在这一地区。其实司马迁在《史记·货殖列传》中已经比较细致地讲过：“昔唐人都河东，殷人都河内，周人都河南。夫三河在天下之中若鼎足，王者所更居也，建国各数百千岁。”现代考古学的田野工作对此作出了证明，经发掘研究有可能属于唐虞的山西襄汾陶寺，可能属于夏初的河南登封王城岗，夏代的偃师二里头，商代的偃师尸乡沟、郑州商城等遗址，都在晋南豫北，环绕河洛地区。周人本立都于陕西关中，沣水沿岸的丰镐，伐商后在今洛阳建立东都，形成宗周、成周两都相峙的局面，以及横贯中原的王畿区域，为此后汉、唐的长安与洛阳两京奠立了基础。中原也是北宋以前中国经济的中心。中州素为“天下之大凑”，是贸易往来、通达四方的枢纽。同时，中原地区是文化的中心。洛阳、开封等均是中古时期文化荟萃之地，河图、洛书，学术、巫术，交融激荡，辐射八方，蔚为大观。

其二，程朱理学的价值取向。明清时期的家谱、族谱多为族中的文人士子所编纂，在有关族源史料稀缺的情况下，其文化价值取向关乎氏族来源。中华文化主干儒家学说至宋演化为理学，广义上说有濂、洛、关、朔、蜀、闽和陆九渊的心学。源于河南洛阳的二程的洛学代表理学正脉。朱熹在系统整理二程遗说的基础上，加以创造性阐发，同时又博采周敦颐、张载、邵雍等部分思想精华，建立了完整的闽学体系。闽学，或确切地说是朱子学，在闽南学人中被尊为正统。朱子曾任职过同安主簿、漳州知州，被称为“大儒过化之地”并渐为“海滨邹鲁”，从学缘上看，从洛学到闽学是中原文化播迁、演进的结果。学术上的道统经知识分子的传播，转型成为闽南族群的“族统”认同。族统是一个或多个族群对其族源的共同认知和集体记忆，在闽南具体表现为：在修纂族谱、家谱时有意识地如实记载或“矫正”族源出处，并集中地指向中州大地。明清时期这种情况普遍发生。族统在某种程度上往往超越血统，成为族群的共同历史记忆，成为族群的精神纽带，并长期、广泛地产生影响。

其三，陈元光将军的神化。北宋庆历年间曾任漳浦县令的吕璹《威惠庙》诗云：“当年平贼立殊勋，时不旌贤事忍闻？唐史无人修列传，漳江有庙祀将军。乱萤夜杂阴兵火，杀气朝参古径云。灵贶赛祈多响应，居民行客日云云。”① 传递出唐代漳江畔已有庙祀陈元光将军的信息。北宋余靖《武溪集》中《宋故殿中丞知梅为陈公墓碣》文中载陈坦然曾于天圣年间（1023－1031年）任漳浦县令，“邑西有陈将军祠者，郡图云：仪凤中勋府中郎将陈元光也，年少强魂，邦人立庙享祠甚谨，日奉牲币无算。岁大旱，遍走群（郡）望弗雨。公（陈坦然）乃斋洁诣祠下，祷云：‘政不修者令之负，祷无验者神之羞。国家崇祀典所以祈民福也。祀苟不应，何用神为。’即鑰扉与神约曰，七日不雨，此门不复开，纵祠为烬矣。行未百步，霾风拔巨树，仆于道。俗素信鬼，及是，吏民股战神之怒。公徐曰，民方嗷，何怒之为？乃援辔截树而去。果大雨，田收皆倍。邑人刻词以纪其异。”② 这一史料的发现说明北宋初漳浦即有陈将军祠，且香火鼎盛，信众甚多。可与南宋绍熙元年（1190年）知漳的章大任所撰《威惠庙记》相印证。该记曰：“灵著顺应昭烈广济王庙食于漳，历年数百，祭皿未尝一日干也……”③ 自宋代起，被当地土著酋首袭杀而殁的陈元光将军，屡屡“显灵”并很快转化为一尊官民共祀的保境安民之神。所以素信神鬼的漳人“多以为祖”，祈求庇佑。这一闽南民间习俗至明清还衍化为男性婴幼儿认神明为义父求其护佑的民俗。民间信仰的最大特点是禳灾祈福。与神明的同族、同源当是百姓的精神慰藉的需求，是重血缘、亚血缘关系的生动体现。由敬仰陈元光的开漳之功，进而崇拜陈将军神灵，再到攀附陈元光的族源出处，便成为文化聚合的一种消除地域差异、实现天地神人和谐的独特景观。

经历了1300多年的风霜雪雨的磨洗，许多历史信息在传递中消隐、失真，而一些具象征意义的文化符码却逐渐浮现、凸显。至迟到明清时期，光州固始在闽南族群中已成为了无可替代的文化符码。文化符码的浮显与确认在某种程度上比局部的历史真实更为重要，因为有了符码，族群的文化基因方可遗传，历史记忆才不会在岁月长河中流失。特别需要指出的是，随着闽南族群向台湾的迁徙，“光州固始”的文化符码被进一步放大，可以说，当今约1800万祖籍闽南的台湾同胞，原乡为福建闽南，祖地则是河南光州固

---

① 康熙《漳浦县志》卷18。

② 余靖：《武溪集》卷20，《四库全书》集部。

③ 嘉靖《龙溪县志》卷3。

始。正因为族统观的影响与作用，中华民族的文化聚合也在族群认同中得到不断强化，并转化为生生不息的民族凝聚力。

文献来源：2008固始与闽台渊源关系学术研讨会论文，《固始与闽台渊源关系研究》，人民出版社2009年。

作者简介：郑镛，《漳州师范学院学报》编辑部主任，教授，福建省漳州市历史学会会长。

从历史向文化的演进

——闽台家族溯源与中原意识

陈支平

在当今的闽台民间社会，人们在谈论自己家族的演变历史时，大都认同祖先源自于中原地区，特别是中原的光州固始县一带。光州固始成了闽台民间社会的一个家族溯源的永久性记号。岂止闽台，在华南的珠江三角洲一带，以及散布于南中国各地的“客家”民系，也都有其各自的家族溯源的永久性记号，譬如珠玑巷、石壁村、山西洪洞县大槐树下、河洛等等。那么，我们应该如何来认识和理解这一家族以及族群历史演变的“集体记忆”呢？

一、核心与边陲的心态交织

上古时期的中国南方地区，是所谓的“百越文身地”。秦汉时期，逐渐有中原的人民迁入。唐宋以后，中原南迁的汉民后来居上，成了中国南方地区的主要居民，原先的百越土著反而成了“少数民族”。从中原政治文化中心的汉民看来，“百越文身地”无疑就是十足的边缘区域或者说是边陲区域。

北方汉民族的南迁，一方面给东南地区带来了先进的社会形态与生产方式，促进了南方地区的开发；另一方面，也在这一代代的汉民后裔的文化意识中，积累了向往北方汉民族核心的牢固心态。再加上长期以来北方南迁汉民在东南地区的繁衍生息、兴衰存亡的艰难延续，促使这里的汉民形成了攀附中原世家望族的社会风气①。于是，向往中原核心的文化边缘心态便在东南地区的民族意识中世代相传、牢不可破。

这种边缘文化心态反映在福建地区以及后来延伸的台湾地区，同样也是十分显著的。远古闽地，人文之进步，远不及中原地区。福建的社会经济与文化开发史，无不与北方移民的入闽紧密联系在一起。从汉武帝时灭闽越国设冶县、三国时孙吴设建安郡以来，经历晋代与南北朝的所谓八姓入闽、唐代前期陈元光进漳、唐末五代王审知建闽国。这些带有福建历史进程里程碑性质的事件，无不由于北方中原强势力量的南迁而形成的，闽中的原有居民似乎始终处于一种比较被动的境地。从福建文化传承史的角度来考察，无论是乡族社会的建构，道德价值观的承继，还是国家核心主导地位认同等等诸多方面，都在不同程度上显露出中原核心与福建边陲的矛盾复杂心态。

事实上，我们纵观中国古代历史的传统阐述，从总体上看，是以北方中原地区的历史发展为主要阐述脉络的，甚至可以表达为一种"北方中心论"或"中原中心论"。南方地区上古史的研究，文献既少，且不足凭靠；传统文献中有关南方历史的记载，大约只可作为印证、阐释或附会之用。总的说来，北宋中期以前，有关南方地区历史的记载，可以说主要出自北方士人或持华夏正统观念的南方士人之手，他们对南方地区的描述，主要是立基于华夏正统观念以及中原士人观念的，并且在这种观念之下衍伸出对于南方地区的看法，而并非南方社会经济文化乃至环境的客观实际。正史中的记载尤其如此。我们曾仔细分析了自《后汉书·蛮传》以来有关"蛮"的记载，说明这些记载所反映的所谓"南方蛮"，只是华夏士人的看法。其他的许多著述，也都带有浓郁的华夏士人风格，有明显的偏见。②

宋以来，中国南方的士子们在继承和补强中国正统的伦理文化规范上作出了杰出的贡献，以朱熹为代表的南方理学家群体对于中国后世的文化贡献成为众所周知的事实。然而我们在阅读早期南方士子们求道为学的著述时，

---

① 参见陈支平：《福建族谱》，福建人民出版社 1997 年出版。

② 以上参见鲁西奇：《人群·聚落·地域社会：中古南方史地新探》第一章，厦门大学出版社 2011 年出版。

不难从中看出他们津津乐道于自己已经成为一名“正统文化者”的心态。而这种“正统文化者”的表述中，自己已经不知不觉地演化成为一名亦步亦趋的北方文化中心标识的追随者。我们在福建杨龟山的家乡，看到了他立愿逝世后葬身于墓门朝北远望北方师门的坟茔；我们在游酢的乡里，到处可以听到和看到关于他们“程门立雪”的传说记述。老实说，对于这样的传说和记述，我一直心存疑问：程氏作为宋代儒学的代表性人物，为何会如此不合情理而有悖于孔圣人诲人不倦的教训、苛待南方学子？这种带有明显矫情意味的传说，其背后似乎隐藏着一个难于言喻的文化心态，即把自己变成一名北方式的“士子”为荣耀。正因为如此，我们所看到唐宋时期许多南方人所留给我们的文献，与其说是“南方人的著述”，倒还不如说是“南方人替北方人著述”，恐怕更为妥切。

当然，随着南方地区社会经济以及文化的繁荣并且出现了超越北方的趋向的时候，南方士子的文化心态也会出现许多微妙的进化。这一点，我认为宋代依然是一个极为关键的时代。众所周知，北宋时期，许多著名的北方士子，对于南方的变化及士子的涌现，很不以为然，甚至出现了某些鄙视谩骂的文字。然而自从“朱子学”以及“闽学”形成之后，这种局面发生了根本性的变化。因此，我们对于“朱子学”的研究，仅仅着眼于理学的层面是远远不够的。朱子学的形成，对于南方文化的自觉，可以说有着承先启后的伟大贡献。也许可以这么说，朱熹以及同时代的南方知识分子们，一方面依然如他们的前辈一样，不断反复地阐述着来自北方的正统意识，而另一方面，又不能不在南方与北方文化分野的夹缝中表现自己的某些意志。这种两难的行进，需要几代人的努力。我认为，一直到了明代中后期，像李贽、陈白沙等南方士子，才能够比较明显地表露了南方文化的某些价值意愿。

中国北方与南方文化发展史的进程及其差异，对于南方民族史文化意识的形成与演变的影响是毋庸置疑的。虽然说自唐宋以来，北方迁移而来的汉民已经成为南中国特别是福建等区域的居民主体，但是在文化核心与边陲观念的长期熏陶下，家族制度及其组织的每一步发展，无不冠上追溯中原的辉煌帽子。这种历史文化的惯性，直至今天依然如此。

二、演进中的历史与文化

在中国文化发展史的笼罩之下，中国南方的家族源流史也就出现了从历史事实向文化意识的方向演进的趋势。

秦汉以来，中国北方各地的民众迁移到南方各地，这是不争的历史事实。但是他们在北方的祖籍地，并不是仅限在有数的几个区域之内，而是几乎遍布于中国北方的各个郡县。然而也就是在这个时代，中国南方的家族溯源史，开始逐渐地合流到有数的几个中原地域之内。就闽台区域而言，比较集中的祖籍地就是所谓的“中原固始”了。

宋代之前，中国民间撰写族谱的风气尚未全面形成，故各个汉民家族对于先祖的追溯，或许主要停留在世代的口传之中。入宋之后，特别是在理学家的倡导之下，民间修撰族谱的风气开始蔓延，先祖的追溯便成了撰写族谱的一项重要内容。于是，先祖的典籍化就不可避免了。根据各自家族的族谱的记载，大家可以非常自豪地对外声称自己的家族具有中国最纯正的中原汉民族并且是世家望族的嫡传血统。

北方汉民自秦汉以来迁移闽中，早先虽然也经历了西晋的永嘉年间动乱、唐初高宗时期府兵入闽的两次高潮，但是这两次汉民入闽毕竟距离宋代已经有好几百年的时间，对于先祖的追溯比较模糊。而在唐末五代时期的河南光州固始县的王潮、王审知兄弟的率部入闽，不仅时间接近，而且王审知第一次在闽中建立了闽国，建立了比较完备的政治统治体制。因此，作为北方汉民入闽的第三次高潮，光州固始县人王审知政权，对宋代福建区域的人文格局及民间社会，产生了直接而且深刻的影响。①

正如前面所述，宋代，特别是南宋时期，是中国南方文化既追溯“中原正统”而又进化自觉的转型时期。民间家族组织的重构与族谱的编撰，成了这一时期南方文化转型的一个重要标志。人们在塑造自己先祖的时候，首先把眼光注视在帝王之胄的王审知兄弟子侄，以及与王氏集团有着某种政治关联的姓氏上面，并且以此来炫耀自己家族的辉煌历史与显赫地位。久而

① 参见陈支平：《近五百年来福建的家族社会与文化》，三联书店上海分店1991年出版。

久之，许多家族逐渐忘却了自己真正的祖先，张冠李戴，模糊难辨，最终出现了祖先渊源合流的整体趋势，即许多家族都成了王审知及其部属的后裔。宋代福建民间族谱修撰攀附显贵这一风气的形成和流行，当时福建籍著名的史学家、谱学家郑樵在为自家族谱撰写的序言中已经看得十分清楚：

今闽人称祖者，皆曰光州固始，实由王绪举光、寿二州以附秦宗权，王潮兄弟以固始众从之。后绪与宗权有隙，遂拔二州之众入闽。王审知因其众以定闽中，以桑梓故，独优固始。故闽人至今言氏谱者，皆云固始，其实谬滥云。①

其实，对于宋代福建民间族谱攀附王氏固始县的这一习气，一部分文化修养较高的福建修谱者们也是相当清楚的。如泉州《鉴湖张氏族谱》明嘉靖十九年张继明序云："宗之有谱，所以纪世系、明族类、示仁孝也。……盖五季之末而宋之始欤？然世远文字湮废，自一世至十三世名字世数已不可得而详，又云来自光州固始。盖泉（州）叙谱之通说也。"② 安溪《陈氏族谱》亦云："谱闽族者类皆出自光州固始，盖以五代之季王审知实自固始中来也。……而必谓闽中族氏皆来自固始者，诞甚！"③ 在这样的社会习气之下，不用说一般的贫穷族姓，即使是早先入闽的一些名门大族，其后裔也在不知不觉中被引入其中。唐初率领府兵入闽开发漳州被后世尊称为"开漳圣王"的陈元光子孙，从宋明以来也逐渐把自家原属于河东的籍贯，改称为河南光州固始县了。④ 再如与陈姓同称为"闽台半天下"的林姓，至少从唐代开始就号称是商纣王时期的名臣比干的后代。中原的郡望为"博陵"、"下邳"等，本与河南固始不相干。但是到了宋代以后，不少福建的林姓，其祖籍也变成了河南固始。陈、林二著姓尚且如此，则其他的姓氏之攀附河南固始的世家望族由此可知。

不仅仅汉民家族的族谱修撰如此附会合流，即使是早先属于闽中土著的一些族群的后裔，也在宋代的这一风气中变更其初，把越人变成十足的汉民

① 莆田《南湖郑氏家乘》，郑樵：《荥阳郑氏家谱序》。

② 泉州《鉴湖张氏族谱》卷首。

③ 安溪《清溪陈氏族谱》，康熙二十一年陈时夏《重修族谱序》。

④ 参见杨际平：《从〈颍川陈氏开漳族谱〉看陈元光籍贯、家世，兼谈如何使用族谱资料》，载《福建史志》1995年第1期。

姓氏。南宋时人王象元曾在《舆地纪胜》中说：“闽州越地，……今建州亦其地。皆蛇种，有王姓，谓林、黄等是其裔。”① 现存于福建及东南地区的许多少数民族家族，从明代以来开始仿效汉民家族修撰族谱，也存在类似的情况。随着北方南迁的汉民在东南地区迅速蔓延并且取得主控权之后，残留在这些地区的少数民族如畲族、蛋民，以及唐宋以后从波斯海地区东来的阿拉伯人的后裔，逐渐受到汉民族的影响，也因其生活环境的需求，不得不也把自己的祖先，攀附在中原汉民的世家望族之上。我们现在所阅读到的东南地区畲族、回族的族谱，虽然其中或多或少保存了他们自己族源追溯的某些特征，但是从始祖的塑造上，则是毫无例外地变成了与汉族相关联的共同的祖先，其中有一部分自然而然地也成了光州固始县人的后裔。②

由此可见，至少从宋代以来，福建地区乃至于整个南中国，在民间家族的溯源过程中，其历史的真实性与文本的显示表象之间是存在着较大的差距的。我们在研究福建地区乃至于整个南中国的家族发展史的时候，假如过于执著于历史文献的记述和所谓的“历史的集体记忆”的真实性，恐怕都将不知不觉地被引入到比较偏颇的学术困境。

从宋代以迄近现代闽台民间家族溯源史的演变历程看，后代的福建以及台湾的民间社会，更关注的是文本的显示表象，而对于其先祖的真实历史，倒是比较无关紧要。因此，我们今天无论是家族史的学术探索，还是现实中的家族联谊与根亲深情，更重要的是需要观察其中所隐藏的文化意识。而一味地试图要探索本家族的所谓纯正血统及其源流细脉的“真实历史”，我想是既无必要而又永远不可得到。因为家族迁移史以及民族迁移史的真实状况，已经逐渐向文化意识的认知方向演进转化，甚至于为文化意识所掩盖。在这种情况之下，所谓的历史真实性就越来越扑朔迷离了。

三、历史与文化演进的永久意义

我们既然了解到闽台地区民间家族的溯源过程中，其历史的真实性与文

① 王象元：《舆地纪胜》卷128，《福州景物（上）》。

② 参见陈支平：《福建族谱》，福建人民出版社1997年出版。

本的显示表象之间存在着较大的差距，历史的真实性最终为文化的意识所掩盖乃至取代，那么，我们应该如何评价这种历史与文化演进的深层意义呢？

研究中国汉族史的学者都知道，中国的所谓汉族，即使是中原的汉族，也早已不存在所谓纯正的血统了。中国的汉民族是经过多民族的长期融合而形成的。更不用说中国东南地区的汉民族，除了其北方先祖的融合血统之外，来到南方之后，与当地土著、阿拉伯人后裔以及其他少数民族的血缘融合也不在少数。所谓的“最纯正的汉民族血统”，显然极为不符合中国民族发展的真实历史。

中国民族史的这一发展历程，处处体现了历史与文化演进的巨大足迹。正是这种超越历史真实感的文化意识的自我追寻与文化的自我认同，才促成了中华多民族国家的形成与延续。试想，现在的中国汉民族，甚至包括一部分少数民族，都笃信自己是“炎黄子孙”，显然，黄帝和炎帝二人是生不出这十几亿“炎黄子孙”的。这十几亿“炎黄子孙”是由无数的族群、部落、姓氏所衍生出来的。但是这种文化意识的超越力量，把不同血缘的中国人连接在一起。假如没有中国民族历史上“历史与文化”的演进，这种大融合的“文化认同”是不可能出现的。

同样的道理，我们今天探讨闽台家族与中原固始的渊源关系，假如非要一意孤行地寻找什么纯正的“中原血统”，其结果必然是恰得其反而又纠缠不清。我们只有在文化认同的基础上一道认识中华文化的多样性及其包容性，才能从无限广阔的空间来继承和弘扬我们祖国传统的优秀文化。正是中华传统文化中的多样性和包容性特征，造就了多民族统一的国家的形成与延续，造就了中华民族较少含有种族歧视与民族血统论的偏见。我们完全可以说，文化的超越与文化的认同，是中华民族凝聚与发展的基本要素之一，任何过分强调或刻意彰显不同民族特殊性的做法，都是与中华民族的发展潮流不相吻合的。

文献来源：2011 年固始与闽台渊源关系学术研讨会论文，2011 年 11 月。

作者简介：陈支平，厦门大学教授，博士生导师。

从信仰文化论中原与闽台渊源

——以詹敦仁信仰为例

高致华*

一、前　言

《左传》谓“国之大事，在祀与戎”。① 自古以来，祭祀素为中国社会中上下皆行的“全民运动”。中国本土宗教的道教，长期以来与民间信仰相互渗透、影响；尚未正式被纳入道教体系的民间信仰，则俗称为民间道教。因而道教神仙体系中，民间不断产生之新神也是一个重要的来源。

闽台的信仰文化，一方面是对中原汉民信仰的继承，另一方面是民系形成过程中发展起来特殊的信仰体系②，例如开漳圣王信仰③、开台圣王信仰④与本文所探讨的詹敦仁信仰大致属于后者。针对民系繁衍过程中形成或发展起来特殊的信仰体系，论及其向外延伸发展，则又以血缘与地缘关系为两大基础。

* 台湾“中央研究院”民族所访问学人、台湾“教育部”第二外语课程委员、厦门大学国学院研究员。

① 《左传·成公十三年》。

② 蔡登秋，《多元开放与一元整合的民间信仰——以闽台开漳圣王信仰与闽王信仰研究为例》，收录至张新斌、金平、崔振俭主编《固始与闽台渊源关系研究》，北京：人民出版社，2009年，第144－150页。

③ 关于开漳圣王信仰，本会有许多专门研究该领域的学者，故笔者将本次会议论文重点置于学界较少关注的詹敦仁信仰，至于本人对于开漳圣王的相关研究，亦曾发表于专书《一统多元文化的宗教学阐释：闽台民间信仰论丛》，以及期刊《闽台文化交流》2011年第1期、《台北文献》直字第176期等，尚请各位先进不吝赐教指正。

④ 相关研究笔者已出版专书《郑成功信仰》，合肥：黄山书社，2006年。

本文所讨论的詹敦仁信仰更是血缘性质极高的一项案例。著名社会学家瞿海源先生在《宗教信仰与家庭观念》一文中即指出："传统的中国宗教信仰常常难以和家庭制度分离，其中最重要的现象就是祖先崇拜。"① 詹敦仁信仰可以视为是一项中原向闽台迁徙的移民神信仰的案例，相较于前举之开漳圣王信仰以及开台圣王信仰，詹敦仁信仰于宗族势力发展的意义上尤其显著。

二、移民神的定义与发展

华人观念中，多认为活人为"魂"与"魄"之结合，"魂"为灵魂，"魄"为肉体，死亡乃是"魂"与"魄"的分离。因此，人死亡之后"魂"依然存在，而亡者之魂通称为"鬼"。也就是说：既已为人，则一般在某个时候便必然地会变成"鬼"。其中极少的一部分，才会死后变成"神"。

"移民神"为"地方神"的一个类别，而所谓的"地方神"，乃是指相对于"关圣帝君"等"全国神"的一种神明属性。日本学者滨岛敦俊将"地方神"定义为："形成于某个地区，且具备该地区特有的灵异传说，因此主要为该地区所信仰的神灵。"② 闽南安溪地区的"詹敦仁信仰"经过千年发展，今日已然成为安溪所特有的本土文化，次节中，将依循滨岛敦俊教授所提出的由"人鬼"转化为"神明"之三大要件，也就是"生前的义行"、"死后的显灵"与"主政者的封爵"，来探讨"詹敦仁信仰"在安溪发展的情形。

唐末黄巢之乱后，光寿移民入闽，据估达数万人。闽王王审知之祖王潮，相传率众由光州固始入闽。而明代嘉靖年间的《固始县志》则说固始县的宗族南渡入闽，至少有三个时期，分别是西晋、唐末和南北宋之交。先后各波移民均自称是固始后裔。由于郡望观念的盛行，因此固始应该只是一个具有特殊含意的乡贯和文化符号③。移民为了追求在社会上的生存，血缘

① 瞿海源，《宗教信仰与家庭观念》，《中央研究院民族学研究所集刊》59，台北："中央研究院"民族学研究所，1985 年，第 111 页。

② 滨岛敦俊，《总管信仰》，东京：研文出版，2001 年，序章。

③ 徐晓望，《闽国史》，台北：五南图书公司，1997 年，第 187 - 197 页。

性的亲族关系会相对增加，而自宋元以来福建民间家族制度和家族组织发展亦比中原地区更加严密与完善①。社会的构成过程与基础亦反映在宗教的场域里，在福建一带宗族与庙宇的结合性较强，而且福建因为开发的时间较晚，许多在移民的过程中有功者亦多被供奉为神，如开闽圣王王审知在福州，开漳圣王陈元光在漳州沿海五县如云霄、漳浦一带是为居民所奉祀，并视为开基始祖，而陈元光手下部将许多亦被其子孙奉为神灵，如元光部将李伯瑶等②。前举陈元光等，为“移民神”的特质，安溪县内如灵着庙、显应庙等也都是和移民有关的部将转化成神，为里民所奉祀③。另外，台湾学者范纯武也提出：“安溪大坪集应庙和三姓的移民有关，是历来中国境内移民保护神祇的一种转换。”④ 陈支平教授《500年来福建的家族社会与文化》一书中亦指出：“大型而正统的佛、道寺观，素来与士大夫和封建官府的关联比较密切，关于一般的民间家族来说，关系则比较疏远。这一方面是因为这类大型的寺院是超家族、超地域的；另一方面，这些较正统的佛、道偶像，不可能偏袒于某一个家族，而家族宗教信仰的目的，是希望某些神灵偶像能够对于本家族提供比较特殊的护佑。因此，在福建民间的宗教信仰中，那些比较正统的佛、道、儒三教及其比较大型的寺院，人们对它的态度大多是敬而远之，或是拜奉有节。相反，那些属于家族、乡族所有的寺庙，包括佛、道教正规寺庙，以及许多莫名其妙的旁门左道、神魔鬼怪的偶像，却受到族人、乡人的倍加崇拜，香火缭绕，盛典不绝。”⑤ 文中精湛点出了庶民热衷奉祀佛道等正统宗教以外神祇的祭祀动机，以及此类民间庙宇存在的社会功能；而实用性与功利性在庶民的思维中，往往远比宗教教义或官府政策来得更为重要⑥。另外，台湾人类学家许木柱也曾提出类似的论点，认为移民企图以拜神许愿来影响超自然因素，而神祇被“人格化”，成为可请托和

① 陈支平，《近500年来福建的家族社会与文化》，上海：三联书店，1991年，第一章与第二章的讨论。

② 徐晓望，《福建民间信仰源流》，福建：福建教育出版社，1993年，第380－384页。

③ 《安溪县志》卷10，《寺观》，第234－235页。

④ 范纯武，《双忠崇祀与中国民间信仰》，台北：台师范博论，2003年，第137页。

⑤ 陈支平，《500年来福建的家族社会与文化》，上海：三联书店，1991年，第187页。

⑥ 高致华，《明清淫祠浅论》，《第九届明史国际学术讨论会暨傅衣凌教授诞辰九十周年纪念论文集》，厦门：厦门大学出版社，2003年，第113－122页。

贿赂的对象①。“移民神”的信仰文化，便是在此中国礼教传统思想与功利主义的思维之下，逐渐发展成熟。

三、詹敦仁信仰

安溪得名于宛转澄碧的蓝溪，唐代称为“小溪场”，五代末置县，当时取名“清溪”，宋宣和年间方腊在浙江清溪起义被镇压后，“清溪”便更名“安溪”。五代开先县令詹敦仁率先负起布施教化重任，劝勉诱导后人读书，对安溪早期文化的开拓、发展，贡献更大。据《清溪詹氏族谱》所载：“及卒，邑人思之，立祠以祀者三：一在县治之东，荫佑黎元，累昭灵贶，宋咸淳年间封‘靖惠侯’，赐庙额曰‘灵惠’，夫人子妇皆膺封爵；一在侯洋；一在清禅院。”② 詹公祠是纪念詹敦仁的庙宇，建于1265年，1272年敕赐号为“灵惠”，并封敦仁为“靖惠侯”。新中国成立后，1981年安溪县人民政府定“灵惠庙”为第一批县级文物保护单位，如今已成为到当地（祥华）游客必定参观的历史文化古迹。

本节中，依循前举滨岛氏之研究，由“人鬼”转化为“神明”之三大要件，也就是“义行”、“显灵”与“封爵”，来探讨詹敦仁这位“移民神”在安溪发展的情形。《安溪县志》③ 对詹敦仁有如下之记载：

> 詹敦仁本为固始人，五代末年从王审知入闽，隐仙游县植德山下。上书闽王昶，劝其入贡，昶令参决军事，敦仁恶昶杀父夺其位，乃去官辞去，遂避居泉山，杜门不出。而后从效受南唐节度使之命，知泉郡事，复辟为属，敦仁力辞，从效不许，乃求监小溪场。既至，见其山川人物之美，请郡太守置县，太守报可，遂为清溪令。而后詹敦仁以农隙召便近户与番休戍卒，立门楼，廊廨宇，开邸肆，不逾年，毕工。召民诲谕之，德惠居多。举王直道以自代。敦仁爱佛耳山峭绝高大，可耕可

① 许木柱，《岩村的宗教活动》，《中研院民族学研究所集刊》42，台北：中研院民族学研究所，第73－95页。

② 《清溪詹氏族谱》卷二十三，第10－13页。

③ 安溪县志编委会编，《安溪县志》（据乾隆二十二年重修之刊本重印），台北：台北市安溪同乡会，1967年。

庐，卜筑其上，号所居曰："清隐"，有《清隐堂记》。留鄂公遗之书，称曰清隐先生。后人取鄂公书中有"崇待笃信"之语，名其曰"崇信"。詹去，邑人思之，为立生祠。宋咸淳三年，父老林济川等状其事，请赐庙号，封靖惠侯。

根据前举史料，论及詹敦仁之"义行"，可知"敦仁恶昶杀父夺其位，辞去"，显而易见，是其忠义思想之体现。另一方面，詹敦仁出仕之后，"农隙召便近户与番休戍卒"、"召民诲谕之，德惠居多"则是其德政爱民之实例。而后"詹去，邑人思之，为立生祠。"然而，论及祭祀之正统性，则"宋咸淳三年，父老林济川等状其事，请赐庙号，封靖惠侯"，则无疑是符合了前举滨岛氏研究的"封爵"一项。综合前述，可以了解詹敦仁之"死后成神"其实并非偶然，而是在华人礼教思维下的必然现象。

另外，"灵异传说"之项目，则是民间信仰中攸关香火是否兴旺的关键，"詹敦仁信仰"的发展中，亦无可避免地有其灵异传说，本节中，试举四例如下。

其一，"为求理想县址而遇神仙"。论及"安溪风城的来历"，《中国民间故事集成·福建卷·安溪县分卷》① 中，有着如下所述的一段传说：

五代后周的时候，一个中过进士的人叫詹敦仁，厌恶官场的黑暗，不受官职，想找个僻静的地方隐居，就从中原来到泉州做南安小溪场的长官。他看到这里的百姓生活虽然贫苦，却勤劳忠厚，山水也真美，就爱上了，决定在此隐居。詹敦仁鼓励民众开荒种植，大力传播中原的文化。到了后周显德二年（955 年），小溪场已较繁荣热闹了。他认为可以建县，就报请清源节度使留从效，准许建立清溪县。留从效对他就："小溪场要建县可以，但有一条，首任县令一定要你詹敦仁去当。"詹敦仁本不想做官，但是为了小溪场今后的发展，就只好接受了。詹敦仁不仅谙熟当官治政，而且很懂得地理风水。他认为建县是一件大事，首先，应选一块风水宝地做县城。他上任后，就动身到全县各地去选建县

① 同书另有"龙袍变袈裟"、"向天蜡烛"等多项有关詹敦仁的灵验传说，此处因篇幅的制约，不一一载述。详参中国民间文学集成福建卷编辑委员会编，《中国民间故事集成·福建卷·安溪县分卷》，北京：中国民间文学集成福建卷编辑委员会，1998 年。

城的地址。起先，他来到湖头，看到这里平洋旷土，水源充足，四面环山，风景秀丽，就想在这里建县城。可是，当他斟酌相看山形时，发现东面有一座山，山形象只猴公。按照风水的说法，猴是作孽的动物，便认为县城不宜建在这里，只好另外寻找。没几天，他来到内园（今光德、仙苑一带），眼前视野开阔，土地平坦，西北面有一座秀丽明媚的水湖山，山坡上有一个“飞天白鹤穴”。照地理书的解说，“飞天白鹤”象征飞腾万里，是一个好穴，但詹敦仁却又顾虑，认为西南面那一条小溪水流太小，与湖山的风水无法相配。不过，他想到几天来走过的那么多所在，这个所在还是比较中意的，而且清溪水又在眼前，只要日后把它引过来，风水就会改观，就决定把县城定在这里。当晚，他歇在一座破庙内，也顾不得休息，点上松明火，取出笔砚，就拟写建县城的文书，以便早日交清源节度使审定。由于几天来奔波辛苦，不知不觉地趴在木板上睡着了。他做了一个梦，梦见一位白发老头向他走来，对他说：“詹贤人啊，我是三道圣贤，你为找县址日夜奔波，废寝忘食，令人钦佩。‘飞天白鹤’虽好，却照不到朝阳。你既有此番苦心，就在落凤的所在去建县城吧!”詹敦仁惊醒，想到刚才梦中的情景，就借着星光继续赶路。第二天早上，他来到了长泰里的参内岩岭，看见山上的芊草全部倒向东南，詹敦仁心中暗喜，他想这可能是一条龙脉，就沿着芊草的走向从参岭攀登险峻的向天罗山（今凤髻山）。从山上往下看，一条龙脉从岩岭那条山脉延伸下来，像一对凤翅；一条凤尾往北翘起，凤嘴伸入蓝溪鸽子濑，像在喝水。詹敦仁站在“向天罗”凤髻头上，欢喜得大叫：“好一只活凤！‘飞凤朝天协祥瑞’，此地建县城，必定富庶繁荣，果然苍天不负我也!”詹敦仁决定在这凤髻山脚建立县署，他率领民众在这片荒地上开辟了近一年的时间，县署就初具规模了。这天，詹敦仁的同窗书友、同科进士曹武中巡抚带着皇帝敕封詹敦仁为“清溪七品正堂”的圣旨，前来巡视清溪县。曹钦差看到新落成的县署虽谈不上雄伟壮观，但造型工巧，另有一番景致，心中暗暗钦服。詹敦仁把选县址的事一五一十地向这位老朋友讲述起来。曹钦差就走进大厅，提笔写下“落凤县址”四个大字，还题了一对联：“闽山无难天下志，敢叫荒地变玉衔”。此后，安溪县城便叫“凤城”。①

其二，《东南早报》亦有“千年古杉”之报载：

安溪县祥华多卿村佛耳山麓，现存千年古杉一棵，茎粗盈米，杆高十余丈。据当地老者詹氏称，该树系其始祖安溪开先县令詹敦仁住在佛耳时亲手种下的。千余年前，此地常有老虎出没伤害人畜。自敦仁先生种下此树，山村似有将军护守，自此老虎远遁，村民安居乐业。千年古杉还有一奇：若其再长新枝，当年詹氏家族必出一人才；若折一枝干，则必有一族人仙逝。曾有商人出高价，想要买此杉做船的桅杆，但族中老少都不为所动。如今，千年古杉依然郁郁苍苍，枝繁叶茂，成为安溪一大人文景观。②

该杉树今日尚存，笔者田野之际，村人亦热切地介绍，并且对此说法深信不疑。前述传说，则无异是再度增添了“詹敦仁信仰”灵验的神奇性。

其三，据《清溪詹氏族谱》卷二十三所载，“宋咸淳中，邑民以灾旱禳祈故神，公灵响。请于朝，得封‘靖惠侯’，赐庙额曰‘灵惠’。”③ 更是明白指出了詹敦仁成神之后，对人民有其消灾止旱的灵验德泽。

其四，詹敦仁纪念馆筹建理事会副会长詹柳金提供了筹建过程中的灵异现象，详述如下：

重建之中，每每柳暗花明，处处旗开得胜。现略举如下：

（一）1998 年 5 月 8 日，理事会成立。未几，便着手择地选址，是年 12 月 31 日安溪县政府正式下文批复，同意提供詹敦仁纪念馆建设用地 4666.7m^2，然理事会先后择地三处，先后受困，处处受阻，一时无措，无可奈何。于是，急告敦仁公，公扶乩圣示找“台湾詹记德!”，后经记德宗贤周旋，果然奏效。1999 年 3 月 31 日，政府划定选址于凤

① 中国民间文学集成福建卷编辑委员会编，《中国民间故事集成·福建卷·安溪县分卷》，北京，中国民间文学集成福建卷编辑委员会，1998 年，第 267 页。（讲述者：刘德州，50 岁，福建安溪城厢乡人，个体户，初小文化程度。整理者：唐建平，26 岁，福建安溪蓬莱镇人，干部，大专毕业）

② 林炼金：2001 年 11 月 24 日《东南早报》。

③ 《清溪詹氏族谱》卷二十三，第 10－13 页。

冠山大石埯，并具公文通告。

（二）择宝地难，征宝地更难。丈量面积，圈划“红线”① 图纸之时，节外生枝，一波三折。紧要关头，公托梦于记德宗贤：“明日征地，尔若到场，旗开得胜，马到成功！”果然，宗贤如期而至，征地如愿以偿。1999 年 5 月 21 日，县建设局到实地就“詹敦仁纪念馆”建设用地划定红线圈。

（三）1999 年 7 月 31 日纪念馆破土动工，敦仁公金身驾临指导。凌晨 2 时许，仪式毕。神轿却大荡不已，敦仁公意欲立轴定向（定风水）。众宗亲恳求道：刚征之地，尚未平整，沟壑不少，杂地陡峭，旱地层层，况天色正暗，平整后再定最宜。公不允，詹万法理事长当即执香请示：“今晚若定（风水），明日当以罗盘校对。”话音一落，神轿飞身上高草丛生之坡地，尔后，神轿摇荡翻转，倒悬，以轿顶角点地。点了第一点后，神轿沿山坡斜绕至下丘的旱地上点了第二点，再跨过沟壑，连下三丘旱地，点了第三点。定完三点，扶乩于空地上写道：“定出子孙福……”② 翌日，理事长请来风水先生，率领理事会一班人马，至场校对。红线一拉，惊讶不已，三点竟成一直线（当时地形崎岖，于第一点之位，看不见第三点，于第三点之位，瞧不见第一点与第二点），罗盘一按，座向干巽兼亥巳，水出乙口，完全顺应山势，合乎地形。该向依凤山傍蓝水，面笔架拥凤城，左环右接，如抱如怀，前拱后植，若揖若拜。

（四）2000 年 8 月，工地三通一平完成，主殿建设在即。9 月 23 日，主殿动土开工，敦仁公金身亲临主持。首先，点兵点将。扶乩（神轿翻转，轿顶角在桌上书写）写道：“万法、记德、春金……”。第二，指导安奉福德正神。扶乩道：“土地、土地……土地……”，“春金，口”（当时，在场之人，一时未会圣意，故敦仁公连书几遍“土

① “红线”图是指政府在辖区内，对已经批准（即立项）的工程用地进行标记的一种正式方式，一般是在地图上用“红线”准确圈出并标注清楚，圈定红线图后，政府、社会从此承认该地使用的合法性和合理性了，业主也才能在所圈范围内施工建设。

② 据闻该点所讲的是凌晨 2 时许的事，事先根本没有立中轴定方向的议程，所以没有当时活动情境照片，但是有原地形之照片，有当时在场的 10 多个人可以作证。

地”字样。领悟后，副理事长泽西宗亲点香插于厅地之东，安奉福德正神位毕，春金副理事长开口拜谢福德正神）。第三，动土开工。扶乩写道：“石榴，动土”，理事会监委主任石榴宗亲领命抡起银锄，前前后后动起土来。第四，激励子孙。扶乩写道：“子孙福，全家福……好子孙，日进金……”（共写有几十字）。第五，落款签名。扶乩写道：“敦仁”二字，以示慎重。整场仪式，井井有条，活龙活现，完善至极，令在场所有之人，瞠目结舌。

（五）2001年11月24日，理事会就纪念馆大门顶石匾匾额、大厅中神明金身规格及筹集资金办法诸事，请示敦仁公，公上坛（扶乩），逐一指示：1. 匾额“开先县令詹公祠”；2. 金身规格为：（1）高祖公（世隆公）、祖公（敦仁公）、二世祖公（琲公）金身高160cm，宽78cm，厚80cm；（2）高祖妈、祖妈、二世祖妈金身高140cm，宽67cm，厚70cm；（3）文苏、武郑金身高180cm，宽60cm，厚67cm；3. 筹集资金问题，扶乩圣示：“人，记德口，人口款要的，大人出。敦仁。”（时在场13人，均签名作证）。理事会谨依圣意，一一照办，并于2002年元月1日第五次全体理、监事会，提出“全面发动，重点突破”之筹资口号，以落实第四次全体会议（2001年6月23日召开），记德宗亲倡议、各村落代表签字承诺每人增捐100元（合160元/人）之任务。

依据詹柳金副会长所提供之资料，纪念馆重建至今，凡求敦仁公指点者，达十余次之多，屡求屡灵。众人因而对詹敦仁之神力更加笃信，而供奉愈盛。

“神话”是人类通过语言符号表达自己内心深层结构最生动的方式，列维·斯特劳斯指出“神话”乃是人类集体地、无意识地创造出来的“梦”①。民间的历史文化传承，往往以“神话”或“传说”的形式来表现②。本论写作过程中，亦发现不只是“詹敦仁信仰”，其实许多民间信仰经常都是以神话与传说的形式，方得在民间广泛地传播。然而国家体制

① 石奕龙，郭志超，《文化理论与族群研究》，合肥：黄山书社，2004年，第25页。

② 陈支平，《历史学的困惑》，北京：中华书局，2004年，第106页。

“大传统”给我们留下的“文本”数据，远不能反映社会的全貌，尤其是庶民阶层的实际生活与思维。因为此类文化现象，由于文化的弱势与社会政治的种种原因，造成文字史料的空缺①。因而除了史料的探究以外，稗官野史、私人笔记、族谱、传说等，都是研究庶民文化时，不可忽略的珍贵资料。也唯有透过回归民间的社会调查研究，方能有较为深入而完整的文化解读。

所谓“有功于民者，祀之，所以报功也，亦以劝功也”。詹敦仁有功于民，死后邑民为其立祠，又得到主政者的封爵，加上灵验传说的附会，经过千年流传而成为安溪当地的一位代表性的“移民神”，造就了所谓的“詹敦仁信仰”。

四、田野调查

2004 年 11 月“詹敦仁学术研讨会”于福建安溪召开，笔者与会之际亦进行实地田野调查，以详其内容，探究现况。此次会议由厦门大学人文学院、安溪县文学艺术界联合会、詹敦仁纪念馆筹建理事会联合举办，活动内容主要分为揭匾仪式、学术讨论、参观访问三项。自此观之，可以发现该研讨会系因詹敦仁纪念馆落成而举办的，故由揭匾仪式隆重开始，会场高官云集②，由泉州市副市长李天乙与厦门大学人文学院院长陈支平共同揭匾；而学术一方的陈支平教授致开幕词，则无疑为此次活动的文化水平作了保证。参与研讨会的专家学者来自四面八方，台湾、北京、上海、武汉、闽中、闽南都有，然而厦门大学人文学院哲学系则占了最大的比例，因为当时的哲学系主任詹石窗教授同时也是詹敦仁纪念馆筹建理事会名誉会长，詹石窗主任以詹氏后人的身份登高一呼，学界亦热情响应，踊跃参与论文发表。另一方面，安溪当地的统筹为詹柳金先生，其为詹敦仁第 36 世孙，安溪县祥华乡多卿人（即詹敦仁故居人），不但是安溪县政协第八届常委会常委，也是安

---

① 陈支平，《历史学的困惑》，北京：中华书局，2004 年，第 104 – 105 页。

② 李天乙（泉州市人民政府副市长）、陈水潮（安溪县委副书记）、陈晓玉（安溪县委常委）、陈炯仁（泉州市直党工委常委、部长）等。

溪职业中专学校副校长。詹氏宗亲组织与政治势力的介入，加上学术之清誉，使得此次活动隆重而成果非凡。据闻此次詹敦仁纪念馆落成典礼暨詹敦仁学术研讨会活动，经费约25万元人民币（尚不包括论文集的出版费用），而筹划更是历经六年的长期规划。

召开学术研讨会之会场“詹敦仁纪念堂”，前身为“清溪县开县先令詹公祠”（俗称“开先祠”），论其历史沿革，据安溪开先县令詹敦仁纪念馆筹建理事会之整理①，可分为以下几个重要阶段。

一、后周显德年间（约956年），立“生祠”于县厅事之东。

后周显德二年（955年），詹敦仁开疆置县，取名曰“清溪”……未几，敦仁谢事隐佛耳。吏民伟（敦仁）公之功，立生祠于厅事之东。《泉州府志》亦载：敦仁去，邑人思之，为立生祠。

二、宋太平兴国四年（980年），建“开先祠”于县厅事之外东界。

宋太平兴国三年，敦仁仙逝。（敦仁）公倾世，吏民如丧所亲……后一年（980年），士民以公祠在县厅之东，岁时祝祭似有不便，状乞改厅事之外东界……官从之，乃改新庙。……并取“新庙”名为“清溪开县先令詹公祠”。

三、迁“开先祠”于城隍庙内。

厥后，（清溪开县先令詹公祠）祠迁于城隍庙，后享祀之礼遂废……义士愤之。祠之故地，灵享犹在，为令者迨今不敢居焉，非特为詹氏之始祖，实为一县之开先。（本次迁址，时间不详，有待考证）。

四、复“开先祠”于县治东偏。

（敦仁）公之待民以清，民之事（敦仁）公以敬。未几，士民又相率于县治东偏重建“清溪开县先令詹公祠”。

五、宋咸淳四年（1268年），敕赐“灵惠”之额。

宋咸淳三年，乡绅林济川等，具状乞封庙额。咸淳四年，朝廷赐额“灵惠”，八年，敕封开先祠神詹敦仁为“靖惠侯”；敕封神之子詹琲为“靖贞侯”（史称“父子封侯”）。

---

① 所据为2004年7月之资料。感谢詹柳金先生惠赐资料，谨此致谢。

六、明嘉靖戊戌（1538年），“开先祠”就地撤旧扩建。

至明嘉靖年间，“开先祠”已逾六百载，破旧不堪。戊戌年就地撤旧扩建，使之“庙貌绚美，规制大备”。

七、明万历辛丑（1601年），“开先祠”重修。

嘉靖之季，邑遭寇乱，祠遂毁于兵燹。万历辛丑，诹吉鸠工，扶倾葺圮，堂宇一新，奕然壮观。

八、公元1941年，蒋介石委员长下令保护“开先祠”。

台湾《同源一脉》载：“民国三十年，安溪县警察局局长陈岫祥明目张胆，企图强行毁没开先祠，改建警察局……乡亲父老立状投书国民党行营蒋委员长……后复信批示：‘查安溪詹敦仁氏确系开先县令，有功于民，于县署前东偏立生祠一座，每逢春秋二祭，该祠堂被警察局欲毁没原基，令饬安溪县查明，核办此批。’”

九、公元1998年，重建“安溪开先县令詹敦仁纪念馆”于凤冠山麓。

“文革”期间，“开先祠”被毁。改革开放以来，侨台胞返乡谒庙不遇，原址复建之声日盛。公元1998年安溪县人民政府批复择地重建于凤冠山麓，并易今名。

试观今日“詹敦仁纪念堂”的性质，显然为“詹氏祖庙”，笔者造访当日有许多外地的詹氏后人特地前来上香。比较特别的是捐献者一律为詹姓，据说并不接受他姓人士的捐款，而捐款者不但扩及福建以外其他省份，而且尚有来自台湾、马来西亚等地侨胞之捐献①。重建纪念堂无疑再次汇集世界各地詹姓人士出钱出力，成为团结詹姓氏族的一种动力。然而，参与盛会者尚扩及他姓人士（如笔者等），因而也不排除今后有再度改变其目前以血缘为基础的宗祠性质而成为区域性民间信仰之趋势。

第三项的“参观访问”，乃笔者此次田野的主要重心以及最大收获。参观访问的内容依序如下：詹敦仁陵墓、詹琲（詹敦仁子嗣）故居、詹仰庇（詹敦仁21世孙，官至刑部尚书）故居、台建工程（凤形祖宇、上厝祖宇，

---

① 100万元人民币以上者1人；30－100万元人民币者15人；6－30万元人民币者13人；1－6万元人民币者69人；0.5－1万元人民币者79人。

均为台湾人詹记德①独资）、白玉衡②落成揭匾（台湾人詹锡富独资）、灵惠庙（詹敦仁故居）。参观白玉衡时，当地人无分老少，皆前来迎接，白玉衡祖宇所在地的新寨小学更出动了部分学生约300人在老师们的带领下，手拿旗帜队伍整齐，高喊着“欢迎、欢迎……”，而自动前来看热闹的村民更是几乎挤爆了现场。然而，当地人士有相当比例的人并不知道“詹敦仁”、没去过就在附近的“灵惠庙”③。相反，外地来的与会者却是对詹敦仁的杰出事迹与高尚情操了如指掌。对于此一现象，笔者推论，或许是受了“文化大革命”破除迷信的影响，消减了当地人进庙上香的习惯；而受邀而来的外地宾客，则是受到邀请文宣之感化。另一方面，主要出资者的台籍人士，无可讳言应是本着中国人落叶归根想要衣锦还乡的传统观念，加上近年两岸热络交流下所出现的必然举动。

五、结　　语

众所周知，总括地探讨某个传统文明或社会的时候，分析该地区所存在

---

① 1932年生，台湾台北市“北投工程股份有限公司”董事长，安溪詹氏始祖敦仁公的第33世孙，隶属旅台詹氏始祖士树公（敦仁公的第28世孙）派下。1990年乘着祖国大陆改革开放的东风，踏归故里，追根寻源，多次召集在台宗亲，组团回乡谒祖。亲自率团到安溪多卿、安溪西坪镇马石村，拜祭始祖敦仁公和列祖列宗，探望故乡亲人。1990年，捐建马石村村址8.6万元；1990年，捐建马石小学55万元；1990年，捐建西坪幼儿园15万元；1991年春节慰问马石村60岁以上老人，60元/人；1991年，捐建姑婆坑小学教学楼12.3万元；1991年，捐修灵惠庙2.36万元；1991年，捐修多卿凤池派上厝祖宇2.01万元；1991年，捐建西坪——赤水公路46万元；1991年，捐建梨山小学教学楼9.5万元；1991年，捐建西坪乡电视差转台2万元；1992年，捐献西坪乡侨联2万元；1992年，捐建马石祖宇（两座）合44.4万元；1992年，捐修多卿美仑小学7万元；1992年，捐建马石的代格公路47.3万元；1992年，捐建赤水——马石公路114万元；1993年，捐建马石凉亭11.875万元；1993年，捐建多卿电视差转台2.5万元；1993年，捐建赤水小学2万元；1993年，捐建赤水凉亭4.5万元；1994年，捐建多卿蛇子墓9万元；1994年，捐建虎邱——西坪公路10万元；1994年，捐献安溪乡亲联谊会20万元；1995年，捐修安溪中旅社10万元；1996年，捐献安溪一中23万元；1999年，捐修灵惠庙5万元；1999年以来，已捐建“安溪开先县令詹敦仁纪念馆”455万元。

② 白玉衡是一座詹氏祖宇，为詹敦仁的第18世孙的祖宇，副会长詹柳金和台湾詹锡富都是该祖宇的子孙。詹敦仁于公元956－957年到佛耳山麓隐居后，在此繁衍生息，后来子孙便在此附近发展下来。

③ “灵惠庙”即为史料所载之“清隐堂”，因1272年受封为“靖惠侯”、并获敕赐庙号“灵惠”，故沿用至今。

的信仰文化，是一项重要的课题。自唐宋以来，道教与民间诸神崇拜的结合，使之与基层社会生活的关系越来越密切①。素为移民原乡祖籍地之安溪地区，千年以来的“詹敦仁信仰”随着移民的海外发展，与中国人传统的落叶归根思想，加上詹敦仁的爱国主义情操今日又被当地政府塑造为一面永远召唤国家统一的旗帜，“詹敦仁信仰”今后的发展与隆盛应是毋庸置疑的。

据安溪县祥华乡人民政府之资料，目前詹氏人口（包括移居台湾者②）已逾四万③。由于詹敦仁具备移民神特质之“开基祖”身份，势必汇集血缘与地缘之向心力，成为海外詹氏宗族以及安溪人士之精神依归，也必然会带来原乡经济效益之繁荣。詹敦仁以其无比的人格魅力，造就了深厚的信仰力量。因而，论及“詹敦仁信仰”的社会功能性，首推团结宗族、繁荣乡里与促进经济，而其汇集海外詹氏宗族与安溪人士向心力之功能，亦对两岸之和平交流有显著的正面作用。

信仰文化虽然属于意识形态，然而意识形态却也是建立在经济基础之上的。而且，如果能够充分利用民间信仰，则必能巩固其世俗的地位与利益，像这样的“功利”性质，其实放诸官方与民间皆然。“詹敦仁信仰”吸引台胞的慷慨解囊，以及“詹敦仁纪念堂”之兴建得到地方政府的支持，都是这个道理。透过本文的研究，发现宗族与信仰文化的发展有着相当密切的关联，而神话与传说为信仰传播时的重要催化剂，经济效应则是伴随而来的成果。

其实，像这样的“移民神”，推论在闽南应是不胜枚举，然而为外人所熟知尚仅是数中取一罢了。中国人千年以来，因政治等因素，曾有数度大举南迁的移民潮。移民为了追求在社会上的生存，血缘性的亲族关系相对强势，因而，自宋元以来，福建民间家族制度和家族组织的发展，相对之下，

---

① 丁荷生、郑振满，《闽台道教与民间诸神崇拜》，《中研院民族学研究所集刊》73，台北：“中研院”民族学研究所，1992 年，第 47 页。

② 福建居民向台湾迁移，是明清以来中国内部移民的主要趋向之一。（陈支平，《民间文书与台湾社会经济史》，长沙：岳麓书社，2004 年，第 289 页。）

③ 关于此点，詹柳金校长补充如下：安溪县目前总人口约 110 万人，安溪境内姓詹人口仅 2 万人左右；詹敦仁派下子孙分布在台湾、南洋等地约有 10 万人。

也比中原地区来得更为严密且完善。这种社会的构成过程与基础，同时也反映在信仰文化的场域里。在福建一带，宗族与庙宇的结合性较强，而且福建因为开发的时间较晚，许多在移民过程中有功的人，往往也被供奉为神，因而造就福建等地区无数移民神信仰的发展，如“开闽圣王”、“开漳圣王”等比比皆是。甚至沿袭闽俗的台湾，也在当地发展出隆盛的“开台圣王信仰（郑成功信仰）”。“詹敦仁信仰”的例子，就今日之发展现况而言，实则是透过宗族（宗亲会）的推动而传播的。在中国人传统的“落叶归根”思想下，“詹敦仁”或许仅是世界詹姓人士精神层面上的代表性先祖，这个情形就有点像是陈支平教授在《福建六大民系》① 大作中所提的“蔡襄与蔡京”的例子，中国人素来在追本溯源的时候，总有“把好人归自家”的习惯。其实安溪当地的村民尚有相当比例并不清楚詹敦仁的年代、也不知道詹敦仁的相关事迹，然而经过学术的鼓吹，“詹敦仁”在外地声名大噪，成为詹姓人士光宗耀祖的代表人物，而吸引大批詹姓后人前往安溪朝圣谒祖。终将詹敦仁这一位历史人物，神化为该地之“移民神”。本论仅以台湾人较为陌生的“詹敦仁信仰”作为闽南地区“移民神信仰”研究的一个开端与实例导入，从信仰文化串联中原语闽台的渊源，借由庶民信仰文化的研究，让全世界的中国人共同体会同是炎黄子孙的感动。

参考文献

一、史料

《左传·成公十三年》。

《清溪詹氏族谱》卷二十三。

弘治《八闽通志》卷五十八《祠庙》。

安溪县志编委会编，《安溪县志》（据乾隆二十二年重修之刊本重印），台北：台北市安溪同乡会，1967 年。

二、论著

丁荷生、郑振满，《闽台道教与民间诸神崇拜》，《中研院民族学研究所集刊》73，台北：中研院民族学研究所，1992 年。

中国民间文学集成福建卷编辑委员会编，《中国民间故事集成·福建卷·安溪县分

① 陈支平，《福建六大民系》，福州：福建人民出版社，2000 年，第 304 页。

卷》，北京：中国民间文学集成福建卷编辑委员会，1998 年。

石奕龙、郭志超，《文化理论与族群研究》，合肥：黄山书社，2004 年。

林炼金：2001 年 11 月 24 日《东南早报》。

范纯武，《双忠崇祀与中国民间信仰》，台北：台师范博论，2003 年。

卿希泰、詹石窗，《道教文化新典》，上海：上海文艺出版社，1999 年。

徐晓望，《福建民间信仰源流》，福建：福建教育出版社，1993 年。

徐晓望，《闽国史》，台北：五南图书公司，1997 年。

陈支平，《民间文书与台湾社会经济史》，长沙：岳麓书社，2004 年。

陈支平，《近 500 年来福建的家族社会与文化》，上海：三联书店，1991 年。

陈支平，《福建六大民系》，福州：福建人民出版社，2000 年。

陈支平，《历史学的困惑》，北京：中华书局，2004 年。

高致华，《明清淫祠浅论》，《第九届明史国际学术讨论会暨傅衣凌教授诞辰九十周年纪念论文集》，厦门：厦门大学出版社，2003 年。

高致华，《郑成功信仰研究》，厦门：厦门大学博士论文，2004 年。

高致华，《台湾文化“鬼”迹》，台北：三民书局，2001 年。

詹柳金，《缅怀开先令　开创新业绩》，《詹敦仁学术研讨会 2004 年安溪会议论文集》，2005 年。

滨岛敦俊，《总管信仰》，东京：研文出版，2001 年。

瞿海源，《宗教信仰与家庭观念》，《中央研究院民族学研究所集刊》59，台北：中央研究院民族学研究所，1985 年，第 111 页。

文献来源：2011 年固始与闽台渊源关系学术研讨会论文，2011 年 11 月。

作者简介：高致华，厦门大学宗教学研究所副教授、台湾宗教研究通讯编辑委员。

开漳圣王与台湾文化地理

潘朝阳

一、祭法规范的崇祀神祇标准

当代新儒家唐君毅先生论及中国人传统宗教有“三敬”，即敬天地、敬祖先、敬君师圣贤。此三种敬拜形成了中国传统的“天地君亲师”之教。敬天地就是“敬天地乾坤之德”、“敬天地造生承载万物之德”；敬祖先就是“敬自然生命的本源”；敬君即“敬人的群体生活的表现”；敬师与圣贤就是“敬人格、人文世界”。①

唐先生此三敬所祭祀者包含自然世界的天地、生生代代左昭右穆的先祖、人文教化世界中的文明本身以及创制人文教化世界的圣贤先师。当然，这圣贤先师实亦含容有大义功勋的历代英雄豪杰。

民间宗教祭祀的对象有三，即天神、地祇、人鬼，前两者属于自然崇拜，譬如太阳月亮星辰为天；五岳大江巨泽为地；而石头大木等为自然庶物，皆属之。后者则属灵魂崇拜，是人死后而成神的宗教推思和信念。三敬崇祀中的天地是生命赖以存养发展的大自然空间和环境，这方面表现为天神地祇。崇祀中的祖先则象征生命的生态延续不已，是时间的拓深；而崇祀圣贤先师与英雄豪杰，则是世人虔诚崇拜历代于国家社会和文明有大功大德的人物，列祖列宗和圣师英杰皆属人鬼，祖先是家族之神，从天子的太庙至百姓的宗祠，是中国人祖先崇祀的显明景观，而有大功德于国家社会和文明的

① 唐君毅：《中国之宗教精神与形上信仰——悠久世界》，《中国文化之精神价值》，正中书局 1972 年版，第 310 - 344 页。

“人鬼”却不是孤魂野鬼、魑魅魍魉，乃是仁爱忠义贯日月的精魂，此种鬼魂恒往上升扬成为重要神祇，在中国历代广受崇敬。

上述的圣贤先师英雄豪杰之祀，早在汉时已经确立了规范，《祭法》曰：

> 夫圣王之制祭祀也：法（按：法者功也。）施于民，则祀之；以死勤事，则祀之；以劳定国，则祀之；能御大灾，则祀之；能捍大患，则祀之。①

古代的统治者规定了五项规范，合于此规范的人鬼才能成为崇祀立庙的对象：一是有功德于民；二是为公义而死；三是有安邦定国的大功勋；四是为庶民防患了大灾难；五是保卫庶民使其不受苦楚。换言之，中国自汉以来，民间广泛崇拜的神祇，并非漫无标准，而是必须有非常伟大不朽的功德，甚至牺牲了性命，这样的人物，方能成为万民馨香崇祀的神明。

学者王梦鸥指出《祭法》的内容大多节录《国语·鲁语》的文句而予以颠倒其次序。清代崔述疑是《国语》抄录此文，而姚际恒则认为正好相反。也有人认为《祭法》出自汉儒之手，而西汉成哀之世，已有人征引本篇，可证此汉儒，亦是早于成哀之经师。王氏认为此篇文句颠倒《鲁语》的原文，可能是有意为之，因为《鲁语》强调的是上古各氏族崇拜有功于人的神祇，其主旨是崇功报德，而《礼记·祭法》则但引以为事例，列叙古代有这种祭礼，盖欲借为大一统的汉帝国管制宗教之规范。②

上述有两个重点，一是五项成神的标准，很早就已存在，早在周封建时代或更早的氏族时代就发展出这样的祀神规范；一是汉朝是大一统的帝国，统治者管制民间的宗教神祇崇拜，是非常重要的，所以《祭法》并非一篇简单的反映时代的文献，它其实亦是汉朝官方的重大文教宪章和法规。在此宗教宪章管制下，民间宗教给予鬼魂立庙崇祀，必须合乎上言的五项标准，往往泛滥于历代民间的杂七杂八的神祇，一概视之为“淫祀”，其庙被视之为“淫祠”，正直的严守儒家礼教的地方首长一定会“禁淫祀”、“毁淫祠”。

---

① 《礼记·祭法》(《小戴礼记》)。

② 王梦鸥：《礼记今注今译》，台湾商务印书馆，1992年版，第737页。

这种宗教崇祀的原则，一直延续到清朝均遵循不替，《嘉庆会典》就规定了五项祭法：社稷神祇则以祀；崇功报德则以祀；护国佑民则以祀；忠义节孝则以祀；名宦乡贤则以祀。如果有任何人物死后欲纳入祀典，须由地方长官或士绅耆老层层往上提报申请，最后由皇帝批准方可成神。①

这五个清朝时期的原则，除了第一点属于自然神崇拜之外，另四点均属圣贤先师英雄豪杰型崇拜，时至当代，清朝会典上的规范，起码在台湾的民间宗教崇祀现象中，亦以此型神祇最多，笔者在一篇论文中称之为“圣贤型神祇”，包括关公、天后、保生大帝、岳王、朱子等皆属之，而被笔者归类于“乡土型神祇”者，其实亦有甚多合乎圣贤英杰事迹者，如清水祖师、开漳圣王等，换言之，乡土守护神所以被地方居民历代馨香敬拜，乃是由于此神在该地方曾有一番造福于地方的重大功德，亦即合乎《祭法》或《大清会典》的标准。②

二、神祇与神庙是地区的神圣中心

神祇及其庙宇还有一个与地方空间非常有结构性关联的内涵，中国亦不例外。宗教现象学家麦西亚埃利奥特（Mircea Eliade，1907－1986）提出一个重要观点，即世人借神祇崇拜而达到“圣显”（hierophany）的作用，此所谓圣显是让俗世的某物、某区、某空间转升成为带有神圣性的状态，这转升为神圣性的某物可能是自然物的神山昆仑、神圣泰山石、神树建木，亦可能是人文物的神殿、圣城、火塘、宝剑、佛塔；这转升为神圣性的某区则往往是宗教教主成道的地区，譬如耶路撒冷、麦加、湄洲等；这转升为神圣性的某空间，则多属神祇坐于其上而接受香火供奉之所在，譬如神龛、庙庭、圣墓等及其气氛所及的周围空间。③

---

① 李添春（原修）、王世庆（整修）：《台湾省通志·人民志·宗教篇》，台湾省文献委员会，1971年版，第281页。

② 潘朝阳：《台湾民俗宗教分布的意义》，《台湾汉人通俗宗教的空间与环境诠释》，厦门大学出版社，2008年版，第17－62页。

③ 伊利亚德（Eliade，M.），杨素娥译：《圣与俗——宗教的本质》，桂冠图书公司，2001年版，第61－64页。

在大地上圣显会有一个空间性现象，即神祇的圣显于大地，必有一个聚焦作用，也就是会以神圣物的神祇本身以及神庙、圣物为空间中心，围绕着这个神圣中心而在大地上产生圣化、净化的作用和现象。譬如台湾的妈祖娘娘（或称为妈祖婆、天后、天上圣母）每一年的出巡和绕境，就是典型的动态的神圣中心对其周围的空间之圣化、净化的宗教现象。宗教神祇崇祀的聚焦形成大地上的神圣空间以及神圣中心，在中国的大地上是非常明显的，城市乡村等大小聚落中的神庙、宗祠其实就是神之圣显，此圣显建构了聚落空间之神圣中心，有此神圣中心，世人居住其中方有属于他们自己的世界之安全感和归属感。①

重要崇祀的神祇庙宇成为一个聚落的神圣中心的实例甚多，大陆大多数的血缘家族村落均以宗祠为村的神圣中心。在台湾，具有一定规模的血缘家族村落甚少，以同乡共同开发建立的杂姓地缘村落则是主要的形式，它是以大家共同崇祀的神祇之庙宇为神圣中心，譬如笔者曾经研究的台湾苗栗县公馆乡石围墙庄，是一个典型的客家人共同防御、建置、生活、耕作的集村，它就是以关帝庙为神圣中心。②

三、宗教是文化散传播的重要现象

文化地理学指出一个重要的文化观念和现象，称为“文化散”或“文化传播”。兹简单阐明之。古代文化中心是文化成长、壮大、创造以及革新的地方，学者称此为“文化发祥地”或“文化起源地”。文化是会运动的，在文化中心形成的观念、知识、技能、器具等，会从这个中心或源地向外进行散传播，于向外散传播的过程中，这些观念、知识、技能、器具等，有些在散传播达到的地区或被改进或被消灭，两种状态皆有，而有些或在散传播

① 关于神圣中心的相关论述，可参考下列文献：Eliade，M.，“Sacred Places：Temple，Palace，Center of The World”，Patterns in Comparative Religion，Lincoln and London：University of Nebraska Press，1996，pp. 367 – 387. Yi – Fu，Tuan：Space and Place ，Edward Amold Press，1977，pp. 85 – 100.

② 潘朝阳：《石围墙庄的建庄及其神圣空间》，最早发表于“第一届台湾本土文化学术研讨会”，台湾师大人文教育研究中心，1995 年，后收入其著《台湾汉人通俗宗教的空间与环规诠释》，厦门大学出版社，2008 年版，第 156 – 172 页。

达到的地区发扬光大却在发祥地消灭掉。且还有一个现象，就是在散传播达到的地区，不必然是所有的人都接受这个远从发祥地传过来的文化，极可能只是部分人受其影响而已。再者，文化散传播亦不限于古代文化中心向四周世界之散传播，在现代化浪潮下，许多新事物和新知识纷纷从欧美工业先进国挟其强大武力而向广大的亚非拉美国家和区域散传播。①

上述文化散传播现象的例子极多，譬如佛教源发于印度恒河，向外散传播，现在印度已没有佛教而在东亚和东南亚却广为流行；又如中国禅宗传到日本，日本禅僧发展出深富禅味的花道、茶道以及了脱尘凡的禅院庭园，但在中国有禅与净土双修的佛寺但根本没有日本式禅文化的庭园设计。

中国民间宗教在中国大地上的动态存在是最典型的文化散传播现象。众神谱系中的大多数神祇均具有文化散传播的情形，以关帝崇拜言，从其祖籍的山西运城的祖庙可以普及于全国许多地方，包括中国最后一个纳入版图的台湾，乃是可能分布关帝庙最为密集的地区，且早于明郑就已立庙。② 又譬如妈祖信仰，从林默娘成神的福建莆田湄州之祖庙出发，天后宫（或妈祖庙）竟可播殖到日本，而中国南方的澳门，葡萄牙人称其为 Macau 就是“妈阁”的广府话语之音译，而妈阁也者即妈祖庙是也。台湾是妈祖崇拜最兴盛之岛，可以说台湾人的最伟大守护神就是妈祖婆，澎湖首府马公之地名其实是“妈宫”一词的转字，而妈宫也者，就是妈祖宫，其庙庭始建于明，距今已四百多年，据史籍所言此庙始建于明神宗万历二十年（1592 年），在民国八年（1919 年）重修时，掘得“沈有容俞退红毛番韦麻郎”古碑。由此观之，澎湖天后宫的创建是在荷兰韦麻郎据澎湖之万历三十二年（1604 年）之前所建。③ 上述旨在说明供奉神祇的庙宇是乃文化散传播的明证，早于明万历朝或明郑时代，中国人就已在台湾海峡的澎湖列岛或在台湾本岛立足，他们在大陆恭请妈祖和关帝随船庇佑，自然在澎湖或台湾岛上成了这批最早来住的中国人的守护神。

---

① 请参阅 H. J. 德伯里著，王民等译：《人文地理——文化社会与空间》北京师范大学出版社，1988 年版，第 108－110 页。

② 以省区为范围，海峡两岸省区内最多关帝庙分布者，应属台湾，多达 356 座。（据仇德哉：《台湾庙神传》信通书局，1981 第版，第 6 页）

③ 王干同监修，蔡平立纂撰：《马公市志》，马公市政府，1984 年版，第 697 页。

四、开漳圣王在闽南漳州

与台湾文化地理甚有关系的开漳圣王，是怎样的一位神祇?《维基百科》的有关叙述如下：

陈元光（唐高宗显庆二年，657 年－睿宗景云二年，711 年），唐光州人（今河南固始），福建漳州人和台湾的漳州籍移民后裔，都崇祀陈元光，尊其为“开漳圣王”。

据闻陈元光十三岁时随其父“岭南行军总管”陈政出征福建。唐高宗仪凤二年（677 年）四月，陈政死，陈元光袭父之职，代父领军，朝廷封其为“玉铃卫翊府左郎将”，平定了广东陈谦以及闽南闽西一带“蛮獠”苗自成、雷万兴等部族的“寇乱”，陈元光因功晋为“正义大夫”，诏封为“岭南行军总管”。

唐初的闽南一带，特别是今漳州地区，属于“地极七闽，连境百粤”，是从中原南来的汉族与当地少数民族混居的文化地理区。陈元光认识到“兵革徒威于外，礼让乃格其心”，且“诛之不可胜诛，徙之则难以尽徙”，“功愈劳而效愈寡”，于是奏请朝廷在此区域设郡立县，唐垂拱二年（686年），武则天下诏，准奏于该地区创设漳州，辖漳浦、怀恩两县，漳浦附州为县，任命陈元光为“漳州刺史”兼“漳浦县令”。

此后陈元光文武兼治，平定闽粤三十六寨，建堡屯兵，安定边陲。大体北至泉州，西至汀州，南至潮州这一大片闽南闽西以及粤东地区，进入文治安定的社会，百姓获得平和的生活。

唐睿宗景云二年（711 年）年尾，苗自成、雷万兴之子复于潮州聚众反，陈元光率轻骑出战，为敌将蓝奉高杀死。陈元光死后，因其有功于地方，漳民崇祀之而成为漳州的守护神，尊称为“开漳圣王”，清时，漳州人大批移民台湾，所以台湾的漳籍人士亦在其开垦地区广设开漳圣王庙予以崇祀，因而成为台湾漳籍聚落的神圣中心。①

---

① 此段叙述大体见：维基百科·陈元光条，http：//zh. wikipedia. org/zh－tw/E9%99%B3%E5%85%83%E5%85%89。

如上所述，唐初时代的闽南闽西粤东一带，少数民族被称为“蛮獠”。而北方汉族却亦已不断南迁进入此区，与当地少数民族相混居，难免由于种族差异的矛盾以及生活方式和文化内容的不同，而产生冲突，陈政和陈元光父子以中原政权的唐朝名义和武力，从北方率领军队部曲前来这个福建边陲荒野地理区征剿平定少数民族进而保护从外移入的汉族，此种现象乃是典型的文化散传播。换言之，我们可以在心中勾画出一张文化散传播的地图，此地图表示中原文化从河南固始延伸到福建漳州，它显示的意义是中华文化由中原人士早自唐朝初期，也就是第七世纪和第八世纪之际，已经从黄河流域散传播到大陆东南沿海的闽南。

清光绪年间增修的《漳州府志》叙及漳州建置有曰：

（漳州）唐初隶岭南道，总章二年（高宗年号，669年），泉潮间，民苦“蛮獠”之乱，佥乞镇师以靖边方。乃以左玉铃卫翊府左郎将陈政统岭南行军总管事，出镇绥安。仪凤二年（高宗年号，时武后已经擅权，676年），政卒，子元光代领其众。会广寇陈谦等结连诸蛮攻潮州，守帅不能制，元光以轻骑讨平之，开屯于漳水之北（即今云霄），且耕且守。嗣圣三年（684年），① 元光请于泉潮间建一州以抗岭表。朝廷以元光父子久牧兹土，令其兼秩领州，并给告身郎，屯所建漳州郡，并置漳浦县属焉。漳为州自此始。②

此段所言与前面引用的《维基百科》所述者出入不大，但我们可以从《漳州府志》的《建置篇》看到，大体于高宗武后时期，以政治稳定考虑，放手让陈政、陈元光父子在闽南闽西粤东一带，全权治理地方，俨然是当地的小皇帝一般，具有实质统治的大权。我们也可以发现陈元光采取的方式是打击地方少数民族维护移民边陲的汉族，而他运用的方式就是寓农于军、寓军于农的屯制。看起来是有实效的，故可进一步设州置县而使该地区渐从蛮

① 按公元683年唐高宗崩，太子哲即位，年号弘道，尊武后为太后，684年改年号为嗣圣，但武后于二月废这个新皇帝为庐陵王，立皇弟旦（就是以后的睿宗），改元文明，武后旋视朝，改年号为光宅。这一连串的事都发生在公元684年，而685年的年号是垂拱元年。因此《漳州府志》所言“嗣圣三年”似乎有误。姑且置于公元684年。

② （清）沈定均、陈鸿翊纂修《（增修）漳州府志·卷之一　建置》（朱商羊影印版），登文印刷局，1965年版。

荒迈入文治。

在同一本《漳州府志》中如此叙述与开漳圣王陈元光有关的威惠庙：

威惠庙，祀唐侯也。先在漳浦之云霄，今庙在郡城北门外，岁春秋二仲祀社稷山川竣事，乃致祭焉。仪礼与社稷同。唐将军陈元光庙嗣圣间建于云霄[①]，宋建炎四年（南宋高宗年号，1130 年）始建今所。自五代暨宋累封“灵着顺应昭烈广济王”，淳祐间（南宋理宗年号，1241－1251），春秋致祭，明正祀典，改封为“昭烈侯”，春秋致祭，……文云：“某年月日某官敢昭告于昭烈侯唐将军陈公：惟公开创漳邦，功载有唐，州民允赖，庙食无疆。惟兹仲春（秋），谨以牲醴庶品，用伸常祭，尚飨。”……

漳浦县威惠庙在县治西门外。

按属邑皆有威惠庙，独载漳浦，志开漳之所自始也。[②]

依此，开漳圣王的祖庙始置于漳浦云霄，清时祖庙在漳州府的郡城北门外，也就是在龙溪。换言之，自陈元光领导中原汉族在漳州地区开垦并且建立城邑聚落之后，开漳圣王就顺理成章成为漳州人的圣贤英杰之神祇，是最重要的乡土守护神，同时，在漳浦的祖庭威惠庙也就成为漳州区域的神圣中心。而更重要的记录表现了漳州府所有城市乡庄等大小聚落皆崇祀开漳圣王，皆有威惠庙；换言之，在漳州除了祖庙是大的漳州府空间的神圣中心之外，于漳州府辖的许多大小聚落也有其小空间范围的神圣中心，那就是在大小聚落中的威惠庙。

笔者索阅清光绪年间增修的《泉州府志》，只得一座“威武陈王庙”，在县治东，崇祀陈元光。除此之外，并无另外的陈元光神庙。[③] 再索阅明朝修纂的《八闽通志》，则漳州府的龙溪县有一威惠庙，漳浦县有一威惠庙之外，而在非漳州府辖而是兴化府的仙游县亦得一威惠庙。除此之外，八闽其

① 按陈元光战死是在唐睿宗景云二年，所以云霄威惠庙不可能设置于武后擅权的嗣圣年间。

② 《（增修）漳州府志》卷之八，《祀典·威惠庙条》。

③ （清）章倬等人纂修：《（增修）泉州府志》卷之十六，《坛庙寺观》（朱商羊影印版），登文印刷局，1965 年版。

它城邑均无陈元光的庙祀。①

由此证知开漳圣王崇祀与福建其它区域没有关系，此神祇仅仅属于漳州地缘之乡土性非常明显。此神祇可以说是以合乎《礼记·祭法》的标准而成为漳州的地区保护神，也是漳州的神圣中心，亦是漳州文化历史与中原文化历史连结的最重要节点。换言之，在历史长河中，中原的固始以陈元光而与沿海边区的闽南漳州之间存在了一条文化之系带，而陈元光在漳州的文化意义就是以其功德而将中原文化播殖在这个沿海边陲地区，使此地区亦纳入中国文化的系统中。

五、台湾的开漳圣王及其文化地理

台湾自古以来本属于主要航线之外的西太平洋海岛，越洋航路发达之后，台湾才逐渐纳入东亚海运的辐辏点位置。明中叶后渐有闽粤人民越洋来垦，明郑更有大批军民随延平王郑成功泛舟来台。清朝时期，大量闽粤人民源源抵台拓殖。移民以闽南、闽西、粤东为主，以行政籍言，则是福建的泉州府、漳州府、汀州府，广东的嘉应州、惠州府、潮州府。

明清航海来台移民，横渡台湾海峡是一个充满危险之旅；登陆之后在陌生荒野之地拓殖，也充斥疾疫、械斗、“番害”、水旱天灾等急难，因此，移民多于家乡求取家乡守护神的神牌、神像或香袋随身携带，漂洋过海及荒野开垦时，祈请神祇以其无边神力予以庇佑。在台湾一旦垦辟有成建屋安栖之后，遂正式筑建庙宇，而在庙殿中庄重供奉他们从原乡带来的守护神。以泉人而言，他们多有保生大帝、清水祖师、王爷等主要神祇崇祀；以汀州客人而言，则以定光古佛为主祀神；以粤东客人而言，则以三山国王、三官大帝的崇拜为其标志；而漳人就是以开漳圣王的信仰为主。因此，在台湾，我们只要发现某种神祇的庙宇所在，就大体可以判断该所在就是哪一个地缘籍贯的移民来此拓垦落户建庄。譬如淡水镇有一座鄞光寺，供奉定光古佛，此寺始建于道光二年（1822 年），是汀州客家人从闽西武平的祖庙分香来台的

---

① （明）黄仲昭修纂：《八闽通志》（下）·《祠庙》，福建人民出版社，1991 年版，第365－418 页。

守护神，当年由淡水汀州客家罗可斌、可荣兄弟捐地，大户张鸣冈、胡焯猷等人募款而建造者，此座庙宇其实就是汀州会馆，是汀州客家人移垦淡水一带的证明，也是汀州客家在淡水地区的神圣中心。①

同样的道理，开漳圣王的崇祀所在就是漳州来台开发的移民聚居的地区之证明。谨以两座开漳圣王庙略加明之：

其一是台北市士林区芝山岩惠济宫，《淡水厅志》只寥寥几字说："在芝兰堡，芝山独峙，上祀开漳圣王。"② 按清时台北盆地八芝兰（即芝兰堡，今台北市士林区）属漳人垦辟居住之区，其中有一海拔约 50 公尺的小山丘，后称芝山岩，由于台北盆地漳泉两籍移民发生激烈的分类械斗，此区漳人遂在芝山岩上建筑了两座寺庙，一为佛教的观音佛寺，一为崇祀开漳圣王的惠济宫，其时是乾隆十七年（1752 年）。③ 位于这个芝山岩顶上的惠济宫遂成为台北盆地漳人非常重要的神圣中心，是他们的乡土守护的象征，也是他们与祖籍漳州相联系的一个文化结络点。

另一佳例，则是漳州籍人群在宜兰开发带出来的开漳圣王崇拜现象。

漳人开发宜兰，宜从吴沙事迹说起。姚莹曰：

吴沙者，漳浦人，久居三貂（今台北县贡寮乡三貂角），好侠、通番市有信，番悦之。民穷蹙往投者，人给米一斗、斧一柄，使入山伐薪抽藤自给。人多归附。……沙既通番久，尝深入蛤仔难（笔者按：即噶玛兰，今之宜兰），知其地平广而腴，思入垦，与番割许天送、朱合、洪掌谋，招三籍（笔者按：即漳、泉、粤）流民入垦；并率乡勇二百余人，善番语者二十三人，以嘉庆元年（1796 年）九月十六日进至乌石港（笔者按：位于今宜兰县头城镇海边）南，筑土围垦之，即头围也。沙虽首纠众入山，而助之资粮者，实淡水人柯有成、何绘、赵隆盛也。沙所召多漳籍，约千余。泉人渐乃稍入。粤人则不过数十，为乡勇而已。初入，与番日斗，彼此杀伤日众。沙使人绐番曰："我奉官令，以海贼将据蛤仔难尽灭诸番，特来堵贼；且护番垦田，足众粮而

① 此段内容取材自淡水二级古迹鄞山寺。

② （清）陈培桂：《淡水厅志・祠庙》，大通书局，出版时间不详，第 153 页。

③ 引自维基百科・芝山岩惠济宫，http://zh.wikipedia.org/zh/。

已，非有他也。”番性愚，不事耕凿；间有耕者，用力苦而成功少，故视地不甚惜。得沙言，疑信者半；斗又屡败，以为汉人有神助，稍置之。番社患痘，沙出方施药，全活甚众，德之。

二年（1797年），沙死，子光裔无能，侄吴化代理其事。复有吴养、刘胎先、蔡添福附之，渐开地至二围、汤围（笔者按：今宜兰县礁溪乡），亦时有斗争。四年（1799年），乃与番和。沙与化皆能约束其众。番既听垦，亦不复侵扰。番喜，益进垦至四围。是时，漳人益众，分地得头围至四围辛仔罗罕溪；泉籍初不及二百人，仅分以二围菜园地，人一丈二尺；粤人未有分地，民壮工食，仰给于漳。……①

依上所述，我们了解嘉庆之初年，由活跃于台北县贡寮地区的漳浦人吴沙领导，以漳人为主群体再加上少数泉人以及更少数的客家人，组成了开垦集团，从三貂角顺着东北海岸进入兰阳平原的北端之乌石港，展开了蛤仔难的开垦，第一个聚落即头围（今宜兰县头城镇）。数年内就开拓到今宜兰市的北边郊区。可以说，这个拓垦运动是今台北县地区的漳人往东台湾的拓进，是漳人从台北出发进展到兰阳平原的文化散传播。

前已述论，中国人的文化散传播之重要象征即其崇祀的乡土守护神，所及之处往往建立其神庙而馨香祭拜。吴沙以及其吴氏宗族和广大的漳人开发宜兰，当然也不例外。

吴沙开拓头围始于嘉庆元年，可是次年他就病逝，事业由侄子吴化承继。开漳圣王庙在头围随漳人的集聚，而在杨古在、林仕、蔡光明、沈秀福等耆老的领导下，创建起来，称威惠庙，俗称王公庙。②

可以说头城威惠庙正是漳人在宜兰开发的第一个神圣中心，是他们在宜兰拓殖运动中的最重要守护神。此神祇的进驻噶玛兰，不但让开兰的漳人强烈依靠崇祀守护神之心灵与台北原乡连上了线，也由于圣王的“开漳”之性质而与大陆原乡的漳州连上了线。

---

① （清）姚莹：《噶玛兰原始》，陈淑均：《噶玛兰厅志》，大通书局印刷，出版时间不详，第371－372页。

② 引自：《台湾寺庙专栏·宜兰威惠庙》，http：//tw.myblog.yahoo.com/rex－3600/article?mid=1066。据该网页资料说修筑北宜高速公路（蒋渭水高速公路）时，工作人员多会来此威惠庙祭拜开漳圣王，求神祇庇佑；而近年复兴起来的头城抢孤的宗教活动，亦是在头城威惠庙举行的。

台湾开漳圣王庙，如果依据仇德哉的统计,① 我们可以大体上进行一个空间分布的分析。

首先我们发现全台最多开漳圣王庙的县（含市）份是宜兰县，其境内有 20 座圣王之庙，占全台湾 56 座圣王庙的 35.71%，显示蛤仔难的开拓者是开漳圣王守护的漳人及其子孙。而比率次之的县（含市）份则是台湾北部的桃园县，有 10 座圣王庙，占 17.9%，此数据亦显示了桃园县区域实为漳人及其子孙在台湾西部或北部开拓发展的主要地方。除了上举宜兰和桃园之外，较多圣王庙的县份则是台湾北端的台北县（含台北市），有 9 座，占 16.07%，此数据近于桃园，显示台北县也是漳人及其子孙重要的居栖地区。

台北县和桃园县是接连为一块的台湾北部区域，其开漳圣王庙合计占全台的 33.97%，此比率已与宜兰的比率十分接近了，而事实上，台湾岛的头部就是由台北县、宜兰县、桃园县整合为一的，其开漳圣王庙合占全台的 69.68%，换言之，漳人当年渡海来台开发其新天地时，根本是以北部台湾，也就是台湾岛的头部为其主要地理区。除此之外的台湾各地，则基本上仅有极少数或没有开漳圣王庙，也就是漳人拓殖的色彩非常淡薄。

审视台北县的开漳圣王庙的分布，则台北市内的内湖区、士林区各有一座；新店市、中和市、双溪乡、贡寮乡、金山乡各有一座，而万里乡有三座。它们的区位明显地属于周缘较靠山地或丘陵的位置。此现象告诉我们漳人在台北区域的发展地理条件，实比不上泉人，后者早占有河口以及下游平原地带，而漳人只有在较崎岖边陲的地理区发展。

审视桃园县的开漳圣王庙的分布，则桃园市、八德市较平坦的地区各有一座，而在山地的复兴乡有一座，另外则集中在近山地的台地区域的大溪镇有五座，另外则是靠海的大园乡有两座。基本上，我们也可以发现桃园县区位较优的区域，是泉人已经先占，漳人则只能在条件较差的区域开拓垦辟；大溪旧称大姑崁或大嵙崁，是大汉溪的上游河阶面，近少数民族泰雅族出没的地理区，因此，只有漳人或客家人的移民才可能因为生计而深入此区发展，泉籍人群早于通都大邑立下根基，因此相对之下，内山的大溪镇是漳籍人群立足地带，开漳圣王庙自然较为兴盛。

---

① 仇德哉《前揭书》，第 93 - 98 页。

宜兰县市开漳圣王庙则分布均匀，宜兰市有四座，头城镇有一座，礁溪乡有三座，壮围乡有六座，五结乡有三座，而以上这些乡镇市的区位，其实是连接成一个大区域，也就是大体上是兰阳平原的“溪北区”，是整个噶玛兰开发阶段的前半段历史地理区，如此密集的开漳圣王庙显示这个北半部的溪北之兰阳平原，的确属于漳人的大本营，所以开漳圣王在这个地区香火鼎盛的崇拜，正好证明了漳人对开漳圣王的深沉宗教情感，同时也说明他们的神圣中心是这些分布在城市和乡村中的开漳圣王庙。

六、结　论

中国大地上流行数千年的民间宗教崇拜现象，正如本文所述，有圣贤先师英雄豪杰的尊崇追思的含义，亦因为此崇拜的意义，其神庙所在遂成为中国人聚落所在的神圣中心，其神祇成为聚落得以净化安宁的守护神，而随着中国人的移民之足迹，他们原乡的守护神亦随之而成为文化散传播的重要象征。

开漳圣王陈元光，早于初唐即从中原率领军队部曲南迁开漳，成为中原文化散传播到闽南的重要神圣代表。由于他在漳州区域的深化关系，因此不仅是漳州区域色彩极浓的地方性守护神，更成为漳州人群移垦台湾的最主要神圣护卫者，台湾漳人与开漳圣王庙有高度的地理区位相关性，开漳圣王庙主要分布在台湾岛头部的台北县、宜兰县、桃园县，换言之，这个地理区也就是台湾漳州人群及其子孙最主要的拓垦、生活以及安身立命的区域。

文献来源：2010年固始与闽台渊源关系学术研讨会论文，《固始移民与两岸文化认同研究》，河南人民出版社2011年10月。

作者简介：潘朝阳，台湾师范大学国际与侨教学院院长，台湾师范大学东亚文化系、地理系合聘教授，地理学博士。

论中原闽营人及其妈祖信仰

张富春

中原闽营人是指康熙初年由福建沿海移驻河南屯垦的明郑降清官兵。经历明末清初连年兵燹，中原地区人口锐减，昔日良田多化作榛莽之墟，成为闽南将士重要的屯垦地。闽营人在原籍信奉妈祖，来河南后较长一段时期内此信仰仍得以秉持，妈祖文化因而在该地区流布。任崇岳《中原移民简史》① 第五章第二节《清代进入中原的移民》论及中原闽营人，然过于简单；杜世伟《河南邓州高山族“闽营”背景初探》② 则仅对邓州闽营人作了探究，张振杰《洛宁“闽营人”》③、《中原的“闽营人”》④ 仅介绍了洛宁闽营人的来历。本文拟在全面梳理中原闽营人分布的基础上，研究其妈祖信仰。

一、中原闽营人

顺治十八年（1661 年），郑成功旧将蔡禄在福建铜山岛降清。“禄，海澄（今福建龙海市海澄镇）人，自海道来降。顺治十八年九月，授左都督，予三等男世爵。康熙三年（1664 年）十一月，授河南河北镇总兵官。”⑤ 清代兵制河南总镇分河北、南阳二镇，河北镇驻怀庆府。康熙四年蔡禄率旧部四千余人驻怀庆府，十三年（1674 年）因响应吴三桂反清被阿密达俘获。

① 河南人民出版社，2006 年。

② 载《民族研究》2005 年第 5 期。

③ 载《中州统战》1999 年第 6 期。

④ 载《闽南日报》2010 年 3 月 25 日。

⑤ 王钟翰点校：《清史列传》，中华书局，1987 年第 6651 页。

“即将蔡禄父子并其侄蔡鼎席及同谋人等俱行正法；其余投诚垦荒弁兵事无干涉者，概不株连。”① “投诚垦荒弁兵”见出蔡部屯垦性质。蔡禄所率闽南漳浦籍将士有蔡、田、江、康、聂、汤、孙七姓落籍怀庆府济源县（今河南济源市）。②

康熙三年明郑将领林顺、黄廷等相继降清，郑经弃铜山退守台湾。四年施琅率兵进攻台湾。“四月，施琅见船只已备，遂会藩、院，调诸投诚官兵郑鸣骏、黄廷、郑缵绪、何义、陈煇、杨来嘉、陈蟒、林顺、杨富等兵分配，飞题报出师日期，将大队舟师出铜山。十五日，开洋。”③ 结果是日三更遭遇飓风，施琅等无功返回厦门，清廷与明郑战事暂告结束。之后，黄廷屯福建长乐，林顺移驻河南府（今洛阳市）。康熙六年（1667 年），湖广道御史萧震疏言投诚开荒之策，遂为清廷采纳。是年，“部议分拨海上投诚兵移驻外省。先拨慕义伯黄廷驻河南邓州”。④

康熙七年黄廷部移驻南阳府屯垦。黄廷率五营亲兵屯邓州，副将余伯益屯方城，都督佥事涂孝臣屯唐河，左都督杨正及都督佥事张旻屯新野，翁求屯南阳，陈显屯镇平。

乾隆《邓州志》卷十三《武胄·武功》云：“黄廷，字华明，福建人。明末聚兵海上，唐王封为永安伯。投诚本朝，封慕义伯，屯长乐。康熙七年，迁廷于邓，带领本标兵丁垦荒因家焉。”⑤ 黄廷在邓州城里设武衙门，府第则建于州城西十八里（今文渠乡伯府宅村）。其本标兵丁屯垦地在州城西北至冠军故城沿刁、湍二河间官道两侧。邓州闽营人主要分布在今文渠乡、张村镇、九龙乡一带。

余伯益定居裕州（今河南方城县）潘河沿岸。雍正十一年（1733 年）《镇国将军余公墓碑》云：“公讳添，字伯益，原籍福建漳州府漳蒲（浦）县铜山所（今东山县铜陵镇）人。由行伍受札副总。于康熙七年奉旨同慕

① 《清圣祖实录选辑》，《台湾文献丛刊》第 165 种，台湾银行经济研究室编，第 43 页。

② 林殿阁：《漳州姓氏》，中国文史出版社，2007 年版，第 2210 页。

③ 江日升：《台湾外纪》卷六，台湾文献丛刊，第 60 种第 234 页。

④ 彭孙贻撰、李延罡补：《靖海志》，《续修四库全书》第 390 册，上海古籍出版社，第 511 页。

⑤ 《中国方志丛书》华北地方第 450 号，成文出版社有限公司，1976 年版，第 429－430 页。

义伯黄公带领官兵移驻河南南阳府裕州督垦。"① 余伯益本人定居离县城二里的今券桥乡营坊村，附近大营、小营、沈营等村均为屯垦地。清时置增福里。乾隆《裕州志》卷三《赋役志·里甲》云："增福里，系闽人奉旨安插垦荒者，户少无甲。"②

乾隆《唐县志》卷八《人物志下·流寓》云："涂孝臣，福建漳霞人，明末因寇乱，聚乡勇立营寨以御摽掠。国朝定鼎，孝臣率众归命。康熙七年，移驻唐县（今河南唐河县），督所属士卒屯田。"③ 漳霞即漳州市诏安县霞葛镇。随黄廷由福建至南阳后，孝臣率参将六员、正兵二百四十名分屯今唐河县昝岗乡闽营村，包括闽营西街、闽营老街、中营、前营、东小庄五个村落。

总兵官左都督杨正率部屯垦新野。乾隆《新野县志》卷三《秩官·武胄》云："杨正，总兵官，左都督，奉召带兵移驻，督垦新邑。后奉旨南征。张旻，都督佥事。张德，副将。张遴，左都督，世袭拖沙喇哈番，授浙江黄岩镇右营。"④ 今城郊乡卢庄村、孟营村委会闽营村（亦名北闽营）、五星镇闽营村委会南闽营村、王庄镇赵庙村委会江营村等为闽营人屯垦地。

清时南阳县设有闽营保。光绪《新修南阳县志》卷三《建置》云："东界淯水、包丰紫，循梅溪南抵城为保一十四。"⑤ 闽营保即其一。陈卦原籍漳州府龙溪县城东关，弟兄三人，兄朴居原籍，卦及弟外随黄廷至南阳。陈卦与郭、苏、翁、许、马、黄、林、蔡诸姓至南阳府北八里（今南阳卧龙区七里园乡大寨村）一带屯垦，此处后设闽营保。陈外则到了今镇平县柳泉铺乡温岗村。⑥ 至镇平屯垦者还有原籍福建泉州同安县的总骑陈显、骑尉陈非。⑦

---

① 冯金生等：《从镇国将军墓碑看康熙年间清廷屯垦》，《方城春秋》1985年第1期，第38页。按："铜山所人"之"人"字当为衍文。

② 《中国方志丛书》华北地方号第482号，成文出版社有限公司，1976年版，第165页。

③ 《中国方志丛书》华北地方号第488号，成文出版社有限公司，1976年版，第396页。

④ 《中国方志丛书》华北地方号第479号，成文出版社有限公司，1976年版，第275－276页。

⑤ 《中国方志丛书》华北地方号第457号，成文出版社有限公司，1976年版，第284页。

⑥ 参见20世纪90年代大寨村重修陈氏家谱。河南师范大学文学院研究生季艳茹2009年12月10日中午在南阳市卧龙区七里园乡大寨村陈书臻（1939－）家拍摄了此家谱部分内容。此据季艳茹所拍照片。

⑦ 王时晰：《建国前镇平粮食购销情况见闻录》，中国人民政治协商会议镇平县委员会文史资料委员会：《镇平文史资料》第11辑，1993年版，第53页。

林顺七年由驻地洛阳至今河南鲁山县马楼乡、让河乡一带屯垦，设立闽兴屯。林顺卜居马楼乡沙渚汪村，其侄元建居张良镇老庄村、元灿居马楼乡丁楼村，副将陈枢居马楼乡老将庄、陈参居马楼乡仓房庄。① 陈枢墓在老将庄南，墓碑立于乾隆三十八年（1773 年）。碑文云："公讳枢，字拱薇，昭勇将军，振轩公长子也。先世河南光州固始，唐末从征至闽，居泉州府同安县浯洲斗营。簪缨世系，代有传人。康熙初年间，敕授公为昭勇将军。五年（1666 年）移居河南府，七年，督垦鲁山东南参将庄。"陈参墓及墓表在仓房庄东南。该村陈兴柱与族众 1995 年所修《陈氏宗谱》录有陈参墓碑文，其中亦有居泉州府同安县浯洲斗营的表述。② 浯州乃金门古称，陈枢、陈参先世均为河南固始人，唐末从征至闽，康熙五年复移驻河南府，七年至鲁山督垦。现今鲁山县仍保存有老庄村林氏祠堂、沙渚汪村林顺古宅、老将庄老将院三处清代闽营人建筑。

康熙八年（1669 年），张梅率部移驻洛宁县，在洛河南岸屯垦。民国《洛宁县志》卷四《武略》云："张梅，字开，原本福建漳州诏安县民籍，初官福建延平府副总兵。康熙八年，移驻永宁（今河南洛宁县）永安里张营村而屯田焉。"③ 张梅驻今赵村乡张营村，其部下分驻今赵村乡、山底乡、底张乡等。邻近洛宁的宜阳县亦安插有闽营人，置闽合里。康熙《宜阳县志》卷二《赋税·分里》云："康熙八年，安插福建投诚官军三百七十二员名，每名给荒地五十亩，令之垦种，另立一里，曰闽合里。"④

闽营人屯垦，初时仍属军籍，钱粮只纳正供，差徭则尽皆蠲免。在中原闽营人历经征吴三桂、平台澎、剿罗刹、镇古北口、征噶尔丹等战事。随着时间流逝，其军人身份渐失，安于农桑，与当地农民无二致。乾隆《鲁山县志》云："奉旨驻鲁山县屯垦，迄今七十余年，老者没，少者老，新齿森森，耕读乐业，服徭役庠序，与土著者无异矣。"

---

① 参见鲁山县地方史志编纂委员会：《鲁山县志》，中州古籍出版社，1994 年版，第 32－33 页。

② 参见鲁汉、陈志：《老将庄客家金门陈氏记略》，中国人民政治协商会议鲁山县委员会文史资料工作委员会：《鲁山文史资料》第 23 辑，2005 年版，第 210 页。

③ 《中国方志丛书》华北地方第 118 号，成文出版有限公司，1968 年版，第 498 页。

④ 中国国家图书馆藏本。

二、闽营人与妈祖文化传播

闽营人在原籍信仰妈祖，来河南后也建庙供奉妈祖。

黄廷于邓州城内花园口向东一百米处创建闽营家祠，祠堂内供奉妈祖。乾隆四十四年（1779 年）闽营人在家祠东北方修建天后宫："天后宫，又名天妃宫，在花园街东。建于清乾隆四十四年。原建有山门、祭坛，前后殿、左右陪殿共45 间。院内有石碑 5 通，现为城关第二小学校址。属市（县）级文物保护单位。"① 天后宫坐北面南，沿中轴线依次为山门、祭坛、前殿、后殿及左右厢房。南北长约一百三十米，东西宽近七十米，占地九千余平方米。宫门为石质牌坊，门楣上书"天后宫"三字。前殿即正殿，面南，有楹联，上联为"向四海显神通千秋不朽"，下联为"历数朝受封典万古流芳"，横批"踏海浪平"。天后塑像立于正殿中央，高丈余，铜铸鎏金。东山墙内壁书一"济"字，西山墙内壁书一"康"字，为清末邓州人王德贵所书。后殿高于前殿。宫殿左侧是营房，右侧是闽营会馆。会馆大厅楹联为"开宗闽台雪耻恨，作祖花洲报国恩"。②

天后宫又名福建会馆，昔日香火旺盛。前揭《重修邓县志稿》附建国后刘燃撰《革新建设》篇，云："天后宫是福建居民创修，会馆内塑天后娘娘之像，面积广大，人民多称灵验，抽签问卜，香火很盛，庑□棚内挂满匾额，几不能容。"③ 民国时改作完小，建国后易名城区第二小学。20 世纪 80 年代以来，天后宫渐为新建教学楼房取代。现存唯有仍保留在学校镌刻"天后宫"三字的石门楣和数通埋在地下的碑刻。周庆选④说，民国初妈祖

① 邓州市地方史志编纂委员会：《邓州市志》，中州古籍出版社，1996 年版，第 608 页。

② 参见政协邓州市委员会《邓州与台湾》编辑组：《邓州与台湾》内部资料，2005 年版，第 24－46，47－70 页。

③ 郭习敬：《重修邓县志》邓州市档案馆藏抄本。此据河南师范大学文学院学生刘闪 2009 年 2 月 11 日于邓州档案馆抄文。

④ 周庆选（1936－），男，原籍张村镇上营村，原县供销社主任，现住邓州城里。访谈时间：2008 年 10 月 2 日傍晚。地点：周庆选家。

神像被毁，“文革”后期，大约 1973 年左右，盖小学毁了后殿。朱文显①说，家就在天后宫附近，小时候常在里面玩。天后宫大门两旁有一对非常威风的石狮子，两面扇形墙，门前有台阶。大门是木制的。天后宫正殿为三间瓦房，中间是天后高大的神像。五六年前还有两间偏房。

闽营人居住地也曾建有妈祖庙。周庆选说，1951 年进城时，邓州城里三初中对门也有一座妈祖庙，不过要小得多，就是一个小院，院里有一间房子，房子中间是一尊泥塑妈祖像，比普通人略大。听长辈说闽营人常去敬，妈祖生日时各家都去祭祀。张永芳②说，在张许村和南边的下营村中间，以前有一座妈祖庙，但早就毁掉了。陈相富③说，妈祖庙确实有，不过是在下营村南边，而不是在张许和下营之间。村南边有一个小院，院里上房三间，还有几间偏房，妈祖像就供在上房当中。林茂恩④说，听说庙沟村扒鱼河边有一座妈祖庙，与祖师爷庙隔河相对，但自记事以来就没了。涂征⑤也说，庙沟村河北边，依那思罗墓向南约三百米处，有一娘娘庙，规模不大，是一进独家小院。闽营人所在的南阳七县都有妈祖庙，但不一定在县城。涂征所言娘娘庙与林茂恩所言妈祖庙实则为一。

闽营人在南阳建的妈祖庙，至少也有二三十座。⑥ 今南阳卧龙区七里园乡大寨村以前即有一座供奉妈祖的庙宇。陈卦在今大寨村东建庙一座，分前后殿，前殿供奉火星爷，后殿即其家庙供奉妈祖。

前揭张振杰《洛宁“闽营人”》云，洛宁县赵村乡张营村以前也有其先祖留下的妈祖庙，现今一些闽营人家里仍保留着先辈们祭祀用的木雕妈祖

---

① 朱文显（1943－），男，和妻子张氏（1952－）在邓州城里开一香火铺，同时还在路旁摆摊卖烟、饮料等。访谈时间：2008 年 10 月 3 日中午。地点：朱家香火铺和朱文显摆摊处。

② 张永芳（1940－），男，邓州张村镇张许村人，农民。访谈时间：2008 年 10 月 1 日上午。地点：张许村张许家祠。

③ 陈相富（1939－），男，邓州张村镇下营村人，农民。访谈时间：2008 年 10 月 1 日中午。地点：下营村陈相富家。

④ 林茂恩（1942－），男，邓州张村镇上营村人，退休前为小学教师。访谈时间：2008 年 10 月 1 日下午。地点：上营村林茂恩家。

⑤ 涂征（1948－），男，字凝公，邓州高集乡涂湾村人，现任邓州市政协委员，曾以“凝公”之名与其子涂重航先后发表数篇文章介绍邓州高山族。访谈时间：2009 年 2 月 11 日下午。地点：邓州城里涂征家。

⑥ 肖华锟：寻访南阳妈祖庙［N］．大河报，2006－12－12（06）．

像。张治周①说，在张营村西北边，以前曾有一座妈祖庙。陈志②说，我们老将庄以前祠堂边有一座妈祖庙。在张营村×××（男，1946－）和鲁山县张良镇老庄村×××（女，1935－）家，我们见到了张文所说其先祖由闽南带到中原的木雕妈祖像。

建国后，作为一种边缘文化，中原闽营人妈祖信仰发生了断裂。在闽营村调研中，我们发现多数老年人，对其先祖信奉的妈祖已遗忘殆尽，记忆中所残留的仅仅是模糊的妈祖庙和天后宫。鲁山老庄村称木雕妈祖像为娘娘，或是出于安全考虑，×××将之隐秘地供在一间堆满杂物、黑乎乎的小屋里。洛宁张村×××家虽将木雕妈祖像涂上金粉供在正屋，但他对妈祖所知甚少，亦是当做北方常见的娘娘来供奉。部分老人则和年轻人一样，对于妈祖的了解并非来自代代相传，而是源于当前社会上大量关于妈祖的介绍。林永昌③说，听说妈祖是福建那边水上的神，是我们林家的姑娘，保护水上安全的。作为营里人，都特别想信妈祖，但没钱，盖不起妈祖庙，也没见过妈祖神像，只能是心里有这样的想法。林成伟④妻子还给我们出示了2005年7月28日《尹洼村关于建立妈祖庙的申请报告》。但尹洼林氏没能建起妈祖庙，即使邓州台湾村规划中的妈祖庙、黄廷陵园等也成了一纸空文。

闽营高山族人则方便行事，把妈祖供在祠堂或家里，尽管多数时候妈祖还屈尊于下位。在邓州在线网上我们看到一幅邓州高山族陈氏祠堂供奉妈祖的照片。陈氏诸祖先牌位上方有"高山族陈氏家谱"七字，牌位两边有一副对联。上联为"宗承妈祖创新业"，下联"祖随闽营栖□□"。牌位前供三尊神像，中间为祖师爷，妈祖居左首。相比之下妈祖像最小。⑤ 张村镇下营村林茂忠家所供神像与之相似。林茂恩带领我们来到茂忠家。其家正房条

① 张治周（1948－）男，洛宁县审计局退休职工，原籍洛宁县赵村乡张营村。访谈时间：2010年5月2日中午。访谈地点：洛宁县赵村乡张营村。

② 陈志（1948－）男，鲁山县马楼乡老将庄村人，访谈时间：2010年5月8日中午。访谈地点：鲁山县马楼乡沙渚汪村林三甲（男，1934－）宅。按：因藏家叮嘱不要透露其藏有妈祖木雕神像，故此处隐去其姓名。

③ 林永昌（1934－），男，文渠乡尹洼村人。访谈时间：2008年10月2日上午。地点：尹洼村林成彦茶馆。

④ 林成伟（1964－），男，邓州文渠乡尹洼村人。访谈时间：2008年10月2日中午。地点：尹洼村林成伟家。

⑤ http：//www. dzol. cn/travel/1/20080531/156. html.

桌中间供奉祖师爷，右边有一尊与祖师爷相比稍小的妈祖坐像——凤冠霞帔，身着朱红披风，神情安详，像底座缀有“天后圣母”四字，红底黄字。林茂恩说本村周庆顺家也供有类似妈祖像。但当时周家没人，我们未能目睹其所供妈祖像。不过此憾在邓州城里周庆选家稍得弥补。周庆选家正房同样位置也供有妈祖像。不同的是该像居中间正位，而且较旁边诸神像要大得多。这或许表示出妈祖在其家地位要高些。周庆选说，他们几家妈祖神像都是从邓州城里朱文显家香火铺里请来的。朱文显妻子张氏说，下营村周师傅（庆选）说有人想请妈祖像。大约在 2000 年到 2003 年间，她从南阳市里一家香火批发部请了十一尊妈祖像，其中十尊小的，一尊大的。基本上都是闽营人请走的，本地人不大信。

三、闽营人妈祖信仰的思考

神明信仰是整合、稳定民间社会的重要力量源。背负妈祖神像初到中原，闽营人即建造家祠或小型庙宇供奉妈祖，希冀借妈祖信仰强化其族群意识，以之作为彼此认同的力量源，标志其不同于本地人的信仰特征，并通过定期或不定期的共同仪式来加强此集体记忆，强调其共同起源，化解身处异乡有可能出现的族群认同危机。虽来自遥远的闽南，但其军事建制本身就较普通民众更具凝聚力，加之清廷对之采取屯垦政策，所以与当地人相比，闽营人明显属于强势群体。这使他们较易保持族群特征，妈祖信仰得以顺利地在处于异乡的闽营人中延续、发展，甚至乾隆时邓州闽营人还创建了规模宏大的天后宫。繁衍数代后，作为强势地位标志的“营”已随其安于农桑渐昧军旅而丧失了军人身份的涵义，“闽营”实际上仅剩下了地域性标志的“闽”。同时其信仰也逐步“在地化”。邓州天后宫被称作福建会馆，已显示出闽营的淡化。不过，由于民间信仰旺盛的生命力，妈祖信仰仍得到秉持，而且香火还非常旺盛。在民国时期庙宇被大量移作他用的风潮中，邓州天后宫亦难幸免，先是妈祖神像被毁，继而宫宇被易作学校。建国后多次政治运动则直接导致闽营人妈祖信仰出现结构性失忆。迨至 20 世纪七八十年代初，邓州天后宫建筑全部夷为平地，为新修的教学楼房所取代，维持闽营人族群边界的妈祖信仰最终丧失。这标志着闽营人“在地化”进程基本完成。

1981年国务院人口普查领导小组、公安部、国家民族事务委员会发布《关于恢复或改正民族成份的处理原则的通知》，云："凡属少数民族，不论其在何时出于何种原因未能正确表达本人的民族成份，而申请恢复其民族成份的，都应当予以恢复。"① 1983年第三次全国人口普查时邓州张村镇上营村陈朝虎在民族成分栏上填报高山族，成为邓州首位将民族成分由汉族改为高山族的人。1990年第四次全国人口普查时邓州高山族由1989年的36人增加到100人，2000年第五次全国人口普查时更达到830人。截至2005年8月底，邓州全市又有321人改为高山族成份，还有一些人自报高山族但尚未变更。② 已更改民族成分、渴望更改而未能如愿的高山族人及林姓汉人构成了当今邓州闽营人妈祖信仰的重要人群。

在邓州台湾村调研中，我们听到最多的就是部分闽营人渴望恢复高山族的诉求。这和此前一直从属于闽营汉人大相径庭。工具性和现实性是族群认同最基本的特质。在不受重视甚至遭受歧视的时代，作为弱势亚群体的邓州高山族人必须依附于闽营汉人，在大的闽营背景下求得各种物质资源（包括土地、房屋、通婚等）和感情的认同（包括信奉和祭祀妈祖）。现实的期望、忧惧使他们掩饰或扭曲了对自身起源的记忆，强调与闽营汉人的共同记忆。十一届三中全会后，新的民族政策和两岸交流政策唤醒了邓州高山族人的集体记忆，刺激了他们的亚族群意识。法国学者莫里斯·哈布瓦赫认为"集体记忆在本质上是立足现在而对过去的一种建构"③。邓州闽营人的地方精英及关注高山族和闽营人的学者，借助族群口头记忆、碑刻、家谱等文化碎片重构了高山族和闽营人的历史。在此重构中，增添了想象和虚构的成分，附加了现实的意义，隐去了降清的尴尬。族群史因此成为当代人的叙事，成为当代事件的一部分。现实利益的驱动，使邓州闽营高山族人不断强化台湾高山族这一族源表述。于是，作为信仰认同的妈祖信仰首先在此部分

---

① 国家民委政策研究室：《国家民委民族政策文件选编1979－1984》，中央民族学院出版社，1988年版，第257－258页。

② 此处所引邓州高山族人数参见前揭邓州市地方史志编纂委员会编《邓州市志》第117页、陈建樾《"台湾村"：一个移民村落的想象、构建与认同——河南邓州高山族村落田野调查报告》（载《民族研究》2005年第5期）。

③ 莫里斯·哈布瓦赫著，毕然、郭金华译：《论集体记忆》，上海人民出版社，2002年版，第59页。

人群中复苏。闽是地域标志，营是身份标志，高山族是民族标志，妈祖是信仰标志。如此，闽营高山族人在邓州乃至在中原地区就成了一个完整的具有异于包括闽营汉人在内其他群体特征的族群。借集体起源记忆的重新阐释将共有此记忆的人群联系起来，以最小的共同认同来增进彼此最大的认同，并获取更多的生存资源（两岸交流及民族优惠政策）。而这实际上是经历“在地化”以后向初至邓州时闽营人状态的一种回归，与其先祖依附于闽营汉人修建家祠和妈祖庙的动机相类——即“特定环境中的资源竞争与分配关系”①。

邓州高山族人历史记忆的复苏刺激了当地闽营汉人的记忆，加之以闽南为主要策源地的妈祖信仰热潮一浪高过一浪，闽营汉人认祖归宗的热情也被激发起来。鲁山金门陈氏积极与金门同族沟通，邓州文渠乡尹洼村林姓汉人的妈祖信仰诉求等等，即是其表现。能够标志祖源认同的妈祖信仰在闽营人集体记忆中慢慢恢复。这种恢复主要是为了培育其族群认同意识。与崇拜不一样，妈祖信仰具有跨宗族的功能，因此再次成为整合、彰显闽营人族群特征的内聚力。这是其族群意识“在地化”完成后的再次凸显、彰扬，实际上是闽营人的一种隐喻——权力关系的变化使身份认同由原来的直喻变成了隐喻。这种隐喻维持着闽营人的内部认同。

文献来源：2010年固始与闽台渊源关系学术研讨会论文，《固始移民与两岸文化认同研究》，河南人民出版社2011年10月。

作者简介：河南师范大学文学院教授，历史学博士后。

① 王明珂：《华夏边缘——历史记忆与族群认同》，社会科学文献出版社，2006年版，第249页。

固始移民与两岸三地寻根资源之整合

尹全海

世俗的而非学术的缘故，特别是历史学在其中的边缘化趋势，使闽台移民之原乡被模糊或弱化，河洛、中原、固始之地域关系及其内涵界定出现了乱相——三源并出。原本独具特色的移民景观变得含糊不清，寻根资源之整合缺乏主线，豫闽台三地都根据现存资源，采取各尽所有、各取所需之态度加以开发与利用，造成混乱和浪费。有鉴于此，本文从历史学出发，以历史上固始移民入闽迁台为主线，将豫闽台三地寻根资源初步整合为移民资源、姓氏资源、信仰资源三类，在此基础上探讨其当代价值。

一、问题之提出

福建和台湾一样，历史上是移民社会，最具典型意义者如唐代光州固始人陈元光父子“开漳”、王审知兄弟“王闽”，几乎是固始族群及其社会文化的整体“迁移”，故“今闽人称祖者，皆曰光州固始”。宋、元以后，部分固始移民整体“迁移”，故“今闽人称祖者，皆曰光州固始”。宋、元以后，部分固始移民离开已世居之闽南，渡海迁台，并最终成为台湾移民社会的主体，“固始族群”亦随之落地生根，于是有“台湾寻根到漳泉，漳泉寻根在固始”之说。所不同的是此次移民迁台，时间更长，范围更广，原因也更复杂。也许固始移民入闽迁台是历史上北方士民南迁的一分支，因其移出地为“光州固始”，且有固定的移民方向，由此形成固始—福建—台湾三地颇具特色的移民景观，奠定了当今豫闽台三地寻根活动的历史前提和文化基础，并由此产生或保存了丰富的寻根资源。所以，固始移民入闽迁台，应视为一个独立的历史单元加以研究①。

若视固始移民入闽迁台为独立的历史单元，需首先对中原、河洛、固始三者之地域关系及其内涵作出界定。河洛有广义狭义之分，广义的河洛是指今日豫西地区，狭义的河洛就是古代的洛阳一带。无论是广义还是狭义，河洛是中原之中心是没有疑义的②。尽管河洛文化圈有时超越河洛区域范围进入中原文化圈，甚至一定时期可能会出现交汇融合，但河洛文化并不能因此代替中原文化；在文化积累和演进进程上两者有着本质的区别。如此，地域上的河洛是以洛阳为中心中原的核心，狭于中原；文化上的河洛是中原文化的源头，先于中原文化。而中原之民与东南越闽地区的往来，最早可追溯至西汉武帝将闽越之民迁往江淮，以及魏晋时期中原之民第一次南下。显然此时的河洛文化不能完全涵盖中原文化，江淮区域也超出了广义河洛的地域空间。在此意义上，仅就闽台移民之寻根而言，称其根在中原是成立的，若谓根在河洛，以中原替代河洛，似言之笼统。

厘清中原与河洛的异同之后，还需进一步区隔中原与固始之地域及其文化关系。闽台移民，甚至更为广泛的周边地区对中原的认知，是一个相对、动态的宽泛概念。其相对性表现为中原与边疆、中央与四周的关系。其动态性表现为空间与时间两个向度，时间意义上的中原并非前后重合，如先秦之中原与隋唐之中原、明清之中原与近代之中原均存在较大差异，甚至有边疆变中原之沧海桑田；空间意义上的中原呈现为一种向四周扩散之趋势。意味着闽台移民观念深处的“中原”是相对福建而言，这里的“中原”是对边疆的否定，即福建或台湾与“光州固始”之相对关系，当然还蕴涵有祖上自中原，并非生为蛮夷之意。换言之，这里的“中原”具体所指就是移出地“光州固始”；“在闽台人的心目中‘光州固始’就是原乡，就是中原，就是他们永远的根”③。明乎此，便知闽台移民根在“光州固始”，而不是河洛，至于根在中原则是一个相对模糊的称谓。事实上全球华人根都在中

① 在一些学者的移民史著作中，往往把固始移民视为中原移民史之断代或区域，如葛剑雄、安介生：《四海同根——移民与中国传统文化》，山西人民出版社，2004 年版。

② 孟令俊：《河洛文化的几个问题》、《河洛文化与汉民族散论》，河南人民出版社，2006 年版，第 8 页。

③ 张新武：《“光州固始”的历史文化解读》，《黄河文化》2008 年第 3 期。

原——不仅闽台移民根在中原。当然，厘清或强调闽台移民根在固始，并不否认闽台文化与河洛文化、中原文化的渊源关系。

二、移民资源

移民资源，主要是移民史资源。历史上固始移民入闽迁台形成的移民资源，应包括以下几个方面：其一，固始移民出发地，即移民集散地的实物遗存；其二，迁移线路及其保存至今的历史遗迹或民间传说；其三，固始移民对闽台经济社会发展的贡献，特别是移民领袖的历史功绩；其四，移民群体融入当地社会生活形成的新的文化景观。

固始移民入闽迁台史，在空间上，特指以固始为起点沿固定方向的外向型移民，即固始移民之入闽迁台，而不包括迁入或者其他零星移民；在时间上，以陈元光父子率部入闽为起点，包括固始移民入闽及其后裔渡海迁台的全部过程，当然，其间可能会追溯到早期零星移民以及固始移民后裔迁台后的情况，但这不会成为研究主体。当下我们所能看到的移民史著作中，固始移民史被划定在不同的时空背景下进行割裂式描述，如在葛剑雄《中国移民史》、任崇岳《中原移民简史》中，固始移民史变成断代移民史；林国平《福建移民史》，虽然涵盖了“人口在不同地区空间移动”的全部内涵，即有汉唐以来北方汉族入闽，也有福建向台湾和海外移民的历史，包括了固始移民史之应有内容，但并非应有主题。总之，固始移民史是一部移民通史，只不过它由两个明显的阶段组成，即唐代固始移民入闽，以及此后固始移民渡海迁台或远播海外。

固始移民对闽台经济社会发展的贡献，包括所有固始移民及其后裔为开发福建、台湾作出的重大贡献，因受现有史料所限，我们暂以陈元光父子及其部将属下开漳建漳的历史功绩、王审知兄弟王闽治闽的历史功绩为主要考察对象。

陈元光在闽42年，任漳州刺史26年，其开漳建漳之丰功伟业可概括为以下三个方面：“募民障海为田，泻卤成淡”，围海造田，入闽将士们在火田溪段筑堰开渠，留下了至今依稀可见的“埭”和“火田军陂”等遗迹①。传承中原汉族农耕技术，种麦、兰草，养蜂取蜜，甚至还掌握了麦田中种蓝的套种技术②。鼓励通商，引进中原工匠来闽从事陶瓷和冶炼。与此同时，陈元光还依照中原传统发展文教，移风易俗，兴庠序，广教化，造福福建。龙溪乡学和松州书院，即为陈元光之子陈珦主持和开办③。陈元光之后，其子陈珦继承父业，任漳州刺史27年；陈元光之孙、陈珦之子陈酆掌漳州刺史达29年。陈氏五代及其部属为闽南开发与建设鞠躬尽瘁。

王审知于唐昭宗光化元年（898年）三月被唐朝封为福州武威军节度留后、刑部尚书，十月，被正式任命为福州威武军节度使，直到后唐庄宗同光三年（925年）故世，统治福建28年。福州威武军下辖的泉州、建州、汀州、漳州刺史一般都由固始王氏担任。如王潮、王彦复、王审邽、王延彬、王延钧、王继宗、王延美等先后担任泉州刺史；王延禀、王继雄、王延红、王继休、王继琼等担任漳州刺史。即使偶有异姓刺史，也是与王氏有姻亲关系或固始乡里。总之，自王审知继任威武军节度使后，积极争取土著居民支持，使王闽政权本土化，同时整顿吏治，轻徭薄赋；外交上贡中原王朝，奉行睦邻政策，保境安民。据史载王审知兄弟及其子孙治闽期间，福建四周烽火连天，民不聊生，而福建境内则“时平年丰，家给人足”④，经济文化长足发展，逐步赶上中原发展水平。

至于移民集散地之实物遗存、移民线路遗迹及民间传说，以及移民群体融入当地社会生活形成新的文化景观，是当今固始移民和闽台寻根研究中的薄弱环节。就现有资料来看，固始移民第一个集散地当然是固始，至少包括陈元光故里和王审知故里两个集散地。另一移民集散地为福建的漳州和泉州，因为“台湾的开发经营，几乎全为闽南漳泉人与粤省客家人之功”⑤ 大部分台湾人来自福建漳泉。移民线路也应分为三条，一是陈元光父子入闽平

---

① 谢重光：《陈元光与漳州早期开发史研究》，文史哲出版社，1994年版，第110－112页。

② 傅宗文：《丁儒龙溪诗篇的年代、作者及历史价值》，《陈元光国际学术讨论会论文集》，厦门大学出版社，1993年版，第257页。

③ 陈元光之子陈珦于通天元年举明经第，奉旨主管漳州文学，见陈元光：《示珦诗》。

④ 吴任臣：《十国春秋》，《四库全书·史部·地理类》卷90。

⑤ 郭廷以：《台湾史事概说》，台湾正中书局，1969年版，第1页。

叛时的线路，另一是王审知兄弟的入闽线路，然后是固始移民后裔由福建渡海迁台的线路。移民期间发生的民间传说，如王潮兵变诛杀王绪后“拜剑选帅”、福州闽王庙的“拜命台”等流传至今。固始移民群体融入当地社会生活形成新的移民景观，分散在社会生活的各个方面，如族群信仰、经济社会活动、衣食住行、歌舞图画、民俗方言等，兹不赘述。

三、姓氏资源

因姓氏迁移而发生的族源地 、祖先居住地、祖籍纪念地、郡望、堂号，祠堂、家庙、墓葬遗迹（含墓志）、族谱、族规和契约，以姓氏命名的村庄、集市，以及沟、塘、陂、湖、堰、坝、港等水利工程，成为姓氏资源的主要内容。虽然姓氏迁移与移民相伴生，移民线路是姓氏迁移的主要方向，但移民融入地方之后必然孕育新的族群和分支，因此姓氏资源的挖掘和整理，需更多依据族谱从移入地反向追溯。所以，固始移民入闽迁台之姓氏资源，主要从闽台族谱中得到体现。

据今人统计，固始入闽之姓氏有：蔡、曹、陈、程、戴、邓、丁、董、范、方、冯、傅、高、龚、顾、郭、韩、何、和、洪、侯、胡、黄、江、金、康、柯、赖、雷、李、连、梁、廖、林、柳、刘、卢、吕、罗、骆、马、茅、倪、潘、彭、邱、商、邵、沈、施、宋、苏、孙、汤、唐、田、涂、汪、王、魏、翁、吴、萧、谢、许、薛、严、杨、姚、叶、应、尤、游、俞、余、袁、曾、詹、张、郑、周、危、朱、庄、卓、邹，共86姓。其中，据《开漳世谱》（槟城刊印）记载，唐初随陈元光父子入闽者有：许、马、李、朱、欧、张、沈、林、卢、刘、涂、廖、汤、郑、吴、周、戴、柳、陆、苏、欧阳、傅、司马、杨、詹、仲、萧、胡、赵、蔡、叶、颜、潘、钱、孙、魏、韩、王、梁、何、方、庄、唐、邹、丘、冯、江、石、郭、曹、高、钟、徐、汪、洪、章、宋、陈58姓，另有妻眷姓氏：司空、种、宁、翟、甘、姚、邵、尹、尤、阴、狐、金12姓，共计70姓（《云霄志书》之记载为84姓）。唐末随王审知兄弟入闽者有：王、陈、林、刘、郭、谢、吴、张、黄、周、许、杨、苏、邹、詹、薛、姚、朱、李、郑、程、严、董、吕、孟、连、湛、虞、庾、戴、蔡、庄、邓、柯、沈、萧、卓、何、孙、缪、赵、高、施、曾、卢、廖、马、傅、韩、释50姓（福建王氏族谱一般记载为“18姓随扈三王入闽”。）

据《台湾省通志·氏族篇》所列台湾之姓氏，多至724姓，其中“族大支繁，较为常见之姓”，如陈、林、黄、张、李、王、吴、蔡、刘、杨、许、郑、谢、郭、赖、曾、洪、邱（丘）、周、叶、廖、徐、庄、苏、江、何、萧、罗、吕、高、彭、朱、詹、胡、简、沈、施、柯、卢、余、翁、潘、游、魏、颜、梁、赵、范、方、孙、钟（种）、戴、杜、连、宋、邓、曹、侯、温、傅、蓝、姜、冯、白、涂、蒋、姚、卓、唐、石、汤、马、巫、汪、纪、董、田、欧（欧阳）、康、邹、尤、古、薛、严、程、龙、丁、童、黎、金、韩、钱、夏、袁、倪、阮、柳、毛、骆、甘等63姓之姓源在光州固始。

上举福建之86姓，台湾之63姓（含与福建重复之姓氏），均由固始迁出，根在固始。其中绝大多数姓氏仍保存有自己的族谱和族规①。由于时代久远的关系或其他社会因素之干扰，固始境内的族源地、祖先居住地、祖籍纪念地已十分少见了，甚至许多姓氏根本就不明白本姓之郡望和堂号；遗存更多的是以姓氏命名的村庄、集市，以及沟、塘、陂、湖、堰、坝、港等水利工程。②

为祭祀而专设的祠堂、庙宇也是主要姓氏资源。根据《礼记·祭法》记载，祭祀可分为三：自然祭祀、伟人祭祀和祖先祭祀。对陈元光、王审知等移民领袖的祭祀显然属于祖先祭祀③。此类姓氏资源，就固始、福建、台湾三地而言，河南对陈元光的奉祀集中在潢川、固始两地。如始建于明万历年间的潢川广济王祠、固始陈集乡的将军祠；固始县城东大山主峰浮光顶上的大山奶奶庙，主祀陈元光祖母魏敬。福建留下的奉祀庙宇就比较多，所谓“唐史无人修列传，漳江有庙祭将军”。唐睿宗景云二年（771年）十一月五日，陈元光被袭殉职，葬于绥安大峙原，“百姓闻之，如丧考妣，相与制服哭之，画像祀之”。唐玄宗先天元年，诏令漳江建立祠庙，赐乐器、祭

① 庄为玑、王连茂：《闽台关系族谱资料选编》，福建人民出版社，1985年版。

② 固始县史志研究室编：《根在固始》，第70－71页。

③ 徐晓望：《祖建民间信仰源流》，福建教育出版社，1993年版，第594页。

器。四年诏漳浦建陈将军祠，御书“盛德世祀坊”，明正祀典，派地方官春秋二祭。明清时期，福建奉祀陈元光的庙宇，以云霄、漳浦、漳州三地之威惠庙最为著名，也最久远。云霄县境内就有开漳圣王庙一百多座，其中，威惠庙为闽台两地保存最久的开漳祠庙，有“开漳圣王第一庙”之誉。漳浦境内之绥安、盘陀、赤湖、金塘等乡镇分布开漳圣王庙宇近百座①。此外，龙溪、龙海、漳浦、长泰、平和、诏安、安溪、南靖、龙岩、海澄等县都建有威惠庙；惠安、仙游交界处建有灵著王庙；诏安县有九洛庙、将军庙、功臣祠、灵侯庙、海澄县有儒山庙、西峰庙、灵著王庙。台湾地区的陈元光祭祀祠堂或庙宇，因漳籍移民渡台时随身携带香火，落地奉祀；开漳圣王祖像渡海来台，各地建庙供奉。在台湾凡有漳州人的地方就有开漳圣王庙。周玺《彰化县志》卷5《祀曲志·祠庙》“威惠王庙”记曰：“漳人礼之，渡台悉奉香火。乾隆二十六年，建庙与县城西。”② 据统计，台湾现有祭祀或主祭开漳圣王的祠堂和庙宇71处，居豫闽台三地之冠。

祭祀闽王王审知的祠堂、庙宇在闽台两地也很多。如位于福州市庆城路的闽王祠及恩赐琅琊郡王德政碑，系后晋开运三年（946年），福建地方为纪念王审知治闽德政，将其故居改为祠庙，永久奉祀。祠内恩赐琅琊郡王德政碑一座，为唐天祐三年（906年）于克撰文，王倜书写，碑文记述王审知家世及其治闽政绩。另有“重修中懿王庙碑”、“乞土胜地”碑等，均为北宋开宝年间立。始建于唐天祐元年（904）的报恩定光多宝塔，系王审知为其父母所建，传说开墓之时有珠宝一颗霞光万道，取名定光塔，时人黄滔作《报恩定光多宝塔碑记》，明嘉靖十三年（1534年）被雷电击毁，二十七年（1548年）重建。清光绪三十八年（1892年）再修。解放后1957、1963年曾两度修建，1991年列为福建省文物保护单位，俗称白塔。

此外，在福建至今仍保存完整，有史可考的71座名祠、28姓氏之祠堂、家庙或纪念祠中，供奉着由“光州固始”入闽始祖50人。如陈姓祠14座，供奉入闽始祖9人；黄姓祠9座，祀始祖4人；张姓祠8座，祀始祖2

---

① 陈秀惠：《台湾传统寺庙匾联研究——以桃源地区开漳圣王信仰为例》（新竹师范学院硕士论文）2004年。

② 周玺：《彰化县志》，《台湾文献丛刊》第156种，1962年，第157页。

人；吴姓祠6座，祀始祖4人；许姓祠3座，祀始祖3人；林姓祠4座，祀始祖2人；庄姓祠3座，祀始祖2人；王姓祠3座，祀始祖1人；刘、郑、何姓祀2座，祠始祖各2人，其他则一姓一祠，祀始祖1人①。台湾同样也有众多祭祀始祖来自“光州固始”的祠堂、家庙，与原乡固始现存祠堂、家庙共同形成独特的姓氏资源。

四、信仰资源

信仰资源，指移民后裔记载或流传的对移民始祖的敬仰与追思及其相关载体。一般表现为各种各样的祭祀活动和习惯传承等无形资源，如皇家封赠，民间祭祀活动（仪式、祭文），以及民间传说、方言等。它传达的是历史上寻根活动信息之积累及其影响。

皇家敕封，以陈元光为例，唐宋元明清五朝一千多年，皇家封赠21次，其中，唐玄宗先天元年（712年）赐“豹韬卫镇军大将军”、“临漳侯”。开元四年（716年）封陈元光为“颖川侯”。宋神宗宁熙八年（1075年）封“忠应侯”，徽宗政和三年封“忠泽公”，赐庙额“威惠”，此后陈元光庙通称“威惠庙”。南宋高宗以后，历代续有封赠或加封，如“英烈”、“英烈忠泽显佑康庇公”、“灵著王”、“顺应”、“昭烈”。孝宗乾道四年（1168年）加封“灵著顺应昭烈广济王”。明太祖洪武二年（1169年）封“昭烈侯”，神宗万历七年（1579年）封“威惠开漳陈圣王”。清高宗乾隆四年（1739年）封“开漳圣王、高封祀典”，陈元光父母、子嗣亦得追封。陈元光之父封“胙昌侯”、母封“厚德夫人”、妻封“恭懿夫人”、子封“昭贝兄侯”，曾孙以后一一封侯，可惜有些庙额没能流传。

历代祠联，如宋漳浦知县书题“威惠庙”，明翰林提学林偕春之“唐将军庙用韵”，明四川按察使戴景之“陈集将军西庙楼”，以及各地威惠庙主殿、配殿和分殿之楹联等。当代两岸知名人士为开漳圣王史迹题词，如连战先生为祖庙威惠庙的题词为“威灵惠民”，还为将军山公园“御碑楼”题名。

---

① 胡仁甫：《福建名祠供奉的“固始人”及其后裔》，《寻根文化》2007年第7期。

民间祭祀较有影响者为圣王巡安和圣王文化节。圣王金身巡安，是闽台地区普遍流行的祭祀活动。漳浦一带，每逢陈元光诞辰（农历二月十五日)、封王日（农历四月初十日）和忌辰（农历十月初五日）及上元节、中秋节等，老百姓都要举行隆重祭典，迎神赛会，请戏班演出，或轮流祭祀，或家家请客，热闹非凡。① 2006 年 3 月 15 日，漳州蓝田檀林威惠庙的“开漳圣王”神像，应高雄道教协会之邀，入岛巡安 53 天，云霄威惠庙的“开漳圣王”神像也曾三次入岛巡安。2008 年 1 月 9 日，闽王王审知金身首度通过“三通”巡安金门，4 天之中巡行 13 个王氏宗祠，台湾“立法院长”王金平及金门王氏族人盛大迎驾。

各类圣王文化节是近 30 年涌现的祭祀和寻根形式，闽台地区以“开漳圣王文化节”和“闽王文化节”最为红火。如 2007 年 3 月 29 日，“首届中国云霄国际‘开漳圣王’文化节暨枇杷节”在云霄将军山公园举行，台湾开漳圣王庙 19 家宫庙 100 多位嘉宾和新加坡漳籍人士组成的进香团前来祭拜圣王。2008 年 3 月 28 日，由福建省文化厅、福建省闽台交流协会主办的第二届中国云霄海峡两岸“开漳圣王”文化节在云霄县将军山公园隆重开幕。2008 年 4 月 18 日，“首届闽王文化节”在福州晋安开幕，台湾王氏宗亲 130 人、闽南王氏宗亲代表 200 人、福州王氏宗亲代表 500 人共祭闽王王审知。

五、结　　论

上述三种寻根资源，是历史上固始移民在豫闽台三地遗存的最重要的历史文化资源。其中，移民资源是固始移民入闽迁台的历史见证，是豫闽台三地寻根活动的存在基础与认知前提，简言之，没有固始移民便没有今日丰富多彩的寻根资源和寻根活动。姓氏资源是一种历史传承，是豫闽台三地寻根活动的特殊特号，它所呈现的是固始移民景观及其与其他移民景观的区别。信仰资源则是寻根资源中最生动、最直接的表现形式，也是豫闽台三地寻根活动持续至今、永续发展的内在动力。

---

① 林国平：《闽台民间信仰源流》，幼狮文化，1996 年版，第 99 页。

当然，整合移民资源之目的在于开新，那么如何才能开新呢？对固始而言，首先要明确提出固始移民概念，如同固始寻根一样，突出其特殊内涵和独立存在的历史空间，以免与时下流行的中原移民或河洛寻根相混淆。为此，须鼓励和支持历史学者、民族学者、文化学者、民俗学者对历史上固始移民进行整体性、精细化研究，通过学术地位之确立，巩固和扩大固始移民在社会各界的影响。其次，移民原乡固始要有根可寻。所谓有根可寻，是指真实可现的移民遗迹或寻根标志。洛阳王城公园的“根在河洛”碑，1989至1995年接待闽台寻根团体120多个，人数达2万人次，为成功之例。新落成的固始寻根博物馆也将成为闽台移民心目中的原乡祖根，前来祭祀朝拜。其三，闽台寻根反哺固始。固始可以修建闽台地区普遍存在的祠庙或祭祀场所，开展寻根活动。总之，通过豫闽台三地合作开发寻根资源，实现共享共赢，体现寻根资源的当代价值和文化意义。

文献来源：2008年固始与闽台渊源关系学术研讨会论文，《固始与闽台渊源关系研究》，人民出版社2009年9月。

豫闽台两岸三地寻根文化品牌建设研究

刘国旭

一、寻根旅游的兴起

随着旅游业的蓬勃发展，我国的寻根旅游也悄然兴起。近年来，各种各样的寻根活动风起云涌，各地以自己的优势所在，不断倡导和推出形式多样、内容丰富的寻根活动，借以提高知名度，发展旅游以及区域经济。

自 1980 年代以来，许多港澳台同胞和海外侨胞在其特有的“根祖情结”的激发下，来大陆开展寻根旅游活动者络绎不绝，寻根旅游内容多样，大致有中华人文始祖寻根、各门类文化（包括艺术）寻根、家族寻根、姓氏寻根、民系寻根等。这类旅游是我国入境旅游的初级阶段，为进一步发展入境旅游起到了宣传、协调、促进等作用，也对中国游客走出国门产生了巨大的推动作用，可以说寻根旅游在现代中国旅游业的发展过程中扮演过重要的角色。和众多的文化研究一样，学者对寻根旅游的关注和研究是伴随着寻根旅游的持续发展而逐步推进的。如张新斌先生以方志与谱牒资料，对闽台 58 个姓氏源于“光州固始”进行研究，提出了“固始寻根”这个在海内外华人中具有深远影响的概念。在对历史上中原士民南迁的历史背景进行研究和分析的基础上，他提出了建寻根基地的建议，这对中原寻根文化的开发和振兴具有重要的现实意义。除此之外，在寻根旅游的开发策略上，李乔先生对河南省姓氏寻根存在的问题以及开发对策也提出了自己独到的看法（李乔，2006）；田迎芳等运用 SWOT 对河南寻根旅游的综合分析，提出了一些开发的建议（田迎芳等，2006）；蔡礼彬对寻根旅游进行了严谨的学术界定和分析，并指出了发展寻根旅游经济存在的问题，同时对如何发展豫南“古光州”地区寻根旅游提出了应注意的一些战略。

蔡礼彬对寻根旅游进行的界定是：发生在与旅游者之间存在宗亲、血缘、人生经历、文化传承等特殊渊源关系的旅游地并且以探求寻访这些渊源为旅游目的的旅游现象及关系总和。这种旅游形式，一般发生在较大的时空跨度内，是发生在与旅游者之间存在特殊渊源关系的旅游地，并以探求寻访这些渊源为目的的旅游现象及关系总和。所谓的特殊渊源关系，包括宗亲、血缘、民族、民系、人生经历、文化传承等具有寻访探求的意义的关系。按照旅游者的动机对旅游活动进行分类，一般来说，祖先、前辈的活动地域、本人早先活动过的地域、个人身心成长过程中有特殊意义的地域都可以成为寻根旅游地，在这些地方的旅游都可称之为寻根旅游。

笔者认为，不管何种类型的寻根，旅游目的地旅游资源能够形成对旅游者的吸引力要素和认同是第一位的。寻根旅游活动的类型可以简单分为血缘寻根（包括姓氏寻根、宗族寻根等）、地缘寻根（包括各种移民迁出地、中转站等及其寻根活动）、文化寻根（包括中华人文始祖寻根活动、文学艺术寻根等）、宗教寻根（佛道名山寻根、妈祖信仰寻根、朝圣等）。

二、寻根旅游开发的意义

“根”的意义更多地应该是体现为时空和心灵多维度的组合。从这个意义上来看，“根”是多维度的，是对某段历史、某种感觉、某种文化、某个地方的怀旧和向往的情感。正如故乡，不仅仅是一个地方，更多的是一段历程。因此寻根旅游是多维的事物，时间、空间、心灵的远近变化，激发、维系并推动着它的发展。

（一）激发民族自尊感和爱国心

寻根旅游有着其客户群的特殊性。寻根谒祖旅游的开发能够激发民族自尊感和爱国心，中国是世界上人口最多的文明古国，在寻根谒祖旅游开发中，游客可以感受到祖国悠久的历史、灿烂的文化，可以感受到中华民族一脉相承的历史渊源，可以感受到中华民族子孙身上流淌着的相同的血液，从而产生对这一方土地的怀念，对祖国的热爱之情，加强海内外华人与祖国的感情。寻根谒祖旅游的开发能够弘扬中华民族优秀的传统文化。海外寻根谒祖旅游团常常在祖地举行隆重、庄严的祭祖仪式，这其中包含着对祖先的怀念，也包含着对祖先智慧的敬仰。华侨携子弟返回故土，常常让孩子们领略祖居地人们在祠堂、祖坟近乎宗教仪式的敬祖尊亲活动氛围，更真实地体味当地家族的传统文化。他们追寻祖先走过的路，感悟祖先创造的辉煌文化与经历的种种磨难，从而更真切地体味中国悠久的历史文化。寻根谒祖旅游开发所带来的经济效益，远非一般旅游所产生的经济效益可比。

河南在历史上长期作为政治、经济、文化中心，更加具有寻根旅游的优势。“参天之木，必有其根；怀山之水，必有其源。”张新斌先生认为，物化的姓氏文化资源是吸引海外华人前来寻根谒祖的最重要因素。这方面，我省独具优势：一、众多的人文始祖遗迹。新郑有黄帝故里、淮阳有太昊陵等；二、丰富的古都资源。夏、商、周三代的政治、经济、文化中心都在河南；三、众多的姓氏郡望地，如荥阳郑氏、颍川陈氏；四、许多历史名人的祖籍地及生活地。如老子、乐圣朱载堉、字圣许慎；五、历史上移民的重要集散地。唐代固始人陈元光、王审知兄弟两次率众入闽，使得固始成了中国东南地区许多居民乃至东南亚华人的祖根地。

近年来，海内外华人不断来河南寻根拜祖，掀起一轮轮寻根热潮。这种热潮直接推动了河南的文化旅游热，提升了河南在海内外的影响力。“姓氏寻根”已发展成为河南省独具魅力的文化旅游产业。

（二）巨大的带动作用

寻根谒祖旅游者怀着对故土的热恋，往往会在祖居地进行大量的投资。寻根谒祖旅游者中，颇多是在经济、政治、社会、学术上有影响、有实力的人物，他们对地方经济的发展将会起到巨大的推动作用。

2010 年 8 月 22 日下午，郑州新郑国际机场迎来了港澳深地区闽籍企业家考察团一千余人，这标志着第六届中国河南国际投资贸易洽谈会拉开序幕。组委会副秘书长、省商务厅副厅长宋国卿接受记者采访时表示，该代表团的规模之大、区域针对性之强都是我省历史上空前的。据介绍，此次港澳深地区闽籍企业家访豫活动于 2010 年 8 月 23 日至 26 日举行。这次访豫活动，共邀请闽籍企业家1006人。宋国卿透露，为了促成这一次合作交流，前期我省有关省领导曾经三次与闽籍企业家见面交流。福建客商此次前来，身携“厚礼”。这些闽籍企业家中，港澳深地区闽籍企业家代表团448家企业共468人，港澳深地区不随团闽籍企业家538人。据宋国卿介绍，港澳深地区闽籍企业家代表团448家企业468人个个都带着项目来或者怀着意向，借此机会深入了解河南。

河南寻根旅游的招牌之一，新郑拜祖大典拓展了新郑市旅游市场。2006年4月，新郑接待游客达110万人次，实现旅游总收入5000多万元，分别比2005年同期增长了12倍和15倍。2007年、2008年、2009年的拜祖大典，引发的旅游效应更明显，游人由以前一波一波的流动参观，演变成平稳的高密度到访。

此外，在开发发展寻根旅游的同时，旅游目的地各项基础设施和景观的建设同样是对当地经济的促进和带动，如一些大型文化景观建设、高速公路、机场、宾馆等配套设施。2007年，建成的鲁山大佛号称“世界第一高雕塑”，对宗教朝圣、寻根旅游形成巨大的吸引力，2007年4月18日，为迎接将于当年举行的炎黄二帝像落成大典和丁亥年黄帝故里拜祖大典修造的炎黄二帝巨塑已吸引海内外游客300多万人参观拜谒。

三、寻根旅游开发存在的问题

（一）产业运作模式单一

只要人口流动存在，就会有寻根旅游活动的持续。历史时期的迁出地是这样，现代农村劳动力乡村与城市的转移是这样，中西部地区持续的东部打工热潮所引起的地区性移民也将会是如此。可以说，许多地区具备寻根旅游资源，社会各界也非常重视，在政府的主导下，共同参与这一现象的研究与旅游产品的开发。但是存在诸多问题：从旅游内容上看，祭拜、参观纪念景观、旅游纪念品是旅游者主要的参观内容和旅游活动组成，且产品单调，内涵贫乏，杂乱无章，和当地其他旅游资源结合松散，产业链条水平低，难以产生具有强大吸引力的亮点；从运作的主体看，政府的主导和投入居于首要地位，寻根旅游对政府的依赖过多，未能真正走向自主与个性化的发展道路；从经济发展水平看，经济发展水平落后在有些地区成为寻根经济发展的限制性因素，食、宿、行、游、娱、购的大产业格局在一些地方并未能形成，或者虽已成型但不规范，档次低，可选择性差。

（二）文化淡化经济过重

发展寻根旅游必须对其准确定位。归根到底，寻根旅游是一种文化旅游，是中华民族在长期历史中酝酿形成的宗族与根祖文化给今人留下的一笔重要的文化资本。从这个角度来认识寻根旅游的开发，才能以文化的视野，做到规划、开发、经营、保护等各个环节都能符合规律，使文化资本转变为经济资本，并且衍生出更高的价值。但实际上长期以来，“文化搭台、经济唱戏”的口号和倡导使得一些地区在发展经济的过程中不能对文化产业、文化产品、文化旅游进行确切地定位。许多地区的决策者和规划者对宗族与根祖文化了解不多，对寻根者的文化背景所知不足，对寻根旅游资源的文化特质感知缺乏，导致在整个研发过程中经济挂帅，急功近利，使许多宝贵的资源面临丧失文化吸引力和信任的局面。比如有的寻根旅游区甚至成了购物一条街。另外，新兴的建设项目，造型和内涵严重脱离寻根地固有文化，甚至与历史事实相左，许多现代气息浓厚的建筑充斥着本应该以古老淳朴风貌吸引八方游客的寻根旅游地，造成四不像的旅游地。这些都重蹈了其他旅游项目的覆辙，破坏了不可再生的文化资源。必须明确，文化也是一种生产力，对文化的保护和发展本身就是经济发展的重要组成部分和支撑。

（三）目光短浅，缺乏策略

以河南省为例，近些年开发了平顶山刘氏寻根、邓州邓姓寻根、固始的福佬人寻根、洛阳的客家民系寻根、开封的广府人寻根、郑州的黄帝故里寻根、淮阳始祖寻根、荥阳郑氏寻根等等。由于没有找到整合资源的平台，也缺乏领头羊，基础建设难以统筹利用，最终很多项目上马后实效不高。另外，就是内部竞争，重复投资，比如对郑姓的开发，荥阳、新郑、新密甚至开封都在争论自己是郑姓的祖源地；在林姓的祖源地上，淇县和卫辉两个县市聚讼纷纭；谢姓在唐河县和南阳宛城区之间也是不可开交。目前中国的寻根旅游开发比较混乱，单打独斗、互相拆台、恶意竞争等现象时有发生，结果导致很多区域的寻根旅游没有亮点，集体平庸，不少学者对此多有关注。古有远交近攻的策略，是站在对天下大势烂熟于心的基础上，今者白眼邻居的做法，是不知自己的优势所在，不明省内外寻根旅游情况，更不论国际、海外寻根旅游的大势，而仅仅是在局部、左邻右舍进行低水平的竞争，欲求事达，无异于鼠目寸光。这种毫无计划、一拥而上的瓜分式开发，不仅不能像决策者臆想中的那样带来到处开花的效果，反而会使全省的寻根旅游资源在杂乱、低端、分散的力量作用下低起点运作，在成熟的开发模式尚未成型时就已经枯竭。寻根旅游是关系游客情感的旅游，如果一开始就令人失望，而且是大批量的项目令人失望，那么其前景是可想而知的了。

四、寻根旅游发展战略研究——豫闽台三地寻根品牌建设

在寻根旅游发展的战略上，必须有整体的眼光，纵览天下，明己之长、人之短；做好区域性寻根旅游资源的整合和品牌建设。在寻根旅游发展战略上，学界的研究和结论目前卓有成效，大致集中在：1. 坚持文化带动地方经济发展的战略；2. 坚持保护文化旅游资源的战略；3. 坚持以“政府为主导、民间为主体”的开发战略；4. 挖掘寻根文化深度，开发系列寻根旅游产品等等。

为更好地发展河南省的寻根旅游，进一步带动河南的各项事业的快速良好发展，必须在关注寻根旅游整体大势、了解海内外寻根旅游态势的前提下，在充分挖掘省内寻根旅游资源的基础上，重点做好以下工作：

（一）以整体眼光建设寻根旅游品牌

品牌的意义巨大，一个良好的品牌脍炙人口，一呼百应。正如“羲皇故里”之于天水，“黄帝祭拜大典”之于新郑，“大槐树”之于洪洞县。以固始为例，在品牌建设方面，“古光州”、“唐人故里、闽台祖地、客家之根”等都是响当当的寻根旅游文化品牌，但相比前述的寻根旅游品牌，似乎在精炼、简洁上还不是很到位。如何在基础上提炼品牌，在对比省内外、

区域内外寻根旅游发展优势的基础上，在整合融入河南省寻根旅游资源的基础上，唱响固始品牌仍有相当长的路要走。固始自东汉设县得名迄今已近2000年的历史。固始作为历史上中原地区向皖、苏、闽、粤、浙、赣，尤其闽台一带移民的肇始地和集散地，在上自秦汉、下至明清的漫长岁月里，徙民南方不计其次，难以计数。因为有了历代移民南国之举，故闽、台一带对固始多怀"祖地"之尊，"今闽人皆称固始人"。斗转星移，移民后裔遍播海内外，固始便有了侨乡的称谓，名扬天下，被誉为"中原第一侨乡"。立足这一优势，要打造寻根文化品牌作为增强软实力、提高竞争力的重要途径，实现经济与文化的同频共振、同步发展。

首先是科学规划，准确定位。要树立融入大中原，联系豫闽台的整体思路。固始县要发展寻根旅游，必须要有整体意识和全局意识，在全国寻根旅游大发展的宏观背景下，要树立融入大中原、联系豫闽台的整体思路。例如，近年来对邓州高山族群体的关注和研究为进一步研究邓州高山族社会变迁提供了广泛而日益丰富的证据和论点，对海峡两岸的互动和对闽台地区交往铺设了更加贴切的话语背景。但应该看到，河南省类似"光州固始"和"邓州高山族"这样独一无二的移民现象是河南省发展寻根旅游的最大优势，也是得天独厚的独享资源。但是，仅仅如此还远远不够，我们需要有整体的眼光，把这些优势的资源全方位通盘考虑，进行多视角深入的分析，加强我省与福建、台湾关系大背景下的人口流动和民族关系研究。才能把这种隐形的优势变成显性的优势。

其次是整体推介，树立形象。对外宣传推介固始文化品牌，需要精心策划，采取多种形式，将固始文化、旅游、教育、经济、社会等一并宣传推介。政府牵头，多方参与，举办特色文化活动，是打造文化品牌的有效途径。

（二）构建区域寻根旅游支持系统

寻根旅游资源向旅游产品的转化需要一个崭新的思路，从旅游发展系统的角度看，必须构建一个区域性的寻根旅游发展系统，以寻根旅游产品为中心，动力系统和支持系统为两翼。将市场开拓和针对市场需求开发的寻根旅游产品纳为动力系统，拉动区域寻根旅游的发展；旅游目的地形象重建、交通系统的优化以及对区域根文化的系统研究归为支持系统，为其提供力量后盾。与河南旅游资源相似的旅游目的地，如陕西和北京，与河南的旅游产品存在着明显的替代效应，而且北京和陕西知名度更高，观赏性更强，河南省的旅游形象被这些更为知名的旅游目的地屏蔽掉了，在旅游者的意识中处于灰度状态。必须走差异化发展战略。差异化发展战略又称别具一格战略、差别化战略，是将区域提供的旅游产品或服务差异化，形成一些在全产业范围中具有独特性的东西。河南省以及固始县寻根旅游发展完全有这样的优势。

（三）注重实效，放大文化品牌效应

地处中原的河南省，寻根文化只是其灿烂悠久历史文化的一部分，在倡导发展寻根旅游的同时，要注重实效，以寻根旅游为契机和龙头，不仅要做好寻根文化的实体化，更要加强区域内其他历史文化、自然景观的开发和整合，发掘并保护好珍贵的涉闽台文物古迹。在固始，有着众多体现豫闽台“同宗共祖”并具历史、艺术、科学价值的宗祠、石刻石碑、始祖墓葬、庙宇神宫、古建筑以及纪念性建筑物等文物古迹，这是闽台同胞寻根问祖的重要物化体，是认祖归宗不可缺少的物质遗产，应予发掘与妥善保护。有关部门应为之划定保护范围、设置标志、立碑说明，建立档案。若因城市建设确有必要迁移的文物古迹，也应遵照“不改变文物古迹原状”的原则，或原拆原迁，或修旧如旧。鼓励因年久失修而破烂不堪的宗祠、祖墓或其他重要文物古迹自行集资修葺修缮，重点是闽台政要及知名人士祖籍地的宗祠、祖墓等。

一个地区发展何种形式的旅游，归根结底还是发展当地的经济，是为当地百姓和民众提供舒适的文化、经济、娱乐环境；寻根文化品牌的成功打造，并不意味着群众求新、求乐、求知的文化需求就得到了充分满足。在推进品牌战略的同时，应放大文化品牌的辐射带动效应，推动文化强县向纵深推进。一是加强公共文化服务体系建设，结合城市改造，重点建设寻根旅游相关的主题公园重点文化设施，改造提升图书馆、文化馆、博物馆、文体中心等基础设施，实现城市形象和城市文化品位质的提升；二是依托当地著名风景名胜区的建设，打造既适合外来游客生态休闲度假，又满足本地

本区域内旅游休闲需求的旅游胜地，形成区域特色鲜明的寻根旅游产业新格局。

文献来源：2010 年固始与闽台渊源关系学术研讨会论文，《固始移民与两岸文化认同研究》，河南人民出版社 2011 年 10 月。

作者简介：刘国旭，南阳师范学院城市与环境科学学院副教授，博士。

河南涉台文化遗产保护与开发利用

唐金培

凝结豫闽台三地人民血缘亲情的涉台文化遗产，既是中华民族文化遗产的重要组成部分，也是联系海峡两岸同胞情感的重要纽带。自2008年12月涉及福建、广东、浙江、江苏、河南等十多个省市的“涉台文物保护工程”正式启动以来，河南在涉台文化遗产保护与开发利用方面做了大量工作并取得了较大成绩，但有的地方在不同程度上还存在一些亟待克服的困难和问题。积极开展涉台文化遗产的保护与开发利用，深入发掘、展示和宣传其丰富的历史文化内涵，对传承中华民族优秀传统文化，增进豫闽台三地人民相互了解，深化豫闽台三地文化交流与合作等，都具有深远历史意义和重要现实意义。

一、河南涉台文化遗产概况及其特点

河南是绝大多数闽台姓氏的祖根地。河南涉台文化遗产虽然没有福建那么丰富，但福建不少涉台文化遗产跟河南有着千丝万缕的关系。这里仅对河南的涉台文化遗产作些简单介绍。

1. 陈星聚陵园

陈星聚（1817－1895），字耀堂，河南临颍人。清道光二十九年（1849年）中举，自同治三年（1864年）起，历任福建顺昌、建安（建瓯）、闽县（福州）、仙游、古田等县知县。同治十年（1871年）调任台湾淡水同知，五年后又调任鹿港同知。光绪四年（1878年）升任台北知府。据《临颍县志》记载，他“性沈毅，读书务穷理，遇人厚而待己严”。他一生热爱祖国，体恤民情，政绩显著。中法战争中，积极备战，奋勇抗敌，取得了台北保卫战的胜利。不久，陈星聚积劳成疾，背上生疽，因病去世。陈星聚在外做官二十多年但时刻不忘家乡父老。据《临颍县志》记载，“光绪三年大饥，道馑相望，星聚捐谷千石，又赈本乡数百石”。家乡的人民亲切称呼他为“陈官”。因他在台北为官，死后又被追封为“道台”，后来就把他的家乡陈村改为“台陈”。百年岁月沧桑，陈星聚墓今犹在。临颍县政府曾一度拨款加以修缮保护。

2. 曹谨故居与曹谨墓

曹谨（1787－1849），字怀朴，号定庵，河南河内（今沁阳市）人。嘉庆十二年（1807 年）“即以第一人举于乡”，后以大挑一等分发直隶。曾历任平山、曲阳、饶阳、宁津、丰润等县知县。道光十三年（1833 年）拣发福建，署将乐，改闽县兼福州海防同知。道光十七年（1837 年）调任台湾凤山知县，道光二十一年（1841 年）任淡水厅同知，道光二十五年（1845 年）辞官归里，道光二十九年（1849 年）病逝于河内县城。曹谨一生为官三十年，所到之处，兴利除弊，除暴安良，“吏畏民怀，颂声大起”。尤其是在台湾八年，开渠圳，修水利，兴文教，崇实学，御外侮，抗英夷，为开发台湾、保卫台湾作出了杰出贡献。曹谨故居旧址位于沁阳市城区北门大街中段西路，坐西朝东，占地 4800 平方米，并排三个院落，中有仓库，后为马房及磨房，东南角为曹家花园。正院为面阔五间的两进院落，后有绣楼。南北侧院均为面阔三间的四合院。1937 年日军曾占领曹宅并在此设过军营。新中国成立后，曹家房产归公，分别被黄委会沁河段和沁阳市粮食局第二供应站占用。后来房屋不断遭到改造和拆毁，现仅存房屋基础（砖砌）及大量柱础、条石等房屋建筑构件。曹谨墓位于沁阳市南关村曹氏祖茔内。墓冢直径约 6 米，高 1. 3 米。墓前神道长约 100 米，宽 4 米。神道两侧排列有望柱、石羊、石马等。神道南端为一座四柱三楼式石坊。“文革”时期，石坊和石刻被毁，石构件散落。为加强对曹谨墓的保护，上世纪 90 年代末，沁阳市政府曾拨款对其进行了整修和绿化，砌筑了墓冢，刻立了墓碑，修砌了围墙，安装了大门。①

---

① 张红军：《沁阳涉台文物及其保护和利用》，http：//www. jzwhj. gov. cn/index. htm. 2008－7－8.

3. 张玺墓及墓碑

张玺（1725－？），号冀南，河南河内县（今沁阳市）校尉营人。乾隆壬申（1752年）科举人，曾任陕州教谕、福建南靖知县，乾隆五十三年（1788年）升台湾府分府加同知衔，在台湾理农桑，颇有贡献，深受台湾人民爱戴，曾被“送万人衣伞”。后卒于台湾，年月不详。同治十一年（1872年）二月，沁阳学人和张玺的后代赴台将其迁葬于沁阳校尉营。张玺墓位于沁阳市北12公里西万镇校尉营村西张氏祖茔内。墓冢呈椭圆形馒头状，南北长3.5米，东西宽2.5米，冢高1.2米。冢前立墓碑一通，由首、身、座三部分组成，通高2.83米。碑首雕盘龙，中刻“圣旨”二字。碑身正中楷书“皇清诰授奉直大夫台湾府冀南张公配安人邵杨王赵氏合葬之墓”。右边刻有张玺生平简介，邑庠生刘建议撰文，任洛图书丹，共四行，足行57字。左侧款书立碑人，立碑时间为同治十一年（1872年）二月清明。为加强对该碑的保护，上世纪80年代初将该碑调入沁阳市博物馆收藏。后张氏后代又篆刻新碑立于墓前。①

4. 郑成功墓

郑成功（1624－1662），福建南安石井镇人，祖籍河南固始，明末清初军事家，民族英雄。20世纪70年代初“农业学大寨”运动中，在河南固始汪棚乡邓庙村“莽牛地”平整土地时挖出了一座比较气派的古墓。该墓占地60多平方米，六七尺高。坟墓还有神道，石人、石马等则分立两旁。代代相传的说法，这是老郑家的祖坟，埋葬的是个反朝人物。坟墓有石灰壳、青石板、木板三层。红木棺材两边各有一对与棺材差不多齐高的木制龙虎牌。棺中的尸体用白绫裹着。尸体面目还可辨清，头戴金属头盔，身穿黄色丝绸衣袍，胸口有一块白色圆形的护心镜。在护心镜的位置，还有一块四方形的布写着“土部丰府郑成功”字样。见了空气，本来完整的尸体的面目立刻就变了形，衣服也开始成碎片掉落下来。尸体已经从头部、腰部被分成三段，手腕的地方则用白布做成的手套连在一起，以保证尸体的完整。尸体的下面铺着一床丝棉褥子，还压着许多带有血迹的棉被、衣服。棺底的木板

---

① 张红军：《沁阳涉台文物及其保护和利用》，http：//www. jzwhj. gov. cn/index. htm. 2008－7－8.

上，则呈北斗状雕刻着七颗星。据称，当时还出土了一块刻有“郑成功之墓”的青石碑，但已经不知去向。那块护心镜则被村里人拿到附近的地方换了粉条。现在的“郑成功墓”是个一人多高的普通土堆，除坟前三个墓碑上刻着“郑成功”等字样外，与其他乡间土坟并无特别之处。①

二、河南涉台文化遗产保护利用及其存在问题与困难

改革开放以来，河南在查明本省涉台文化遗产的分布，编制涉台文物保护总体规划并对重点文物实施保护维修，收集整理有关文物档案资料编辑出版研究成果，以及对年久失修、濒临损毁、不可再生的涉台文物加紧抢救维修和开发利用等方面取得了较大成绩，但也还存在一些亟待解决的困难和问题。

1. 河南涉台文化遗产的开发利用现状

在涉台文化遗产开发利用方面，漯河临颍县作了有益的尝试，并取得了比较明显的社会效益和经济效益。陈星聚纪念馆开发建设项目一期工程于2008年6月动工兴建，占地面积17360平方米，总投资1500万元。修建了牌坊、正门、掖门、西配殿、石桥、飨堂等主体工程及停车场等配套项目，于2009年3月31日成功举行了落成典礼，并取得了较大的社会效应。二期工程总投资800万元，于2009年10月动工，临颍县委、县政府把陈星聚纪念馆二期工程作为全县重点工程，并将丰富纪念馆文化内涵、提升纪念馆文化品位作为建设的重中之重。陈星聚纪念馆二期工程新建了贵宾接待室、东配殿、东西碑廊，设置了陈星聚主题雕塑、青史林、“岩疆锁钥”石匾，在此基础上还增添了台北历史文化展室。2010年5月20日陈星聚纪念馆正式揭牌，标志着河南首家对台交流基地的建成。这就为我们了解台北历史和风土人情，感受浓厚的豫闽台情缘，弘扬陈星聚爱国主义精神，促进豫闽台三地合作交流，搭建了一个崭新的平台。台湾凤邑赤山文史工作室、台湾中山大学等部门与沁阳市曹谨研究会、河南省社会科学院等单位，就曹谨的生

① 林加华、焦海涛：《郑成功究竟葬在何处》，《东南早报》，2004年9月26日。

平、家世、业绩，尤其是在台八年，修水利、兴文教、平械斗、抗英夷等事迹进行了深入的研究和交流。曹谨墓园不仅已成为接待台胞及社会各界祭拜曹谨的场所，更重要的是已成为对广大游客、尤其是青少年进行爱国主义教育的基地。①

2. 河南涉台文化遗产保护的大致情况

在对涉台文物的保护方面，焦作沁阳市对曹谨故居、曹谨墓和张玺墓等不可移动的涉台文物加大了资金投入，提高了保护档次，完善了“四有”（即有保护范围、有保护标志、有记录档案和有保管机构）工作。20世纪80—90年代，沁阳市人民政府先后将曹谨墓、曹谨故居和张玺墓公布为市级重点文物保护单位。2000年6月25日，曹谨墓又被河南省人民政府公布为第三批重点文物保护单位。与此同时，沁阳市文物部门还投入大量的人力和财力，相继完成了曹谨墓、曹谨故居和张玺墓保护范围和建设控制地带的调查、划定工作，完成了曹谨墓、曹谨故居和张玺墓保护标志碑的刻立，组建了曹谨墓、曹谨故居和张玺墓保护组织，建立了曹谨墓、曹谨故居和张玺墓保护档案。沁阳市财政还先后投资十多万元，对曹谨墓进行了整修和绿化。对于流散在社会上的涉台文物，文物部门发现一件征集一件，并尽可能做到入馆收藏。已征集入馆的涉台文物曹谨墓志铭（一套三块）和张玺墓碑两件（套），目前沁阳市博物馆已将其作为该馆石刻陈列的主要内容长期对外展出。广大游客在参观后，不仅对曹谨和张玺的生平事迹有了一定了解，更重要的是对台湾和大陆同属一个中国的事实有了进一步认识。

3. 河南涉台文化遗产保护利用面临的困难和问题

一是河南涉台文化遗产损毁比较严重，保护利用难度较大。无论是郑成功还是曹瑾等人的坟墓在“文革”期间都遭到毁灭性破坏，由于当时严重缺乏出土文物的相关保护设施和保管手段，也严重缺乏基本的历史知识和最起码的保护意识，出土的相关文物几乎都没有能够很好地保存下来。在没有遗存和相关资料的情况下，即便想复旧如旧都非常困难。二是涉台文化遗产保护资金不足，开发利用困难较多。由于资金不足，河南各地的涉台文化遗

① 河南省台办、漯河市台办：《首家“河南省对台交流基地”陈星聚纪念馆揭牌》，http://www.huaxia.com/index.html. 2010－05－21。

产普遍存在保护技术落后、开发利用后劲缺乏等问题。与沿海发达地区及河南博物院相比，河南相关市县的涉台文物陈列展示条件还比较简陋，展示手段相对落后，不能很好地展示和说明文物的文化内涵。三是涉台文化遗产保护与城市化建设矛盾比较突出。随着经济的发展，旧城区不断改造升级，农村城镇化建设日新月异，城乡面貌焕然一新。特别是以村庄改造、中心村建设及社区建设为内容的《城乡一体化行动纲要》的出台及稳步推进，使文物古迹的生存环境日益恶化。如果加强文物保护工作不能引起每个普通老百姓的高度重视，很有可能给包括涉台文化遗产在内的文物古迹造成灭顶之灾，给文物保护工作造成无法挽回的损失。

三、河南涉台文化遗产保护利用的对策与建议

近年来，国家发展和改革委员会、财政部、文化部、国务院台湾事务办公室和国家文物局对涉台文化遗产的保护工作非常重视，中央财政加大了涉台文物保护的资金投入。河南在涉台文化遗产保护工作方面也做了大量工作。然而，涉台文化遗产的保护利用是一项长期的系统工程，需要发挥政府和社会两个方面的积极性，尽量做到投资与参与主体多元化，保护方式现代化，利用途径多样化。

1. 进一步加大涉台文化遗产保护与开发利用的政策支持与资金扶持

发挥政府投入主渠道的作用，是做好涉台文化遗产保护工作的关键和物质保障。对那些可以取得收益的涉台文物保护项目，在维护国家权益和文物安全的前提下，可按照谁投资谁受益的原则，倡导一些部门和企事业单位以资金投入或技术设备投入等形式直接参与涉台文物的保护与开发利用。鼓励境内外各界捐资保护文物，有条件的地方，可以设立文物保护专项基金。在文化遗产保护的决策上要加大对涉台文化遗产保护与开发利用的政策支持力度和财政扶持力度。保护经费应随着财政收入的增长而不断增加。在文物保护规划编制和实施过程中，要充分认识涉台文化遗产保护工作的重要性和深远意义，给涉台文化遗产保护工作以全方位的支持。要尽快改善馆藏文物的保管和陈列展示条件，城乡建设规划中要充分考虑涉台文物保护，尽可能多地保留一些具有历史、艺术、科学价值的文化遗存，在建设用地指标上给予

置换或追加。启动涉台文物保护利用专项工程，相关地方政府每年拨出专项资金，用于当地涉台文物史迹的维护修缮和开发利用。设立豫闽台文化交流基金，鼓励开展豫闽台文化交流。注意重点保护一批祖籍在河南的闽台民众的祖祠、祖居和整体风貌保存完好的古村落，加紧建设反映豫闽台三地关系的专题博物馆，不断深化豫闽台三地在文化遗产保护方面的合作与交流，组织相关涉台文物展览赴闽台展出。

2. 进一步做好涉台文化遗产的调查研究和保护利用规划的编制实施工作

文物部门要结合全国文物普查工作，对我省境内的涉台文化遗存进行全面系统的普查，在摸清底数的基础上，制定河南省涉台文物保护规划，有计划地实施涉台文化遗产保护维修工程。对具有一定历史、艺术、科学价值的文化遗存，具备文保单位条件的，省市县三级政府应及时公布，相关部门要制定相应的保护规划。对符合国保单位的文化遗产应积极申报国家文物保护单位。对具有相应历史、艺术、科学价值的文化遗存，目前尚不具备公布文保单位条件的，相关部门应做好保护工作。今后一个时期内，文物部门要根据古建筑的残损状况，分年度和轻重缓急制定修缮计划。在涉台文物的保护过程中，要切实贯彻落实科学发展观，要极力避免因保护方案与保护措施不科学给文物造成破坏。对古建筑的修复与保护不仅应注重自身的保护，即建筑本身梁架、构件、石质、砖质、木质文物和整体的保护，还要注意保存好古建筑周围原有的历史风貌，切忌画蛇添足，凭空臆造不伦不类的景观，以免给古建筑的历史、艺术、科学研究价值带来不必要的副作用，确保文化遗存保护的原真性和延续性，最大限度地保存和延续文物建筑的真实历史信息。

3. 进一步完善对涉台文化遗产保护工作的领导与责任机制

要将文化遗产保护列入重要议事日程，列入对有关领导的考核责任制。要按照“五纳入”的要求，把涉台文化遗产保护与开发利用纳入当地经济和社会发展规划，纳入当地财政预算，纳入当地城乡建设规划，纳入经济文化体制改革目标，纳入各级领导责任制。要建立相应的文化遗产保护协调机构，彻底改变一直以来存在的机构虚设、多头管理、关系不顺的状况，要成立涉台文化遗产保护专门机构，落实人员编制，落实办公经费，专门负责涉台文化遗产保护规划的制定和实施工作。要建立文化遗产保护定期通报制度、专家咨询制度以及公众和舆论监督机制。要做好在职人员的培训工作，提高涉台文物工作者的业务水平和管理能力。要建立健全涉台文物管理数据库，建立健全安全保卫、防火、防盗等制度，做好文物的安全防范和保卫工作，文物主管部门要与文物保护单位的管理组织或使用者签订安全协议，明确职责，防患于未然。

4. 正确处理好有效保护与合理开发利用的关系

利用博物馆的优势，发挥涉台文物在进行历史、艺术、科学和爱国主义教育中的作用，通过陈列展览，宣传普及有关文物知识，丰富人民群众的精神生活，扩大影响，提高品位。特别要配合学校教育，针对中小学生的特点，引进和组织有关展览，使之成为学生的第二课堂。尽快建立涉台文物藏品数据库，完善文物藏品管理体系。重视文物修复工作，强调以考古研究修复为主，陈列修复为次，避免用商业修复的方法来实施博物馆文物藏品的保护。整合河南省现有涉台文物保护相关的民间组织力量，加强涉台文物保护的公益性广告宣传工作，营造良好的涉台文物保护的浓厚气氛和文化氛围。各类新闻媒体要介绍涉台文化遗产保护知识，大力宣传保护涉台文化遗产的先进典型，及时曝光破坏涉台文化遗产的违法行为，发挥舆论监督作用，切实提高人民群众对涉台文化遗产保护重要性的认识，增强全社会的涉台文化遗产保护意识。使涉台文物在保护中得到合理开发利用，在开发利用中得到进一步保护。

文献来源：2010 年固始与闽台渊源关系学术研讨会论文，《固始移民与两岸文化认同研究》，河南人民出版社 2011 年 10 月。

作者简介：唐金培，河南省社会科学院历史与考古研究所助理研究员。

附：中原与闽台渊源关系研究大事记

尹全海　整理

1971年，彭桂芳《台湾姓氏之研究》出版

彭桂芳《台湾姓氏之研究》（省立新竹社教馆主编，联亚出版社出版，1971年初版，1981年再版）。

芦永汶在《台湾姓氏之研究》作序时称："为庆祝中华民国建国六十年暨弘扬中华文化源远流长，本馆特将台湾主要姓氏的源流研究考证，一方面使得本省同胞能够了解自身与大陆的渊源，另一方面希望提高民间普遍研究姓氏谱系之兴趣。"

陈宪生在《台湾姓氏之研究·再版序》中说："本丛书前后共编印四册，收录台湾地区较大姓氏共一百个，第一册在民国六十年出版，民国六十三、六十四年续行出版第二、三册，共收八十五姓，为达成原计划百姓之愿望，于民国六十五年续编印十五姓为第四册，作为结束。"

"全书编印完成，未几即为各界索阅一空，今又逢建国七十年，举国开展以阐扬民族文化为主题之各项庆祝活动，各界纷纷函索该项资料，故决定再版，并委托联亚出版社发行，将四册合为一册，加列姓氏笔画索引。"

"台湾姓氏之研究，系本馆研究丛书之一，为庆祝建国六十周年纪念，先行选择本省同胞姓氏中较大者，人口较多者，加以研究考证，追根究源，由姓氏之源流繁衍，以证明台湾与大陆同胞血脉一体之事实，并在每一个姓氏族谱家乘中，对我民族文化源远流长，得到具体的证明。"

彭桂芳《台湾姓氏之研究·前言》中称："长期以来，每个台湾的老百姓，都相信自己的祖先来自"唐山"，也就是隔着台湾海峡的中国大陆，是最为荣耀的炎黄子孙。" "从唐山渡海而来的台湾居民，不但人到了台湾，

也把大陆上的一切文物制度带到了台湾，一直到今天，台湾人的饮食起居，乃至喜庆婚丧的习惯，几乎跟大陆上一般无二。”“除了表现在生活上的一应习惯之外，从家家户户世代相沿相袭的姓氏，更足以觉察出台湾岛上浓郁的中国大陆风味——只要是中国大陆上有的姓氏，台湾几乎都不少。”

1974 年彭桂芳《五百年前是一家》出版

1979 年台湾黎明文化事业公司出版彭桂芳《五百年前是一家》（共四册，黎明文化事业股份有限公司，1974 年初版，1980 年再版），张其昀为序。

彭桂芳在《五百年前是一家·引言》中称：“为了这股几乎自然的民族维系力量能够历久而长新，不致被现代化机械化的工业浪潮冲刷得越来越淡薄，本文将以（宋本）《百家姓》为范围，有系统地介绍一些比较常见的中国姓，内容包括每个姓的出处、来源、播迁繁衍的经过，以及每个家族在历史上的贡献，和个人的卓越表现等等。希望透过本文，使国人在重新认识自己的出处之后，能够激起心底深处的那一股至情，跟所有的‘本家’更加紧密地团结，为了维护历代祖先所挣得的荣誉，而日益亲密友爱，然后，进一步把这份属于一家一姓的爱扩大到整个中华民族的大家族的之爱，大家都几乎至情地，把国家民族的事，当作每一个人家里的事。”

1977 年，台湾省各姓渊源研究学会成立

1977 年，台湾省各姓渊源研究学会成立，并出版“会刊”（一年一期，共十二期），协助各县市文化中心举办族谱展览、家祠寻根、文献采集以及田野调查等项工作。

自 1996 年该“会刊”为《台湾源流》，季刊，台湾省各姓渊源研究学会主办。姓氏与谱牒原本为该会的主要研究项目；为因应时代环境之变迁，改刊后，扩大到对所有与台湾息息相关的人、地、事、物、俗等等的来源与流向之研究，即研究领域逐渐漫延至闽台两岸有关之历史文化范围。涉及台湾各项血缘、地缘、文缘、神缘、人缘等史迹源流。

《台湾源流》刊载以研究专文、论著为主，以报导文化活动为辅。论文侧重台湾姓氏、族谱、乡土、民俗、信仰、方言、古迹等，活动报导集中于

台湾各姓氏宗亲会、两岸文化交流、姓氏族谱编印之信息。

改刊后的《台湾源流》（第一期，1996年春季刊），设有：改刊词、社论、姓氏、谱牒、寻根、族群、原住民、民俗、信仰、史迹、祭祀公业，以及宗亲会、谱讯、文化交流信息，封底为首届闽台姓氏源流研讨会照片。至2011年，共出版57期。

1978年10月，彭桂芳《唐山过台湾的故事》出版

1978年10月16日《青年战士报》，连续刊载青年记者彭桂芳《唐山过台湾的故事》。

《唐山过台湾的故事·代序一》说："彭记者从姓氏源流、堂号郡望、族谱墓碑，乃至古老传说，分别替本省同胞寻根究底，木本水源，条分缕析。"

《唐山过台湾的故事·代序二》称："自从本报陆续发表记者彭桂芳专栏《唐山过台湾的故事》之后，本省同胞都热心于寻根工作。"

彭桂芳《唐山过台湾的故事》第一章"我们的祖先是从唐山来的"，兹录于后。

一、根在唐山：有一句话在台湾民间父子相告，一代叮咛一代，直到今天，从来没有一个人忘记：自己的根是深埋在台湾海峡彼岸，那一片五千年来绵延不绝孕育着炎黄子孙的芬芳泥土中。

唐山并不是一个专属的固定地名，而是泛指地势多山的福建和广东。

根在唐山的证据：

台湾人的姓氏、名字的排行，乃至家族世代相袭的堂号和郡望，无一不是大陆各地的延续，台湾有的，大陆必定会有；

台湾各地的开发，是三百年来大陆移民流血流汗的成果，从各地的地名以及建设，台湾与大陆的地缘关系，清晰可见；

台湾的方言，可追溯至两千年前的秦汉时期，近年来有人细心研究，相互印证，已经证明无讹；

台湾民间的风俗习惯，几乎全是闽粤各地的翻版，只要稍微用心观察，不计其数的证据就会随时随地源源出现在自己眼前。

生活在台湾岛上的炎黄子孙，要想寻找自己在唐山老家的根，毫无疑问

上述的姓名、堂号、郡望，以及地名、方言、风俗习惯等，也都应该是最具体、最可靠的线索。

二、由祖籍与谱系中寻根：本省人的先祖，都是由唐山渡海而来的，这已是不争的事实，所谓的唐山，指的也主要是闽粤两地，可是，这两个省份的范围那么大，本省人的老家，究竟是在这个区域里的那个地方？

根据台湾省文献会所提供的资料，本省人的祖籍，主要不外前清时期福建的泉州、漳州、汀州、福州、永春、龙岩、兴化等州府，以及广东的嘉庆、惠州、潮州等州府，这十个旧府属之下，又可以细分为下列诸县：

泉州：今晋江、安南、惠安、安溪、同安五县；

漳州：今龙溪、漳浦、南靖、长泰、平和、诏安、海澄七县；

汀州：今长汀、宁化、上杭、武平、清流、连城、归化、永定八县；

福州：今闽县、侯官、古田、屏南、闽清、长乐、连江、罗源、永福、福清十县；

永春：今永春、德化、大田三县；

龙岩：今龙岩、漳平、宁洋三县；

兴化：今莆田、仙游二县。

嘉庆：今梅县、兴宁、长荣、平远、镇平五县；

惠州：今归善、博罗、长宁、永安、海丰、陆丰、龙川、河源、和平九县；

潮州：今潮安、丰顺、潮阳、揭阳、饶平、惠来、大埔、澄海、普宁九县。

以上可谓本省人寻根的第一条线索。

仅把自己的根追溯到来台开基始祖在唐山的祖籍，显然是绝对不够的。事实上，每一个人也确还可以从福建或广东的祖籍，把自己的来处一步步追溯到中原地区的民族发源地。只是这一分的寻根工作，就更复杂、困难得多，必须靠每一个家族世代相袭的姓氏、堂号、郡望，更必须有完整的谱牒作依据。

目前有关姓氏、堂号、郡望的文献，还勉强可以搜集得到，至于各家族的谱牒资料，便相当缺乏了。

三、粘氏先人返籍寻谱（略）

四、伍德功寻根记（略）

五、谱牒究竟是什么

族谱之称谓多多：宗谱、族谱、家谱、世谱，或单称为谱，也有称之为家乘、家志、家传、或家记，不一而足。一般的谱牒，还是以宗谱、族谱、家谱者居多。

族谱制作的目的：一使族人确认，凡是谱上有名的，便是出自同一位始祖，后代子孙饮水思源；二加强族人的血缘观念；三族人互相帮助；四尊重祖先的功业和声望；五家规相传；六教化族人。

族谱的具体内容包括：序文、凡例、目录、世系与世表，源流与宗派，诰勅与像赞，别传与墓志，祠堂记与祠规，家规和宗约，家训和家范，义田记和义庄记，墓纪与墓图，艺文与著作等十三个大项。

六、堂号和郡望是寻根的第二条线索。郡望是以两千年前秦汉时期的郡名，作为整个家族追溯发祥之地的表记。是跟着姓氏俱来的宗谱标记，代表着整个宗谱最早的发祥地和得姓源流；堂号，则是家族中某一支派，能够追溯的时间和血统渊源范围比郡望小得多。所以，要寻找自己的根，除了祖籍、堂号应该算是“短程”线索，郡望则是“长程”的线索，两者同样重要。

郡望，绝大多数是距今两千年前秦汉时期的地名，其地不外黄河流域的中原地区，每一个家族只要拥有世代相传的郡望，便可以明确知道自己家族最初在中原的发祥之地。至于每一个郡望所包括的领域，将留待以后本专栏逐姓讨论。

七、台湾姓氏知多少（以下略之）

八、台湾山胞也是来自唐山

九、河洛人与客家人

十、冠姓地名——血缘的结合

十一、冠籍地名——地缘的结合

十二、从民间宗教信仰寻根

十三、古庙与旧地名都是铁证

十四、流露先民情怀的旧地名

十五、大陆移民如何开发台湾中部

十六、先民以血汗灌溉出锦绣大地

十七、念祖、归宗、拣骨

十八、台湾人民的心永远向着祖国

十九、大家一起来编谱。本栏目已经分别从血缘和地缘两个方面，为今天繁衍在台湾岛上的炎黄子孙找到了共同的根源——远在千里之外的中原地区。有了这个确实的大目标，如何循着每一条能够掌握的线索，像家里的祖先牌位、墓碑、堂号、郡望，乃至过去祖先所居住地方的旧地名、世代相袭的习俗、语言，等等，先把自己的根推溯到台湾海峡彼岸来台始祖的祖籍，然后再进一步追溯到中原的家族发祥地。

彭桂芳《唐山过台湾的故事·后记》强调："四十七个姓氏，两百三十六篇，将近一年的时间，《唐山过台湾的故事》专栏，已经告一段落。""这个专栏在连载期间，读者的反应非常热烈，雪片般的读者来函，不但令执笔的记者和本报的其他工作同仁深深感动，更具体地反应出了一个事实：那就是这一代的中国人，是何等地重视自己的根源，更何等地要寻找到自己的根源。"

1981 年 4 月 22 日，河南日报发表《寻根母语到中原》（见本书 26 页）

1991 年 12 月，陈元光国际学术研讨会在福建漳州召开

陈元光国际学术研讨会于 1991 年 12 月 4 日至 7 日在漳州宾馆举行，参会者有漳州各界负责人，东南亚、香港、台湾和大陆等地陈氏后裔和友人，以及中外社会科学专家学者等约二百人。会议收到论文 90 篇，讨论了开漳圣王陈元光的家世及其开发漳州的伟大功绩，以及此后漳州的发展及其与海外关系等。会后经过编委会仔细考虑，选取论文 57 篇，编成《陈元光国际学术讨论会论文集》。论文编者称本集各篇论文，文字体例不尽一致，学术观点迥异，编辑时，除因篇幅限制，个别地方文字稍加删节外，均保持各文原貌。

《陈元光国际学术讨论会论文集》目录

韩国盘	序言
朱天顺	谈陈元光身世的几个问题
林祥瑞　刘祖陛	论陈元光的历史功绩

张启琛	略论陈元光“文治”的历史贡献
陈元煦	唐初的福建与陈元光的治漳政绩
贝闻喜	潮汕历史文化的主要开拓者陈元光
郭启熹	陈元光与闽西的开发
何万年	从唐初北方用兵看陈元光开漳之得失
王定璋	陈元光刺漳浅析
周建昌	南下汉人与北上畲人的冲突 ——试论陈元光祖籍及其对漳州的开发
许宝华　谢建中	关于陈元光入闽的几点看法
周　济　林梅馨	试论漳州初创与技术开发
郑　镛	漳州的建置在江南开发史上的地位
陈自强	略论陈元光开漳之功与唐宋时期漳州的开发
汤漳平　刘重一	初唐诗风与岭南诗人 ——兼论《龙湖集》的真伪问题
刘海峰	唐建中之前“闽人未知学”说辨证
叶国庆	论陈元光“畿荒一德”的政绩 ——唐“贞观之治”与陈元光的战略
林瑞峰	陈元光对促进汉畲关系的贡献
王天杞	试论陈元光所执行的民族政策
陈桂炳	从陈元光平“蛮子啸乱”看唐朝前期的民族政策
蓝达居	论漳州地区畲汉文化调整
卢美松　欧潭生	试论陈元光开漳前后的闽南土著民族 ——蛮獠源流初探
张辉煌	初唐闽南少数民族族源钩沉 ——兼与越族说商榷
[美] 柯胡	羁縻与混合体制 ——唐代边境政策的个案研究
陈国全　周立方	陈元光与闽南民俗
蔡永茂　蔡德江　方群达	开漳史事与云霄节庆

张兆基	闽南“陈元光神系”庙宇及祭祀习俗考
郭志超	漳浦赤岭畲族奉祀陈元光部将马仁述论
邓孔昭	台湾的漳籍移民与开漳圣王崇拜
张文绮	宜兰开发与开漳圣王
［美］丁荷生　邓振满	闽台道教与开漳圣王崇拜初考
吴幼雄	泉州人祀奉陈元光考
林其泉	移民与移神 ——开漳圣王与台湾的开发
庄义青	修威惠庙题记石刻与陈元光籍贯考辨
赵智海	陈元光将军故里祠堂考
陈香白	评《唐宣威将军许天正公事功考》
娄曾泉	陈元光《龙湖集》校读琐议 ——兼论《龙湖集》之真伪问题
傅宗文	丁儒龙溪诗篇的年代、作者及历史价值
杨际平	陈政、陈元光史事考辨
谢重光	《唐全文》所收二篇陈元光文真伪考
何池	也谈陈元光籍贯生平 ——兼与谢重光先生商榷
苏炳堃	唐初泉潮驻军的性质及其历史功绩考述
柯兆利	开漳数事考论
陈嘉音	漳州开发史考辨
肖　林	陈元光籍贯窥探
曾五岳	唐初漳州蛮獠诸说质疑
张耀堂	始建漳州州址考
方群达	陈元光夫人种氏的民族与籍贯考辨
陈在正	陈元光后裔迁台族谱资料及其初步考察
王大良	陈元光及其相关问题研究三题
陈永安	陈元光入漳的人口播迁活动初探
王赓武	元帝国后裔的商人 ——记海外福建侨商组织

杨国宜	南宋漳州士人的爱国传统
［日］土肥佑子	宋代的漳州商人：黄琼与林昭庆
［日］片山诚二郎	明代私人海上贸易的发展与漳州月港
［日］石川重雄	宋元时代漳州的开发与寺僧
［日］相田洋	闽南的掷石戏与东亚石战戏
［日］掘敏一	日本对福建史、特别是漳州史的研究

1995年11月，“首届闽台姓氏源流研讨会”在福州召开

1989年，福建省姓氏源流研究会成立。该会系大陆首家顺应海外返乡寻根热潮，开展姓氏、文化源流研究，而由福建各界专家学者热心人士创立的省级姓氏源流研究会。至1995年，先后与港澳台及日本、美国、英国、法国、加拿大、新加坡、马来西亚、菲律宾、泰国、印尼等国家和地区广泛开展交流；同时成立了林、陈、黄、郑、芦、蔡、王、谢、董、杨、郭、张、朱、曾、刘、欧、戴等十七姓氏专门研究会。并于1995年召开首届闽台姓氏源流研讨会。

1995年11月，“首届闽台姓氏源流研讨会”在福州召开。此次研讨会系闽台间首次针对姓氏族谱为主题的文化交流活动。自1987年台湾开放大陆探亲以来，台湾人返乡探亲祭祖，赴大陆投资设厂的文化与经济性活动日趋活络，尤其是回到闽南漳泉祖籍地寻根谒祖、探本溯源等更成为闽台民间交往的热点。

会议内容包括论文发表、交流会谈、分组座谈与族谱展览等四项。会议印发有“会议指南”、“代表通讯录”、“论文目录”三个小册子。

论文发表（11月14－15日）

主持人：孙新峰、陈在正、卢美松、林伟功

报告人：

谢钧祥（河南代表）：河南省姓氏源流研究

陈在正（福建代表）：同安兑山李氏宗族的发展及向台移民

林瑶棋（台中代表）：从族谱探讨台湾移民史对本土文化的影响

何罗文（菲律宾代表）：何氏祖先入闽及迁台初考

陈国强（厦门代表）：福建畲族源流考

戴学稷（福建代表）：略论族谱资料的学术价值
陈锦谷（福州代表）：福建陈氏源流及名人
游鹤楼（福建代表）：福建游氏源流
刘翔南（河南代表）：济阳蔡氏
连均文（龙岩代表）：闽粤台三省上党连氏及源流初考
任崇岳（河南代表）：河南省少数民族的来源与姓氏
林树丹（泉州代表）：闽台林姓血缘亲
高志彬（台北代表）：晋江龙屿张族的迁台与发展
萨本珪（福州代表）：福建萨氏家族的源流及繁衍
王天杞（福建代表）：中国少数民族姓氏刍议
粘国民（福建代表）：台湾女真后裔完颜粘氏源流
李　吉（山西代表）：李氏源流探析
杨　诚（福建代表）：台湾杨姓渊源研究

分组讨论

讨论主题：林、李姓氏源流；谢、黄姓氏源流；芦、刘姓氏源流；陈、杨姓氏源流

族谱展览

内容包括：各姓谱牒、姓氏研究资料汇编、论文集、图片，如《桃园陈氏族谱》、《蔡氏宗谱》、《永春鹏翔郑氏族谱》、《闽清张氏宗谱》。

参会论文目录

李亮祺	闽中李氏裔出唐江王李元详考
刘青泉	苏颂世系源流之综合研究与黄帝诞生年代之初步探讨
郑金洪	闽南移民开发台湾的斗争
郑金洪	南湖三先生何时代人
郑金洪	惠安移民台湾族谱资料
郑金洪	郑氏渊源及其在莆仙繁衍
李厚威	郑孝胥世系研究
蓝炯喜	畲族姓氏和家族活动
卢继定　陈　翔	中原移民入闽的三个中转站

熊寒江	闽西客家人口与姓氏探论
苏禄煊　熊寒江	正确认识宗谱现象发挥谱牒社会效应
周日生	北宋科学家苏颂籍贯之争论
陈诗忠	永春鸣琴陈姓源流及永春诸姓分支台湾、星马各地
陈诗忠	谢氏源流及永春谢氏迁徙台湾、南洋及外地
连均文	闽粤台三省上党连氏派系及源流
张景元	肇闽始祖——睦公
王大良	从中原人口南迁看闽台姓氏源流
黄拔灼	虎丘黄之主流与发展
陈在正	同安兑山李氏宗族的发展及向台移民
林树丹	闽台林姓血缘亲
黄荣春	朱熹与《郑氏族谱》
芦日淯	范阳、麻田祖先世系考
谢亚榆	兴化谢氏渊源寻流录
阮文火	中国姓氏源流浅谈
粘国民	闽台女真后裔完颜粘氏源流考
游鹤楼	福建游氏源流
周日生	陈嘉庚祖先迁居集美的时间初探
刘翔南	济阳蔡氏
谢家兴	《撰征赋》和谢灵运的爱国思想情操
郑国珍	论明清时期琉球的闽人姓氏源流
唐仕德	福州文儒坊平阳陈氏
林祖韩	六桂堂论证
郭养发	汾阳王郭子仪生卒日辨析
郭义福	论郭氏始祖虢仲虢叔的始封地
方彦寿	《青林余氏族谱》与《余氏总谱志》
蔡干豪	济阳蔡氏源流浅考
黄新宪	琉球的闽人三十六姓后裔在华留学考述
杨其河　杨秉纶	试谈福建杨姓源流

杨秉纶	姓氏源流研究
杨　诚　杨建文	迁徙台湾杨姓渊源研究
连玉文	福建连氏源流考
林瑞丰　柳云燕	略谈林氏族人迁台与分布
柳云燕	伊氏开闽始祖及入闽时间之我见
周瑞光	二省三山闽浙畲族五姓（雷、蓝、钟、吴、李）渊源录
陈国强	福建畲族源流考
陈国强	宁化石壁客家祖地张氏上祠《清河郡张氏十修族谱》
李　吉	陇西李氏源流探析
林友华	中国姓氏学入门的必读之书《通志氏族略》
林友华	中国古代姓氏书举要
陈百才	陈氏源流考
陈松田	福峰萧氏与泉台萧氏世系关系考
陈松田	元坑真秀水村吴氏世系源流初考
郑元森	荥阳郑氏第二祖籍地南湖的历史渊源
芦程隆	长乐浮岐村芦姓源流
戴金生　戴学稷	莆仙戴姓源流初探——兼论闽台戴姓渊源关系
杨　青	姓氏文化的历史定义和当今价值
陈容明	莆田陈氏源流小考
欧潭生	台闽豫祖根渊源考
郭联志	漳州回族穆斯林的来源及后裔
叶　翔	三山叶氏支祠规仪述略
卢美松	卢氏渊源及入闽始祖
王天杞	中国少数民族姓氏初议
戴学稷	略论谱牒的学术研究价值
黄宗科	黄巷潘胡一家亲
游恒派	筑巢引凤 嘉迎台亲

谢奇铨	谢金銮与《哈子难纪略》
谢宗楷	谢氏源流及入闽派系
陈乌亮	台湾“青鲲鯓”陈姓祖籍集美后尾角
许竟成	固始临泉王氏
何　鹏	庐江郡何氏远祖述略
王　启	广东民系源流初探
蔡安定	建阳蔡氏九儒与柯蔡宗亲渊源
石奕龙	台湾鹿港郭厝郭顺直派的渊源关系
邓发祥	略论郭氏源流
萨本珪	福建萨氏家族的源流及繁衍
陈名宝　陈锦谷	福建陈氏源流及名人
任崇岳　谢超　谢纯灵	河南省少数民族的来源及姓氏
刘祖陛	福建刘氏源流初探
林　生	姓氏观念利弊浅析
何罗文	何氏祖先入闽及迁台初考
黄大受	黄帝遗族宗系姓氏渊源概论
田哲益	台湾原住民布农氏族组织及功能初探
林瑶棋	从族谱探讨台湾移民史对本土文化的影响
廖庆六	在台湾民俗文物馆中设置家族文献陈列室之我见
廖庆六	从台湾姓氏族谱探索族群融合的真谛
林再复	台湾移民开发过程中的族群冲突、对立与融合
简荣聪	开放大陆探亲以来海峡两岸族谱文献之概观
高志彬	晋江龙屿张氏的迁台与发展
谢钧翔	河南省姓氏源流研究

1996 年 9 月，首届豫闽台姓氏源流国际研讨会在河南郑州召开

河南是中华姓氏的主要发祥地之一。为开发利用河南省姓氏历史文化的丰富资源，加强河南同福建、台湾及海外华侨、华人的文化交流、联系，经

中共河南省委、省政府领导同意，河南省中原姓氏历史文化研究会于1996年9月18日至20日在郑州召开了首届豫闽台姓氏源流国际研讨会。出席会议的有韩国林氏宗亲会顾问、韩国大觉寺祖室佛心道文大师林允华等10人，菲律宾庐江何氏宗亲会秘书长何罗文，台湾省各姓渊源研究学会名誉理事长蔡金章、理事长林瑶棋等6人和台湾省宜兰县河南同乡会理事长高双印，福建省姓氏源流研究会副会长卢美松、林伟功等11人及广东、广西、江西、湖北、河南的专家学者共计88人。

河南省政协主席、中原姓氏历史文化研究会会长林英海出席会议并作了重要讲话。中共河南省委副书记范钦臣，省委常委、宣传部长林炎志，河南省副省长张世英、李志斌会见了与会全体代表并一起合影留念。河南省有关部门负责人及河南省中原姓氏历史文化研究会副会长林雪梅、葛纪谦、刘春华、常有功、杨凤阁、杨洪绶、鲁德政、张放涛、李振华、杨静琦、许还平出席了会议。

会议的中心议题是探讨华夏姓氏的起源、发展、播迁以及河南姓氏与福建、台湾及海外华人姓氏的历史渊源关系。会议收到（含邮寄）论文60篇，内容丰富、涉及面广，有一定深度。从不同角度论述了华夏姓氏的发展、演变，确认了闽、台、粤、桂姓氏，以及韩国、菲律宾等地华侨、华裔同河南姓氏的历史渊源关系。这些文章不仅对豫闽台三省姓氏文化研究有一定促进作用，也对中华姓氏文化研究有着重要意义。

参会论文目录：

领导讲话

政协河南省第七届主席、河南省中原姓氏历史文化研究会会长林英海“在首届豫闽台姓氏源流国际研讨会上的讲话”

中共河南省委宣传部常务副部长、河南省中原姓氏历史文化研究会常务副会长葛纪谦“在首届豫闽台姓氏源流国际研讨会上的讲话”

综合性文章

林英海	河南，华夏姓氏的主要发祥地
林瑶棋	台湾原住民姓氏探讨
夏志刚　王大良	从中原人口南迁看闽台姓氏源流
欧潭生	三探台闽豫祖根渊源

	——方言民俗探微
文　汇	浅谈豫南与闽台的脉源关系
许竟成	固始姓氏连闽台缘由浅述
许伙努　杨清江	随三王入闽诸姓考
沙旭升	台湾陈李吴蔡四大姓与开封的历史渊源
张明正	姓氏宗亲会活动现状
宋全忠	台胞寻根河南态势
蔡万进	中原文明与华夏姓氏
各姓氏源流研究	
林允华	海东韩国林氏与韩国氏族源流
林树丹	韩国林氏根在中国泉州
林树丹	豫闽台血缘亲
林凯山	世界林氏源流和豫闽台亲缘关系
林富保	“柴林”源流考辨
刘蓬春　王大良	张姓源于濮阳考
刘翔南	江姓及济阳江氏
王春德　袁家山	试论济阳考城江氏名人与迁徙
周显才	郑氏族史述略
范金中	追本溯源话郑氏
刘心健　庞应水	郑氏族源与开封
刘翔南	济阳蔡氏，光耀史册
王春德	陈留考城蔡氏与闽台蔡氏源流
张新河　郭成智	刘姓遍天下 祖根在鲁山
文　汇	源远流长的中华黄姓
潢川县黄姓研究会	黄姓根在潢川
卢美松	从福建卢氏源流看豫闽台的人缘
高路加	闽粤高姓源流述略
杨晓宇	叶姓源流浅考
戴金英	赖姓源于息县包信
程有为	程姓起源地望考辨

杨静琦　姚仲杰　石小生	姚姓起源与远祖事迹
何罗文	何姓起源初考
吴艳红	封建家族的典范 ——江州义门陈氏
杨洪绶　杨静琦	论杨姓对中华民族的贡献
老子、庄子、墨子研究	
张景志	老子与李姓
杨子建	庄子故里考辨
张久德　王浩延	庄子故里在民权县青莲寺
潘民中	墨子里籍姓氏考辨
郭成智	墨子为鲁山人十证
谱牒研究与寻根	
林少川	略论族谱与海外华人寻根
扬大刚	族谱在历史研究中的作用
卢继定	论潮汕旧存族谱的文化价值
移民问题	
洪敏麟	探讨台湾农业移民的一个类型
高双印	漳人吴沙开拓台湾宜兰探微
陈炎正	清代台湾垦务纠纷初探
覃芝馨	广西友爱村白马移民考
张方和	民族交汇融合见证
其他方面文章	
宋国桢	郑文化浅说
辛　田	杨坚建立隋朝及统一全国
林瑶棋	从族谱探讨清代台湾社会的纳妾状况
田哲益	台湾布农族的原始宗教信仰

2008 年 9 月 22 日至 24 日，第七届河洛文化国际研讨会在河南巩义市召开

研讨会主题是“河洛文化与闽台文化”，会后出版《河洛文化与闽台文化》（河南人民出版社，2008 年），收录其中之论文如下：

张履端	河洛文化与闽台文化
高百之	分子人类学亦证明闽南及客家人源自河洛
程有为	永嘉南渡与河洛文化的南传
李立新	试论从中原到闽台的人神异化
吴碧英	闽台文化的共同本质与地域特征
李　乔	古代河南移民福建史略
廖开顺	论客家河洛姓氏寻根对客家文化重构的意义
黄英湖	中州姓氏入闽及其发展演变
吕清玉	闽台姓氏大多数来自中原
许竟成　许步超	豫闽台姓氏一脉相承
李龙海	中原陈姓的起源及其向闽台地区的迁徙
陈建奎	中原林姓的南迁及其在闽台的兴盛
郭胜强　李雪山	从字形演变看河洛文化的南迁轨迹
李玲玲	河洛地区三代青铜文明与福建青铜文明的比较研究
卢广森	洛学向东南沿海传播的渠道
陈榕三	从闽台交通工具看河洛文明影响
徐金星	对客家人“根在河洛”若干问题的探讨
张留见	浅论河洛文化与客家文化的关系
任崇岳	论客家人与台湾暨海外的关系
张新斌	试论客家先民首次大规模南迁纪念地的确定
林作尧	试论客家人的迁徙利落居
康洪雷	论客家民系的形成发展及特点
常巧章　王援朝	从客家土楼建筑看河洛文化印记
雷弯山　钟美英	客家话是河洛话与畲语互动的产物
赵晓芬	畲族文化中的河洛意识
李雄之	根系河洛的马来西亚血缘性组织
房汉佳　林韶华	砂拉越古晋的客家族群与客家公会
薛瑞泽	周代河洛地区与亚南地区的交流
张良军	河洛文化与楚文化之比较

晏春莲	从道教透视河洛文化与楚文化的关系
陈绍辉	试论河洛文化对楚文化的主源性影响
贾海燕	河洛文化与荆楚两地中医学的交流与发展
孙君恒　孙　平	荆楚文化与河洛文化差异论
施由明	试论中原移民对庐陵文化的历史形成
龚国光	河洛农耕文明与赣地客家农耕文明
何祥荣	从建安诗赋看邺都的艺术意象与邺下文人的主体意识
廖　江	河洛文化的南迁与影响——以江头洲村爱莲文化为例
李　龙	湖湘地区客家人与客家文化浅探
李绍连	河洛文化与中华传统文明
杨祥麟	河洛文化之延播
谢魁源	从闽南语语汇见证河洛汉语之古老
卢博文	河洛文化无远弗届
章秀霞	商朝甲骨文记载中的“河”与“洛”
葛建业	炎黄文化与中国道统
林国雄	自然概念的历史解读与新儒学的自然论
曹尚斌	中华文化道统嬗变与台湾文化兴替
孙兴彻	儒学的人文精神和领导力
吕继增	论河洛文化与祖国信念的认同
胡日光	河洛文化与客家精神之养成和影响
唐金培	河洛民俗文化根源性及其当代价值
郭　艳	河洛文化创新与新时期河南精神
高双印	略论岳飞“民族英雄”的定位
傅允中	执两用中话一统
田华丽	河洛文化与祖国统一大业
刘保亮	河洛文化研究的现状反思及文化取向
张仁杰	河图洛书与先后天八卦探源
胡谭光	《洪范》释义

任炳潭　杨懿楠	《太极图》索源
刘玉娥	“河图”、“洛书”与《周易》
陈奥菲	略论河洛源生性道治文化
黄黎星	两汉时期的河洛《易》学
崔　波	易学家荀爽的哲学思想
张乾元	《河图》中的象数义理探析
卫绍生	《河图》《洛书》与两宋易图论略
杨翰卿	邵雍与宋代象数易学
李德方　王华珍	从黄帝“洛汭祭天”追寻黄帝踪迹
刘学文	黄帝在河洛地区所建中国历史上第一个王朝——黄帝王朝
马世之	河洛地区的伏羲女娲史迹
冈本光生	古代河南的牧野
蔡运章　朱郑惠	汉魏洛阳故城早期城址的营建及其数理意义
李彩霞　郭康松	论河洛诗歌对《诗经》的贡献
陈习刚	古代河洛地区的葡萄文化
王保国　邵宗波	贾谊与西汉正统文化的建构
黄宛峰	魏晋南北朝的“洛中人”上南北文化冲突
张富春	论佛教信仰的中土化与世俗化
王永宽	洛口仓及历代仓廪述要
毛阳光	中亚移民与唐代洛阳城市生活
葛景春	杜甫、韩愈对河洛文化精神的传承与发扬
王　甦	濂洛三子诗赏析
徐春燕	从《歧路灯》看18世纪河洛地区的商人
王玉德	河洛孝道第一人吕维祺
汤漳平　许　晶	简论闽南文化与客家文化
黄　莹	客家民俗的楚文化因子
陈文华	河洛文化的内涵与传承
王士祥	王者都洛与河洛文化的盛衰
欧广远	河洛非物质文化遗产的保护

曹尚斌　　　　　　台湾与河洛文化之渊源
尹全海　　　　　　豫闽台两岸三地寻根文化的认同基础与地域特征
陈隆文　　　　　　西晋客家河洛先祖南迁线路考
赵　振　　　　　　二程语录与宋代洛学的传播
王记录　　　　　　汤斌《洛学篇》研究

2008 年 10 月，第一届“固始与闽台渊源关系学术研讨会”在河南固始举行

2008 年 10 月 20 - 22 日，由河南海外联谊会、河南省人民政府台湾事务办公室、河南省归国华侨联合会、中国河洛文化研究会、信阳市人民政府主办，黄河文化研究会、河南省中原姓氏历史文化研究会、河南省社会科学院历史与考古研究所协办，信阳市人民政府台湾事务办公室、信阳市归国华侨联合会、固始县人民政府承办的“固始与闽台渊源关系研讨会”在河南固始隆重召开。

参会论文目录：

固始与闽台文化研究

张新斌　　　　　　光州固始的历史文化解读
马世之　　　　　　高墩子与北山口
　　　　　　　　　——固始古都文化浅议
何光岳　　　　　　光州固始：蒋国古都
程有为　　　　　　光州固始与中原汉人的南迁入闽
陈朝云　　　　　　光州固始人南迁略考
顾　涛　　　　　　中原士族与客家文化的形成
宋豫秦　常　磊　　“闽人称祖皆曰自光州固始来”之人地关系分析
唐金培　　　　　　从民间信仰看闽台文化的光州固始印迹
李　乔　　　　　　闽祖光州并非相传之谬
汤漳平　　　　　　再论唐初中原移民入闽与闽南文化之形成
吕清玉　　　　　　台湾传统文化之源在光州固始
林永安　　　　　　浅论台湾人与固始的渊源关系
陈宽城　　　　　　开漳圣王文化与侨民社会

陈桂炳	从《恭陈台湾去留书》看施琅的地缘战略卓识
张待德　西　林	陈元光始建漳州的州址
陈隆文　王　琳	陈元光《龙湖集》真伪考
蔡登秋	多余开放与一元整合的民间信仰：以闽台开漳圣王信仰与开闽信仰为例
学瑞泽	闽国建立与河洛文化南传
李志坚	王潮、王审知兄弟治闽与中原文化的南传
廖开顺	唐五代光州固始军事移民对开发福建的历史作用
龚国光	光州固始的儒学精神与客家民系传承
孙　炜	中国古代社会移民观念探析
陈习刚	唐五代时期的固始
郑　镛	闽南对中原文化的历史记忆与族群认同
施由明	庐陵文化与中原移民

固始与闽台人物研究

任崇岳	关于开漳圣王研究的几个问题
陈昌远　陈隆文	陈元光籍贯考辨
何　池	论陈元光安边治政思想
王维宜	开闽“三王”流徽八闽
王大良	王审知入闽与闽台人光州固始之根
陈榕三	王审知与闽台关系的研究
孙继民　陈　艳	唐末王审知与范晖福州之战考
何绵山	王审知创建的福州鼓山涌泉寺与台湾佛教
陈　洋	蓝色海洋的骄子
徐　勇	谈施琅与郑成功的关系及其历史评价问题
施性山	连接中州与台湾纽带的历史英雄人物——施琅大将军
陈学文	陈元光家族和王审知兄弟的伟大功绩和历史影响
施伟青	施琅与闽台关系

固始与固始姓氏研究

袁义达	中国姓氏的历史和文化寻根现象

刘翔南	豫闽台姓氏源流概述
许明镇	台湾百家姓固始探源
杨静琦　杨　暍	三地族姓渊源
陈建奎	陈黄林郑四姓的入闽及其在闽台的兴盛
林学勤	陈林两姓人口在闽台“半天下”的历史成因初探
杨清江	随“三王”入闽诸姓考
林伟功	唐末随王由光州固始入闽各姓氏中的名门望族
穆朝天	随王审知入闽固始将士姓氏补遗
许竟成	王审知入闽从众属籍
蒋利人	闽台蒋姓的根与缘
陈及霖　陈大明	绝大多数闽台陈氏族人的根在固始
廖庆六	福客本是同根生：以陈元光裔孙族谱文献为证
高志超	源于固始的闽粤台高姓
李龙海	李姓的起源及其向闽台地区播迁与壮大
黄英湖	黄敦、黄膺兄弟移民南下个案研究
黄意华	固始入闽黄氏对开发闽疆的贡献

固始寻根资源开发与研究

欧潭生	一千年前是一家 ——台闽豫祖根渊源初探
尹全海	固始移民与两岸三地寻根资源之整合
蔡干豪	科学运用姓氏文化资源
李立新	姓氏寻根中的祖地认同
林瑶棋	从开漳圣王探索固始原乡
王津平	河洛文化与祖国统一
陈瑞松	固始腾飞加油助威
吴英明	从闽台民间信仰看中原文化的传承
王人墨	“两招”与“两引”
游嘉瑞	弘扬“五缘文化”，促进海外联谊
卢美松	从“固始情结”看中华民族的凝聚力

2009 年 10 月，第二届“固始与闽台渊源关系学术研讨会”在河南固始举行

2009 年 10 月 26 – 27 日，由国台办《两岸关系》杂志社、河南省社会科学院历史与考古研究所、信阳师范学院历史文化学院、信阳市根亲文化研究会主办，固始县根亲文化工作办公室具体承办的“固始与闽台渊源关系研讨会——唐代固始移民与移民文化研究”在河南固始隆重举行。作为“2009 中国固始根亲文化节”系列学术活动之一，共收到海内外参会论文 40 余篇，台湾中央研究院台湾史研究所所长许雪姬教授、九州出版社总编辑王杰教授、华中师范大学罗福惠教授，以及美国加州大学戴福士教授近百位专家与会。中共固始县委常委、统战部长崔振俭主持开幕式，中共信阳市委常委、统战部长宋效忠、信阳师范学院副院长李义凡、河南省社会科学院党委书记林宪斋在开幕式上先后讲话。

参会论文目录：

固始与固始移民研究

宋效忠	根在信阳
陈隆文	蒋国历史地理考辨
金荣权	周代蓼国地理与历史综考
刘　博	先秦时期固始的古国与移民活动
罗福惠	古代河南四次政治性外迁移民及其影响
尹全海	关于唐代固始移民史的研究取向
陈学文	中原河洛人南迁之动因及条件：以固始为例
李志坚	唐末固始移民福建的路线选择
袁延胜	唐代固始移民简论
孙　炜	从陈元光“开漳”看唐代移民特点
崔振检　戴吉强	客家形成过程中的“固始符号”
毛阳光	豫闽方志所见之陈元光籍贯及相关问题再探讨
刘国旭	大槐树移民与光州固始移民之比较研究

固始移民与闽台文化研究

汤漳平	关于陈元光与闽南开发研究的几个问题

何　池	论固始移民对闽南文化形成及传播的影响
郑　镛	论开漳圣王信仰体系的特点
汤毓贤	开漳圣王文化与圣王巡安民俗研究
李　乔	开漳圣王信仰形成的原因分析
冯大北　张秀春	陈元光与开漳圣王信仰
唐金培	闽台民间信仰的光州固始情结
孙　炜	陈元光形象变迁的文化解读
何绵山	闽国文学评述
张嘉星	闽南歌谣起源年代及其流变
许　晶	论陈元光对潮泉地区开发的贡献
许进良	唐朝开漳别驾许天正对开发漳州的贡献
罗秋昭	台湾抗日英雄罗福星烈士
吕芳雄	台湾第一才子吕赫若的家史
萧开平	不辱客家先祖的台湾佳冬萧家

闽台姓氏固始寻根研究

张新斌	论固始寻根
王永宽	中原姓氏寻根概述
刘翔南	从历史移民看豫闽台姓氏渊源
张绍良	台湾姓氏人口与河南固始的渊源关系
尹全海	移民与台湾的内地化
许竟成　戴吉强	闽王故里与固始临泉王氏
王　珂　李　龙	开漳圣王固始寻根
李立新	论河南的根文化与根文化研究
张绍良	台湾姓氏、祖籍与中原亲缘关系
安国楼	固始历史文化资源的挖掘与利用
戴庞海　潘熊龙	固始移民文化资源开发利用初步设想
李志坚	近三十年来固始寻根研究综述
刘喜元	“固始与闽台渊源关系研讨会·2009” 侧记

2010年10月，第三届“固始与闽台渊源关系学术研讨会”在河南固始举行

参会论文目录

欧潭生	闽台祖根在光州固始
李　乔	唐代固始移民入闽对闽地宗教信仰的影响
袁延胜　贾秀梅	唐代固始移民与文化传播
徐玉清	固始移民遍天下
陈建奎	光州固始移民集散地的形成
张玉霞	唐代固始移民对闽台文化的影响
汤毓贤	根亲文化与威惠神缘
安国楼	河洛文化与闽台文化
戴庞海	中原古代移民的流向、原因及影响
李立新	中原根亲文化源论
陈文豪　李宗信	20世纪初台湾漳州移民的分布与发展
张富春	论中原闽营人及其马祖信仰
李　龙	豫闽台蔡氏源流考
李小燕	闽台潘姓源流考略
刘国旭	豫闽台两岸三地寻根文化品牌建设研究
潘朝阳	开漳圣王与台湾文化地理
吴进喜	开漳圣王信仰在台湾的传播
邱荣裕	开漳圣王民间信仰在台湾的发展
徐春燕	陈元光信仰的历史演进
陈　思	开漳圣王：清政府对漳籍移民的控制途径
邓文金	晚清民国时期漳台文化艺术交流
吴文文	陈元光《龙湖集》用韵考
钟建华	唐代闽南文化的肇基与型塑
李敬民　陈新风	南音从方位性到乐种性的变迁意义
郑玉玲	论台湾福老系民间艺阵的文化特征
冯　琳	两岸王审知研究综述

李志坚	从陈元光开漳看唐代对民族地区的开发
孙　炜	论陈元光的教育思想
金荣权	番国青铜器及其历史地理论考
唐金培	河南涉台文化遗产保护与开发
赵向欣	灶戏的文化模式
于立刚	信阳民歌特征与文化成因
郭德华	中州戏曲与儒学情志

2010 年 10 月 21 日，两岸姓氏文化研讨会暨中原文化与闽台寻根研究中心揭牌仪式在信阳师范学院举行

一、会议议程：

中原文化与闽台寻根研究中心揭牌仪式

两岸姓氏文化研讨会

两岸姓氏文化探源活动（潢川、淮阳、鹿邑、荥阳、卫辉）

二、研讨内容：

中华姓氏文化

豫闽台姓氏渊源

陈、黄、林、郑等台湾大姓氏之族源

中国历史上的人口大迁徙给台湾姓氏文化带来的影响

三、会议邀请专家：

林永安，台中市议员，《台湾源流》杂志主编

林瑶棋，《台湾源流》杂志发行人

陈永瑞，《台湾源流》杂志社常务理事，宜兰陈氏宗亲会理事长

廖庆六，《台湾源流》，姓氏族谱专家

张庆宗，台湾乡土文化研究人员

吴犁华，台湾乡土文化研究人员

欧潭生，福建文史馆馆员

汤漳平，漳州师范学院闽台文化研究所所长、教授

刘翔南，河南姓氏文化研究会秘书长

张新斌，河南省社会科学院理事与考古研究所所长、研究员

杨海中，河南省社会科学院研究员
宋全忠，河南姓氏文化研究会理事
尹全海，信阳师范学院教授
金荣权，信阳师范学院教授
李敬民，信阳师范学院副教授

2010年4月15日至17日，第十届河洛文化学术研讨会在台北兴办

来自海峡两岸、港澳地区以及日本、韩国、马来西亚、美国、法国、澳大利亚、新西兰、越南、菲律宾、阿根廷、巴拉圭等国的专家学者、侨团代表及有关方面人士400多人，首次聚首台湾探讨河洛文化与台湾及海外华侨华人的关系。

本次研讨会主题是“河洛文化与台湾”。会议就“河洛文化与台湾文化”、“河洛文化与客家文化”、“河洛文化与海外华人文化”、“河洛文化与宗教姓氏传承”、“河洛文化的传承与发扬”及“河洛文化与文化创意产业”6项子议题，进行了为期两天的主题演讲和分组讨论。大会共收到论文近120篇，其中台湾学者文章约占1/3。

台湾海峡两岸基金会董事长江丙坤，中华侨联总会理事长简汉生，全国政协港澳台侨委员会副主任林树森，全国政协教科文卫体委员会副主任、中国河洛文化研究会顾问王全书，河南省政协副主席、中国河洛文化研究会常务副会长邓永俭、中国河洛文化研究会常务副会长陈义初，江西省政协副主席郑小燕，中国河洛文化研究会副会长李伯谦、刘庆柱等出席了研讨会。

开幕式由中华侨联总会理事长简汉生先生主持，海基会董事长江丙坤先生，全国政协港澳台侨委员会副主任林树森团长，台北文化交流基金会会长、原台北市副市长李永萍女士分别在会上致词。在隆重、热烈、活跃的气氛中，先后有70多位专家学者在大会和分组会上作了发言和交流，并在诸多方面取得了共识。在闭幕式上，中华侨联总会理事长简汉生先生致辞时表示，河洛文化研讨会首次在台湾举办，象征着河洛文化的传承与发扬迈向新里程，对加强两岸文化交流，弘扬中华文化，促进中华民族伟大复兴将起到积极作用。

会后出版论文集《河洛文化与台湾文化》（河南人民出版社，2011 年），其中关于“河洛文化与台湾文化”、“河洛文化与客家文化”的论文如下：

葛建业	河洛文化与台湾文化
程有为	河洛文化在台湾的传播与影响
张新斌	以河洛文化为两岸交流文化纽带的思考
龚国光	河洛文化作为华夏民族根性文化的再认识
李玉洁　卢清林	中原王朝对台湾的开发与治理
齐卫国	河洛文化在台湾的传承与发扬
何祥荣	从卫风诗看《诗经》时代河洛地区的自然名物
何　池	中原河洛移民对闽南文化形成的影响
安国楼	清代三种《台湾府志》风俗记述之比较
任崇岳	台北首任知府陈星聚与台湾
杨海中	曹瑾由人到神的启示
吴信汉	从哈布瓦赫集体记忆理论探讨大甲镇澜宫的形塑
高双印	台湾宜兰与河洛文化
张富春	河南南阳天妃庙创建与施琅平台关系考
周兴华　魏淑霞	黄河流域岩画与台湾万山岩画初探
谢魁源	论河洛汉语特色及长存闽台之印证
盛胜芳	河洛音乐文化的传承与发扬 ——台湾民谣在教学上的应用与教育价值
许竟成	河洛郎文化台湾
杨祥麟	河洛文化与台湾
彭圣师	河洛文化与台湾文化
黄　勇　陈文华	台湾文化对河洛文化的传承与发展
李　力　李　珞	河洛文化与中华民族精神
肖　洋	河洛文化是台湾文化之源
刘加洪	河洛文化在台湾 ——以客家优良传统为例
唐金培	台湾民间信仰的区域特色与河洛底色
陈建杰	“台湾文化”的构成要素

陈学文	闽台文化与河洛基因
饶怀民　阳信生	闽台文化与河洛文化的特征比较
杨泰鹏	台湾话与河洛话
卢博文	从世界看族群 ——河洛文化与客家文化在台湾
廖开顺	石壁客家祖地与台湾客家渊源
刘焕云	河洛文化与客家文化传承关系之研究
吕清玉	中原文化是闽台客家文化之摇篮
孙君恒　穆旭加	当代西方的客家研究
张留见	河洛礼乐文化对客家文化的影响
孙莹莹	客家诗人黄遵宪与丘逢甲之郊游
陈中红　陈红心	从客家童谣看客家优良传统
黄彦箐	从童谣看客家与河洛文化
刘昭民	从台湾客家族堂和族谱追溯古代的河洛文化
司徒尚纪	河洛文化与客家文化的形成
徐桂灵　徐桂香	河洛文化与客家文化的风俗
黄　莹	楚文化对客家民俗的影响
闫德亮	妈祖传说与远古神话模式新探
王远佳	河洛文化与客家文化的差异 ——以节庆为例
温涌泉	石城县的客家文化特质与河洛文化的渊源
邱荣举　黄玫瑄	论河洛文化与客家文化
黄元姜	台湾闽客语四字成词对应关系

2011 年 11 月，第四届“固始与闽台渊源关系学术研讨会”在河南固始举行

一、会议名称

纪念中原与闽台渊源关系研究 30 年学术研讨会

二、缘起与主题

1981 年 4 月 22 日，厦门大学黄典诚教授在《河南日报》发表《寻根母

语到中原》，揭开中原与闽台渊源关系研究序幕，至今30年。为纪念中原与闽台渊源关系研究，我们以“寻根·记忆·认同”为固始与闽台渊源关系研讨会2011年年会之主题。

三、时间与地点

时间：2011年10月24－26日

地点：河南省固始县

四、主办、承办、协办单位

主办单位：国台办《两岸关系》杂志社、中国社会科学院台湾史研究中心、河南省台办。

承办单位：河南省社科院历史与考古研究所、信阳市台办、信阳师范学院历史文化学院、固始县人民政府。

协办单位：中原文化与闽台关系研究中心、闽台缘博物馆、漳州师范学院、台湾师范大学、《台湾源流》杂志社。

五、邀请嘉宾

台盟中央常务副主席汪毅夫一行5人

中国社会科学院台湾史研究中心张海鹏、王健

台湾嘉宾彭桂芳

福建嘉宾林寒生

福建嘉宾欧潭生

闽台缘博物馆杨彦杰馆长

汤漳平

谭元生

罗勇

河南嘉宾张新斌

河南嘉宾刘翔南、任崇岳

张青（山西洪洞县方志办）

六、邀请与会人员（具体名单待定）

七、参会论文题目

林黎武	弘扬固始根亲文化 丰富龙文旅游内涵
汤毓贤	台湾开漳圣王信俗节庆拾摭

邱旺山　许明枝　河南固始与闽台渊源探讨
王丽芳　闽南话源流
吴水林　地名里的故乡亲情
——漳台地名与移民故乡情结关系探讨
严键波　开漳圣王与三平祖师文化
杨国良　初唐闽南少数民族族源钩沉兼与越族说商榷
张煌辉　陈政陈元光父子平定“啸乱”的实质与评价
庄小丽　从历史的眼光看豫闽台两岸三地的关系
陈支平　从历史向文化的演进
——闽台家族溯源与中原意识
欧潭生　台闽豫祖根渊源研究的缘起
高致华　从信仰文化论中原与闽台渊源
——以詹敦仁信仰为例
姜明翰　淑世心，两岸情
——论台豫教育家王广亚的弘道精神
金荣权　《楚相孙叔敖碑》文本真伪考辨
李技文　仪式庆典、历史记忆与祖先认同
——对“中原固始根亲文化节”的人类学考察
林寒生　缅怀中原（固始）与闽台渊源关系研究的开拓者黄典诚教授
——兼论寻根之旅的缘起
刘喜元　固始根亲文化资源开发研究
汤漳平　从族谱资料看开漳
汪毅夫　关于“中原与闽台关系研究”的若干思考
——与固始县方志办主任戴吉强书
王鹤亭　新形势下豫台经贸文化交流与产业合作
徐晓望　范祖禹《王延嗣传》及闽国史料的新发现
杨际平　应该重视宋人对闽人皆称固始人的评析
——兼论陈政、陈元光自粤入闽说

后　　记

《中原与闽台渊源关系研究三十年（1981－2011）》，作为“中原与闽台关系研究”丛书之一种，系为纪念中原与闽台渊源关系研究30年而编辑出版的论文集。论文搜集范围，在时间上自1981年4月22日厦门大学黄典诚在《河南日报》发表《寻根母语到中原》，至2011年11月第四届“固始与闽台渊源关系学术研讨会”在河南固始举行，30年间海峡两岸学者发表的研究成果，其中以学术研讨会入选论文为主；论文搜集内容，则依据30年间学者们的学术取向与特点，大致依次形成三个主题：寻根母语到中原（1981－1993）、中原移民入闽迁台的历史记忆（1993－2008）和中原移民与两岸认同（2008－2011）。由于每一时期出现的研究成果多少不一，亦不便加以区隔，所以，我们在出版时并没有做明显标示，但基本思路是清楚的。为向读者展示一个完整的历史过程，1981年之前的相关研究和其间台湾民众的寻根活动，在书后“大事记”中予以体现。

本书由尹全海、乔清忠负责设计、统稿、定稿工作，余纪珍负责论文搜集、编辑、校对等工作。需要说明的是，虽然我们搜集论文以历次学术研讨会入会论文为主，但一方面部分入会论文在会前或会后相继发表；另一方面多数学术研讨会后出版有会议论文集，所以，收录本书的论文中，可能以不同形式出版或发表过，对此，我们会一一注明，以表尊重。当然，其间若有遗漏或谬误之处，当为我们的失误，是为致歉，亦请作者谅之。

本书从准备到出版，得到河南省台办信阳市台办，及豫闽台两岸三地专家学者的鼓励和支持，信阳市人大常委会主任宋效忠先生为本书欣然作序，本书能够顺利出版还得到九州出版社的支持与帮助，在此一并致谢。

编者

2012年4月